KB074002

유교는 종교인가 2

유교비종교론 및 토론

주편 임계유 역자 금장태 · 안유경

"유교는 종교인가?"라는 질문은 유교의 본질적 성격을 인식하는 문
제이면서, 동시에 전통사회와 현대사회에서 유교를 바라보는 시각이
어떤 차이를 지니며 얼마나 다양한 시각이 가능한지를 드러내주는 문
제이기도 하다. 실제로 유교가 종교인지 아닌지에 대한 대답은 '유교'
를 이해하는 시각에 따라 달라지며, 또한 '종교'의 개념을 인식하는 입
장에 따라 달라진다. 따라서 '유교'를 종교라고 보는 견해와 '유교'를
종교가 아니라고 보는 견해는 어느 쪽이 옳다고 단정할 수가 없다. '유
교'를 이해하는 내용이 서로 다르고 '종교'개념의 이해가 서로 다르면
이에 따라 유교와 종교의 사이에는 극단적으로 유교만이 진정한 종교
라는 주장에서부터 유교에는 종교성이 있지만 선명하지 못하다는 중
간적 견해와 유교는 종교의 신성한 세계와는 전혀 다른 세속적 가치의
영역이라 주장하는 반대쪽 극단에 이르기까지 매우 다양한 입장이 제
시될 수 밖에 없다.

　전통사회에서 유교는 사실 종교와 철학과 도덕과 정치가 분별되지
않은 통합적 사유 속에 살아 있었지만, 오늘날 우리가 서 있는 서구의
근대적 사유체계에서는 종교나 철학이나 도덕이나 정치는 서로 다른
체계이므로 그 가운데 어느 하나를 배타적으로 선택하도록 강요되고
있다. 이러한 분화된 사유체계에서는 통합적 사유 속에 살아왔던 전통
의 유교가 종교인지 아닌지 매우 애매하고 불분명한 것으로 보이기 마
련이다. 실제로 유교가 종교가 아니라는 주장은 1902년 양계초梁啓超
가 「보교비소이존공론保教非所以尊孔論」이 단초를 열었다. 그러나 양계
초의 '종교'개념은 종교를 기복祈福행위에 빠진 미신으로 보고 있으며,

과학에 상반하는 것으로 과학의 발달과 더불어 장차 소멸될 것으로 보고 있으니, '종교'에서 탈피함으로써 유교를 보존하고 높일 수 있다는 입장이다. 그러나 1899년 대한제국의 고종황제는 「존성윤음尊聖綸音」을 반포하면서, "세계의 모든 나라가 종교를 극진히 존숭하는 것은 종교가 사람의 마음을 맑게 하고 정치의 도리가 여기서 나오기 때문이다"라 하여, '종교'가 도덕과 정치의 근원이라는 긍정적 인식을 전제로, "우리 나라의 종교는 공자의 도가 아니겠는가"라 하여, 유교를 우리나라의 종교 곧 국교로 확인하였던 일이 있다.

문제는 전통사회에서 유교지식인들은 종교적 신념으로 살았지만 오늘의 유학자들은 지식체계로서 유교를 이해하더라도 종교적 신념을 잃었다는 사실에 있다. 유교인의 제사의례도 조상신과 교류하는 경건성을 상실하고 관습적 형식만 따르고 있으니, 이러한 유교인을 더 이상 종교인이라 할 수는 없는 실정이다. 과연 "유교는 종교인가?"라는 질문은 누구에게 던져야 하는지도 문제이다. 옛 유교전통에 묻는 것인지, 현재의 유교단체에 묻는 것인지부터 따져보아야 할 것이다.

중국·한국·일본의 동북아시아 한자문화권은 전통사회에서 유교문화를 기반으로 하고 있다는 점에서 공통성을 지니고 있다. 유교는 특히 중국과 한국에서 사회체제의 기반으로 확고하게 정립되어 왔지만, 20세기에 들어와 근대화과정에서 급격한 붕괴가 일어났다. 그러나 오늘에서는 지난 백년간 혹독한 비판과 파괴를 당했던 유교문화가 최근 중국에서 새로운 활력을 찾아가는 조짐이 다양하게 나타나기 시작하는 변화의 국면을 맞이하고 있다.

중국에서 이러한 변화현상의 발단은 1970년대 말부터 시작되었다. 모택동이 죽고(1976) 문화대혁명(1966~1976)이 끝나면서 그 동안 파괴되었던 중국의 문화전통에 대해 새로운 관심이 일어났다. 이에 따라 중국에서 새롭게 제기되었던 중요한 쟁점의 하나가 바로 유교의 종교성문제에 대한 논쟁이었다. 1978년 임계유任繼愈가 유교를 종교로 파악하는 견해를 제시한 이후로 중국에서 많은 학자들 사이에 유교를 종교로 인식하는 '유교종교론'과 유교를 종교가 아니라 규정하는 '유교비종교론'이 팽팽하게 맞서 활발하게 논쟁을 벌였고 토론이 전개되었다. 『유교는 종교인가』라는 이 책은 중국어판 원제목이 『유교문제쟁론집儒敎問題爭論集』(2000, 北京, 宗敎文化出版社)으로 1978년 이후 중국에서 유교가 종교인지 아닌지에 대한 논문과 논쟁 및 토론의 글들을 모두 모아 놓은 것이다.

이 책을 주편主編한 임계유선생은 지난해에 작고하였고, 그의 제자로서 이 책의 실질적 편찬자인 이신李申선생은 안유경박사에게 이 책의 한국어번역을 승인해주었고, 특별히 한국어판 서문을 써주었을 뿐만 아니라, 이 책에 수록되지 않은 최근 저작의 논문「유교와 유교연구」한 편을 한국어판에 싣도록 보내주시기도 하였다. 이신선생의 친절한 배려에 이 자리를 빌어 감사하는 마음을 밝히고 싶다.

이 책의 중국어판은 36편의 논문과 부록 2편이 발표시기 순서에 따라 수록되어 있다. 역자는 이 책의 주제를 보다 선명하게 부각시키고 또한 읽기에 편하도록 하기 위해서 원서의 편차에 상당한 변동을 감행하였다. 먼저 번역서를 두 책으로 나누었다.

〈권1〉은 '유교종교론'으로 제목을 붙이고 유교를 종교로 보는 입장의 논문 총 24편을 수록했다. 또한 원서에서 흩어져 수록된 논문들을 저자별로 모았다. 곧 제1부로 '임계유의 유교종교론'에 11편을 원서의 순서대로 수록하였고, 제2부로 '이신의 유교종교론'에 8편을 수록하였다. 여기에는 이신선생이 새로 보내준 논문을 첫머리에 싣고, 원서에 부록(1)로 수록된 논문을 끝에 붙였다. 제3부로 '하광호·뇌영해·사겸의 유교종교론'에 5편을 실었다.

〈권2〉는 '유교비종교론 및 토론'으로 제목을 붙이고, 유교의 종교성을 거부하는 견해의 논문들과 양쪽 입장에서 토론을 전개한 논문들을 총 14편 수록하였다. 따라서 〈권2〉의 제1부는 '유교비종교론'으로 11편의 논문을 수록하였는데, 중국철학의 대표적 인물인 장대년과 풍우란의 논문을 가장 앞에 싣고, 그 다음은 원서의 순서대로 실었다. 제2부는 '유교종교문제 토론'으로 3편을 실었는데, 쟁점을 학술사적 체제로 서술한 모윤전·진연의 논문을 앞에 싣고, 강광휘 등 4인의 토론과 장대년 등 6인의 필담을 차례로 실었다.

이렇게 편찬체제를 재구성한 것은 원서의 편찬의도에 벗어난다는 위험이 따르지만, 단순히 연대순 배열에서 오는 혼잡을 피하고 주제별이나 인물별로 분류하여 독자의 이해를 돕고자 하였을 뿐이다. 원서의 목차는 부록 다음에 첨부하여 참조하도록 하였다.

번역서에서는 독자의 편의를 위해 몇 가지 보완된 사항이 있다. ①원서의 목차에 편篇 제목만 수록되었지만 번역서에서는 각 편의 내용과 성격을 파악하는데 도움이 되도록 장章 제목까지 실었다. ②때로는

장의 구분을 숫자만 써놓거나 한 단어만 써 놓은 경우에는 본문내용에 따라 장제목을 보충하여 기술했다. ③원서에서 인용하고 있는 글들에 오탈자誤脫字가 많아 원문을 찾아 대조하여 바로잡았다. ④원서에『책명』과「편명」의 표기가 누락된 곳은 모두 구분하여 밝혔다. ⑤번역문에서 〈 〉표는 표현을 명료하게 하고 부드럽게 읽을 수 있도록 역자가 보충하여 서술한 것이다. ⑥또한 보충설명이 필요하거나 원서에 인용된 인물이나 원전을 설명하기 위해 역자 주를 가능한 충실히 달고자 노력하였다.

번역과정에서 안유경박사가 초역初譯을 하고나서 나와 함께 검토하여 가능한 오역을 줄이고 문장을 명확하게 하고자 노력을 하였다. 그러나 너무 많은 필자의 다양한 문체를 번역하는데 따르는 어려움이 심했다. 아직도 불충분한 점이 많을 줄 알지만 독자 여러분들의 질책을 받아 앞으로 고치고 바로잡아 갈 것을 기약한다. 끝으로 이 책의 간행을 허락해주신 지식과 교양 윤석원 사장님의 따뜻한 배려에 깊은 감사를 드리고, 이신선생의 호의에 다시 한번 감사를 드린다.

2011년 5월 7일
靜淸堂에서 금장태

목차

제2부 유교종교문제 토론

제1부

유교비종교론

우리는 종교인가 ②

송명이학의 기본성질[1]

장대년張岱年[2]

1. 도학道學·이학理學·심학心學

북송 중기의 주돈이周敦頤·장재張載·정이程頤·정호程顥는 우주와 인생의 근본문제에 대해 비교적 깊이 탐구하여 책을 쓰고 이론을 세워 각자 비교적 완전한 철학체계를 제기하였다. 그들은 이른바 '성인의 도'를 선양하였고, 이른바 '성인의 학문'을 표방하였으며, 때로는 도학道學이라는 두 글자를 함께 사용하기도 하였다. 후에 그들의 학설을 '도학'이라 불렀고 또는 '이학'이라 불렀다.

정이가 지은 「명도선생묘표明道先生墓表」에는 다음과 같이 말하였다.

---

1 원래 『철학연구(哲學研究)』, 1981년, 제9기에 실렸던 글이다.
2 張岱年(1909~2004): 현대 중국의 저명한 철학자로 북경대학 철학과 교수, 보인대학 (輔仁大學) 교수 등을 역임. 대표 저서로는 『中國哲學大綱』·『事理論』·『品德論』 등 이 있다.(역자 주)

선생의 이름은 호顥이다.……주공이 죽자 '성인의 도道'가 행해지지 않았
고, 맹가孟軻(맹자)가 죽자 '성인의 학學'이 전해지지 않았다. '도'가 행해지지
않아 백세百世의 세월을 잘 다스릴 수 없었고, '학' 전해지지 않아 천년의
세월동안 참된 유학자가 없었다.……선생은 1400년 후에 태어나 〈후세
에〉 남겨진 경전에서 전해지지 않던 학문을 얻어 이 도로써 이 백성을 깨
우쳤다.3

여기에서 그는 '도道'와 '학學'을 구분하여 말하였다. 그는 「손숙만 시
랑에게 올린 편지上孫叔曼侍郎書」에서도 다음과 같이 말하였다.

형의 학술과 재능과 행실이 세상에 중시되었으나……그 업적이 당시에
시행되지 못하여 도학道學이 책으로 전해지지 못하였다.4

여기서는 '도학' 두 글자가 함께 사용되었지만, 실제로 도학은 '도'와
'학'을 가리킨 것이지, 그의 형인 정호의 학문을 '도학'이라 칭한 것이
아니다.

남송 초기에, 주희는 『하남정씨유서河南程氏遺書』를 편찬하고 서문에
서 다음과 같이 기술하였다.

대저 두 선생은 공맹孔孟이 죽고 천년동안 전해지지 않던 도학을 크게 밝
혔으니 성대하다고 할 수 있다.5

---

3 『伊川文集』卷7, 「明道先生墓表」, "先生名顥.……周公沒, 聖人之道不行, 孟軻死, 聖人
之學不傳. 道不行, 百世無善治, 學不傳, 千載無眞儒.……先生生于千四百年之後, 得不
傳之學于遺經, 將以斯道覺斯民."
4 『伊川文集』卷5, 「上孫叔曼侍郎書」, "家兄學術才行, 爲世所重.……其功業不得施于時,
道學不及傳之書."

여기서도 '도학'이라는 두 글자가 함께 제기되었다. 후에 주희에 반대하던 사람들은 '도학'을 표방하는 것을 주희의 죄상罪狀으로 간주하였는데, 이에 '도학' 두 글자는 학파의 명칭이 되었다.

『송사宋史』에는 「도학전道學傳」을 두고 주돈이·이정·장재·주희를 「도학전」에 실었다. 주돈이·이정·장재·주희는 도학의 대표인물로 간주되었다.

주희와 동시에 강학하였으나 견해를 달리한 육구연陸九淵은 「도학전」에 들어가지 못하였다. 실제로, 육구연도 이정의 학설을 계승하고 발전시켰으니 응당 도학에 소속되어야 한다. 후에 명대에 이르러, 왕수인王守仁은 또한 육구연의 학설을 발전시키고 '심학心學'을 표방하였다. 육왕의 설은 정주의 설과 구별하여 '심학'이라 부를 수 있다. 정주의 학설도 비록 '심'을 말하였지만, 말한 것이 육구연의 심학과 다르니 특별히 '이학理學'이라 부를 수 있다.

일반적으로 주돈이·이정·장재·주희는 정주학파의 대표인물로 간주한다. 주돈이는 이정을 계몽한 스승이고 그의 학설은 이정을 선도하였다. 장재는 이정과 동시에 강학하였으나, 그의 학설은 이정의 학설과 같은 점도 있고 다른 점도 있었다. 장재는 관중關中에서 강학하여 '관학關學'이라 불렸고, 이정은 낙양洛陽에서 강학하여 '낙학洛學'이라 불렀다. 장재는 '기氣'를 최고범주로 삼았고 이정은 '리理'를 최고범주로 삼았으니, 그들 사이에는 중요한 차이가 있었다. 주희는 이정을 종합하여 계승하고 또한 장재의 일부사상을 받아들였다. 그가 관학을 낙학에 예속된 것으로 간주하였다는 것은 실제의 상황에 부합하지 않는 것이다.

이른바 '도학'이 실제로 세 유파를 포괄한다는 것을 인정해야 한다.

---

5 朱熹編,『河南程氏遺書』序, 商務印書館, 1935, "夫二先生唱明道學於孔孟旣沒千載不傳之後, 可謂盛矣."

첫째, 장재의 '기'일원론이니, 후에 명대의 왕정상王廷相에 이르러 비로소 한층 더 발전하였다. 둘째, 정이와 주희의 '리'일원론이니, 후에 남송 중기에서 청대 중기에 이르기까지의 관학官學철학이 되었다. 셋째, 육구연의 '심'일원론이니, 명대의 왕수인에 이르러 충분한 발전을 이루었다.

이학에는 넓은 의미와 좁은 의미의 두 가지 뜻이 있다. 넓은 의미의 이학은 '기'일원론·'리'일원론·'심'일원론의 세 유파를 포괄한다. 좁은 의미의 이학은 오로지 정주학설만을 가리킨다.

이학은 송명시대에 통치지위를 차지한 사상이고 역사상에서 일찍이 광범위한 영향을 미쳤다.

2. 이학의 주요 특징

이학이 비록 세 유파로 나누어졌지만 약간의 공통된 특징이 있다. 이러한 특징에는 주로 세 가지가 있다.

(1) 이학은 선진시기 유가인 공구孔丘(공자)와 맹가孟軻(맹자)의 윤리도덕학설에 본체론적 기초를 제공하였다.

(2) 이학은 봉건 지주계급의 도덕원칙을 영원하고 절대적인 최고원칙으로 간주하였는데, 이것은 봉건 등급질서를 이론적으로 변호하였다.

(3) 이학은 현실생활 속에서 어느 정도 깨달음을 높이는, 즉 숭고한 정신경지에 도달할 수 있다고 보았으니, 영혼불사靈魂不死를 인정할 필요가 없었고 의지가 있는 상제를 인정할 필요가 없었다.

주돈이·장재·이정은 본체론의 문제를 비교적 깊이 연구하였는데, 그들의 본체론은 공맹孔孟의 윤리도덕학설과 밀접히 결부되어 있다.

이학가들은 맹자가 말한 인·의·예·지의 사덕四德과 부자유친父子有親·군신유의君臣有義·장유유서長幼有序·부부유별夫婦有別·붕우유신朋友有信의 오륜五倫을 '변하지 않는 진리(天經地義)'로 간주하고 또한 비교적 상세히 논증하였으니, 실제로 그들은 봉건사회의 등급질서를 크게 찬미하였다.

이학은 '인륜의 일상생활'에서 '지극한 이치'를 체현하고, 평상시의 '실행'에서 '진성지명盡性至命할 것'을 강조하였다. 이른바 '일용日用'은 일상생활이고, '실행'은 실제의 활동이며, '진성지명'은 최고의 이상을 실현하는 것이다. 이학은 의지가 있는 상제를 믿지 않았고, 불멸不滅의 영혼이 있다는 것을 긍정하지 않았으며, '삼세윤회三世輪回'의 설에 반대하고 현실생활에서 숭고한 정신경지에 도달할 것을 주장하였다.

이 세 가지 특징은 통일된 것이고 나눌 수 없는 것이다.

우리는 장재와 정이의 자술自述 속에서, 그들 학술의 독특한 풍격을 볼 수 있다. 장재는 자기의 학술적 종지를 다음과 같이 진술하였다.

> 천지를 위하여 마음을 세우고, 백성을 위하여 도를 세우며, 지나간 옛 성인을 위하여 끊어진 학문을 잇고, 만세를 위하여 태평을 연다.6

여기에서 '천지를 위하여 마음을 세운다'는 것은, 천지에는 본래 마음이 없고 사람이 천지 사이에서 생존하여 사람들의 천지에 대한 인식도 '천지의 자아인식'이라 말할 수 있으니, 사람들의 천지에 대한 깊은 이해가 바로 '천지를 위하여 마음을 세운다'는 말이다. '백성을 위하여

---

6 『張載集』「近思錄拾遺」, "爲天地立心, 爲生民立道, 爲去聖繼絶學, 爲萬世開太平."

도를 세운다'는 것은 인민을 위해 생활의 최고원칙을 세운다는 말이다. '옛 성인을 위하여 끊어진 학문을 잇는다'는 것은 선진시기 유가 공맹孔孟의 학설을 계승하고 발전시켜야 한다는 말이다. '만세를 위하여 태평을 연다'는 것은 장기간 태평하고 안정을 이룰 수 있는 방안을 찾는다는 말이다.

이 네 구절의 주된 의미는 바로 자연계에 대한 이해와 인류생활에 관한 이상을 긴밀히 결합시킬 것을 요구하였다.

정이가 지은 「명도선생행장明道先生行狀」에서는 그의 형인 정호의 학술 종지를 다음과 같이 서술하였다.

〈정호는〉 뭇 사물에 밝고 인륜을 살펴서 '본성을 다하여 천명에 이르는 것 (盡性至命)'이 반드시 효제에 근본하고, '신묘함을 궁구하여 변화를 아는 것 (窮神知化)'이 예악에 기인한다는 것을 알았다. 이단異端이 옳은 것 같지만 그르다는 것을 변론하였고, 백대百代동안 밝히지 못한 의혹을 풀어주었다.……그(정호)가 말하였다. "성인의 도가 밝지 못하는 것은 이단이 해를 끼치기 때문이다. 옛날에는(양주와 묵적의 설을 말한다) 해가 얕아서 알기가 쉬웠으나, 지금은(불교를 말한다) 해가 깊어서 분별하기가 어렵다. 옛날에 사람을 현혹시킨 것은 그 우매愚昧한 것을 틈탓지만, 지금의 사람에 파고드는 것은 그 고명高明한 것을 이용한다. 스스로 '신묘함을 궁구하여 변화를 안다'고 말하지만, '사물을 열어서 일을 이루게 하기에는(開物成務)' 부족하다. 말은 〈인간사에〉 두루 미치지 않음이 없지만 실제는 윤리에서 벗어나고, 지극히 신묘한 것을 궁구하지만 요순의 도에 들어가지 못한다."[7]

---

[7] 『二程全書』「明道先生行狀」, 中華書局, 1986, "明於庶物, 察於人倫, 知盡性至命必本於孝弟, 窮神知化由通於禮樂. 辯異端似是之非, 開百代未明之惑.……其言曰, 道之不明, 異端害之也, 昔之害近而易知, 今之害深而難辨. 昔之惑人也乘其迷暗, 今之入人也因其高明, 自謂之窮神知化, 而不足以開物成務. 言爲無不周遍, 實則外於倫理. 窮深極微, 而不可以入堯舜之道."

이것은 이학의 종지에서 가장 중요한 요점을 설명하였다. 정호의 학설은 '진성지명盡性至命'과 '효제孝弟'의 통일을 중시하고 '궁신지화窮神知化'와 '예악禮樂'의 통일을 강조하여, '궁신지화'와 '개물성무開物成務'를 결합시키고 보편원리와 인륜덕행을 결합시킬 것을 요구하였다. 다시 말하면, 우주의 '신묘한 변화'에 대한 깊은 인식이 있어야 현실생활에서 이러한 인식을 체현해낼 수 있다. 정이의 이 말은 물론 그 형의 학술 종지를 서술한 것이지만, 실제는 자신의 학술 종지를 분명히 밝힌 것이다.

정이가 말한 "스스로 궁신지화窮神知化를 말하지만 개물성무開物成務하기에 부족하고, 말이 두루 미지지 않음이 없지만 실제는 윤리에서 벗어나고, 지극히 신묘한 것을 궁구하지만 요순의 도에 들어가지 못한다"는 것은 불교에 대한 비판이다. 이것은 또한 불교가 출세의 종교인 반면, 이학은 출세에 반대하고 '신묘함을 궁구하여 변화를 알거나 지극히 신묘한 것을 궁구할 수 있으며' 또한 '개물성무'와 '윤리'를 실행할 수 있을 것을 요구하였음을 분명히 나타내었다.

송명이학이 불가와 도가의 일부 영향을 받았다는 것은 사실이다. 이학가들이 본체론을 세울 때에 불가와 도가의 학설을 참조하여 취하기도 하고 비판하기도 하였다. 역사상에서 다른 학파와 상호 영향을 주고받은 것은 사상발전의 규율로 이상할 것이 없다. 그러나 이학의 중심사상이 확실히 선진先秦 유가에서 나왔다는 것은 반드시 인정해야 한다.

여대림呂大臨(1042~1090)의 「횡거선생행장橫渠先生行狀」에는 다음과 같이 말하였다.

〈장재가〉 서신을 올려 범문정공范文正公(范仲淹)[8]을 뵈었다. 범문정공은 첫눈에 그가 원대한 도량의 인물임을 알고……『중용』을 읽을 것을 권하였

다. 선생(장재)은 그 책을 읽는 것을 비록 좋아하였지만 오히려 만족스럽
게 여기지 않았다. 이에 〈장재는〉 또한 불가와 도가의 책을 찾아다니며
수년 간 그 설을 모두 궁구하였으나, 얻을 것이 없음을 알고 다시 돌아와
육경六經에서 구하였다.9

정이程頤(1033~1107)의 「명도선생행장明道先生行狀」에는 다음과 같이
말하였다.

개연히 도를 구하려는 뜻이 있었으나 그 요체를 알지 못하고, 제가諸家를
떠돌거나 불가와 도가에 출입한 지 수십 년 만에 다시 돌아와 육경에서
구한 이후에 〈그 뜻을〉 얻었다.10

장재와 정이가 불가와 도가의 책을 연구하였지만, 그들은 결국 불가
와 도가를 떠나서 공맹孔孟의 학설로 돌아왔다. 장재는 『정몽正蒙』에서
도가의 "유가 무에서 생겨난다(有生於無)"는 설을 비판하고, 또 다시 불
교의 "산하대지를 병통으로 보는 설"을 비판하였으니, 그의 학설은 기
본적으로 불가와 도가에 대립되었다. 정이는 유가와 불가의 차이를 말
하였으니 "하늘에는 이 이치가 있고, 성인이 따라서 행하는 것을 도道
라 한다. 성인은 하늘에 근본하고 불교는 마음에 근본한다."11 정이의

---

8 범중엄(范仲淹, 989~1052)을 말한다. 자는 희문(希文), 시호는 문정(文正)으로 중국 북
송(北宋) 때의 정치가·문학가·교육가이다.(역자 주)

9 『張載集』「呂大臨橫渠先生行狀」, "上書謁范文正公, 公一見知其遠器.……勸讀中庸, 先
生讀其書, 雖愛之, 猶未以爲足也. 於是又訪諸釋老之書, 累年盡窮其說, 知無所得, 反而
求之六經."

10 『二程全書』「明道先生行狀」, "慨然有求道之志, 未知其要, 泛濫于諸家, 出入于老釋者
幾十年, 返求諸六經而後得之."

11 『二程全書』卷21(下), 「附師說後」, "天有是理, 聖人循而行之, 所謂道也. 聖人本天, 釋
氏本心."

학설과 불학佛學의 차이는 분명하였다.

역대로 불교에 아첨한 선비들은 대부분 이학을 폄하고 이학가들의 저서나 이론이 불교의 많은 논점을 절취하였다고 여겼다. 예컨대 금나라의 이순보李純甫[12]는 일찍이 "이천의 제유들이 비록 성리性理를 깊이 밝혀서 육경인 성인의 심학을 발전시켰지만, 모두 우리 불서佛書에서 훔친 것이다"[13]라고 말하였다. 실제로 이것은 이순보의 주관적 편견이요 불도들의 이학에 대한 비방이다.

또한 청말의 학자 심선등沈善登[14]은 "심성의 학문은 불서佛書보다 정밀하고 심오할 수 없으니, 송유들의 수많은 말이 글 전체를 기록하기도 하고 큰 요지를 개괄하기도 하였으나 모두 여기(불서)에 근본한다"[15]라고 말하였다. 심선등은 "사事와 리理를 대립시키고, 무위無爲와 선악善惡을 서로 대립시키고, 마음은 안과 밖을 모두 잊어야 하고(內外兩忘), 마음에는 전체대용全體大用(온전한 본체와 큰 작용)과 체용일원 현미무간體用一原 顯微無間(체와 용은 하나의 근원이니 드러남과 은미함에는 간격이 없다)이 있다"는 여러 설을 들어서 논증하였다. 실제로 이학가들이 말한 사리事理와 불교의 화엄종에서 말한 '사리'는 근본적으로 같은 의미가 아니다. '사리' 두 글자가 함께 쓰인 것은 이미 선진시대의 책 속에 보인다. '무위선악無爲善惡'과 '내외양망內外兩忘'은 말의 근원이 노장老莊에서 나왔고, '체용體用'의 설은 또한 불교의 전문용어가 아니고, '현미顯微'라

---

12 이순보(李純甫, 1177~1223): 중국 금대(金代)의 문학가. 자는 지순(之純), 호는 병산 거사(屛山居士), 홍주(弘州) 양음(襄陰: 지금의 河北省 陽原) 사람이다.(역자 주)

13 『宋元學案』卷100,「屛山鳴道集說略」, "伊川諸儒, 雖號深明性理, 發揚六經聖人心學, 然皆竊吾佛書者也."

14 심선등(沈善登, 1830~1902): 청말의 철학자요 경학자. 자는 곡성(谷成), 절강성(浙江省) 동향(桐鄕) 사람이다.(역자 주)

15 沈善登, 『報恩論』「雜說」, "心性之學, 莫精邃於佛書, 宋儒千言萬語, 或錄全文, 或括大旨, 皆本于此."

는 말은 『중용』에 근본한다. 심선등은 깊이 고찰하지 않고 모두 불서에 근본한다고 말하였으니, 아마도 '학문이 얕고 견문이 좁다'는 비난을 면하기 어려울 것이다.

심선등은 또한 "송유들은 불교가 자기(송유)들을 이기는 것을 싫어하였으며, 특히 인과삼생因果三生[16]의 이치를 믿지 않고서 마침내 귀신을 아울러 의심하고, 일기一氣가 굴신屈伸하는 설을 만들어내고 죽으면 태허로 돌아간다고 말하였으니, 결코 통할 수 없다"[17]라고 말하였다. 이것은 송유들의 이학과 불교 사이에 확실히 중요한 차이가 있음을 인정한 것이다. 송유들은 내세來世를 믿지 않고 귀신을 믿지 않는 무신론적 경향을 나타냈는데, 적어도 이 방면에서 이학은 약간의 진리를 포함하였던 것이다.

총괄하면, 이학은 기본적으로 선진先秦의 유가인 공맹학설을 한걸음 더 발전시켜 비록 불가와 도가가 제기한 약간의 문제를 탐구하고 불가와 도가의 일부 사상관점을 흡수하였지만, 그 기본경향은 선진의 유가와 일치하였다.

3. 이학은 철학이지 종교가 아니다

이학과 불교 사이에 가장 중요한 차이는, 불교는 종교이지만 이학은 철학일 뿐이지 종교가 아니라는 것이다.

이학은 의지가 있는 상제를 믿지 않고, 영혼불사靈魂不死를 믿지 않으

---

16 삼시(三時: 과거·현재·미래) 개념이 삼생(三生: 전생(前生)·금생(今生)·내생(來生)) 개념으로 이어지면서 인과응보(因果應報)로 나타난다는 것이다.(역자 주)

17 沈善登, 『沈谷成易學』 「經正民輿說」, "宋儒惡佛敎之勝己, 尤不信因果三生之理, 遂幷鬼神而疑之, 創爲一氣屈申之說, 謂死則還之太虛, 殊不可通."

며, 삼세보응三世報應을 믿지 않고, 종교의식이 없으며, 더구나 기도하지 않기 때문에 이학은 종교가 아니다.

도가道家와 도교道教에도 차이가 있다. 도교는 종교이지만, 선진도가인 노장학설은 철학이지 종교가 아니다. 도교는 노자를 교주로 높이 숭배하였지만, 도교가 노자를 교주로 삼았다고 해서 노자학설도 종교라고는 볼 수 없다.

이학가들 가운데 장재학설은 기본적으로 유물주의이고, 정주학설은 객관유심주의이며, 육왕학설은 주관유심주의이다. 철학의 유심주의와 종교는 연관이 있지만 또한 구별된다. 철학의 유심주의와 종교의 관계를 인정하지 않는 것은 옳지 않는 것이고, 철학의 유심주의와 종교의 차이를 인정하지 않는 것도 옳지 않는 것이다.

장재는 불교의 미신을 맹렬히 비난하였다.

> 불타(부처)께서는 귀신을 밝혀 "식識이 있는 죽음(영혼이 흩어지지 않은 죽음)은 다시 생명으로 태어나 순환한다(윤회)"라고 말하였지만, 끝내 괴로움을 싫어하고 이를 피하고자 하였으니 귀신을 안다고 말할 수 있겠는가? 인생을 허망한 것으로 여겼으니 사람을 안다고 말할 수 있겠는가?……지금 부처의 요지를 극론하면, 반드시 "삶과 죽음이 유전하지만(윤회), 도를 깨달은 자가 아니면 〈이러한 윤회에서〉 벗어나지 못한다"라고 하였으니, 〈어찌 부처가〉 도를 깨달았다고 말할 수 있겠는가?18

장재는 '삶과 죽음이 유전한다'는 윤회설을 단호하게 반대하였다. 정이도 불교를 비판하였다.

---

18 『正蒙』「乾稱」, "浮屠明鬼, 謂有識之死受生循環, 遂厭苦求免, 可謂知鬼乎. 以人生爲妄見, 可謂知人乎.……今浮屠極論要歸, 必謂死生流轉, 非得道不免, 謂之悟道可乎."

불학佛學은 다만 삶과 죽음으로 사람을 두렵게 하였을 뿐인데, 이상하게도 2천년 동안 어느 한 사람도 이 사실을 깨닫지 못하였으니, 이는 그것(삶과 죽음)에서 두려움을 당한 것이다. 성현은 삶과 죽음을 본분(本分)의 일로 여기고 두려워하지 않기 때문에 삶과 죽음을 논하지 않는다. 불학은 삶과 죽음을 두려워하기 때문에 다만 끊임없이 말한다. 일반 백성들은 참으로 두려움이 많아 쉽게 이로움에 동요된다. 선학禪學과 같은 것이 비록 스스로 이와 다르다고 말하지만, 요지는 다만 이러한 견해일 뿐이다.[19]

불교가 삶과 죽음의 문제를 출발점으로 삼았으나, 유가는 근본적으로 삶과 죽음의 문제를 중시하지 않았다. 이것은 유교와 불교의 근본적 차이이고, 또한 종교와 비종교의 근본적 차이이다. 만약 삶과 죽음의 문제를 중시하지 않고 내세피안來世彼岸을 말하지 않는 이학을 종교라 생각한다면, 종교와 비종교간의 경계가 모호해질 것이다.

정이는 또한 상제에 대해 말하였는데, 『하남정씨유서河南程氏遺書』에는 다음과 같이 기록하고 있다.

어떤 사람이 묻기를, "천과 상제의 설은 어떻습니까?" 대답하기를, "형체로써 말하면 '천'이라 하고, 주재로써 말하면 '상제'라 하고, 공용으로써 말하면 '귀신'이라 하고, 신묘한 작용으로써 말하면 '신神'이라고 하고, 성정性情으로써 말하면 '건乾'이라고 한다."[20]

또 묻기를, "천도天道는 어떻습니까." 대답하기를 "다만 이치일 뿐이니, 이치가 바로 천도이다. 예컨대 황천皇天이 진노하였다고 말하지만 결코 사람

---

19 『河南程氏遺書』卷1, 「端伯傳師說」, "佛學只是以生死恐動人, 可怪二千年來, 無一人覺此, 是被他恐動也. 聖賢以生死爲本分事, 無可懼, 故不論死生. 佛之學, 爲怕死生, 故只管說不休. 下俗之人固多懼, 易以利動. 至如禪學者, 雖自曰異此, 然要之只是此个意見."

20 『河南程氏遺書』卷22(上), 「伊川語錄」, "曰天與上帝之說如何. 曰以形體言之謂之天, 以主宰言之謂之帝, 以功用言之謂之鬼神, 以妙用言之謂之神, 以性情言之謂之乾."

이 위에서 진노한 것이 아니다. 다만 이치가 이와 같을 뿐이다."[21]

이것은 '리'일원론의 관점에서 전통적으로 말하는 '천' 혹은 '상제'와 '귀신'에 새로운 해석을 부여한 것이다. 이른바 천이나 상제는 이치일 뿐이다. 이러한 상제는 의식이 없고 의지가 없는 것이지 결코 인격신이 아니다.

남북조에서 수·당 이후로 유·불·도 삼교의 설이 있었다. 그들이 말한 교敎는 일반적으로 학설學說과 교훈敎訓을 가리켜서 말한 것이다. 『중용』에는 "하늘이 명한 것을 본성이라 하고, 본성을 따르는 것을 도道라 하고, 도를 닦는 것을 가르침(敎)이라 한다"[22]라고 말하였다. 유교의 '교'는 바로 '수도지위교修道之謂敎'의 '교'이다. 유교는 바로 유학이지 결코 일종의 종교가 아니다.

이학은 도교와 불교의 일부 수양방법을 흡수하였는데, 예를 들어 주돈이가 말한 '주정무욕主靜無欲'과 이정이 평소에 한 '정좌靜坐'와 같은 것은 이학가들의 중대한 결점이다. 비록 이와 같지만, 주돈이와 이정의 학술종지의 기본경향은 불교나 도교와 크게 달랐다. 우리는 이학가들이 불교와 도교의 일부 수양방법을 취했다고 해서 이학을 종교로 간주할 수는 없다.

---

21 위의 책, "又問天道如何. 曰只是理, 理便是天道也. 且如說皇天震怒, 終不是有人在上震怒. 只是理如此."
22 『中庸』, 第1章, "天命之謂性, 率性之謂道, 修道之謂敎."

4. 이학과 송명시대의 봉건제도

송명이학은 실제로 송명시대의 봉건 등급질서를 위해 이론적 근거를 제공하였고, 송명시대의 봉건제도를 위해 철학적 논증을 전개하였다.

장재는 기氣가 천지만물의 본원本原이고, 기의 모이고 흩어지는 변화로 '리理'가 나타난다고 생각하였다.

> 천지의 기가 비록 모이고 흩어지고(聚散), 공격하고 빼앗는(攻取) 등 여러 가지로 다르게 나타나지만, 그 이치는 순응하고 망령되지 않는다.23

기가 응취하여 만물을 이루고 만물에는 일정한 질서가 있다.

> 삶에 선후가 있기 때문에 천서天序(시간적 개념)가 되고, 작고 크고 높고 낮은 것이 서로 어울려 형체를 이루니 이것을 천질天秩(공간적 개념)이라고 한다. 하늘이 만물을 낳는 것에도 순서가 있고, 만물이 이미 형체를 이룬 것에도 질서가 있다. 순서를 안 연후에 경도經道(常道)가 바로서고, 질서를 안 연후에 예禮가 실행된다.24

'천질'과 '천서'는 자연의 질서이고, 자연의 질서는 '예'의 근거가 된다. 장재는 우주론의 수준에서 봉건 예제禮制의 필요성을 논증하였다.

정호와 정이는 '리'를 천지만물의 본원으로 보고, '리'가 바로 부자관계와 군신관계의 원칙임을 강조하였다. 정호가 말하기를,

---

23 『正蒙』「太和」, "天地之氣, 雖聚散攻取百涂, 然其爲理也順而不妄."
24 『正蒙』「動物」, "生有先後, 所以爲天序. 小大高下, 相幷而相形焉, 是謂天秩. 天之生物也有序, 物之旣形也有秩. 知序然後經正, 知秩然後禮行."

부자父子와 군신君臣은 천하의 정해진 이치이니 천지간에서 벗어날 수 없다.25

군주는 군주의 도리를 다하고 신하는 신하의 도리를 다해야 하니, 이것을 벗어나서는 이치가 없다.26

정이는 상하上下·존비尊卑의 관계를 말하였다.

하늘이 위에 있고 못이 아래에 있는 것은 상하上下의 구분과 존비尊卑의 뜻이니, 이치의 마땅함이고 예의 근본이다.……무릇 상하의 구분이 분명한 후에 백성의 마음이 안정되고, 백성의 마음이 안정된 후에 다스림을 말할 수 있다. 백성의 마음이 안정되지 않으면 천하는 다스릴 수 없다.27

이정은 우주론의 수준에서 봉건등급의 질서를 변호하였다. 후에 주희는 이정의 이러한 관점을 한층 더 발전시켜 군신·상하의 등급질서가 '리'의 소당연所當然이라고 공언하였다.

이학은 봉건시대 등급질서를 반영한 철학으로 봉건 등급제도의 작용을 강화하였다.

그러나 이학가들은 절대 군권에 찬성하지 않고 군주 개인의 독단에 찬성하지 않았다.

---

25 『河南程氏遺書』卷5, 「二先生語」, "父子君臣, 天下之定理, 無所逃於天地之間."
26 위의 책, "爲君盡君道, 爲臣盡臣道, 過此則無理."
27 『程氏易傳』「履卦」, "天而在上, 澤而處下, 上下之分, 尊卑之義, 理之當也, 禮之本也.……夫上下之分明, 然後民志有定. 民志定, 然後可以言治, 民志不定, 天下不可得而治也."

옛날의 성인은 천하의 존귀한 지위에 있어서 밝게 비출 수 있었고, 강하게
결단할 수 있었고, 세력을 독점할 수 있었다. 그러나 일찍이 천하의 의론
을 다 수렴하지 않음이 없었으니, 비록 풀을 베고 나무하는 미천한 자라도
반드시 〈그 의견을〉 취하였다. 이것이 성인이 된 이유이고, 제위帝位에 올
라 밝게 빛난 자이다. 만약 강명剛明(강직하고 명민함)함을 제멋대로 하고 단
호히 행하면서 돌아보지 않는다면, 비록 정도正道를 얻었더라도 또한 위험
한 방도이니 굳게 지킬 수 있겠는가? 강명한 재주가 있더라도 만일 전적으
로 제멋대로 하면 오히려 위험한 방도가 되거늘, 하물며 강명함이 부족한
자에 있어서랴.**28**

정이는 군주의 독단에 반대하고, 또한 윗사람에 순종하는 것을 충성
으로 여기는 것에 반대하였다.

덜어내지 않아야 유익하다(弗損益之)는 것은 스스로 그 강정剛貞(마음이 군세
고 곧음)함을 덜어내지 않아야 윗사람을 유익하게 할 수 있으니, 이것이 바
로 유익하게 하는 것이다. 만약 그 강정함을 잃고 유약한 설을 쓴다면 다
만 덜어내기에 족할 뿐이고, 자기를 덜어내어 윗사람에 더하는 것이 아니
다. 세상의 어리석은 자들은 비록 사심邪心이 없지만, 오직 힘을 다해 윗사
람에 순종하는 것을 충성으로 여기는 자가 있는데, 이는 덜어내지 않아야
유익하다는 뜻을 알지 못한 것이다.**29**

---

28 『程氏易傳』「履卦」, "古之聖人, 居天下之尊, 明足以照, 剛足以決, 勢足以專, 然而未嘗
不盡天下之議, 雖芻蕘之微必取, 乃其所以爲聖也, 履帝位而光明者也. 若自任剛明, 決
行不顧, 雖使得正, 亦危道也, 可固守乎. 有剛明之才, 苟專自任, 猶爲危道, 況剛明不足
者乎."

29 『程氏易傳』「損卦」, "弗損, 益之. 不自損其剛貞, 則能益其上, 乃益之也. 若失其剛貞而
用柔說, 適足以損之而已, 非損己而益上也. 世之愚者, 有雖無邪心, 而唯知竭力順上爲
忠者, 蓋不知弗損益之之義也."

정이는 신하가 '강정'한 태도를 유지하고 원칙을 견지해야 국가의 통치에 도움을 줄 수 있다고 주장하였다. 정이는 절대군권에 동의하지 않았다. 또한 『하남정씨유서』에는 다음과 같이 기록하고 있다.

선생이 옛날 강연에서 『논어』(선진편)의 "남용南容이 백규白圭란 내용의 시를 하루에 세 번 반복해 외웠다(南容三復白圭)"라는 곳을 말하는데, 궁중의 근신(內臣)이 용容자를 삭제하였다. 그 까닭을 묻자, 근신이 "이것은 임금의 옛 이름이다"라고 말하였다. 선생이 강의를 마치고 이어서 말하기를, "방금 신이 책을 강론하다가 근신이 '용'자를 삭제하는 것을 보았다. 무릇 군주는 천하의 존귀한 지위에 있고 억조億兆 만백성의 위에 머물지만, 다만 사람이 지나치게 높이고 받들면 교만한 마음이 생길까 꺼리고 두려워할 뿐인데, 이것은 모두 좌우의 근신들이 기른 것이다"라고 하였다.30

정이는 지나치게 군주를 존숭하는 것에 반대하였는데, 이것은 당시에 진보적 의미를 갖는다. 이학은 통치계급의 근본적 이익을 반영하였지만 지나치게 군주를 존숭하는 것에는 반대하였는데, 이것은 통치계급의 이익을 장기간 유지하기 위한 것이다.

정치사상에서 정이는 민지民智를 개발할 것을 주장하고 우민愚民정책에 반대하였다.

백성을 총명하게 할 수는 있어도 어리석게 할 수는 없으며, 백성을 가르칠 수는 있어도 위협을 가할 수는 없으며, 백성을 따르게 할 수는 있어도 억지로 강요할 수는 없으며, 백성을 부릴 수는 있어도 속일 수는 없다.31

<hr />

30 『河南程氏遺書』卷19,「楊遵道錄」, "先生舊在講筵, 說論語南容三復白圭處, 內臣貼却容字, 因問之, 內臣云, 是上舊名. 先生講罷, 因說適來臣講書, 見內臣貼却容字. 夫人主處天下之尊, 居億兆之上, 只嫌怕人尊奉過當, 便生驕心, 皆是左右近習之人養成之也."

정이는 학자들에게 민지民智를 계발할 책임이 있음을 강조하였다.

군자의 학문은 선지先知자로 하여금 후지後知자를 깨닫게 하고, 선각先覺자
로 하여금 후각後覺자를 깨닫게 하는 것이지만, 노자는 "백성을 총명하게
하지 않고 어리석은 자로 만들어야 한다"[32]고 여겼으니, 또한 스스로 그
본성을 해친 것이다.[33]

'선각'과 '후각'을 구분하는 것은 당시의 역사적 조건에서 피할 수 없
는 것이다. 우민愚民에 반대하고 명민明民을 강조하였는데, 이것은 또한
진보적이다.

정이는 학문을 연구하는 것이 지식인이 마땅히 다해야 할 의무라고
강조하였다.

지금 농부가 겨울에는 몹시 춥고 여름에는 비가 내려서 논밭을 깊이 갈고
김을 매어 오곡을 파종해야 내가 그것을 먹을 수 있다. 지금 백공百工들의
기술로 그릇을 만들어야 내가 그것을 사용할 수 있다. 갑옷과 투구를 쓴
병사들이 갑옷을 입고 무기를 들고서 나라를 지켜야 내가 편안히 살 수 있
다. 그러나 〈선비는〉 이와 같이 세월을 한가하게 보내니 천지간의 한 마
리 좀벌레이다. 공덕과 은택이 또한 백성에 미치지 않고 다른 일도 할 수
없으니, 오직 성인의 남겨진 서적을 보충하고 편집하는데 조금 도움이 될
뿐이다.[34]

---

31 『河南程氏遺書』卷25, 「暢潛道本」, "民可明也, 不可愚也. 民可教也, 不可威也. 民可順
也, 不可强也. 民可使也, 不可欺也."

32 『老子』, 第65章, "非以明民, 將以愚之."

33 『河南程氏遺書』卷25, 「暢潛道本」, "君子之學也, 使先知知後知, 使先覺覺後覺, 而老
子以爲非以明民, 將以愚之, 其亦自賊其性也."

선비가 학문하는 것은 농부가 경작하는 것과 같다. 농부가 경작하지 않으면 먹을 것이 없고, 먹을 것이 없으면 살 수가 없다. 선비가 학문하는 것도 하루라도 그만둘 수 있겠는가?[35]

봉건시대에 정이는 '선비'의 생활을 농부·백공·병사의 생활과 서로 대조시키고, 만일 "세월을 한가하게 보내면 천지간의 한 마리 좀벌레가 된다"라고 지적하였는데, 이것은 훌륭한 생각이다. 그는 학술을 연구하고 저술에 종사하는 것이 선비의 의무라고 강조하였다. 정이는 사상가·저술가·교육자로서, 그의 학술저술과 교육사업은 중국문화사에 공헌이 있었다.

이학이 비록 봉건제도를 위해 이론적 근거를 제공한 철학이지만, 일부 진보적인 관점도 포함하고 있다.

5. 이학과 반反이학 사상의 대립

이학은 송명철학의 주된 조류이다. 그러나 송명시대에는 이학 외에도 반이학反理學 혹은 비도학非道學의 사상이 있었다.

북송시대에는 왕안석王安石의 '신학新學'과 소식蘇軾·소철蘇轍의 '촉학蜀學'이 있었는데, 모두 이학과 다른 것이다. 남송시대에는 진량陳亮과 엽적葉適이 중시한 사공事功의 학설이 있었다. 북방의 금나라에도 불교

34 『河南程氏遺書』卷17, 「伊川先生語」, "今農夫祁寒暑雨, 深耕易耨, 播種五穀, 吾得而食之. 今百工技藝, 作爲器用, 吾得而用之. 甲冑之士, 披堅執銳, 以守土宇, 吾得而安之. 却如此閑過了日月, 卽是天地間一蠹也. 功澤又不及民, 別事又做不得, 惟有補緝聖人遺書, 庶幾有補爾."

35 『河南程氏遺書』卷18, 「劉元承手編」, "士之於學也, 猶農夫之耕. 農夫不耕, 則無所食, 無所食則不得生. 士之于學也, 其可一日舍哉."

를 존숭한 이순보李純甫가 있었고, 또한 이학에 맹렬히 반대하였다.

이학가들 중에는 유물주의자도 있고 유심주의자도 있다. 반이학의 사상가들 중에도 유물주의자가 있고 유심주의자도 있다. 왕안석(1021~ 1086)은 일찍이 일부 유물주의의 관점을 천명하였고, 진량(1143~1194)과 엽적(1150~1223)은 모두 유심주의에 반대하였다. 소식(1037~1101)과 소철(1039~1112)은 유심주의를 지지하였다. 이순보(1177~1223)는 특히 불교 유심주의의 신앙자였다.

왕안석은 장재와 이정보다 몇 년 일찍이 강학하였는데, 그의 학풍은 장재나 이정과 달랐다. 왕안석의 학설은 '신학新學'으로 알려졌다. 정이는 일찍이 "양시楊時(1053~1135)가 신학에 매우 정통하여 오늘 하나라도 묻는 것이 있으면 그 단점을 모두 알아서 대항할 수 있었다"36라고 말하였다. 양시는 이정의 제자 중에서 신학을 공격한 최고의 인물이었다. 당시 낙학洛學에는 신학에 반대하는 논쟁이 매우 격렬하였다. 왕안석은 매우 유망한 정치가였지만, 완전한 철학체계를 제기하지 못하였다.

소식과 소철의 사상은 유가·불가·도가를 융합하고 불가와 도가를 비판하지 않았다. 북송 원우元祐 연간(1068~1094)에 낙학과 촉학의 논쟁이 있었는데, 낙학과 촉학의 이론적 분기가 매우 분명하였다. 소식과 소철은 주로 문학가이니 철학방면에서의 영향은 크지 않았다.

남송의 진량과 엽적은 이학에 반대하는 많은 글을 발표하였다. 진량은 말하기를,

> 20년 사이에 도덕성명道德性命의 설이 한번 일어나면서 여러 차례 서로 화답하였으나 그 소종래所從來를 알지 못하였다.……성인의 도가 모두 나에

---

36 『河南程氏遺書』卷2上, 「元豐己未呂與叔東見二先生語」, "楊時於新學極精, 今日一有所問, 能盡知其短而持之."

게 있다고 여기고, 천하의 일은 할 수 없는 것이 없다고 여기고, 후생들을 지도하는데 스스로 뛰어나다고 여기지만 본래 있을 수 없는 것이다. 다만 자기에게로 향하게 한 이후에 모든 천하의 설을 한번 취하여 가르치고자 하였으니 완고히 남의 스승으로 자처한 것이다.37

도덕성명의 설이 한번 일어나면서부터 보통의 이해할 수 없는 사람들이 스스로 그 사이에 의지하여 '단각정심端慤靜深(단정하고 매우 고요함)'을 체體로 삼고 '서행완어徐行緩語(천천히 걷고 느리게 말함)'를 용用으로 삼아 궁구할 수 없는 것에 힘쓰고 그 없는 것을 덮어 가리고서 한 가지 기예와 한 가지 재능은 모두 성인의 도에 통할 수 없다고 여겼다. 이에 천하의 선비들은 비로소 그 가지고 있던 것을 잃어버리고 따라갈 곳을 알지 못하였다. 선비된 자는 문장을 말하고 의리를 실행하는 것을 부끄러워하면서 '마음을 다하여 본성을 안다(盡心知性)'고 하고, 관직에 있는 자는 정사政事와 판결을 말하는 것을 부끄러워하면서 '도를 배우고 사람을 사랑한다(學道愛人)'고 하여 서로 가리고 서로 속여서 천하의 실질이 모두 폐기되었으니, 결국 온갖 일들이 다스려지지 않게 되었다.38

이것은 이학가들이 오로지 '도덕성명'의 문제만을 연구하고 실제 사무에 주목하지 않아 실제 문제를 해결할 능력이 없는 것을 말하였다. 당시 이학 학풍에 대한 진량의 비판에는 적절한 곳도 있었지만 모두 사실에 부합하였던 것은 아니다. 당시 주자와 육상산 두 학파는 결코

---

37 『陳亮集』卷15,「送王仲德序」,"二十年之間, 道德性命之說一興, 迭相唱和, 不知其所從來.……以聖人之道爲盡在我, 以天下之事無所不能, 能麾其後生以自爲高而本無有者, 使惟己之向, 而後欲盡天下之說一取而敎之, 頑然以人師自命."

38 『陳亮集』卷15,「送吳允成運幹序」,"自道德性命之說一興, 而尋常爛熟無所能解之人, 自托於其間, 以端慤靜深爲體, 以徐行緩語爲用, 務爲不可窮測, 以盖其所無, 一藝一能皆以爲不足自通於聖人之道也. 于是天下之士始喪其所有, 而不知適從矣. 爲士者恥言文章行義而曰盡心知性, 居官者恥言政事書判而曰學道愛人, 相蒙相欺以盡廢天下之實, 則亦終於百事不理而已."

"문장을 말하고 의리를 행하는 것을 부끄러워하지 않았으며" 더구나 "정사와 판결을 말하는 것"을 부끄러워한 것이 아니라, 다만 '마음을 다하여 본성을 알 것'과 '도를 배워서 사람을 사랑할 것'을 특별히 중시하였을 뿐이다. 이른바 "서로 가리고 서로 속여서 천하의 실질이 모두 폐기되었으니, 결국 온갖 일이 다스려지지 않게 되었다"는 것은 더욱 그 말이 과장되었고, 일부러 과격한 말을 하여 남을 놀라게 하였으니 당시 이학가들의 언행과는 서로 부합하지 않았다.

엽적은 주돈이·장재·이정의 학문을 다음과 같이 논평하였다.

> 지금 조정이 태평할 때는 선학禪學의 설이 더욱 왕성하여 유가와 불가가 함께 일어나고 이단異端이 한데 모였다. 그 사이에 호걸의 선비들이 우리의 설(유가)을 닦고 밝혀 저들을 이기려는 자가 있었으나, 주돈이·장재·이정이 나와서 스스로 "불가와 도가에 출입한지 매우 오래되었다"라고 하고, 뒤이어 "우리의 도가 고유한 것이다"라고 하였다.……자사子思와 맹자孟子의 새로운 학설과 신기한 이론들에 대해 모두 밝혀내었는데, 대체로 불가의 날카로운 설을 누르고 우리에게 있는 도가 이와 같음을 드러내고자 하였다.……어찌 병을 약으로 삼거나 도적과 성곽을 쌓아 방어를 도우려는 것이 아니겠는가?[39]
>
> 불교의 학설이 중원中原에 들어왔을 때, 그 처음에는 이교異敎였을 뿐이었으나 오래되어 점차 성인의 도와 서로 상반되었다. 뜻이 있는 자는 항상 정미함을 다하여 그것을 이기고자 하였으나, 결국 차이를 두지 못하였다.[40]

---

39 葉適, 『習學記言』卷49, 「呂氏文鑑」, "本朝承平時, 禪說尤熾, 儒釋共駕, 異端會同. 其間豪杰之士, 有欲修明吾說以勝之者, 而周張二程出焉, 自謂出入於佛老甚久, 已而曰, 吾道固有之矣.……於子思孟子之新說奇論, 皆特發明之, 大抵欲抑浮屠之鋒說, 而示吾所有之道若此.……豈非以病爲藥, 而與寇盜設郛郭助之捍御乎."

다시 말하면, 불교에 대해 논변을 전개할 필요 없이 장재와 이정이 자사와 맹자를 조술한 것으로 불교를 비판한 것은 병으로 약을 삼은 것이고, 정미한 문제를 깊이 검토할 때는 불교와 논변하였으니 그 결과 불교와의 경계를 분명히 하지 못하였다. 엽적은 장재와 이정의 학설이 불교와 '차이를 두지' 못하였다고 보았는데, 이것은 엽적이 장재와 이정의 학설과 불교의 차이를 제대로 이해하지 못하였다고 설명할 수 있을 뿐이고, 결코 장재와 이정의 학설과 불교에 차이가 없었다고는 설명할 수 없다. 엽적은 장재와 이정의 학문에 반대하였을 뿐만 아니라, 『주역』「계사繫辭」및 자사와 맹자의 '성性과 천도天道'에 관한 학설에 대해서도 일괄적으로 반대하였다. 이 외에도, 엽적은 순자의 학술에 반대하였다. 엽적은 정치상에서 진보적이었으나 학술상에서는 철학의 무용론자無用論者였으니, 그는 이론연구를 경시하는 좁은 태도를 과시하였다.

진량과 엽적은 주자와 육상산이 말한 '의리義利의 논변'을 비판하였는데, 이것은 어느 정도 진보성을 갖지만 그들의 철학이론상에서의 공헌은 크지 않다. 진량과 엽적은 이학의 투쟁에 반대하였으나 결국 실패로 돌아갔는데, 여기에 그 내재적 원인이 있다.

이학은 봉건사상이고 반反이학사상도 봉건사상이다. 둘은 정치입장에서 기본적으로 일치한다. 이학을 숭상하고 반이학을 경시하는 사상도 옳지 않고, 반이학사상을 찬양하면서 구체적으로 분석하지 않는 것도 옳지 않다.

40 葉適, 『水心集』卷9, 「李氏中洲記」, "佛之學入中原, 其始因爲異敎而已, 久而遂與聖人之道相亂. 有志者常欲致精索微以勝之, 卒不能有所別異."

6. 이학을 비판하고 봉건의 영향을 청산한다

송명이학은 봉건시대 통치지위를 차지한 철학이고 봉건의식이 철학
상에 나타난 것이다. 우리가 지금 사회주의를 건설하고 봉건의식의 영
향을 청산하려면, 반드시 송명이학을 비판해야 한다.

송명이학은 당시 현존하던 제도를 유지하였던 철학이고 현상現狀을
유지하였던 철학이다. 송명이학은 보수성의 사상이다. 결국, 송명이
학은 당시의 생산관계가 철학상에 반영된 것이고, 실제로 당시의 생산
관계를 견고히 하는 작용을 하였다.

명대 중기 이전에는 중국에 아직 자본주의 생산관계의 싹이 출현하
지 않았고, 당시의 봉건생산관계도 시대에 뒤지지 않았다. 이러한 의
미에서 말하면, 명대 중기 이전에는 이학이 반동反動의 사상이라 말할
수 없다. 후에 시대가 발전하면서 이학은 점차 부패해졌다.

명청시기의 진보 사상가인 황종희黃宗羲 · 고염무顧炎武 · 왕부지王夫之
등은 이학의 한계를 타파하고 일부 새로운 관점을 제기하여 새로운 이
론을 세웠는데, 그들은 철학사상의 발전에 중대한 공헌을 하였다.

5 · 4 운동을 시작으로 하는 반봉건의 사상혁명은 공맹孔孟의 우상을
타파하고 이학의 기초를 무너뜨렸다. 해방 이후 위대한 사회주의혁명
이 이미 눈부신 성과를 이루었지만, 지금도 여전히 봉건의식을 철저히
청산해야 할 임무가 있고 송명이학에 대한 비판도 전적으로 필요하다.

그러나 이학을 비판하는 것이라도 결코 이학에 대한 전면적인 부정
을 의미하지 않는다. 이학은 중국 민족문화의 발전사상에서 일찍이 거
대한 영향을 미쳤으니 간단히 내버릴 수 없다.

이학은 역사상에서 소극적 작용을 하였고 또한 적극적 작용도 하
였다.

정주학파의 유해한 작용은 봉건의 예교禮敎를 강화하고 군권君權 · 부

권父權·부권夫權이라는 봉건의 밧줄을 졸라매어 인민사상을 속박하는 정신적 족쇄를 만들었다. 사람을 잡아먹던 '예교'는 바로 정주학파의 영향 하에서 형성된 것이다.

육왕학파는 전적으로 '몸을 돌이켜 반성하여 안에서 구할 것(反省內求)'을 강조하고, 자연계의 규율을 탐색하는 것을 거절하여 공소空疏하고 허현虛玄한 학풍을 조성하여 자연과학의 발전에 심각한 방해작용을 하였다.

그러나 이학에도 일부 적극적 영향이 있다. 이학가들은 지조를 지키는 것을 소중히 여기고 기절氣節을 강조하여 '목숨을 버려서도 의리를 지키는(舍生取義)' 정신을 제창하였다. 송대 이후에 침략에 반항하던 많은 민족 영웅들은 지조가 굳세고 강하여 굽히지 않는 민족의 절개를 나타냈는데, 이것은 이학의 영향과 분리될 수 없다.

이학은 종교신앙에 의지하지 않고 정신생활과 도덕수양의 중요성을 충분히 긍정하였다. 의지가 있는 상제를 믿지 않았고, 영혼불사靈魂不死를 믿지 않았고, 내세피안을 믿지 않았고, 사람의 가치와 사람의 존엄과 인생의 의미를 충분히 긍정하여 숭고한 정신경지에 도달하도록 힘써 노력하였다. 비록 그들의 정신경지가 역사적 한계와 계급적 한계를 가지고 있었지만, 이러한 무신론의 기초 위에서 인류 정신생활의 가치를 충분히 긍정한 학설이니 확실히 중요한 이론적 의미를 갖는다.

이학이 봉건 지주계급의 도덕원칙인 인·의·예·지를 영원하고 절대적인 것으로 간주하고 천지만물의 본원으로 간주하고 인심의 고유固有한 내용으로 간주하는데 이르러서는, 이학가들의 계급적 편견을 충분히 나타내었으니 그 잘못됨은 오늘날 이미 분명하다.

송명이학은 중국 이론사유의 발전사상에서 중요한 지위를 갖는다. 장재가 말한 '기'일원론, 정이가 말한 '리'일원론, 육왕이 말한 '심'일원론에는 비록 옳고 그른 구분이 있지만, 이론사유상에서는 모두 비교적 높은 수준에 도달하였다. 장재는 변화를 깊이 연구하여 대립통일('兩一')의 관점을 밝혔고, 정주는 "사물에 나아가 이치를 궁구할 것(卽物窮理)"을 선양하여 학술발전에 촉진작용을 하였으며, 육왕은 독립적 사고를 강조하여 개인의 주관적 능동성을 발전시켰다. 이처럼 인식사상에서 송명이학의 작용은 결코 소홀히 할 수 없다. 때문에 이학을 비판하려면 먼저 이학에 대한 과학적 분석을 진행해야 한다.

우리의 지금 임무 중의 하나는 송명이학에 대해 과학적 총결을 내리는 일이다. 본문에서는 다만 송명이학의 기본성질에 대해 약간의 개괄적 설명만을 시도하였다. 오직 송명이학에 대한 과학적 분석이 있은 후에 송명이학을 비판해야 비로소 충분한 설득력을 가질 수 있다.

도학의 특징, 명칭과 성질[1]

풍우란馮友蘭[2]

철학은 인류 정신생활의 반성이다. 인류는 그 정신생활 속에서 항상 이런 혹은 저런 모순에 부딪치는데, 모순이 있으면 문제가 있다. 그 중에서 비교적 근본성을 띠고 혹은 비교적 보편성을 띠는 문제가 바로 철학문제이다. 이러한 문제에 대한 이해와 체득 및 해결이 바로 철학의 내용이다. 그 이해와 체득에는 얕고 혹은 깊은 차이가 있을 수 있고, 그 해결에도 정확하거나 혹은 잘못된 차이가 있을 수 있다. 때문에 철학은 많은 '학파(家)'와 '유파(派)'로 나누어졌으니, 이것은 이상할 것이 없다. 설령 자연과학 내의 과목에도 서로 다른 '학파'와 '유파'가 있을 수 있는데, 이 '학파'와 저 '학파' 혹은 이 '유파'와 저 '유파'에는 같은 점도 있고 다른 점도 있다. 같은 점은 그들이 해결하려는 문제가 서로 같거나 혹은 유사한데 있다. 다른 점은 그들의 이러한 문제에 대한 이

---

1 원래 『사회과학전선(社會科學戰線)』, 1982년, 제3기에 실렸던 글이다.
2 풍우란(馮友蘭, 1895~1990): 중국 현대 철학자, 자는 지생(芝生), 하남성 당하(唐河) 출신이다.(역자 주)

해와 체득에 깊고 얕은 차이가 있다는데 있고, 이러한 문제에 대한 해결에 정확하고 잘못된 차이가 있다는데 있다. 이러한 차이가 바로 이 '학파' 혹은 이 '유파'의 특징이다.

도학道學은 중국철학 내의 가장 큰 파벌이다. 그것의 특징은 무엇인가? 이것이 본문에서 토론하려는 첫 번째 문제이다. 그 명칭은 무엇인가? '도학'이라 해야 하는가 아니면 '이학理學'이라 해야 하는가? 이것이 본문에서 토론하려는 두 번째 문제이다. 그 성질은 무엇인가? 철학인가 아니면 종교인가? 이것이 본문에서 토론하려는 세 번째 문제이다. 먼저 첫 번째 문제부터 설명하겠다.

1. 도학의 특징

도학은 사람에 관한 학문이고, 그것이 말하려는 것은 사람의 우주 속에서의 지위이니, 사람과 자연의 관계, 개인과 사회의 관계, 개인 발전의 전망과 목적이다. 이러한 일련의 문제는 모두 인류 정신생활 속에서 비교적 근본성과 보편성을 띠는 문제이다.

중국철학에는 매우 오래된 전통의 견해가 있으니, "사람이 만물의 영장이다"[3]는 것이다. 이 말은 『서경書經』「태서泰誓」에 보인다. 「태서」의 이 편은 위고문僞古文이지만, 위고문에도 근본하는 것이 있을 수 있다. 『예기禮記』「예운禮運」에는 "그러므로 사람이란 천지의 덕이고, 음과 양의 교제이며, 귀와 신의 모임이고, 오행의 빼어난 기운이다"[4]라고 하였다. 다시 말하면 사람이 만물의 영장이라는 뜻이다. 「예운」은 서한西漢

---

[3] 『書經』「泰誓」, "人爲萬物之靈."
[4] 『禮記』「禮運」, "故人者, 其天地之德, 陰陽之交, 鬼神之會, 五行之秀氣也."

때에서 나왔으니 사람이 만물의 영장이라는 전통의 견해는 대체로 서한보다 늦지 않다. 비교적 이른 시기의 도학자 주돈이周敦頤(1017~1073)는 그의 「태극도설太極圖說」에서 "오직 사람만이 그 빼어남을 얻어서 가장 신령스럽다"[5]라고 말하였다. 그 '수秀'는 음양·오행의 빼어남이요, '영靈'은 바로 '만물의 영장'이라는 그 '영'이다. 이러한 '영'자를 사용하여 인류의 특징을 설명한 것은 매우 정확하다. 고생물 중에 어떤 것은 몸집이 아주 크고 어떤 것은 힘이 아주 세다. 사람은 이러한 방면에서 그들과 비교하면 차이가 너무 크다. 사람의 특징은 다른 생물보다 모두 영특하다(靈). '영'은 바로 총명한 지혜이다. 총명한 지혜가 있어야 사회를 조직하고 과학과 예술을 발전시켜 자연계에 원래 없던 것을 창조할 수 있다. 총괄하면, 사람에게는 정신생활이 있을 수 있고, 정신생활에 대한 반성이 있을 수 있다. 이러한 것들은 모두 '영'의 내용과 효과이다. 사람에게는 왜 이러한 '영'이 충분할 수 있는가? 왜냐하면 그가 음양오행의 빼어난 기를 얻었기 때문이다. '빼어난 기'라고 말하면 조금 신비로운 것 같다. 그러나 우리는 지금도 사람에게 사상이 있을 수 있는 것이 그에게 두뇌가 있고, 두뇌는 최고 수준의 물질로 발전하기 때문이라고 말한다. 이것도 물질의 '빼어난 기'라고 말할 수 있다. 필자는 결코 현대 유물주의 사상으로 도학을 견강부회하려는 것이 아니다. 총체적으로 말하면 대부분의 도학자들은 유심주의자이다. 그러나 유심주의인 이유는 다른 곳에 있다. 위에서 인용한 몇 구절의 말로 유심주의를 말할 수는 없지만, 어떻게 말하든 사람이 사람되는 까닭이나 사람과 자연의 관계를 설명하였고, 이로부터 사람의 우주 속에서의 지위를 설명하였다.

중국철학에는 또 다른 전통의 견해가 있으니, 즉 사람과 천지를 합

---

[5] 『周子全集』「太極圖說」, "惟人也得其秀而最靈."

하여 '삼재三才'라 불렀다. 『중용』에는 "천지와 셋이 될 수 있다"[6]라고
하였다. '삼參'은 삼三이니, 사람이 천지와 병립하여 셋이 될 수 있다는
말이다. 오늘날 우리는 땅과 하늘을 함께 논할 수 없다는 것을 알고 있
다. 즉 땅은 매우 보잘 것 없는 천체天體에 불과하고, 사람도 지상의 각
종 사물 중의 하나에 불과하니, 이른바 '삼재병립三才並立'은 매우 가소
로울 수 있다. 그러나 옛 사람들은 천지가 우주 간에 두 개의 가장 큰
물건이고, 천지 가운데 있는 사람의 형체는 비록 매우 작지만 그 공용
은 매우 크다고 여겼다. '삼재병립'은 결코 형체방면에서 말한 것이 아
니라 정신방면에서 말한 것이다.

　송 왕조 사람들은 두 구절의 시를 말하였으니, "하늘이 중니(공자)를
낳지 않았다면 만고토록 암흑과 같았을 것이다."[7] 여기에서 그들은 공
자가 인류를 대표한다고 보았다. 응당 "하늘이 사람을 낳지 않았다면
만고토록 암흑과 같았을 것이다"라고 말해야 할 것이다. 만약 사람이
없었다면 위에서 말한 그러한 '영특함'도 없었을 것이고, 그러한 영특
함이 없었다면 누가 자연계의 규율을 이해할 수 있었겠는가? 누가 자
연계에 본래 없던 것을 창조할 수 있었겠는가? 자연계는 자각自覺할 수
없으니, 이것은 암흑 속에서 영원히 잠자는 것과 같다. '삼재병립'은
사람의 우주 속에서의 지위를 설명한 것이고, 또한 사람과 자연계의
관계를 설명한 것이다. 중국 고인들이 말한 하늘과 땅은 일반적으로
자연계를 가리킨다.

　중국철학에는 또 다른 전통의 견해가 있으니, "하늘과 사람의 관계
를 다한다"[8]는 것이다. 여기서의 '하늘'도 일반적으로 자연계를 가리킨
다. '천인지제天人之際'가 말하는 것은 사람과 자연계의 관계이다. '하늘

---

6 『中庸』, 第22章, "可以與天地參矣."

7 唐庚(1069~1120, 자는 子西), 『唐子西文錄』(또는 『朱子語類』卷93, 「孔孟周程張子」),
　"天不生仲尼, 萬古長如夜."(역자 주)

과 사람의 관계를 다한다'는 것은 이러한 관계를 분명히 해야 한다는 말이다. 천인병립天人竝立도 이러한 관계에 대한 일종의 견해이다. 만약 더 궁구해가면 이 둘 속에는 본말本末과 경중輕重의 문제가 있다. '하늘'과 '사람' 둘 중에 어느 것이 근본이고 어느 것이 말단인가? 어느 것이 비교적 가볍고 어느 것이 비교적 무거운가? 헤겔Hegel(1770~1831)은 자연계가 정신의 이질화라고 생각하였다. 이것은 사람을 근본으로 여기고 자연계를 말단으로 삼은 것이다. '이질화'란 하나의 사물이 둘로 나누어져 자기가 자기에게 대립 면을 세우는 것이니, 이 대립 면은 자기한테서 분화되어 나온 것이지만 도리어 자기의 대립물이 되는 것이다. (나는 여기에서 헤겔을 주석하려는 것이 아니고 또한 나의 이러한 견해가 헤겔의 본래 뜻임을 보증하지도 않는다. 만약 그렇지 않다면 나는 헤겔의 이 용어를 차용할 생각이다.) 대립물인 이상 그 사이에는 반드시 모순과 투쟁이 있지만, 결국 자기한테서 분화되어 나온 것이기 때문에 반드시 통일이 있다. 위에서 말하고 인용한 몇 구절의 말을 표면상에서 보면, 사람을 하늘의 이질화로 생각한다는 것이다. 『중용』의 '천명지위성天命之謂性'의 경우, 하늘은 근본이고 비교적 중요하며 사람은 말단이고 비교적 가볍다. 또한 위에서 말한 것이 누가 누구의 이질화든지를 막론하고 모두 사람과 자연계의 관계와 사람의 우주 속에서 지위를 설명하는 것이다.

　장재張載의 「서명西銘」에서 말한 것도 사람과 자연의 관계이고 사람의 우주 속에서의 지위인데, 이로부터 사람과 우주 속의 다른 사물과의 관계로 확대해간다. 「서명」에는 자주 보이는 대명사가 둘 있는데, 하나는 '나(吾)'이고 다른 하나는 '그(其)'이다. '나'는 나 개인이고, '그'는 천지 혹은 우주 혹은 건곤乾坤이다. '나'는 나 개인이지만 또한 나 개인

---

8 司馬遷, 『史記』「太史公自敍」, "窮天人之際, 通古今之變, 成一家之言."를 참고한다.(역자 주)

뿐만이 아니다. 누가 이 편의 글을 읽는다면, 〈글을 읽는〉 그 '나'가 바로 그 개인이 된다. '나'이든 아니면 '그'이든 그가 인류 속의 한 구성원이고 우주 속의 한 구성원임을 이해한다면, 그의 일거일동一擧一動에 모두 우주적 의미가 있음을 보거나 혹은 느낄 것이다. 예를 들어 '나이 많은 어른을 존대한다(尊高年)'거나 '어리고 약한 이를 사랑한다(慈幼弱)'는 것은 모두 사회 속의 늙은이를 존대하고 사회 속의 유약한 자를 사랑하는 것일 뿐만 아니라, 인류의 늙은이를 존대하고 인류의 유약한 자를 사랑하는 것이고, 더 나아가 우주의 늙은이를 존대하고 우주의 유약한 자를 사랑하는 것이다. 성인聖人과 현인賢人은 사회 속에 뛰어난 사람일 뿐만 아니라 인류 속에 뛰어난 사람이고, 더 나아가 우주 속에 뛰어난 인물이다. 이것이 바로 '그(其)'자의 의미이다. 이러한 추론에 따르면, 개인의 일거일동은 모두 이러한 층차적 의미를 갖는다. 우주는 무한한 것이고 인생은 유한한 것이니, 개개인에게 이러한 이해가 있다면 그는 무한을 유한에 끌어들인 것이다. 유한의 일은 언제나 완전할 수 없다. 그가 하루를 살면 하루 일에 힘을 다한다. 어느 날 죽으면 그는 쉴 수 있다. 이것이 「서명」 마지막 두 구절에서 말한 "살아서는 내가 일에 순응하고 죽어서는 내가 편안하다"[9]는 것이다. '편안하다(寧)'는 것은 휴식한다는 말이다. 다만 위에서 말한 이해가 있는 사람만이 죽음을 휴식으로 깨달을 수 있다. 왜냐하면 그는 무한을 유한에 끌어들여 시간에 영원히 살고 죽음도 휴식에 불과하기 때문이다. 이러한 이해가 없는 사람에게는 죽음이 곧 일체의 종말이고 일체의 끝이니 휴식하거나 혹은 휴식하지 않는다고 말할 수 없다.

　장재의 이 글은 사람의 우주 속에서의 지위나 사람과 우주의 관계를 말한 것이고, 또한 사람을 개인으로 구체화하여 이로부터 사람이 우주

---

9 『張子全集』「西銘」, "存, 吾順事, 沒, 吾寧也."

속에서 마땅히 가져야 하는 책임과 의무 및 삶과 죽음의 문제를 추론
하였다. 이 편의 몇 백자의 글은 일부 정신현상학을 말한 것이다. 때문
에 도학가들은 모두 이 글을 매우 추숭하였다. 정이程頤는 이 편의 글
이 있으면서 다소 말을 돌이켜보게 되었다고 말하였다.

　장재의 이 글은 또한 도학가들이 말한 사람의 본질을 분명하게 드러
내주었다. 사람의 본질이란 바로 '인성人性'이고, 사람이 다른 동물과
구별되는 근본 규정은 도학가들의 말한 것에 따르면, 사람의 근본 규
정은 '인仁'이다.

　정호程顥는 말하기를,

> 학자는 먼저 '인'을 알아야 한다. '인'이라는 것은 혼연히 만물과 동체同體
> 이니 의義·예禮·지知·신信은 모두 인이다. 이 이치를 알고 성誠과 경敬으
> 로 그것을 보존할 뿐이니, 방비하고 검속(防檢)해야 할 필요가 없고 애써
> 생각(窮索)할 필요도 없다. 만약 마음이 게으르면 방비하고 검속해야 하
> 지만, 마음이 진실로 게으르지 않으면 방비하고 검속할 필요가 있겠는
> 가? 이치를 알지 못하기 때문에 애써 생각해야 하지만, 오래도록 인을
> 잘 보존하여 저절로 밝아지면 어찌 애써 생각할 필요가 있겠는가? 이 도
> 는 만물과 상대가 없어 어떤 큰 것으로도 그것을 형용하기에 충분하지
> 않다. 천지의 작용은 모두 나의 작용이다. 맹자가 말한 "만물이 모두 나
> 에게 구비되어 있다"는 것은 자신을 반성하여 진실하면 커다란 즐거움
> 이 된다는 것이다. 만약 자신을 반성해서 진실하지 않으면, 오히려 두
> 사물에 상대가 있어 나 자신(己)이 저것(만물)과 합치려 하지만 결국 이루
> 지 못하니, 또한 어찌 즐거울 수 있겠는가? '정완訂頑(서명)'의 뜻은 이러한
> 본체를 모두 말한 것이다. 이 뜻으로 인을 보존하면 다시 무슨 일이 있
> 겠는가?[10]

이것은 이정의 학생인 여대림呂大臨(1046~1092)이 기록한 정호의 어록
인데, 후에 어떤 사람이 그것을 발췌하여 한 편의 글로 만들고 「식인
편識仁篇」이라는 제목을 붙여주었다. '혼연히 만물과 동체'라는 것은 정
호의 우주와 인생에 대한 이해이다. 도학가들은 사람과 다른 만물이
모두 하나의 근원에서 나왔다고 생각하였다. 이러한 근원이 바로 '이
치(理)'이다. 근원에서 말하면, 사람과 다른 만물은 본래 모두 혼연한
동체同體이다. 도학가들은 도학을 배우는 사람이면 반드시 먼저 이 점
을 알아야 하니, 즉 "이 이치를 알면 바로 인을 안다"는 것을 알아야 한
다고 생각하였다. 그들은 도학이 결코 일종의 지식뿐만이 아니기 때문
에 '이 이치만을 아는 것'으로는 충분하지 않고, 더 중요한 것은 실제로
이러한 정신경지에 도달하여 자기가 실재로 '만물과 동체'임을 절실히
느껴야 한다고 생각하였다. 이러한 경지를 '인'이라고 불렀다. 이러한
정신경지에 도달한 사람을 '인인仁人' 혹은 '인자仁者'라고 불렀다.

정호는 다음과 같이 비유하였다.

> 의서醫書에는 손발이 마비되는 병을 불인不仁이라고 하였는데, 이 말이 가
> 장 잘 표현하였다. 인자仁者는 천지만물을 자기와 일체로 여기니, 〈만물이
> 모두〉 자기가 아님이 없다. 〈만물을〉 자기로 여기니, 어찌 이루지 못하는
> 것이 있겠는가? 만약 〈만물이 모두〉 자기에게 있지 않다고 보면 자연히
> 자기와 상관하지 않는 것이 되니, 마치 손발이 불인不仁하면 기氣가 이미
> 통하지 않아 〈손발이〉 모두 자기에게 속하여 있지 않은 것과 같다.11

---

10 『河南程氏遺書』卷2(上), 「元豊己未呂與叔東見二先生語」, "學者須先識仁. 仁者渾然與
物同體, 義禮知信皆仁也. 識得此理, 以誠敬存之而已, 不須防檢, 不須窮索. 若心懈則
有防, 心苟不懈, 何防之有. 理有未得, 故須窮索, 存久自明, 安待窮索. 此道與物無對,
大不足以名之. 天地之用, 皆我之用. 孟子言萬物皆備於我, 須反身而誠, 乃爲大樂. 若
反身未誠, 則猶是二物有對, 以己合彼, 終未有之, 又安得樂. 訂頑意思乃備言此體, 以
此意存之, 更有何事."

자기에게 속하여 있지 않으면서 '남을 사랑한다'고 공담하는 것은 거짓말이다. 이것은 자기의 이익과 목적을 위해 '남을 사랑하는' 일을 한 것이니 진실한 것이 아니다. 정호가 항상 말한 '지극히 진실하고 몹시 슬퍼하는 마음(至誠惻怛之心)'이 바로 진정한 인의 표현이고, 의·예·지·신까지도 모두 인의 표현이다.

때문에 이미 이 이치를 알면 또한 성誠과 경敬으로 보존해야 한다. '성'은 거짓이 없는 것으로, 도학가들의 말로 말하면 '무망無妄'이다. '경'은 마음이 분산되지 않은 것으로, 도학가들의 말로 말하면 '주일主一'이다. 성과 경으로 보존하는 것은 실제로 '혼연히 만물과 동체'라는 도리에 주의한다는 것이다. 이것이 충분하면, 자기를 지키는데 자기의 행위에 잘못이 있을까 걱정할 필요가 없고, 다른 일을 추구할 때도 이러한 도리에 잘못이 있을까 걱정할 필요가 없다.

"이 도는 만물과 상대가 없으니, 어떤 큰 것으로도 그것을 형용하기에 충분하지 않다." 이미 '만물과 상대가 없다'면 절대인 것이다. 이것이 '절대'라는 말의 정확한 뜻이다. 이것은 정호가 말한 '무대無對'가 헤겔이 말한 '절대정신絕對精神'과 어떤 관계가 있다는 말이 아니라, 다만 이러한 말에 이러한 의미가 있다는 말일 뿐이다. '내'가 참으로 혼연히 만물과 동체임을 깨달았기 때문에 "천지의 작용이 모두 나의 작용이다." 맹자가 말한 "만물이 모두 나에게 구비되어 있다"는 것은 모두 천지만물과 '내'가 혼연히 일체一體라는 정신경지를 말한 것이다. 이것은 결코 바람이 불고 비가 내리는 것과 같은 자연계의 현상을 말하는 것이 아니다. 모두 '내'가 한 것이라면 '내'가 '바람을 부르고 비를 부를 수 있다'는 말과 같으니, 분명히 불가능한 것이다. 이러한 경지의 철학적 의미는 주관과 객관의 경계를 없앤 것이니, 이러한 중국철학을 '안과

---

11 위의 책, "醫書言手足痿痺爲不仁, 此言最善名狀. 仁者以天地萬物爲一體, 莫非己也. 認爲爲己, 何所不至. 若不有諸己, 自不與己相干, 如手足不仁, 氣已不貫, 皆不屬己."

밖을 합한 도(合內外之道)'라고 불렀다.

　도학의 요구에 따르면, 이러한 '합合'은 지식상의 일일 뿐만 아니라 '참으로 자기에게 이러한 정신경지가 있는지 없는지, 진정으로 이와 같이 느낄 수 있는지 없는지'를 돌이켜 보아야 한다는 것이다. 만약 참으로 이러한 경지가 있어 '자신을 반성하여 진실하다면(反身而誠)', 최대의 즐거움이 있을 수 있다.(즐거움이 이 보다 더 클 수 없다.) 그렇지 않고, 다만 지식 상에서만 이러한 도리를 인식하고 실제로 자기는 자기이고 만물은 만물이며 너는 너이고 나는 나라고 느낀다면, 이러한 경계를 없애려고 노력할지라도 "자기가 저것(만물)과 합치려 하지만 결국 이루지 못하니" 즐거움도 있을 수 없다. 정호는 이러한 정신경지가 장재의 「서명」(訂頑)에서 말한 그러한 경지라고 지적하였다.

　정호는 또한 다음과 같이 말하였다.

　만물이 일체라고 하는 까닭은 모두 이 이치에서 나와서 이 이치를 가지고 있기 때문이다. '낳고 낳는 것을 역易이라 하니' 태어나기는 일시에 태어나지만 모두 이 이치를 온전히 갖추고 있다. 사람은 미루어갈 수 있고 사물은 기氣가 혼미하여 미루어갈 수 없지만, 사물에 〈이치가〉 있지 않다고 말할 수 없다. 사람은 다만 사사로워 자기의 육신상에서 생각하기 때문에 도리를 보고 그것을 작게 여긴다. 이 몸을 놓아버리고 모두 만물 속에서 하나로 보면 매우 쾌활할 것이다![12]

　이것은 근원에서 말하면 사람과 만물은 본래 일체라는 말이다. 그러나 사람은 개인이고 항상 신체를 갖는다. 이른바 정신경지는 신체가

---

12 위의 책, "所以謂萬物一體者, 皆有此理. 只爲從那里來. 生生之謂易, 生則一時生, 皆完此理. 人則能推, 物則氣昏推不得, 不可道他物不與有也. 人只爲自私, 將自家軀殼上頭起意, 故看得道理小了它底. 放這身來都在萬物中一例看, 大小大快活."

있어야 비로소 의지할 곳이 있을 수 있다. 개인이 오로지 그의 신체만
을 돌아본다면 육신상에서 생각하는 것이고 사사로운 것이다. '사사로
움(私)'은 사람의 인식을 제한하기 때문에 '혼연히 만물과 동체'라는 도
리를 인식할 수 없다. 이러한 한계를 타파하려면 자기의 신체를 만물
속에 두고 동등하게 보아야 한다. '사사로움'의 한계를 타파하면 사람
의 시야가 확대되고 가슴이 탁 트이는데, 이것은 어떤 즐거움이겠는
가? '즐거움이 이보다 더 클 수 없다'는 것을 느낄 수 있을 것이다.

개인이 만약 이러한 정신경지에 도달할 수 있다면, 그것은 바로 인
성人性으로의 복귀이다. 사람은 자연에서 생겨난 것이다. 그는 자기를
자기 신체의 작은 범위 안에 제한시키고 자연의 대립물로 간주하여 자
기의 신체를 안(內)으로 여기고 다른 만물을 밖(外)으로 여기며, 자기의
신체를 자기(己) 것으로 여기고 다른 만물을 저들(彼) 것으로 여긴다.
이것이 바로 이질화이다. 만약 위에서 말한 정신경지에 도달하면, 안
과 밖이 합하고 나 자신과 저들(만물)이 같게 된다. 이것이 바로 사람과
자연의 대립을 없애고 이질화를 없애는 것이다. 이질화를 없앤 것이
곧 인성으로의 복귀이다.

『중용』에는 "하늘이 명한 것을 성性이라 하고, 성을 따르는 것을 도
(道)라 한다"[13]라고 하였다. 도학이 말한 것은 '솔성率性'이다. 이러한
'성'은 음식·남녀와 같은 본능에 국한되지 않고 이러한 본능을 포괄한
다. 때문에 『중용』 아래 문장에는 "군자의 도는 부부夫婦에서 단서가
시작된다"[14]라고 하였다. 도학가들은 부부가 인륜의 시작이라고 말하
였다. 도학가들이 말한 '도'는 사람마다 모두 행할 수 있는 것이고, 또
한 사람들이 모두 이미 행하고 있는 것이다. 『중용』에서는 다음과 같

---

13 『中庸』, 第1章, "天命之謂性, 率性之謂道."
14 『中庸』, 第12章, "君子之道, 造端乎夫婦."

이 말하였다.

> 인仁이라는 것은 사람이니 부모를 사랑하는 것이 〈그 중에서 가장〉 큰 일
> 이다.……그러므로 군자는 몸을 닦지 않을 수 없으니, 몸을 닦을 것을 생
> 각하면 부모를 섬기지 않을 수 없고, 부모를 섬길 것을 생각하면 사람을
> 알지 않을 수 없으며, 사람을 알 것을 생각하면 하늘의 이치를 알지 않을
> 수 없다.15

한 왕조 사람들은 동음同音의 글자로 어떤 글자를 해석하기를 좋아
하였는데, 두 글자가 만약 음이 같으면 뜻도 반드시 서로 같아야 하는
것과 같다. 이것은 분명히 잘못된 것이고, 때때로 잘못이 매우 우스운
지경에 이르기도 한다. 그러나 "인이라는 것은 사람이다(仁者 人也)"라
는 말은 매우 깊은 의미를 갖는다. '인'이라는 덕은 사람의 특징을 대
표할 수 있고, 사람을 규정하는 주요 내용으로 수신修身의 표준이 될
수 있다는 말이다. '인'을 행하려면 '부모를 섬기는 일'에서 시작해야
하는데, 왜냐하면 부모와 자식의 관계가 가장 긴밀하고 부모와 자식의
사랑이 가장 진실하기 때문이다. 부모를 섬기려면 반드시 사람을 알아
야 하는데, 여기에서 '사람을 안다'는 것은 일반적으로 말하는 '사람을
알아서 적재적소에 잘 쓴다'고 할 때의 '사람을 안다'는 것이 아니라,
인류에 대해 이해하는 바가 있어야 한다는 말이다. 사람을 알고자 하
면 하늘을 알아야 하는데, 이것은 우주에 대해 이해하는 바가 있어야
한다는 말이다. 장재의 「서명」은 『중용』의 이 단락을 발전시킨 것 같
다. 「서명」에서 말한 것은 '지천知天'·'지인知人'·'사친事親'의 도리이다.
그는 또한 '사친'의 범위를 확대시키고, 사람의 모든 도덕행위에는 이

---

15 『中庸』, 第20章, "仁者, 人也, 親親爲大.……故君子不可以不修身, 思修身不可以不事
親, 思事親不可以不知人, 思知人不可以不知天."

러한 확대된 '사친'의 의미가 있다고 생각하였다.

도학은 인·의·예·지를 사덕四德으로 삼았지만 '인'을 기본으로 여겼다. 정호의 「식인편識仁篇」을 보면, '인'이 어째서 가장 기본이 되는지를 알 수 있다. 「식인편」에서 정호는 "의義·예禮·지知가 모두 인仁이다"라고 분명히 말하였다. 후대의 도학가들도 모두 "분별해서 보면 인이 사덕의 하나이지만, 합해서 보면 인과 예·의·지가 결코 대등한 것이 아니다"라고 보았다. 인자仁者에는 자연히 의·예·지가 있지만, 의·예·지가 있는 사람이라고 반드시 '인'이 있는 것은 아니며 반드시 '인자(仁者)'인 것도 아니다. 인은 사덕의 기본이고, 또한 사덕을 포괄한다. '인'은 가장 기본적 도덕이고, 가장 완전한 인격의 다른 명칭이다. 공자에서 후대 도학가들에 이르기까지 모두 이렇게 말하였다. 위에서 말한 '인성으로의 복귀'라는 도리를 따라도 이렇게 말해야 할 것이다.

사덕 중에 '의義'도 기본인데, 그 중요성은 '인'에 다음간다. 도학에서 '의'와 서로 대립하는 개념은 '이利'이다. 오늘날 유행하는 말로 이해하면, '이'는 물질적 이익을 가리킨다. 도학이 '의'를 중시하고 '이'를 경시한 것은 물질적 이익을 경시하고 심지어 물질적 이익에 반대하기까지 하였다. 도학이 '의'를 중시하고 '이'를 경시하고 심지어 '이'에 반대까지 하였던 것은 사실이지만, 이것은 물질적 이익과는 관계가 없다. 도학이 '의리義理의 논변'을 중시한 것은 사실이지만, '의리의 논변'은 물질적 이익과 관계가 없다. 도학은 '의리의 논변'이 곧 '공사公私의 구분'이라고 생각하였다. 도학가들은 모두 그렇게 말하였다. 어떤 이익이든 간에, 즉 그것이 물질적인 것이든 혹은 정신적인 것이든 이익이 자기 개인의 타산을 위해 추구한 것이면 '이'라고 불렀고, 이익이 대중의 타산을 위해 추구한 것이면 '의'라고 불렀다. '이'가 '이'되는 까닭은 사私에 있기 때문이고, '의'가 '의'되는 까닭은 공公에 있기 때문이다. 때문에 의리義利의 구분은 공사公私의 구분에 있다. '공'이 되고 혹은 '사'가 되는 것은 '의'가 되고 혹은 '이'가 되는 유일한 표준이다. 비유하면, 한 자본가가 기업을 경영하는데 정밀하게 계획하여 이윤을 추구하였다면, 이것은 '이'가 된다. 왜냐하면 그가 이윤을 추구한 것은 그 자신을 위한 것이기 때문이다. 반면, 한 사회주의 기업의 경영자가 정밀하게 계획하여 이익을 추구하였지만, 그가 추구한 이윤은 인민의 부를 증가시키기 위한 것이니, 이것은 '이'가 되지 않고 '의'가 된다. 만약 기업가가 이렇게 하지 않아 기업이 손해를 보거나 인민에게 손실을 입히면 '의'가 아니다. 이러한 도리는 매우 간단하게 말한 것이다. 도학이 '의리의 논변'을 '공사의 구분'으로 귀속시킨 것은 이러한 간단한 도리를 밝혀 구체적 실화로 말한 것이다.

도학가들은 인욕人欲 혹은 사욕私欲이라고 부르는 것에 반대하였다. 사람이 구체적 존재의 사람이면 반드시 육체를 가진다. 이 육체는 반드시 필요로 하는 것이 있으니, 음식·남녀 등과 같은 것이다. 음식은 육체가 그 자신의 존재를 유지하는데 필요한 것이고, 남녀는 그 존재를 연속하는데 필요한 것이다. 이러한 것들은 모두 인욕(欲)이라 부를 수 있고, 또한 모두 본성(性)에서 나온 것이다. 이 모두는 비방할 수 없고 반대할 수 없는 것이다. 그러나 오로지 자기의 욕심에서만 생각하는 것은, 정호가 말한 "전적으로 자기의 육신상에서만 생각한 것이니" 이것은 인욕이 되고 사욕으로 불린다. 인욕이 되는 것은 사람의 존재를 오로지 물질적 기초(육신) 위에서 생각하기 때문이요, 사욕으로 불리는 것은 오로지 개인 자기의 육신상에서 생각하였기 때문에 사적私的이고 반대해야 하는 것이다. 대체로 '사'적인 것은 모두 반대해야 하는 것이다. 예를 들어 사람은 모두 관례대로 음식을 먹어야 하고 배가 고플 때면 음식을 먹고 싶어하는데, 이것은 비난할 수 없는 것이고 반대할 수 없는 것이다. 그러나 그가 먹을 것이 반드시 산해진미山海珍味이어야 하고 혹은 자기만 음식을 먹고 다른 사람은 음식을 먹지 못하

게 한다면, 이것은 인욕 혹은 사욕이다. 사람이 결혼하는 것도 비방할
수 없고 반대할 수 없는 것이다. 그러나 반드시 3처 6첩을 원한다면
인욕 혹은 사욕이니, 마땅히 비방해야 하고 반대해야 한다. '공사의 구
분'에서 '의리의 논변'을 보면, '의'가 무엇 때문에 '인'의 기본 도덕에 다
음가는지를 알 수 있다. 대체로 대공무사大公無私한 일은 모두 도덕의
일이고, 유사무공有私無公한 일은 모두 도덕이 아닌 일이다.

　사회는 사람이 창조한 것이다. 사람이 사회를 창조하였지만 사회는
또한 사람과 대립되는데, 특히 개인의 관점에서 보면 이와 같다. 이러
한 의미에서 말하면, 사회는 사람의 이질화이다. 개인과 사회의 모순
은 모두 이러한 이질화에서 야기된 것이다. 예禮는 사회제도·사회관
계·사회질서 등이고, 개인에 대한 구속과 제한이며, 개인과 사회의
모순이 집중적으로 표현된 것이다.

　도학가들의 말에 따르면, '예'는 결코 개인에 대한 제한과 구속이 아
니고, 개인의 도덕발전의 조건이며, 개인이 자신의 인격을 완성하는데
반드시 거쳐야 하는 길이다. 『대학』에서 말한 삼강령三綱領·팔조목八條
目은 개인의 인격을 완성하는 내용이다. 이 내용은 수신修身을 위주로
한다. 팔조목 중에서 격물格物·치지致知·성의誠意·정심正心은 수신의
방법이고, 그 목적은 명명덕明明德이다. 명명덕은 수신이고, 삼강령 중
에서 첫 번째 강령이다. 그러나 명명덕하는 사람은 그 자신의 명덕을
밝힐 뿐만 아니라, 또한 천하에 명덕을 밝혀야 한다.16 제가齊家·치국
治國·평천하平天下는 천하에 명덕을 밝히는 내용이다. 이것은 삼강령
중에서 친민親民이라고 부르는데, 이것이 삼강령 중에 두 번째 강령이
다. 팔조목에서 말하면, 격물·치지·성의·정심은 수신의 방법이고,
제가·치국·평천하는 수신의 작용이다. 도학에서 항상 쓰이는 범주로

---

16 『大學』, 第1章, "明明德於天下."

말하면, 명덕은 본체(體)이고 친민은 작용(用)이다. 이 밖에 또한 무슨 일이 있겠는가? 다른 일은 없다. 다른 일이 있다고 말한다면, 명덕과 친민을 진선진미盡善盡美한 경지로 미루어가지 않을 수 없는데, 이것이 지선至善이고 세 번째 강령이다.

다른 말로 말하면, 수신은 개인의 일이고 격물·치지·성의·정심도 모두 개인의 일이다. 가정·국가·천하는 사회이고, 제가·치국·평천하는 사회의 일이다. 이 두 가지 일은 대립적인 것이면서 또한 분리될 수도 없는 것이다. 만약 어떤 개인이 개인의 일만을 말하고 사회의 일을 상관하지 않는다면, 본체만 있고 작용이 없는 것이다. 작용이 없는 본체는 완전히 발전한 본체라고 말할 수 없다. 만약 사회의 일만을 말하고 개인의 일을 말하지 않는다면, 작용만 있고 본체가 없는 것이다. 본체가 없는 작용은 근원이 없는 물이나 뿌리가 없는 나무와 같은 것이다. 개인의 발전은 반드시 사회 속에서 발전한다. 사회의 발전은 반드시 개인에 의지하여 발전한다. 사회와 개인이 융합하여 일체가 되니, 분리될 수 없을 뿐만 아니라 더욱 더 대립되는 것이 아니다. '복귀'라는 말을 사용하면, 이것을 사회로의 복귀라고 말할 수 있다.

이 두 가지 복귀에 따라, 인생 속에 있는 두 가지 중요한 모순이 모두 극복된다. 모순이 없는 것을 조화(和)라고 부른다.『중용』에는 다음과 같이 말하였다.

희노애락喜怒哀樂이 발동하지 않는 것을 중中이라 하고, 발동하여 모두 절도에 맞는 것을 화和라고 한다. 중中과 화和를 이루면 천지가 제자리를 잡고 만물이 자라게 된다.17

17『中庸』, 第1章, "喜怒哀樂之未發, 謂之中, 發而皆中節, 謂之和.……致中和, 天地位焉, 萬物育焉."

도학가들은 이 단락이 희노애락만을 말하였다고 생각하였다. 실제로, 이러한 제한을 가할 필요는 없다. 이 단락의 말은 희노애락의 모순을 빌어서 우주간의 각종 모순되는 사례로 이해할 수 있다. 미발未發은 각종 모순의 대립 면이 아직 충돌과 같은 그러한 상황으로 발전하지 않은 것이다. 이러한 상황을 중中이라고 부른다. 중절中節은 각종 모순이 발전 속에서 각자 일정한 한도를 유지하여 대립 면과 서로 충돌하는데 이르지 않게 하는 것이다. 비록 모순이 있지만 그 대립 면이 모두 충돌하는 상황으로 발전하지 않는데, 이것을 중화中和라고 부른다. '중화'와 '중절'은 우주간의 각종 사물이 각각 마땅한 지위를 얻어서 함께 발전하는 것이다. 『중용』에서는 '중화'에 대해 구체적으로 설명하였다.

> 만물이 나란히 길러져서 서로 해치지 않고, 도가 나란히 행해져서 서로 어긋나지 않으며, 작은 덕은 냇물의 흐름과 같고(川流) 큰 덕은 교화를 도타이 하는 것이니, 이것이 천지가 위대한 까닭이다.[18]

'지智'는 다른 것이 아니라 '인'·'의'·'예'에 대한 이해와 자각이다. 일종의 도덕은 모두 자각 속에서 진행되어야 하는 것이다. 만약 그와 상응하는 자각이 없다면 그것은 본능이니, 본능은 각종 동물에게도 모두 있는 것이다. 자각은 사람이라는 동물에게만 있을 수 있는 것이기 때문에 자각은 사람이 사람되는 일종의 특징이다.

도학의 '중화'사상은 현실적이지 않은데, 사회에 대해서는 특히 그러하다. 사회 속의 주요 모순에는 모두 계급의 근원이 있다. 인류사회가 계급사회로 진입한 이후부터 사회는 둘로 나누어졌으니, 착취하는

---

18 『中庸』, 第30章, "萬物並育而不相害, 道並行而不相悖, 小德川流, 大德敦化, 此天地之所以爲大也."

통치계급과 착취당하는 피통치계급으로 나누어졌다. 이 두 계급의 대립은 각 시대의 생산력에 의해 결정된 것이니, 사람의 주관의식으로 바꿀 수 있는 것이 아니다. 통치지위를 차지한 착취계급은 전 사회를 대표하는 명의名義를 써서 통치와 착취가 그와 서로 대립하는 계급(피통치계급)에 '사회가 사람의 이질화'라는 현상을 형성하였다. 사회의 이질화는 또한 사람이 만든 것이다. 도학가들이 말한 것처럼, 사회와 개인이 융합하여 일체가 되는 사상은 사회의 통치계급에 이용되어 목사의 직능을 수행하는데 충분하였다. 도학이 중국 봉건사회의 통치사상이 된 원인도 여기에 있다. 그들의 말에 따르면, 개인이 사회의 주인인 것 같지만 실제는 그들을 노예의 지위로 더 깊이 빠뜨렸고, 이질화를 없앤 것 같지만 실제는 이질화를 더 심화시켰다.

다만 계급이 없는 사회, 즉 통치와 피통치, 착취와 피착취가 없는 사회라야 개인이 진정으로 사회의 주인이 될 수 있고 사회로의 복귀가 비로소 실현될 수 있다. 도학가들이 말한 그러한 중화는 모순의 균형일 뿐이니 균형은 결국 깨지고 만다. 화和가 중中에 의지하여 유지할 수 없는 것은 두 대국大國의 균형이 무기를 제한하는 것에 기대어 유지할 수 없는 것과 같고, 세계의 영원한 평화도 이러한 균형에 기대서는 도달할 수 없다. 도학의 기본 특징은 대체로 이와 같다. 아래서는 두 번째 문제를 말하겠다.

2. 도학의 명칭

최근 중국철학사를 연구하는 사람들 중에 어떤 사람은 도학이라는 말이 '과학적이지 않으니' 응당 '이학'으로 불러야 한다고 여겼다. 그들은 도학이라는 말이 『송사宋史』「도학전道學傳」에서 나왔으나, 원 왕조에 『송사』를 편찬하던 부서가 지도력이 소홀하고 무인이어서 도학이라는 말을 함부로 만들어 준칙으로 삼을 수 없다고 생각하였다. 실제로 『송사』는 원 왕조의 일부 관서官書이지 결코 한 개인의 저작이 아니니 『사기史記』・『한서漢書』와 같은 것이다. 역대의 관서에는 모두 편집 부서가 있었고, 부서의 우두머리는 관례대로 조정의 대신이었다. 이것은 명목상 임시직이었으니, 책의 편집에 대해서는 그가 직접 지도할 필요가 없었고 직접 집필하는 것은 더 말할 필요도 없었다. 그가 무인이든 혹은 무인이 아니든 그 부서와는 아무런 관계가 없었고, 더 중요한 것은 도학이라는 명칭이 송 왕조에 본래 있던 것이고, 『송사』를 편찬하던 사람들이 당시에 유행하던 명칭을 취하여 「도학전」이라 한 것에 불과하지, 그들 스스로 함부로 명칭을 만들어 「도학전」을 세운 것이 아니다. 지금 몇 가지 증거를 거론하였다.

① 정이가 말하기를, "돌아가신 형 명도明道(정호)의 장례에 내(정이)가 그의 행적을 기록하여 지명志銘을 구하고, 또한 후일에 사씨史氏가 수집하여 기록하는데 대비하였다. 이후에 문인이나 친구들이 글을 지어 그의 사적事迹을 말하고 그의 도학을 기술한 것이 매우 많았다"라고 하였다.[19]
② 정이가 말하기를, "아! 우리 형제가 도학을 제창하면서부터 세상을 놀라게 하여 능히 학자들로 하여금 본받고 따르게 하였으니, 그대李端伯와 유질부劉質夫[20]는 공이 있다"라고 하였다.[21]

---

19 『程氏文集』卷11, 「明道先生門人朋友敍述序」, "先兄明道之葬, 頤狀其行, 以求志銘, 且備異日史氏采錄. 旣而門人朋友爲文, 以敍其事迹迹述其道學者甚衆."
20 유순(劉絢, 1045~1087): 중국 북송 때의 유학자, 자는 질부(質夫), 상산(常山: 지금의 浙江省) 사람이다.(역자 주)
21 『程氏文集』卷11, 「祭李端伯文」, "嗚呼. 自予兄弟倡明道學, 世方驚疑, 能使學者視效而信從, 子與劉質夫爲有力矣."

③ 정이가 말하기를, "불행히 7~8년 사이에 뜻을 같이 하고 학문을 함께
   하던 사람들이 잇따라 세상을 떠났다. 지금 그대蔡朱公가 다시 떠나가
   서 나로 하여금 세상에 쓸쓸함을 느끼게 하고 도학이 쇠퇴해감을 걱정
   하게 하였다. 내가 그대를 위해 우는 것이 어찌 친구를 사귀는 정뿐이
   겠는가!"라고 하였다.22

④ 주희가 말하였다. "양씨楊氏(楊時)가 말하기를, '부자께서 관중管仲의 공
   로를 크게 여기시면서 그 기량을 작게 여기셨는데, 이는 왕을 보좌할
   만한 재주가 아니면 비록 제후를 규합하여 천하를 바로 잡더라도 그
   기량은 칭찬할만한 것이 못되기 때문이다. 도학이 밝지 못하여 왕도王
   道와 패도覇道의 개념이 한 길에 뒤섞여있다'라고 하였다."23

⑤ 주희가 말하기를, "두 선생(二程)은 공맹孔孟이 죽고 나서 천년 동안 전해
   지지 않은 도학을 제창하였으니 성대하다고 할만하다"라고 하였다.24

⑥ 진량陳亮(1143~1194)이 말하기를, "내가 비록 불초하나 입으로 말할 수
   있고 손으로 버릴 수 있으니, 본래 눈썹을 덮어 눈을 감고 어두운 정신
   으로 도학을 따른 자가 아니다"라고 하였다.25

⑦ 「경원당금慶元黨禁」26에서 말하였다. "앞서 회녕(熙寧: 송 신종神宗 연호) 연
   간(1068~1077)에 정호와 정이는 공맹孔孟 이후 천년 동안 전해지지 않는
   학문을 전하였다. 남도南渡27 초기에, 그의 문인 양시楊時(1044~1130)가
   나종언羅從彦(1072~1135)에게 전해주었고, 나종언이 이동李侗(1039~1163)에
   게 전해주었으며, 주희(1130~1200)는 이동을 스승으로 섬겨 그 전수를

---

22 『程氏文集』卷11, 「祭朱公掞文」, "不幸七八年之間, 同志共學之人相繼而逝. 今君復往,
使予踽踽于世, 優道學之寡助. 則予之哭君, 豈特交朋之情而已."

23 『論語集注』「八佾」,〈管仲之器〉注, "楊氏曰, 夫子大管仲之功, 而小其器. 蓋非王佐之
才, 雖然合諸侯, 正天下, 其器不足稱也. 道學不明. 而王覇之略, 混爲一途."

24 『程氏遺書』「目錄跋」, "夫以二先生倡明道學于孔孟旣沒千載不傳之後, 可謂盛矣."

25 『陳亮集』, 中和書局, 1974, p.280, 「甲辰秋與朱元晦秘書(熹)書」, "亮雖不肖, 然口說
得手去得, 本非閉眉合眼, 蒙瞳精神以自附于道學者也."

받아 힘써 노력하여 그 학문을 크게 진작시켰는데, 학자들이 우러러보기를 태산泰山과 북두北斗(北斗七星)와 같이 하였다. 그러나 유속流俗이 바른 선비를 혐오하여 불편하게 여기는 자가 많았다. 대체로 순희(淳熙 (1173~1189): 송 孝宗 연호) 말부터 소희(紹熙(1190~1194): 송 光宗 연호) 초에 이르러서는 도학이 재앙을 끌어들인다고 여기는 자가 있었지만, 그래도 감히 추악한 이름으로 비난하거나 헐뜯지 못하였다. 사대부가 이익을 좋아하고 염치가 없거나 혹은 평소 청의淸議로 배척하는 자에 이르러서는 오히려 가르침이 서로 달라서 모두 도학하는 사람이었으나 몰래 〈도학하는 사람의〉 이름을 넘겨주고 차례로 쫓아내게 하였다. 혹자는 말하기를, 도학이라 부르는 것이 무슨 죄이겠는가? 마땅히 위학僞學이라 불러야 한다고 하였다."28

---

26 1194년 황제에 불만을 품은 재상 조여우(趙汝愚)・한탁주(韓侂胄) 등에 의해 송 광종(光宗)은 퇴위되고 영종(寧宗)이 즉위하였다. 한탁주는 이 공적으로 권력에 가까이 가게 될 것이라 생각하였지만, 한탁주의 인격을 좋아하지 않은 조여우 등은 한탁주을 멀리했다. 이것에 원한을 품은 한탁주는 조여우 등을 몰아내기 위한 운동을 시작하여 1195년(경원 원년) 조여우는 재상직에서 물러났고, 1198년에는 조여우편에 섰던 주필대(周必大)・유정(留正)・왕난(王藺)・주희(朱熹)・팽귀년(彭龜年) 등 59명이 금고(禁錮)에 처해졌다. 그 다음 해에는 주희의 주자학(朱子學: 당시 도학이라고 불렸다)도 위학(僞學)으로 탄압을 받았다(慶元僞學之禁). 이 일련의 사건을 '경원(慶元: 송 寧宗의 연호)의 당금(慶元之黨禁)'이라 불렀다.(역자 주)

27 송(宋)은 중국 역사상 당(唐)・오대십국(五代十國)에 이어지는 왕조(960~1277)로, 처음 개봉(開封)에 도읍하였으나 1126년 '정강의 변(靖康之變)'으로 강남(江南)으로 옮겨 임안(臨安: 지금의 杭州)에 천도하였다. 개봉시대를 북송(北宋), 임안시대를 남송(南宋)이라 한다.(역자 주)

28 『叢書集成』(商務印書館, p.14), 「慶元黨禁」, "先是熙寧間, 程顥程頤傳孔孟千載不傳之學. 南渡初, 其門人楊時傳之羅從彦, 從彦傳之李侗, 朱熹師侗而得其傳, 致知力行, 其學大振, 學者仰之如泰山北斗. 而流俗丑正, 多不便之者. 蓋自淳熙之末, 紹熙之初也. 有因爲道學以媒孽之者, 然猶未敢加以醜名攻詆. 至是士大夫嗜利無恥, 或素爲淸議所損者, 乃敎以凡相與爲異, 皆道學人也, 陰疏姓名授之, 俾以次斥逐. 或又爲言, 名道學則何罪, 當名曰僞學."

⑧「경원당금慶元黨禁」에서 말하였다. "경원(慶元: 송 寧宗의 연호) 4년 무오 (1198)년 여름 4월에, 우간의대부右諫議人夫 요유姚愈가 상소하기를, '근세 에 음험하고 요행을 바라는 무리들이 유행하여 도학이라는 이름을 제 창하고 권신들이 그 설을 강력히 주장하여 사당死黨(죽기를 무릅쓰고 맺은 당)을 결성하니 밝은 조서를 내려 천하에 널리 알리기를 바랍니다'라고 하였다."**29**

①·②·③에서는 정씨형제가 이미 그들의 학문을 도학이라고 자 처하였음을 증명할 수 있다. ①에서 '그 도학'의 '그'는 정호를 가리킨 다. 때문에 정호가 죽은 후에, 정이는 정호를 '명도선생'이라고 불렀 다. 이 '명도明道'의 '도道'는 바로 '도학'의 '도'이다. ④에서 말한 양씨楊 氏는 양시楊時인데, 이정의 제자로 도학을 가장 먼저 남쪽에 전한 사람 이다. 여기서는 정씨의 문인들이 그들이 배운 것을 도학이라 불렀음을 증명할 수 있다. 주희는 『논어집주論語集注』에서 양시의 이 단락의 말 을 인용하였는데, 그도 도학이라는 명칭에 찬성하였음을 알 수 있다. ①·②·③·④에서는 북송시기에 도학이라는 명칭이 있었고, 또한 도학을 창시한 몇몇 사람들이 이러한 명칭을 사용하였다는 것을 증명 할 수 있다. ⑤에서는 한걸음 더 나아가 주희가 이러한 학문을 도학이 라 불렀음을 증명할 수 있다. ⑥에서는 당시에 이 학문에 반대하던 사 람들도 도학이라 불렀음을 증명하였다. 주희와 진량은 모두 남송 사람 이니, 이 두 조목에서 남송시기에 이러한 명칭이 계속 유행하였음을 알 수 있다. ⑦·⑧은 「경원당금」에서 나온 글로, 이것은 남송 순우淳 祐(남송 理宗의 연호) 5년(1245)에 쓰인 책이니, 학술계에서뿐만 아니라 정 치계에서도, 혹은 사인私人뿐만 아니라 관방官方(국가체제)에서도 모두

---

29 『叢書集成』(商務印書館, p.17), 「慶元黨禁」, "慶元四年戊午夏四月, 右諫議大夫姚愈上 言, 近世行險僥倖之徒, 倡爲道學之名, 權臣力主其說, 結爲死黨. 愿下明詔, 布告天下."

도학이라는 명칭을 사용하였음을 증명할 수 있다.

어떤 사람이 말하기를, 북송시기에는 위에서 인용한 사료史料에서 말한 도학이 '도'와 '학'이지 학파의 명칭이 아니라고 하였다. 아마도 다음과 같은 이유 때문일 것이다. 위에서 거론한 논증에서, ①에서의 도학은 '도와 학'일 수 있으니, 즉 '그 도학'은 아마도 정호의 '도'와 정호의 '학'을 가리킬 수 있다. 그러나 그 나머지 조목에서 말한 도학을 이렇게 이해하는 것은 억지인 것 같다. 예를 들어 ②에서 말한 "우리 형제가 도학을 제창하면서부터"를 "우리 형제가 우리의 '도'와 우리의 '학'을 제창하면서부터"라고 말하는 것은 좋지 않은 것 같다. 이 점은 한층 더 토론되어야 하겠지만, 어쨌든 도학이라는 명칭이 늦어도 남송에서 이미 유행하였다는 것은 문제될 것이 없다.

다시 철학사의 발전에서 보면, 도학이라는 명칭은 그 역사적 내원을 가지고 있는데, 한유韓愈(768~824)가 지은 『원도原道』에서 유가의 도통道統을 제기하였다. 한유의 견해에 따르면, 유가의 도는 요순에 근원하고 공자를 거쳐 맹자에 전해졌는데, 맹자가 죽은 뒤에 이러한 도가 실전되었다. 한유는 매우 겸손하여 그 자신이 이러한 도통의 계승자임을 자처하지 못하였다. 이정은 조금도 겸손해하지 않고 그들이 이러한 도통의 계승자라고 말하였다.

> 주공周公이 죽자 성인의 도가 행해지지 않았고, 맹자가 죽자 성인의 학문이 전해지지 않았다.……선생은 1400년 뒤에 태어나서 전해지지 않는 학문을 유전되어 오던 경전(遺經)에서 얻어 장차 이 도로써 이 백성을 깨우치는 것에 뜻을 두었다.[30]

---

30 『程氏文集』卷11,「明道先生墓表」, "周公沒, 聖人之道不行. 孟軻死, 聖人之學不傳. ……先生生千四百年之後, 得不傳之學遺經, 志將以斯道覺斯民."

이것은 한유의 견해를 계승하여 스스로 맹자의 계승자로 자처한 것이다. 도학에서의 '도'는 한유『원도』의 그 '도'이다. 이 점에서 보면, 도학이라는 명칭으로 일부 철학사 발전의 자취를 설명할 수 있다. 과학으로 말하든 혹은 과학이 아니라고 말하든 써내려온 역사서가 역사의 진상眞相과 서로 부합하면 과학적인 것이니, 이 밖에서 과학과 비과학을 말할 수 없다. 『송사』「도학전」에 수록된 인물들의 취사선택에 적지 않은 부당함이 있는데 대해서는 이러한 전傳을 편집하는 사람들의 파벌에 얽매인 편견이니, 이 명칭과는 직접적인 관계가 없다.

최근 중국철학사를 연구하는 사람들은 이학이라는 명칭으로 도학이라는 명칭을 대신하는 추세에 있다. 이학이라는 명칭은 비교적 늦게 나왔는데, 대체로 남송 때에 출현하였다. 우리가 하나의 명칭만을 사용해야 한다면, 가장 좋은 것은 가장 일찍 출현한 것이거나 당시의 사람들에게 익숙한 명칭을 써야 한다. 이러한 표준에 따라 말하면, 도학이라는 명칭을 쓰는 것이 비교적 적합하다. 이것은 바로 '이름이 주인을 따른다'는 것이다. 또한 이학이라는 명칭을 쓰면, 사람들로 하여금 심학心學과 상대되는 이학으로 오해하게 하여 혼란을 야기시켜 도학 속의 정주程朱와 육왕陸王 두 학파의 차이를 쉽게 분별하지 못하게 한다. 도학으로 써야 비로소 이학과 심학을 개괄할 수 있다.

도학은 본래 한 학파의 명칭이고 한 시대사조의 명칭이니 결코 유심주의와는 같지 않다. 최근의 추세에 따르면, 도학을 유심주의의 동의어同義語로 생각한다는 것이다. 위진 현학은 본래 한 학파 혹은 일종의 사조思潮의 명칭이다. 이러한 추세에 따라 현학을 유심주의의 동의어로 생각한다는 것이다. 나는 이러한 것이 모두 적당하지 않다고 생각한다. 도학가와 현학가들 중에 대부분이 모두 유심주의자이지만, 도학과 현학을 바로 유심주의의 동의어로 생각할 수는 없다. 이러한 생각은 약간의 불필요한 논변을 야기하여 다른 문제를 파생시킬 수 있다.

청 왕조 이후부터는 도학과 이학이라는 두 명칭이 서로 통용되었다. 지금도 여전히 서로 통용되고 있다. 철학사를 연구하는 사람들은 각자 편의에 따라 통일을 강요할 필요는 없지만, 도학이라는 명칭이 『송사』의 조작이고 과학적이지 않고 쓸 수 없는 것이라고 말한다면 이것은 토론할만한 할 문제이다.

위에서 말한 도학의 기본 특징을 임계유任繼愈의 표준에서 보면, 도학이 일종의 종교임을 증명하는 것 같다.[31] 나는 임계유의 표준과 그가 사용한 논증이 검토되어야 한다고 생각한다. 아래에서는 본문의 세 번째 문제, 즉 유가가 종교인지 아닌지로 넘어가겠다.

3. 도학의 성질

중국에는 본래 '유儒'가 있었다. 불교와 도교는 분명히 종교이니, 그것과 어깨를 나란히 하여 셋으로 병립하던 유가도 응당 종교인 것 같다. 이 논증은 분명히 검토될만하다. 본래 중국에서 말하는 삼교三敎의 '교敎'가 가리키는 것은 세 가지(유·불·도)가 인생의 사상체계를 지도할 수 있다는 것이니, 이 '교'자는 종교라는 말의 뜻과 다르다. 종교라는 말은 번역어이고 그 자체의 뜻이 있는데, 중국어에 이러한 '교'자가 있는 것을 보고 바로 종교로 간주할 수는 없다. 그렇다면 교육도 종교와 같은 것이 아니겠는가? 교육도 번역어이고 그 자체의 뜻이 있는데, 종교와 교육에 모두 '교'자가 있다고 해서 그들을 동일시할 수는 없기 때문이다. 실제로 이렇게 보는 사람은 없다.

봉건사회에서, 종교는 통치계급을 위해 일하였고 유가도 통치계급

---

31 任繼愈, 「儒家와 儒敎」『中國哲學』, 第3輯, 참조.

을 위해 일하였다. 그러나 이 때문에 유가가 종교라고는 말할 수 없다. 왜냐하면 사회의 상부구조는 모두 통치계급을 위해 일하기 때문이다. 그러나 상부구조는 많은 부서로 나누어져 있고, 각 부서마다 자기의 특징이 있어서 상부구조의 일부분이라 말할 수 없는데, 왜냐하면 각 부서를 상부구조라고 하면 다른 부서와 구분될 수 없기 때문이다.

임계유는 일부 종교의 특징을 열거하여 다음과 같이 말하였다.

> 종교는 모두 천국 혹은 서방정토라 부르는 정신세계가 있음을 주장한다. 종교에는 모두 教主교주·敎義교의·敎規교규·經典경전이 있다. 종교의 발전에 따라 교파가 형성되니, 종교내부에는 멋대로 파생되어 나온 사설邪說, 즉 '이단異端'이 발생할 수 있다. 이러한 상황은 불교와 도교에도 모두 갖추어져 있다. 유가는 출세出世를 말하지 않고 내세來世에 천국이 있음을 주장하지 않는다. 이것은 사람들이 통상적으로 가리키는 유가가 종교와 다른 근거이다.[32]

이러한 특징에서는 다소 종교가 특유하지 않은 것 같다. 종교에는 모두 교주가 있고, 임계유도 교주는 반드시 반인반신伴人半神의 지위를 갖는다고 인정하였다.[33] 이 점은 나도 동의한다. 그러나 한 사상유파에 자기의 사상체계가 있을 수 있고 자기가 근거하는 경전이 있을 수 있는가? 각 종교마다 모두 자기가 절대적으로 옳고 그 속에서 여러 유파로 나누어졌다고 생각하고, 각 유파들도 모두 자기가 정통이라고 생각한다. 이것도 사실이다. 그러나 한 사상유파에 이러한 상황이 있을 수 있는가? 나는 이러한 것이 모두 있을 수 있다고 생각한다. 이러한

---

32 위의 책, p.7.
33 위의 책, p.9.

상황이 있기 때문에 한 사상유파가 바로 종교라고 말할 수 없는 것이다. 정신세계를 말하는데 이르러서도 일종의 철학이 응당 있어야 한다. 정신세계가 있음을 주장하는 것이 모두 반드시 종교라고 말할 수 없다. 만약 그렇게 말한다면, 고금古今과 중외中外의 철학유파 대부분은 모두 종교라 부를 수 있다. 문제는 정신세계를 말하거나 말하지 않는 데 있지 않고, 정신세계를 어떻게 말하는지에 있다. 이른바 정신세계가 하나의 구체적 세계이고 사람의 이 세계 밖에 존재한다고 여긴다면, 종교의 특징으로 말할 수 있다. 기독교에서 말한 천국이나 불교에서 말한 서방정토와 같은 것은 종교의 특징이다. 그러나 도학이 말하는 유가사상은 그렇지 않은 것 같다. 도학은 공자가 '반인반신'의 지위를 가진 교주로 인정하지 않았고, 사람의 이 세계 밖에 존재하거나 혹은 미래의 극락세계에 존재할 것이라고 인정하지 않았다. 도학은 이러한 종교의 특징에 반대하였고, 또한 이러한 특징을 필요로 하지 않았으니, 어떻게 종교가 되겠는가?

임계유는 다음과 같이 말하였다.

> 종교가 선양하는 피안세계는 다만 인간세계의 환상과 왜곡에 대한 반영이다. 일부 종교는 피안세계를 다만 일종의 주관적 정신상태로 간주하였다.[34]

나는 여기에서 임계유가 '종교에 대한 분석'과 '종교'를 동일시하였다고 생각한다. 종교가 말하는 피안세계를 다만 인간세계의 환상과 왜곡에 대한 반영이라고 말하였는데, 이것은 우리의 〈종교에 대한〉 분석이고 종교 자체는 이렇게 말할 수 없다. 만약 이렇게 말한다면, 그것

---

34 위의 책, p.7~8.

은 종교가 되지 못한다. 임계유는 이어서 선종禪宗의 예를 들었으나 적
당하지 않다.

선종이 '부처를 꾸짖고 조사를 욕하지만'35, 그것의 근본사상은 여전
히 불교의 근본사상이니 바로 초탈윤회超脫輪回와 열반청정涅槃淸淨이다.
'육체와 정신(形神)관계'의 문제에서 말하면, 그것은 신불멸론神不滅論을
주장하였다. 열반은 윤회를 초월한 일종의 '신'의 상황이다. 사람의 관
점에서 보면, 그것은 일종의 정신세계이고 일종의 피안세계이다. 이것
은 도학이 말한 정신경지와 다르다. 정신경지는 한 개인의 육체에 의지
하는 것이니, 만약 한 개인의 육체가 존재하지 않는다면 그의 정신도
존재하지 않고 그의 정신경지도 존재하지 않는다. 이것은 일종의 신멸
론神滅論이다. 선종이 말한 열반은 윤회를 초월한 '신'의 상황이니, 만약
한 개인의 육체가 존재하지 않더라도 그의 윤회를 초월한 '신'은 여전히
존재하고, 또한 선종의 말에 따르면 더 훌륭히 존재할 수 있다. 이것은
일종의 '신불멸론'이다. 때문에 도학과 선종이 비록 겉으로는 약간 유
사한 것 같지만, 본질적으로는 결코 같지 않다. 이러한 차이가 바로 종
교와 철학의 차이이다.

임계유는 다음과 같이 말하였다.

송명이학 체계의 건립은 중국 유교의 완성으로, 그것은 중간에 긴 과정을
거쳤다. 유교의 교주는 공자이고, 그 교의와 숭배대상은 천·지·군·친·
사이다. 그 경전은 유가의 육경六經이고, 교파와 전법체계는 유가의 도통
론道統論으로, 이른바 16글자의 참된 전수가 있다. 그 종교조직은 중앙의
국학國學과 지방의 주학州學·부학府學·현학縣學이며, 학관學官은 유교의 전직

---

35 가불매조(呵佛罵祖): 부처님을 꾸짖고 조사스님들을 욕한다는 뜻으로, 선사가 수
행자를 깨우치기 위하여 불조의 권위를 부정하고 그 부정적인 방법을 통하여 자
유자재의 경지를 터득하도록 하는 교화방편이다. (역자 주)

성직자이다. 승려주의·금욕주의·몽매주의는 내심의 반성을 중시하는 종교방법으로 과학을 적대시하고 생산을 경시하였는데, 이러한 중세기의 스콜라Schola철학이 구비한 낙후된 것들이 유교(유심주의 이학)에도 있어야 할 것은 모두 있다.[36]

이 논변에는 형식논리에서 말하는 '개사丐辭'의 혐의가 있는 것 같다. 이른바 '개사'는 증명하려는 결론을 전제로 하여 그 결론을 증명하는 것이다. 종교에는 반드시 신이 있어서 숭배의 대상으로 삼고 교주가 있어서 모든 종교의 우두머리로 삼는데, 이것이 전제이다. 이 논증에서 '천·지·군·친·사'가 유교가 숭배하는 대상이라고 보았다면, 먼저 '천·지·군·친·사'가 신이고 공자가 반신반인半神半人의 인물임을 증명해야 한다. 이러한 성질이 있다면 공자에게 이러한 자격이 있다. 무엇보다도 먼저 천·지·군·친·사에 이러한 성질이 있고 공자에게 이러한 자격이 있음을 인정한 연후에 이러한 인정으로 유교의 도학이 종교임을 증명할 수 있다. 중국철학사에서 천·지·군·친·사가 '세 가지 근본'임을 가장 먼저 제기한 자는 순자이다.[37] 순황荀況(순자)은 중국철학사에서 최고의 유물주의자이니, 그가 '천·지·군·친·사'를 신이라 말할 수 있었겠는가? '천·지·군·친·사' 다섯 가지 중에서 '군·친·사'는 분명히 모두 사람이고 신이 아니다. 개개인의 '친'은 그들의 조상이지 기독교에서 말하는 여호와와 같은 것이 아니다. 여호와이면 개개인은 모두 예수가 되지 않겠는가? 어쨌든 간에 도학가들 중에서 '천·지·군·친·사'를 진지하게 토론한 자가 있는가? 조사하지 않았지만 대체로 많지 않을 것이다. 공자의 조상혈통은 역사자료에 모두 상세히

36 任繼愈, 「儒家와 儒敎」『中國哲學』, 第3輯, pp.9~10.
37 『荀子』 「禮論」, "禮有三本, 天地者, 生之本也, 先祖者, 類之本也, 君師者, 治之本也."

기록되어 있다. 그의 자손은 공덕성孔德成(공자의 77대손)에 이르기까지, 공씨의 가보家譜 속에 모두 상세히 기록되어 있다. 후대의 황제가 그에게 어떤 봉호封號를 내렸든 그는 결국 사람이고 어떤 신비감도 없으니, 이것은 의심할 여지가 없다. 이러한 사람을 교주教主라고 말할 수 있겠는가? 유가가 존숭한 사서오경四書五經은 모두 내력을 고찰할 수 있고 결코 신의 계시啓示에서 나온 것이 아니니, 이러한 책을 종교의 경전이라고 말할 수 있겠는가? 이렇게 고증하는데도 도학을 종교라고 말한다면 첫째, 숭배할 수 없는 신이고 둘째, 교주가 없으며 셋째, 성경이 없는 종교이니, 이러한 종교가 있을 수 있겠는가? 만약 이것도 종교라고 말한다면, 아마도 용어의 남용일 것이다.

임계유는 서방 중세기의 종교적 특징을 말하는데 이르러서도 도학에 〈이러한 종교적 특징이〉 모두 있기 때문에 도학을 종교라고 하였는데, 이러한 추론은 논리에 부합하지 않는다. 형식논리가 말하는 직접 추론에는 한 명제의 주어와 목적어를 서로 교환하여 이로부터 새로운 결론을 도출할 수 없다. 왜냐하면 어떤 긍정명제에서 '목적어'는 부주연不周延38되기 때문이다. 예를 들어 '사람은 모두 동물이다'는 말을 뒤집어 '동물은 모두 사람이다'라고 한다면, 분명히 잘못된 것이다. 왜냐하면 동물 중에는 각종의 동물을 포괄하는데, 이러한 각종의 동물은 동물이라는 대체로 같은 점 외에도 많은 작은 차이가 있기 때문이다. 서방 중세기에 있던 종교적인 것들이 도학에도 모두 있다는 이러한 명제가 옳은지의 여부는 연구할 가치가 있다. 설령 정말일지라도 이 때문에 도학을 종교라고 말할 수는 없다.

---

38 주연(周延): 하나의 명제에서 어떤 개념이 전체의 대상을 언급하는지, 아니면 일부분의 대상만을 언급하는지를 구별하는데 사용되는 용어인데, 이것은 삼단 논법의 타당성을 결정짓는 대단히 중요한 요소이다. 예를 들어 모든 사람은(①) 동물이다(②)에서, ①은 사람 전체를 지칭하기 때문에 주연되었다고 볼 수 있으나, ②는 모든 동물을 지칭하지 않으므로 주연이 되지 않는다.(역자 주)

중국 역사에는 확실히 한 시기가 있었으니, 그 시기의 사람들은 유가를 종교로 바꾸려고 시도하였다. 그것이 바로 한대漢代이고, 동중서董仲舒 등의 공양춘추가公羊春秋家와 위서緯書는 확실히 선진시기의 유가를 종교화하였다. 동중서가 말한 하늘은 매우 생생하고 생동적인 상제이고, 공자는 천명을 받아서 『춘추』를 지었다. 일부 위서에는 공자가 묵제墨帝의 아들이고 반신반인半神半人의 인물이라고 말하였다. 이 말에 따르면 유가는 확실히 종교이지만, 이러한 견해는 당시 고문경학가들의 반대에 직면하였다. 고문경학古文經學과 금문경학今文經學의 투쟁은 겉으로 말하면, 일종의 문자판본상에 관한 투쟁이지만, 실제는 종교와 반종교의 투쟁이었다. 동한東漢의 유물주의 철학자들은 모두 고문경학가로, 모두 반종교의 투쟁을 지지하여 종교의 기세를 억압하였다. 그러나 인도에서 건너온 불교는 중국에서 토종의 도교를 건립하였다. 이에 불교와 도교에 반대하는 도학이 있었으니, 이것이 중국 역사에서 두 번째의 반종교 투쟁이었다.

임계유는 다음과 같이 말하였다.

> 어떤 사람은 송명이학을 종교로 인정하지 않고, 동중서의 천인감응天人感應의 신학적 목적론을 종교로 인정하지 않고서, 〈종교로 인정하지 않는 이유가〉 유가에 공로가 있다고 여기는데, 실제로 그것 자체는 일종의 종교이다.39

나는 동중서와 도학을 동일시할 수 없다고 생각한다. 동중서 천인감응의 목적론은 종교이고, 도학이 불교와 도교에 반대한 것은 반종교이기 때문에 도학의 도통론에는 동중서를 열거해 넣지 않고 맹자가 죽은

---

39 任繼愈, 「儒家와 儒敎」『中國哲學』, 第3輯, p.11.

후에 도학이 실전되었다고 여겼다. 도학가들도 동중서가 공자를 존숭한 공로가 있지만, 도학은 맹자에서 이어져왔다고 생각하였다. 그들의 평가는 타당하다.

　이러한 반종교의 투쟁에서 도학이 승리하였고, 봉건 통치계급에 의해 중국 봉건사회의 통치사상으로 결정되었다. 통치사상으로서의 도학은 중국의 봉건사회를 견고히 하는 작용을 하였지만, 중국 봉건사회를 위한 통치사상이 되지 못하였다. 이러한 방면에서 도학을 비판한다면 마땅하고 좋은 것이겠지만, 도학의 반종교적 작용을 말살하고 그것을 종교라고 말할 수는 없다. 만약 도학을 종교라고 한다면 이것은 중국의 역사, 특히 철학사의 발전과는 부합하지 않는 것이다.

유교에 대한 질의[1]

이국권李國權 · 하극양何克讓

임계유가 지은 「유교의 형성」[2]은 유가가 유교(종교)로 변천하는 과정을 체계적으로 논술한 글이다. 그 논문에서 제기한 문제는 깊이 연구할만한 것이다. 우리의 초보적 연구에 의하면, 이 문장의 관점은 상호 검토될만한 것이라고 생각된다. 아래에 초보적 견해를 언급하여 종교연구 전문가와 많은 철학사 종사자들에게 가르침을 구한다.

1. 유교의 천명관은 은주시기의 천명신학에서 발전해 온 것이 아니다

임계유의 문장에서 내세운 이론의 대전제는 연구할만한 것이다. 그

---

1 원래 『철학연구(哲學研究)』, 1981년, 제7기에 실렸던 글이다.

2 『中國社會科學』, 1980年, 第1期에 실려 있다. 아래에 그 논문을 인용할 때는 다만 페이지만을 명기하였다. 원제는 「論儒敎的形成」이다.

는 말하기를,

> 춘추시기에 공자가 창립한 유가학설은 본래 은殷·주周 노예제시기의 천명
> 신학과 조상숭배의 종교사상을 직접 계승하여 발전해온 것인데, 이러한
> 학설의 핵심은 바로 존존尊尊·친친親親을 강조하고 군부君父의 절대적 통치
> 지위를 유지하여 전제종법의 등급제도를 견고히 하였다. 때문에 이러한
> 학설은 조금만 개조하면 봉건 통치자들의 수요에 부합할 수 있고, 그 자
> 체는 다시 한걸음 더 나아가 종교로 발전할 가능성을 가지고 있다.3

첫째, 유가의 천명관天命觀이 은·주 노예제시기의 천명신학에서 발
전해왔다는 것에 관해서는 적절하지 않다. 우리는 주나라 사람의 '천
명관'이 "천명은 영원하지 않다"4는 관념에서 제기되었기 때문에 이미
은대의 "선왕께서 일이 있으면 천명을 삼가하였다"5는 것과는 차이가
있음을 알고 있다. 유가의 '천명관'은 또한 주나라 사람의 기초 위에서
대담하게 한 걸음을 내딛었다. 공자가 비록 일부 하늘을 믿는 말을 하
기도 하였지만, 예컨대 그가 왕손가王孫賈(위나라의 대부)의 질문에 대답
할 때에 "하늘에서 죄를 얻으면 빌 곳이 없다"6거나, 또한 그가 남자南
子를 만난 후에 자로子路가 기뻐하지 않자, 공자께서 "내가 잘못을 하였
다면 하늘이 나를 버릴 것이다. 하늘이 나를 버릴 것이다"7라고 해명
하였다. 그러나 이것은 맹세하거나 혹은 감탄할 때에 하늘에 어떤 작
용이 있을 수 있음을 말한 것이니, 유가 '천명관'의 실질로 볼 수 없다.

3 任繼愈,「論儒敎的形成」『中國社會科學』, 1980年, 第1期, p.62.
4 『尙書』「康誥」, "惟命不于常."
5 『尙書』「盤庚(上)」, "先王有服, 恪謹天命."
6 『論語』「八佾」, "獲罪于天, 無所禱也."
7 『論語』「雍也」, "予所否者, 天厭之. 天厭之."

오늘날 사람들도 하늘에 서약하고 맹세하는 것이 여전히 적지 않는데, 우리는 이런 사람들이 모두 상천上天을 경건하게 믿는다고 말할 수 있겠는가? 그렇다면 유가 '천명관'의 핵심은 무엇인가? 두 방면에서 볼 수 있다. 그 중의 하나, (1) 공자의 '천'은 상제의 천이 아니고 환상적인 정신세계가 아니다. 그는 "하늘이 무엇을 말하더냐? 사계절이 운행하고 온갖 만물이 자라나는데 하늘이 무엇을 말하더냐?"8라고 말하였다. 참으로 공자의 사상 속에서 '천'은 부단히 운행하는 자연계이니, 이것은 『역전易傳』의 유물주의사상과 부합한다. 그 중 둘, (2)무릇 하늘을 믿는다는 것은 아득한 가운데 신의 지배적 힘을 독실히 믿는다는 것인데, 공자는 사람의 주관적 노력을 매우 강조하였다.

삼군三軍의 장수는 빼앗을 수 있어도 필부匹夫의 뜻은 빼앗을 수 없다.9
뜻이 있는 선비나 어진 사람은 목숨을 구하고자 인仁을 해치는 경우는 없고 몸을 죽여서 인을 이루는 경우는 있다.10

이처럼 공자는 사람의 의지를 존중하는 위대한 명제를 제기하였다. 만약 공자가 귀신에 대해 의문으로 남겨두고 귀신문제를 언급하지 않은 것과 다시 결합시켜보면, 우리는 유가의 '천명관'이 은·주의 조상숭배와 천명신학에 대한 회의와 부정임을 알 수 있다.

둘째, 공자의 정치사상체계는 '인학仁學'을 중심으로 한다. 공자는 인仁이라는 것에 '애인愛人'11과 '극기복례위인克己復禮爲仁'12 등 기본 명제

---

8 『論語』「陽貨」, "天何言哉. 四時行焉, 百物生焉, 天何言哉."
9 『論語』「子罕」, "三軍可奪帥也, 匹夫不可奪志也."
10 『論語』「衛靈公」, "志士仁人, 無求生以害仁, 有殺身以成仁."
11 『論語』「顔淵」, "愛人."
12 『論語』「顔淵」, "克己復禮爲仁."

를 제기하고 종법제도의 속박에서 벗어날 것을 요구하였는데, 이것은
전제종법의 등급제도 하에서 확실히 매우 훌륭한 것이다. 비록 그것이
통치계급에 쓰여 통치계급이 '인'의 사상으로 내부관계를 조정할 수
있을 뿐만 아니라 또한 그것으로 통치계급과 피통치계급간의 관계를
조정할 수 있다고 말할지라도, 그는 "자기를 미루어가서 남에게 미친
다"13, "어진 이와 재주 있는 자를 등용한다"14, "때에 맞게 백성을 부
린다"15, "백성에게서 믿음을 얻는다" 등을 '인학'의 명제에 집어넣은
후에, 이것이 고대사상발전에서 일종의 참신한 형식임을 긍정하였다.
특히 일종의 사상의 진실한 존재로써 말하면, 민본民本사상의 싹을 함
유하였다. 만약 맹자가 이러한 사상을 발전시켜 "백성을 귀하게 여기
고 군주를 가볍게 여긴다"거나 "군주가 신하보기를 토개土芥와 같이 하
면 신하가 군주보기를 원수와 같이 한다"16는 명제를 받아들였다면,
완전히 존존尊尊(존귀한 자를 존대함)에 대한 개조이다. 그것은 근본적으
로 조상숭배와 같은 어떤 종교사상이 발전한 것이 아님을 알 수 있다.
그것이 군부君父의 절대 통치지위를 유지하고 전제종법의 등급제도를
견고히 하는 것이라고 말한다면, 하필 개조하여 사용하였겠는가?

셋째, 유가의 도덕윤리사상과 교육사상에서 보더라도 임계유의 문
장에서 말한 것과는 다르다. 공자의 윤리학설은 그의 정치사상과 마찬
가지로 '인'으로 출발점을 삼았다. 그것에는 쓸모없는 것도 있었지만
"널리 사람을 사랑한다"17, "사해 안이 모두 형제이다"18, "천자에서 서
인에 이르기까지 모두 수신修身으로 근본을 삼는다"19는 등 적극적 의

---

13 『論語』「衛靈公」, "推己及物." 참조.
14 『論語』「子路」, "擧賢才."
15 『論語』「學而」, "使民以時."
16 『孟子』「離婁(下)」, 참조.
17 『論語』「學而」, "汎愛衆."
18 『論語』「顏淵」, "四海之內, 皆兄弟也."

미를 가진 논점도 있었다. 특히 제기하려는 것은, 공자의 "자기가 서고
자 하면 남도 세워주고, 자기가 도달하고자 하면 남도 도달하게 해준
다"20, "자기가 원하지 않는 것을 남에게 베풀지 않는다"21는 것은 가
장 이른 인도주의사상이라 말할 수 있다. 공자의 교육사상은 공자의
소박한 유물주의 인식론을 반영한다. 그는 '많이 듣고 많이 볼 것'을
주장하였고 또한 이러한 기초에서 일련의 교학敎學사상을 건립하였다.

> 내 일찍이 종일토록 밥을 먹지 않고 밤새도록 잠을 자지 않고 생각하였으
> 나 이익이 없었는데, 배우는 것만 같지 못하였다.22
> 사사로운 뜻이 없었고(毋意), 기필하는 마음이 없었고(毋必), 집착하는 마음
> 이 없었고(毋固), 이기심이 없었다(毋我).23
> 마음속으로 통하려고 노력하지 않으면 열어주지 않았고, 애태워하지 않
> 으면 말해주지 않았으며, 한 모서리를 들어서 남은 세 모서리를 반증해내
> 지 못하면 다시 더 일러주지 않았다.24
> 처음에는 내가 남에 대해 그의 말만 듣고 그의 행실을 믿었으나, 지금 나
> 는 남에 대해 그의 말을 들어도 그의 행실을 살피게 되었다.25

이러한 것들은 오늘날 우리에게 여전히 중대한 가치가 있는 것이다.
임계유 문장의 논리에 따르면, 유가학설의 유전과 발전에는 하나
의 노선만 있고, 또한 이 노선은 유가에서 유교로 바뀐 것뿐이고 유

---

19 『大學』, 第1章, "自天子以至庶人, 壹是皆以修身爲本."
20 『論語』「雍也」, "己欲立而立人, 己欲達而達人."
21 『論語』「顔淵」, "己所不欲, 勿施于人."
22 『論語』「衛靈公」, "吾嘗終日不食, 終夜不寢, 以思, 無益, 不如學也."
23 『論語』「子罕」, "毋意, 毋必, 毋固, 毋我."
24 『論語』「述而」, "不憤不啓, 不悱不發, 擧一隅不以三隅反, 則不復也."
25 『論語』「公冶長」, "始吾于人也, 聽其言而信其行, 今吾于人也, 聽其言而觀其行."

가핵심에 대한 계승과 발전이 없는데, 이것은 실제의 상황과 부합하지 않는 것이다. 유가에 '종교로 발전할 가능성'이 있다고 말한다면, 이것은 다만 일종의 '가능성'일 뿐이니 다른 '가능성'도 있는 것이다. 2천여 년의 역사를 총괄해 보면, 유가학설의 유전과 발전은 결코 단독 노선만 있었던 것이 아니라 종횡으로 서로 뒤섞여 있어 상황이 매우 복잡하였다.

　유가학설은 그것이 탄생하던 그날부터 논적論敵의 도전에 직면하였다. 유가와 묵가의 논쟁이 그 첫 번째이다. 이 논쟁에서는 '예악파禮樂派(유가)'가 묵가학파의 타격을 받아 쇠퇴하여 일단락을 고하였는데, 전국시대에 '예악의 붕괴'가 가리킨 것이 바로 이 결과이다. 학파간의 논쟁은 반드시 학파내부의 분화를 야기하였다. 전국시기에 이르러 유가는 8개의 학파로 나누어졌는데, 즉 자장子張 · 자사子思 · 안씨顔氏 · 맹씨孟氏 · 칠조씨漆雕氏 · 중량씨仲良氏 · 손씨孫氏(荀子)와 악정씨樂正氏의 학파이다.26 8개 학파 중에 맹씨(맹자)와 손씨(순자)가 비교적 대표적이었으니 "맹자와 순자계열은 모두 부자(공자)의 사업(학설)을 따르고 윤색하여 당시에 유명하였다."27 이 시기에는 먼저 '예악파'를 대신하여 일어난 '인의파仁義派'와 노담老聃(노자) · 장자莊子28의 도가학파의 논쟁이 있었고, 이어서 맹자와 순자의 대립이 있었다. 순자는 맹자학파에 반대하였을 뿐만 아니라, 또한 묵가와 도가를 공격하여 형명刑名에 득세하고 접근한 '신예악파新禮樂派'를 형성하였다. 중국의 고대사회가 분열쟁탈에서 통일로 전환함에 따라, 순자의 사상은 이사李斯와 한비韓非의 절충과 개조를 거쳐 유학에서 분리되어 나온 독립된 학파―'법가法家'로 발전하였다.

---

26 『韓非子』「顯學」에 보인다.
27 『史記』「儒林傳」, "孟子荀卿之列, 咸尊夫子之業而潤色之, 以學顯於當世."
28 『莊子』 외편(外篇)과 잡편(雜篇)에서는 대부분 '仁義派'를 공격하였다.

맹자와 순자의 대립은 한초漢初까지 계속되었으니 공양公羊이 황노黃老를 배척하고 제시齊詩29가 형명刑名을 배척하였다. 이러한 논쟁은 실제로 '금문학파今文學派'와 '고문학파古文學派'의 대립으로 나타났다. 동한東漢에 이르러서는 금문학이 고문학으로 대체되었고 이러한 추세는 송宋 이전까지 계속되었다.(육조시기 남북학南北學과 수당시기 의소파義疏派는 비록 허虛와 실實, 번쇄함(繁)과 간이함(簡)이 서로 같지 않았지만 그 입장은 고문학과 큰 차이가 없었다.)

송대에는 '송학宋學'이 일어나면서 정통의 고문학이 점차 쇠퇴하였다. 송학은 그 발전과정에서 정주程朱를 대표로 하는 '이학理學'과 육구연陸九淵을 대표로 하는 '심학心學'이라는 두 개의 주요 학파로 나누어졌다. 두 학파의 논쟁은 매우 격렬하였고, 유명한 '아호鵝湖의 모임'은 일찍이 양립할 수 없는 대논전大論戰을 전개하였다.30 원·명 두 시대에는 기본적으로 정주와 육왕 두 학파가 대립하였다. 청대에는 신한학新漢學이 갑자기 일어나서 송학이 점차 세력을 잃었다. 대진戴震(1724~1777)을 대표로 하는 신한학은 송학을 쓰러뜨렸으나, 그 자체에도 금문과 고문 학파의 분화가 발생하였다. 청말 강유위康有爲를 지도자로 하는 변법유신운동變法維新(1898)은 금문학을 이론적 기초로 하는 한 차례 중대한 실천이었다.

유가학설의 유전과 발전과정에서의 이러한 복잡성은 이미 당시의 구체적 역사조건과 관계가 있고, 또한 일종의 사상체계에 상대적 독립

---

29 한초(漢初)에 『시경』을 전한 사람으로 신배공(申培公)·원고생(轅固生)·한영(韓嬰)이 있는데, 이들은 모두 금문(今文)으로 된 『시경』을 전하였고 후세에 이들을 삼가시(三家詩)라 불렀다. 첫째, 노시(魯詩)는 노나라 사람인 신배공이 전한 시로 서진(西晉)시대에 없어졌다. 둘째, 제시(齊詩)는 제나라 사람인 원고생이 전한 시로 위대(魏代)에 없어졌다. 셋째, 한시(韓詩)는 연(燕)나라 사람인 한영이 전한 시로, '삼가시' 중에서 생명이 가장 길어 당대(唐代) 또는 북송(北宋) 때까지 존재하였고 지금도 『외전10권(外傳十卷)』이 전해지고 있다.(역자 주)

30 范文瀾(1893~1969), 「中國經學史的演變」『中國哲學』, 第1期, p.69.

성이 있음을 보여주었다. 주지하듯이, 첫 번째의 논쟁에서 유가가 패배한 이유는 전국시기에 국가의 흥망興亡이 일정하지 않고 전쟁이 매우 격렬하여 예의禮義를 돌아볼 겨를이 없었기 때문이다. 맹자를 대표로 하는 '인의파'가 노자·장자의 도가와 논쟁에서 세력을 잃은 것은, '인의파'에는 도가의 권모술수가 없고 또한 "백성을 귀하게 여기고 군주를 가볍게 여긴다"거나 "군주가 백성보기를 토개土芥와 같이 하면 백성은 군주보기를 원수와 같이 한다"는 등의 위험사상이 있어 왕이 천하에 패권을 다투어 왕노릇하는데31 도움이 되지 못하였기 때문이다. 금문파의 '유술儒術(유교)'이 양한兩漢에서 '독존獨尊'의 지위를 얻을 수 있었던 것은, 이전에 두 차례 실패한 교훈을 흡수하고, 모종의 '위험사상'을 엄폐시키고, 여러 학파의 것을 잡다하게 받아들이고, 유씨劉氏(劉邦)인 한나라 황실의 통일천하의 정치수요에 부응하고, 순자·한비학파와 황노黃老·형명刑名의 공격에 승리하였기 때문이다. 정주 '이학'은 정치적 지지 하에서 육구연의 '심학'을 압도하였다.

일에는 일률적으로 논할 수 없는 것이 있으니, 고금古今을 총괄적으로 보지 않고서는 확정할 수 없다. 『모시毛詩』와 『좌전左傳』이 한나라 때는 학문으로 서지 못한 책이었으나 후세에는 없어서는 안 되었고, 정군鄭君(鄭玄)은 한유들에게 가법家法을 손상시킨 책이었으나 후세에는 더욱 없어서는 안 되었다.32

---

31 남면칭고(南面稱孤)는 남쪽을 향해 앉아 고(孤)라 칭한다. 즉 왕은 남쪽을 보고 앉으며 자신을 지칭할 때 고(孤)라고 말한다는 뜻이다.(역자 주)

32 皮錫瑞, 「經學中衰時代」『經學歷史』, "事有不可一槪論者, 非通觀古今, 不能定也. 毛詩左傳乃漢時不立學之書, 而後世不可少; 鄭君爲漢儒敗壞家法之學, 而後世尤不可無."

비록 피석서皮錫瑞(1850~1908)의 말이 정확할 수는 없지만, 적어도 유
가학설이 세상에 면면히 전해지는 과정의 복잡성을 설명해주었다. 모
종의 조건 하에서는 그 흥망성쇠興亡盛衰가 완전히 봉건 정치권력에 따
라 바뀌지 않는다. 공맹의 유학은 진시황秦始皇의 '분서갱유焚書坑儒'에
의해 거의 소멸된 것이 아니고, 위나라 왕숙王肅(195~256)의 순고문학純
古文學도 진晉 무제武帝 사마염司馬炎(236~290)의 도움에 의해 실패를 모면
한 것이 아니다. 이것은 우리에게 유가학설의 변천과정을 고찰할 때에
간단한 방법과 단편적 관점을 막아버리고, 다만 그 봉건정치를 받아들
여 통치도구로 개조·이용되거나 종교로 변할 '가능'의 일면만을 보아
서는 안되고, 또한 그것 자체에 독립된 발전노선과 반反종교적 일면이
있음을 보아야 한다는 것을 알려주었다.

앞에서, 우리는 공자의 '천명관'이 은주시대의 조상숭배와 천명신학
에 대한 회의와 부정임을 말하였다. 이것은 유가학설 자체에 반종교
적 요소를 포함하고 있다는 말이다. 이러한 반종교적 요소는 유학이
유전되는 과정에서 결코 소멸되지 않고 어느 정도 계승되었다. 왕충王
充(27~97?)의 무신론無神論사상은 소박한 유물주의 인식론의 기초 위에
세워진 것이다. 그의 인식론과 유가의 인식론은 모두 다문多聞·다견多
見을 주장하였는데, 의식의 계승과 유가의 후세에 대한 영향에서 보
면, 유가의 인식론이 왕충 인식론의 주요 내원 중의 하나임을 인정해
야 한다. 이 때문에 우리는 왕충이 "사람이 죽어서 귀신이 되고 귀신
에는 지각이 있어 사람을 해칠 수 있다"[33]는 것을 부정하였다고 생각
하는데, 이것은 유가의 '귀신이 없다'는 말에 한걸음 더 나아간 발전이
다. 한유韓愈(768~824)는 송명이학에 중대한 영향을 미친 철학자이고 불
교에 적극 반대한 인물이다. 한유의 불교에 대한 투쟁태도는 매우 단

---

[33] 『論衡』 「論死篇」, "人死爲鬼, 鬼有知, 能害人."

호하였는데, 역사에 기록된 그의 「간영불골표諫迎佛骨表」에 근거하면,
당시 헌종憲宗(805~820 재위)황제에게 노염을 사서 거의 목숨을 잃을 뻔
하였지만 조금도 후회하지 않았다고 한다. 주희는 송대 장재張載 이후
격렬한 불교 반대자였고 일생동안 여력을 다하여 분투하였다. 우리는
이러한 반종교의 투쟁이 비록 일부 한계를 가지고 있지만, 그것들의
역사상에서의 적극적 작용은 없앨 수 없는 것이라고 생각한다. 다시
말하면, 유가학설이 유전되는 과정에서의 이러한 반종교적 경향을 반
드시 인정해야 한다.

2. 송명이학은 중국 유학의 조신造神운동이 아니다

임계유는 또한 다음과 같이 말하였다.

유가에서 유교로 발전한 것은 봉건통일 대제국이 건립되고 견고해짐에
따라 점차 진행된 것으로 일찍이 천여 년의 과정을 거쳤다. 공자의 학설
은 모두 두 차례의 큰 개조를 거쳤다. 첫 번째 개조는 한대에 있었는데,
그것은 한 무제의 지지와 동중서에 의해 시행된 것인데, 이것이 바로 중
국 역사상에서 말한 '제자백가를 축출하고 오직 유술만을 존숭한다'는 조
치였다.……동중서와 『백호통白虎通』은 공자의 입을 빌어서 한대 통치자
의 요구에 적합한 종교사상을 선전하였다. 두 번째 개조는 송대에 있었
다.……송 왕조는 대외적으로 차라리 양보할 수 있을지언정 대내적으로
는 중앙집권적 봉건종법전제제도를 강화하였고, 사상문화방면에서도 그
것과 서로 부합하는 의식형태와의 배합이 필요하였다.……송 왕조 통치
자의 수요에 부응하기 위해 송명이학, 즉 유교가 발생하였다.[34]

 임계유의 문장에서 제기한 '두 차례의 큰 개조'는 결국 어떠한 상황인가? 이것은 분명히 해야 한다.

 유가학설이 한대에 중시된 것은 봉건 통치자들의 주관적 바람이라고 말하기 보다는 차라리 역사의 객관적 수요라고 말하는 편이 나을 것이다. 우리는 진秦 정부의 폐단이 '독단의 술책'에서 나왔다는 것을 알고 있다. 이사李斯가 진나라 2세 황제에게 권고한『행독책서行督責書』35를 보면, 잔혹하고 악랄하고 포악한 독재자요 극단적으로 인민을 억압한 정치사상이 묘사해낸 이러한 사회정치생활의 경관은 자연히 인의仁義가 다 없어지고 매우 잔학한 종법 전제주의였다. 이러한 폭정暴政은 '이미 피착취자를 촉발시키고 또한 착취자를 촉발시키는' 전면적인 위기가 발생하였으니, 한漢이 진秦을 대신한 것은 역사적 필연이었다. 유씨劉氏(劉邦) 왕조가 진나라가 망한 교훈을 받아들인 것은 참으로 유가의 한 요소를 선택한 것이지만, 사회진화의 관점에서 고찰하면 객관적 역사수요가 더 중요한 원인이 되었다. 인민은 폭정을 증오하고 인정仁政을 갈구하여 한 왕조의 통치자들로 하여금 '신불해申不害와 한비韓非의 술책'이나 '상군商君(商鞅)의 술책'36을 버리고 '독단의 술책'과 대립되는 공맹 정통파의 인의학설을 환영하지 않을 수 없게 하였다.

 한대 유가학설에 학술상에서의 정통적 지위를 인정한 것에는 또 다른 요인이 있었으니, 이것은 한초漢初 학파간의 충돌이었다. 유가는 도가를 노복奴僕(노예)이라 비난하고 도가는 유가를 죄도罪徒(죄인)라고 비

---

34 任繼愈,「論儒敎的形成」『中國社會科學』, 1980年, 第1期, p.62.

35 환관 조고(趙高, ?~BC 207)에 의해 '지록위마(指鹿爲馬 : 사슴을 바치며 말이라고 하였던 일)'의 치욕을 당하면서도 정세를 읽지 못했던 2세 황제 호해(胡亥)에게 이사가 올린 상소문이다.(역자 주)

36 '상군(商君)'은 전국시대 진(秦)나라 효공(孝公) 때 재상을 지낸 상앙(商鞅, 약 BC 390~BC 338)을 말한다. 상앙은 진(秦)나라에 변법을 시행하여, 서쪽 변방의 허약한 나라였던 진(秦)을 전국시대의 강국(强國)으로 만든 사람이다. '강력한 법만이 부강한 나라를 만든다'는 것이 상앙 정치철학의 핵심이다.(역자 주)

난하여 정치상의 통일에 지장을 주었다. 어떻게 처리해야 하였나? 진
시황의 분서갱유焚書坑儒는 학파간의 분열을 없애지 못하였는데, 이에
유가를 '개조'하여 학술적 통일을 실현하는 것이 바로 한 왕조 통치자
들이 직면한 중대한 과제가 되었다.

　총괄하면, 한 무제에 의한 지지와 동중서에 의해 널리 시행된 중국
역사상의 '제자백가를 축출하고 유술만을 존숭한다'는 것에는 역사적
필연성이 있었으니, 이것은 사회·경제·정치구조의 변화에 따라 의식
형태에 영향과 결정을 주었고, 그에 따라 발생한 상응하는 변화의 결
과였으며, 사회의 전진운동이었다. 그러나 이러한 '개조'과정 중에 일
부 유가의 대표 인물들은 진 왕조가 유생을 생매장한 참혹한 교훈을
흡수하고 조정의 수요에 영합하기 위해 유가학설의 합리적 핵심을 계
승·발전시키지 못하고, 반대로 원시유학 속의 일부 쓸모없는 요소를
확대시키고 동시에 다른 학파의 것을 아울러 취하여 이러한 '개조'를
복잡하게 만들었다. 왕부王符의 『잠부론潛夫論』[37]에는 한대 유술을 '언
방행원言方行圓'[38]이라고 불러 제자백가를 축출하고 유술만을 존숭하는
이러한 정황을 다소 개괄하였다. 한대의 백가를 축출하고 유술만을 존
숭하는 중에 출현한 복잡한 정황에 대해서는 신중히 연구해야 한다.

　임계유의 문장에서는 또한 다음과 같이 말하였다.

　한대의 유가는 먼저 지상왕국의 모형에 따라 천상왕국을 만들고, 그런 후
에 또한 천상왕국의 신의 뜻을 빌어서 지상왕국의 모든 활동을 지시하였
다. 이것이 바로 한대 동중서에서 백호관회의에 이르기까지의 신학적 목

---

37 후한(後漢) 때의 유학자 왕부(王符, 85?~163?)가 쓴 중국의 정치에 관한 책. 10권 35
　책. 그의 입장은 학문과 도덕을 존숭하고 덕(德)에 의한 교화정치를 주장하였으
　며, 당시의 세속에 영합하거나 문란한 사회와 정치상을 비판하였다.(역자 주)
38 王符, 『潛夫論』「交際」, "凡今之人, 言方行圓, 口正心邪."를 참조한다. 언방행원(言
　方行圓)은 말은 정직하고 행동은 원만한 것을 말한다.(역자 주)

적론의 실질이었다.……한대 유가에는 비록 서방의 하느님이 인류를 창
조한 것과 같은 창조설은 없지만 또한 유사한 곳이 있다. 유가가 일존一尊
에 정해지고 유가의 경전은 종교·철학·정치·법률·도덕·사회생활·가
정생활과 풍속습관의 이론적 근거가 되었다. 철학이 비록 유럽 중세기와
같이 모두 신학의 시녀가 되지는 않았지만, 육경六經의 주석이 되었고, 성
인이 아닌 자는 범법자와 다름이 없었다. 이른바 성인은 요·순·우·탕·
문·무·주공·공자 등 유가에서 숭배하던 우상이다.39

우리는 임계유의 이러한 논술이 구체 대상에 대한 분석에서 벗어났
으니 검토될만한 것이라고 생각한다.

한대 유가의 대표인물―동중서, 그의 철학사상은 기본적으로 원시
유학의 것을 계승하였다. 동중서의 "천지의 기는 합하면 하나가 되고,
나누면 음양이 되며, 가르면 사계절이 되고, 나열하면 오행이 된다"40
는 것은 기본적으로『역전』의 유물주의사상을 견지하였다.

그러나 동중서는『역전』속의 낙후된 형태―'천인합일天人合一'의
사상을 확대시키고 발전시켰다. 동중서사상 속의 '천'은 의지가 있
는 '천'이기 때문에 천리天理가 곧 인리人理였다.

도의 큰 근원이 하늘에서 나왔으니 하늘이 바뀌지 않으면 도道 또한 바뀌
지 않는다.41

하늘과 같은 것은 크게 다스려지고, 하늘과 다른 것은 크게 혼란하다.42

---

39 任繼愈,「論儒敎的形成」『中國社會科學』, 1980年, 第1期, p.63.
40 『春秋繁露』「五行相生」, "天地之氣合而爲一, 分爲陰陽, 判爲四時, 列爲五行."
41 『春秋繁露』「陰陽義」, "道之大原出于天, 天不變, 道亦不變."
42 『春秋繁露』「陰陽義」, "與天同者大治, 與天異者大亂."

　이러한 것은 오늘날 사람들이 보기에는 유치하고 가소로운 것 같지만, 철학사상에서 말하면 '자연의 인격화'는 인류 사상발전의 필연적 통로이니 조금도 이상할 것이 없다. 그러나 우리는 이러한 사상이 결코 동중서의 어떤 새로운 창조가 아니고, 유교사상 속에 조잡한 것과 음양오행가들의 '오덕종시설五德終始說'[43]을 일부 종합한 것임을 보아야 한다.

　동중서는 인식론상에 있어서도 매우 모순적이다. 그는 인식이 참된 사물에 내원한다는 것을 인정하였다. "이름은 참에서 생겨나니 그것이 참되지 않으면 이름이 될 수 없다."[44] 그러나 옳고 그름의 표준을 검증하는 문제에서는 다음과 같이 말하였다.

> 굽음과 곧음(曲直)을 자세히 살피고자 하는 것은 먹줄을 당기는 것만 못하고, 옳고 그름(是非)을 자세히 살피고자 하는 것은 이름을 끌어대는 것만 못하니, 이름으로 옳고 그름을 살피는 것은 먹줄로 굽음과 곧음을 살피는 것과 같다.[45]

　동중서의 이러한 모순된 철학 세계관은 그의 모순된 정치사상을 결정하였다. 동중서는 유가의 '인의'사상을 전면적으로 계승하였을 뿐만

---

43 추연(鄒衍)의 '오덕종시설'은 왕조마다 그 왕조에 부여된 오행의 덕의 운행논리에 따라서 필연적으로 흥폐(興廢)가 교체된다고 하는 일종의 신비적 음양오행이론이다. 진나라를 수덕(水德)의 왕조라 하고, 그 이전의 네 왕조를 황제(黃帝) = 토덕(土德), 하(夏) = 목덕(木德), 은(殷) = 금덕(金德), 주(周) = 화덕(火德)에 배치하여 오행상극의 이론대로 각 왕조는 다음에 나타날 왕조에게 타도될 운명에 있다는 것이다. 그리하여 물은 오행상극의 최후의 것으로서 왕조순환은 수덕(水德)을 가진 진나라에서 그친다고 하여 진 왕조의 정통성과 절대성을 말하였다.(역자 주)

44 『春秋繁露』「深察名號」, "名生于眞, 非其眞, 弗以爲名."

45 『春秋繁露』「深察名號」, "欲審曲直, 莫如引繩, 欲審是非, 莫如引名, 名之審于是非也, 猶繩之審于曲直也."

아니라 또한 황노의 '무위無爲'주의와 양주楊朱 이래 '법가'의 모종의 것
을 계승하였다. 이것은 전반적인 방면에서 보면, '대일통大一統'46의 요
구에 부응하였다. 그러나 일부 통치자들의 요구와 서로 충돌한 것도
보아야 한다. 동중서는 '경화更化(잘못된 것을 고쳐서 새롭게 함)'를 주장하
고 한전限田47이 '경화'의 관건이라고 생각하고, 이에 토지의 일정량을
제한하고 토호들이 토지를 독점하는 것에 반대하고, 노예를 석방하고
노비를 함부로 죽이는 것을 금지하고, 부세를 경감하고 부역을 줄이는
등을 건의하였다.48

비록 우리가 위에서 한대 유가의 대표 인물인 동중서의 사상을 간단
하게 분석하였지만, 기본적으로 '첫 번째 개조'의 정황을 이해할 수 있
다. 이 때문에 필자는 임계유 글의 이 방면의 관점에 대해 이의異議를
제기하였다. 귀납하면 주요한 이유는 아래와 같다.

첫째, 유학이 당시에 여러 학설의 '통치자'와 '태상황太上皇'이 되지 못
한 것은, 동중서를 지지하던 한 무제에게 근본적으로 이러한 뜻이 없
었고, 그가 통치하던 몇 십년동안 줄곧 '백가의 학문이나'49 여러 학설
이 병존할 것을 장려하였고 '재주가 뛰어난 자'를 등용하였다. 이른바
독존獨尊은 다만 이용한데 불과하고, 혹자는 일종의 '조화調和'라고도 하

---

46 '대일통'사상은 국가를 지탱하는 요체로서 정치적·경제적·문화적 제도의 통일
을 주장하는 사상이다. 대일통사상을 확립시킨 사람은 한대 동중서인데, 그는 진
(秦) 이래 국가 사회의 중심이 되어왔던 법치(法治)의식을 버리고 유교이념에 의
한 국가통치, 곧 유치(儒治)를 주장하여 학술사상을 하나로 통일시키려 하였다.
(역자 주)

47 한전(限田)은 토지의 균등분배를 내용으로 하는 토지개혁론. 한 개인이 가질 수
있는 토지를 일정하게 제한하여 제도이다. 즉 전지를 사들일 때 일정한 면적에
이르면 더 이상 사지 못하게 하고, 팔 때도 일정한 면적 이하는 팔지 못하게 하는
것이다.(역자 주)

48 『漢書』「食貨志」, 동중서의 상소문을 참고한다.

49 『史記』「龜策列傳」, "博開藝能之路, 悉延百端之學.(널리 예능의 길을 열어 백가의
학문을 모두 채용하였다.)"을 참고한다.(역자 주)

였으니, 각 학파간의 첨예한 충돌을 황권의 권력으로 일정한 질서범위 내로 제한하였던 것이다.

둘째, 동중서의 『춘추번로春秋繁露』는 원시유학을 기초로 하여 선진 시기의 제자백가사상과 종횡으로 뒤섞이고 상호 스며든 새로운 유학 전적을 흡수하였다. '첫 번째 개조'의 결과에 대해서는 실사구시實事求是 적 평가를 내려야 한다. 헤겔Hegel(1770~1831)이 숭상하던 지식이나 강조 하던 지식은 '신'에 관한 지식이었지만, 마르크스·엥겔스·레닌은 지 금까지 헤겔의 학설을 종교로 간주하지 않았다. 유심주의는 종교와 다 르고, 유심주의는 단지 승려주의로 통하는 길에 불과하다. 공양학公羊 學50의 철저한 음양오행화는 동중서학설의 중요한 부분이다. 그 내용 이 비록 미신색채를 뒤집어쓰고 있지만, 봉건전제의 사회에서 일부 정 직한 유생들이 천변재이天變災異를 빌어 진용천자眞龍天子(황제)51에게 이 의를 나타내거나 직간하여 도道있는 자가 도道없는 자를 벌할 수 있었 으니, 이것은 위로 종교왕국이 신령하여 잘못이 없다는데 대한 소극적 부정이라 볼 수 있다.

셋째, 한 무제의 유술만을 존숭한 것은 국가가 날로 부유해지고 안 정되었으며, 생산발전이 비교적 빨랐고, 인구가 증가하였으니, 확실히 사회적 진보를 이루었다. 만약 동중서가 공자의 입을 빌어서 한대漢代 통치자들의 수요에 적합한 종교사상을 선전하였다고 말한다면, 어찌 종교가 사회에 대한 진보작용을 인정한 것과 같은 것이 아니겠는가?

유가학파의 '두 번째 개조'는 그 상황이 또한 어떠한가?

만약 송학宋學이 동중서의 한대유학보다 원시유학에서 훨씬 벗어났

---

50 공양학은 오경(五經) 가운데 『춘추』의 3개의 주석서인 좌씨전(左氏傳)·공양전(公 羊傳)·곡량전(穀梁傳)중에서 공양전을 연구하는 학문이다. 좌씨전과 곡량전은 대 체로 『춘추』를 연대기적 역사서로 보는 입장을 취하는데 비해, 공양전은 『춘추』 를 정치 이론서로 해석한 주석서이다.(역자 주)

51 봉건시대에는 황제를 진용천자(眞龍天子)라고 불렀다.(역자 주)

다고 말한다면, 임계유가 말한 "송명이학의 건립은 중국 유교의 완성
을 상징한다"는 것과는 같은 것이 아니다. 송명이학의 핵심인 '리理'라
는 철학범주는 한비韓非(약BC 280~BC 233)가 가장 먼저 제기하였다.

> 하늘의 도에 따르고 형상의 이치로 돌아가서 고찰하고 규명하니 그치면
> 다시 시작한다.52
> 도라는 것은 만물을 존재하게 하는 근원이고, 만 가지 이치가 모이는
> 곳이다.53

한비의 '리'는 '도'와 함께 제기하고 '리'를 자연계의 특수규율로 간주
하였는데, 이것은 인류인식사상에 있어서 매우 큰 진보이다. 한대 동
중서도 '리'의 문제를 언급하였다. 그러나 동중서는 '리'가 사물에 대한
이름을 말한 것으로 보고 '리'를 '의義'와 함께 제기하였는데, 이에 '명분
을 바로잡아 의리를 밝힌다(正名以明義)'는 사상이 생겨났다. 북송에 이
르러 주돈이周敦頤의『통서通書』「리성명理性命」에나, 장재의『정몽正蒙』
에는 모두 광범위하게 '리'를 말하였다. 비록 그것을 철학체계의 최고
범주로 간주하지 못하였지만, 송명이학의 문호를 열었다. 이정과 주희
는 한걸음 더 나아가 '리'의 학문을 더할 수 없이 완전한 경지로 발전시
켰다.

이정의 '리'는 선배사상가들의 '이치가 자연계 만물의 규율(韓非)'이
라는 것과 '소박한 변증법사상(『역전』)'에 관한 성과를 함께 받아들였
다. 그들이 보기에, '천리'는 구체적 사물의 자연한 추세이고, 이러한
자연한 추세는 사람의 의지로 바꿀 수 있는 것이 아니다. 이 뿐만 아니

52『韓非子』「揚權」, "因天之道, 反形之理, 督參鞠之, 終則有始."
53『韓非子』「解老」, "道者萬物之所然也, 萬理之所稽也."

라, 그들은 또한 객관세계의 만사만물이 모두 변증적 규율에 따라 진화한다고 생각하였다. "만물에는 상대가 있지 않음이 없으니, 한 번 음이 되면 한 번은 양이 되고, 한 번 선이 되면 한 번은 악이 된다."[54] 음양과 선악간에는 이것이 자라면 저것이 사라지는 이러한 모순투쟁의 결과로 새로운 사물이 발생한다. 참으로 이정의 이러한 사상은 매우 훌륭하며, 이미 진리의 가장자리에 근접하였다.

애석한 것은, 그들이 이전에 더 한층 탐구하던 '리'의 의미나 '음양과 선악의 이것이 자라면 저것이 사라지는 것'이 어디에선가 발생할 때 도리어 문제가 발생한다는 것이다. 이러한 "자연히 그러한 것이지 안배가 있은 것이 아니다"[55]라는 '리'가 반영된 만사만물은 결국 어떤 '사물(物)'에 속하는가? 그들은 "사물이 살아있는 것은 기가 모였기 때문이고 사물이 죽는 것은 기가 흩어졌기 때문이다"[56]라고 보았다.

> 운석隕石(별똥)은 종자가 없으므로 기에서 생겨나고, 기린도 종자가 없으므로 또한 기화氣化한 것이다.……하늘의 기는 또한 자연이 낳고 낳아 다함이 없으나……왕래往來하고 굴신屈伸하는 것은 이치일 뿐이다.……천지 속은 용광로와 같으니 어떤 사물인들 녹지 않겠는가?[57]

여기서 이정은 한편으로 만물이 기氣에 의해 구성되는 물질임을 인정하였지만, 다른 한편으로 '사물이 죽으면 기가 흩어진다'고 말한 것은 물질이 소멸될 수 있음을 말한 것이다. 물질에는 생멸生滅이 있으나

---

54 『二程遺書』卷11, 「師訓」, "萬物莫不有對, 一陰一陽, 一善一惡."

55 『二程遺書』卷11, 「師訓」, "自然而然 非有安排也."

56 楊時, 『二程粹言』卷2, 「人物篇」, "物生者, 氣聚也, 物死者, 氣散也."

57 『二程遺書』卷15, 「入關語錄」, "隕石無種, 種於氣, 麟亦無種, 亦氣化.……天之氣, 亦自然生生不窮.……往來屈伸, 只是理也.……天地中如洪爐, 何物不銷鑠."

"이치(理)는 천하에 하나의 이치일 뿐이기 때문에 미루어 가서 사해四
海에 이르러도 표준이 되고 천지에 물어보고 삼왕三王58에 고찰해보아
도 바뀌지 않는 이치이다"59라고 말한다면, 이러한 만물의 이치는 독
립적으로 존재하는 것이고 절대적인 것이 된다.

이미 이정의 '리'가 "천지에 물어보고 삼왕에 고찰해보아도 바뀌지
않는 이치"라면, '사물'의 생멸生滅에는 자연히 이러한 '리'가 지배적
작용을 하였다. 이에 그들은 '리'가 만물을 낳을 수 있을 뿐만 아니라,
또한 만물을 부릴 수 있다는 결론을 얻어냈다. 이것은 큰 잘못이다.
특히, 그들이 이러한 '리'에 도덕적 속성을 부여하고, 또한 이러한 인
격화된 '리'를 정치이론상에 끌어들였을 때는 봉건사회의 모든 문명
제도의 영원한 이론적 기초가 되었다. 비록 이와 같지만, 그들의 "만
물이 모두 나에게 갖추어져 있다"는 말에 대해서는 또한 전반적으로
부정하지 못하였다.

> 만물이 모두 나에게 갖추어져 있으니, 비단 사람뿐만이 아니라 사물도 모
> 두 그러하다. 모두 여기에서 나오지만, 다만 사물은 미루어갈 수 없고 사
> 람은 미루어갈 수 있다. 비록 미루어갈 수 있다고 어느 때 한 푼을 보탤
> 수 있고, 미루어갈 수 없다고 어느 때 한 푼을 뺄 수 있겠는가? 온갖 이치
> 가 함께 있고 빠짐없이 두루 놓여있다. 어느 때 요임금이 임금의 도리를
> 다했다고 군도君道를 조금 더 보탤 수 있고, 순임금이 자식된 도리를 다했
> 다고 효도孝道를 조금 더 보탤 수 있겠는가? 원래 예전과 다름이 없이 의구
> 하다.60

---

58 삼왕(三王)은 중국 고대의 세 임금. 하(夏)나라의 우왕(禹王), 은(殷)나라의 탕왕(湯
王), 주(周)나라의 문왕(文王)·무왕(武王)을 말한다.(역자 주)
59 『二程遺書』卷2(上), 「元豊己未呂與叔東見二先生語」, "理則天下只是一箇理, 故推至
四海而準, 須是質諸天地, 考諸三王不易之理."

이 단락의 말에는 두 방면의 의미가 있다. 하나는 통치자의 흥망성 쇠興亡盛衰가 완전히 '리'의 제약을 받는다는 것이고, 다른 하나는 사람들의 생활조건과 정치지위도 '리'에 의해 결정된다는 것이다.

주희는 이정의 사상을 계승하여 방대하고 복잡하며 또한 이론이 비교적 치밀하고 완전한 '리일원론理一元論'의 철학체계를 구축하였다. 주희의 저술을 대략적으로 살펴보면, '리'와 '기' 두 가지 기본 범주를 해결하는 문제에 모순이 있었다. 우리가 주희철학을 '리일원론'의 세계관이라고 말하는 것은, 최종적으로 '리가 결국 주가 되는데'61서 그치기 때문이다.

주지하듯이, 역사가 제공하는 물질조건과 사상재료에 따라 주희로 하여금 '기'에 대한 탐구에서 귀중한 공헌을 하게 하였다. 예를 들어 「회옹학안晦翁學案 · 어요語要」에서 지구의 발생이 음양 두 기의 모순운동에 의한 것으로 보았다.

천지가 처음 열렸을 때는 다만 음양 두 기뿐이었다. 이 기가 운행하며 갈고 가는데(磨來磨去)62, 점점 빨리 갈수록 수많은 앙금들이 생겨나지만, 안에 있어서 〈밖으로〉 나갈 곳이 없기 때문에 뭉쳐져서 중앙에 땅이 만들어졌다. 기가 맑은 것은 하늘이 되고 해와 달이 되며 별이 되는데, 다만 〈땅의〉 바깥에 있으면서 항상 두루 돌면서 운행한다. 땅은 중앙에 있으면서 움직이지 않으니, 〈하늘〉 아래에 있는 것이 아니다.63

---

60 위의 책, "萬物皆備於我, 不獨人爾, 物皆然, 都自這里出去. 只是物不能推, 人則能推之. 雖能推之, 幾時添得一分. 不能推之, 幾時減得一分. 百理俱在, 平鋪放着. 幾時道堯盡君道, 添得些君道多. 舜盡子道, 添得些孝道多. 元來依舊."

61 『朱熹集』卷49, 「答王子合」, "然理終爲主."

62 중국인은 우주생성론을 흔히 맷돌의 비유로 설명하였다. 즉 하늘과 땅 사이에서 만물이 생겨나는 모양이 마치 맷돌을 이루는 두 짝의 돌맹이가 서로 마찰하여 그 사이에서 찌꺼기가 갈려서 나오는 것과 비슷하다고 생각하였다. 그래서 '갈다(磨)'라는 표현을 사용한 것 같다.(역자 주)

이러한 전제 하에서 주희는 객관존재의 실재성을 어느 정도 인정하였으니, '기'는 이학 속에서 비로소 최초로 참된 기본범주로 제기되었다. 이것은 철학사상에서 하나의 중대한 발전이다.

그러나 '기'가 주희철학 속의 기본범주가 된 후에는 '리'와 '기'라는 두 가지 기본범주의 관계를 어떻게 규정하였나? 주희는 모순에 빠졌다. 그는 모든 사물의 발생과 존재가 모두 리와 기의 통일이라고 생각하였다. "천하에는 리 없는 기가 없고, 기 없는 리가 없다."[64] 그러나 주희는 또한 다음과 같이 말하였다.

> 어떤 사람이 묻기를, 어제 "천지가 있기 이전에 결국 리가 먼저 있었다"고 말한 것은 무슨 뜻입니까? 대답하기를, "천지가 있기 전에는 결국 '리'가 있을 뿐이다. 이 '리'가 있으면 이 천지가 있으니, 만약 이 '리'가 없으면 천지도 없고 사람도 없고 사물도 없어서 모두 갖추어 실을 수 없다. '리'가 있으면 바로 기가 유행하여 만물을 기른다."[65]

여기에서 주희가 이정과 마찬가지로 '기가 어디에서 나오는지'의 문제를 한걸음 더 나아가 추구할 때 다만 '리'에서 벗어날 수 있다는 것을 간파할 수 있다. 그러나 최종적으로는 "리와 기는 본래 선후를 말할 수 없지만, 반드시 소종래所從來로 미루어가고자 하면 모름지기 먼저 이 '리'가 있다고 말해야 한다"[66]라고 여겼다. 이처럼 주희의 철학에서

63 『宋元學案』「晦翁學案·語要」(또는 『朱子語類』卷1, 「理氣上」), "天地初間(開), 只是陰陽之氣. 這一箇氣運行, 磨來磨去, 磨得急了, 便拶許多渣滓, 裏面無處出, 便結成箇地在中央. 氣之淸者, 便爲天, 爲日月, 爲星辰, 只在外常周環運轉. 地便只在中央不動, 不是在下."

64 『朱子語類』卷1, 「理氣上」, "天下未有無理之氣, 亦未有無氣之理."

65 상동, "問昨謂未有天地之先, 畢竟是先有理如何. 曰未有天地之先, 畢竟也只有理. 有此理便有此天地, 若無此理, 便亦無天地, 無人無物, 都無該載了. 有理便有氣流行, 發育萬物."

'리'는 제1성질의 것이고 '기'는 제2성질의 것이다.**67**

주희의 인식론과 그의 세계관에는 또한 서로 비슷한 정황이 있다. 주희는 『대학』〈격물치지보망장格物致知補亡章〉에서 인식주체와 인식대상의 한계를 명확하게 구분하였다. 특히 그는 인식을 감각기관이 객관사물에 작용하여 사유과정을 거치고 이해에 이르러 형성된 것이라고 지적하였는데, 이 점에서 보면 유물론唯物論을 반영한 것 같다. 그러나 그는 당초의 생각을 끝맺지 못하고 다음과 같이 말하였다.

> 타고나는 이치를 성性이라고 말한다.……성은 천부적으로 이루어진 많은 도리이다.……성은 진실한 이치이니 인·의·예·지가 모두 갖추어져 있다.**68**

또한 선험론의 경지에 도달하였다. 주희는 지행知行관계를 매우 중시하여 "'지'와 '행'이 항상 서로 기다리는 것은 마치 눈은 발이 없으면 가지 못하고, 발은 눈이 없으면 보지 못하는 것과 같다"**69**라고 지적하였다. 그러나 최종적으로는 '지행통일知行統一'을 견지하면서 또한 '지'가 '행'보다 우선하는 것으로 귀결하였다.

이상의 송명이학에 대한 개괄적 분석에서 보면, '두 번째 개조'는 결코 최초로 중국의 유학 조신造神운동이 아니다. 비록 송명이학이 그 건

---

66 『朱子語類』卷1, 「理氣上」, "理氣本無先后可言, 然必欲推所從來, 則須說先有是理."

67 제1성질과 제2성질은 사물의 성질을 두 가지로 구분하는 이론이다. 첫째, 사물에 속해 있으며 인간의 인식능력에 대해 독립적으로 존재하는 성질과 둘째, 전적으로 인간의 감각기관의 활동결과이며 이를 떠나서는 결코 존재할 수 없는 성질이다.(역자 주)

68 『朱子語類』卷5, 「性情心意等名義」, "生之理謂性.……性是天生成許多道理.……性是實理, 仁義禮智皆具."

69 『朱子語類』卷9, 「論知行」, "知行常相須, 如目無足不行, 足無目不見."

립과정에서 선종禪宗의 사상을 흡수하였지만, "유가가 어떻게 불교철학을 흡수하였는지는 논하지 않더라도, 사생生死문제 있어서는 경전을 말할 때에 '삶도 알지 못하는데 어찌 죽음을 알겠는가' 혹은 신멸론神滅論의 유가입장을 여전히 유지하였기 때문에 유학은 시종 종교화되지 못하였다."[70] 총괄하면, 우리는 송명이학의 건립이 '중국 유교의 완성을 상징하는 것'이 아니라, 철학 전체의 발전과정에서 말하면 매우 큰 발전이 있고 중국철학 발전의 전진운동이라고 생각한다.

3. 공자는 유교의 교주가 아니다

철학의 유심주의와 종교를 인식론에서 말하면 그들 간에는 공통점이 있으니, 모두 사람의 인식의 일부분(개념과 표상 등)을 무한히 과장하고 팽창시켜 "자연을 벗어나서 절대적인 것으로 신격화하였다." 그러나 그들 간에는 또한 다른 점도 있으니, 전자(철학 유심주의)가 다소 사람의 주관정신을 떠나지 않고 다만 자연의 힘과 사회의 힘을 인격화하고 도덕화하였다면, 후자(종교)는 완전히 정신을 정령화精靈化하고 신격화하였다. 이것은 엥겔스가 지적한 말과 같다.

> 모든 종교는 사람들의 일상생활을 지배하는 외적 힘이 사람들의 두뇌 속에 있는 환상을 반영한 것에 불과한데, 이러한 반영 속에는 인간의 힘이 초인간적 힘의 형식을 취한다.[71]

---

70 范文瀾, 『中國通史簡編』, 第2編(人民出版社, 1949), p.438.
71 『마르크스·엥겔스선집』, 第3卷, p.354.

철학 유심주의와 종교의 같은 점과 다른 점에 관하여, 말하자면 중요한 것은 그들 간의 다른 점에 주목해야 하는데, 그렇지 않으면 무엇이 철학 유심주의이고 무엇이 종교인지를 분명히 구분하기가 어렵다.

종교는 저속하고 적나라한 유심주의이고, 철저한 억측에서 나온 것이고 육체를 떠난 영혼靈魂 혹은 정령精靈에 대한 숭배이다. 계급사회에서 종교는 착취자에 대해 천국의 행복을 누릴 입장권을 헐값에 매각하였고, 피착취의 사람들에 대해서는 순종과 인내할 것을 설득하고 '삶을 기뻐하지 않고 죽음을 기뻐하여' 현실 속에서 사람이 되는 권리를 포기하게 하였다. 예를 들어 불교 '사제설四諦說'72 중의 '멸제滅諦'가 불교의 가장 이상적 고통이 없는 경지(열반)라고 선전하였다. 이러한 서방극락 세계관에는 어떻게 도달하는가? 그것은 바로 도제道諦의 수단과 방법을 따르고 '드러나지 않게 음덕陰德을 쌓아' 제도濟度(극락세계로 인도함)하고 속세를 떠나는 것이다. 종교가 피안세계를 선양하는 것은 언제나 '삼세론三世論(과거·현재·미래)'을 동반하여 진행된 것이다. 그러나 유가는 시종 '전세前世·금세今世·후세後世'설에 반대하였다. 이학이 비록 '금욕禁欲'을 선전하였지만, 결코 종교처럼 '속세의 화식(火食: 불에 익힌 음식)을 먹지 않을 것'을 선전하지 않았다. 주희는 다음과 같이 말하였다.

음식을 먹는 것은 천리天理이고, 맛있는 것을 요구하는 것은 인욕人欲이다.73 민생의 근본은 밥을 먹는데 있고 배불리 밥 먹을 수 있는 근본은 농사를 짓는데 있으니, 이것은 자연의 이치이다.74

---

72 사체설(四諦說)이라고도 부른다. 불교에서 말하는 네 종류의 기본 진리, 즉 고제(苦諦)·집제(集諦)·멸제(滅諦)·도제(道諦)이다. '고'는 생로병사의 괴로움, '집'은 '고'의 원인이 되는 번뇌의 모임, '멸'은 번뇌를 없앤 깨달음의 경계, '도'는 그 깨달음의 경계에 도달한 수행을 이른다.(역자 주)

73 『朱子語類』卷13, 「力行」, "飮食者, 天理也; 要求美味, 人欲也."

이학가들이 결코 '만사가 모두 공空하다'거나 '모든 인욕을 철저히 근절하는' 종교 선전가가 아님을 알 수 있다.

대체로 종교에는 모두 기본경전이 있으니, 기독교에는 『성경聖經』이 있고 이슬람교에는 『고란경古蘭經』이 있다. 종교경전은 주로 종교활동의 정황과 교의敎義·교규敎規를 기록하여 내용이 난잡할 뿐만 아니라 매우 저속하다. 그러나 '유교'의 기본경전은 무엇인가? 유가 저작 중 어느 부분에 저속한 신앙주의를 선전하였는가? 임계유는 '유가의 육경'이 '유교'의 경전이라고 보았는데, 이것은 매우 정확하지 않다. 『시경詩經』·『서경書經』·『예기禮記』·『악기樂記』·『역경易經』·『춘추春秋』는 내용이 매우 풍부하여 그 속에는 정미한 것과 저속한 것이 함께 있으니 깊이 연구해야 한다. 우리는 간단하게 '유가의 육경'을 종교의 경전이나 교의와 동일시할 수 없다. 만약 이와 같다면, 『성경』구약의 '십계十戒'속에 있는 '우상을 만들어 숭배하지 말라', '부모에게 효도하고 공경하라', '살인하지 말라', '간음하지 말라', '도적질하지 말라', '거짓으로 증언하지 말라', '남의 재물을 탐하지 말라' 등에는 우리의 일부 도덕규범과 매우 유사한 곳이 있지만, 어째서 기독교가 종교가 아니라고 말하지 않는가?

종교경전 속의 총론에 해당하는 곳(開宗明義: 종지를 열어 개요를 밝힌다)에는 여호와·마호메트·석가모니가 하늘에서 명을 받았음을 선전하고, 교도들에게 무조건적으로 이러한 유일무이唯一無二한 신의 지배를 따를 것을 요구한다. 유가 저작 중 어느 곳에 공부자孔夫子(공자)께서 하늘에서 명을 받아 사람들에게 속세를 초월할 것을 가르칠 것을 선전하였는가? 임계유는 공자를 '유교'의 교주로 보았다. 그러나 종교의 교주는 무한한 권위를 누렸으니, 기독교는 "여호와의 이름을 함부로 부를

---

74 『朱熹集』卷99,「權農文」,"惟民生之本在食, 足食之本在農, 此自然之理也."

수 없다"고 규정하였고, 이슬람교는 "교도들이 무조건적으로 마호메트의 지배를 따라야 한다"고 규정하였으며, 불교 속의 석가는 '최고의 실체' 혹은 '궁극적 원인'의 화신이었다. 그렇지만 공자는 역대 군왕의 봉상封賞을 따라야 했으니, 그의 권위성은 어디에 있는가? 그렇다. 학설의 창시자로써 말하면, 그 학설이 보편적으로 유전됨에 따라 명성이 매우 높아졌고, 심지어 '지성선사至聖先師'의 옥좌로 받들어지기도 하였다. 그러나 공자는 결코 교주가 아니었다. 왜냐하면 공자는 마호메트처럼 황당한 신화를 날조하고 '알라allah'의 계시를 받아 인간세계에 와서 참된 주인이 되어 '위급한 상황을 전해주고, 기쁜 소식을 알려주며, 중생을 사랑하였다'고 말할 수 없고, 다만 후인들에게 귀중한 문화유산을 남겨주었을 뿐이기 때문이다. 역사상 확실히 일부 천한 유생 혹은 정객政客들이 유가를 종교로 바꿀 것을 시도하고 공자를 교주로 '추대'하였으나 모두 실패하였는데, 그 주요 원인은 진실로 유가가 반反종교적이라는데 있었다. 이 때문에 결국 공자는 유가학설의 창시자이지 '유교의 교주'가 아니다. '군주를 천자로 부르는 것'이 유학 저작 속에 출현하였지만, 종교와 같이 특별히 인물을 형상화하여 무한한 권위를 갖고서 모든 것을 능가하는 신과는 조금도 같지 않았다.

종교 교도들에게는 모두 비교적 엄격한 입교入敎방식이 있고, 종교에는 정확한 신도수가 있으며, 종교에는 모두 일정한 성직자가 있어 교무敎務를 관리한다. 그러나 '유교'에는 근본적으로 어떤 '입교수속' 혹은 '의식'이 없고, 위로부터 아래에 이르기까지 수천 년간 유가 저작을 읽은 사람을 통계낼 방법이 없으며, 유가학파에는 또한 어떤 조직형식도 없으니, 그렇다면 일련의 무슨 '성직자'를 길렀는지는 더 말할 나위가 없다. 한마디로, 유가는 '유교(종교)'가 아니기 때문이다.

총괄하면, 우리는 유가학설이 그 원시형태에서 보면 발전한 가능성이 다양하였지만, 그것이 유전되고 발전되는 과정에서 실제로 두 가지

기본정황이 출현하였다고 생각한다. 하나는, 유가에 대해 비판적 태도
를 취하고 그 소박한 자연관과 변증법을 흡수하여 점차 왕충王充·장재
張載·대진戴震을 대표로 하는 유물주의 노선을 형성하였다. 다른 하나
는, 유가의 합리적 핵심부분을 흡수하고 그 불합리한 것을 대폭 확충
하고 다른 사상적 재료를 함께 받아들여 점차 동중서董仲舒·이정二程·
주희朱熹를 대표로 하는 유심주의 노선을 형성하였다. 이 두 발전노선
은 순수한 대립이 아니라 원형의 형식으로 출현한 것이다. 임계유가
지적한 유심주의 발전노선으로 고찰하면, 확실히 봉건 종법제도에 일
련의 이론을 제공하였지만, 봉건정치와 봉건 윤리도덕이론은 종교가
아니다. 철학의 유심주의는 종교개방을 위한 청신호에 방편을 제공하
였다. "새로운 세계종교, 즉 기독교는 이미 보편화된 동방의 신학, 특
히 유태신학과 진부하고 저속한 희랍철학, 특히 스토아Stoa철학의 혼합
속에서 은밀히 발생하였다."75 그러나 이것은 다만 방편을 제공하였
을 뿐이니, 혹자는 철학의 유심주의가 종교를 보호하는 작용을 하였다
고 말하기도 하지만, 그 자체는 결코 종교가 아니다.

75 『마르크스·엥겔스선집』, 第4卷, p. 251.

'유교' 논변[1]

― 임계유의 논의를 중심으로

최대화崔大華[2]

1. '유교'설의 유래

넓은 의미에서 말하면 '유교'설의 유래는 이미 오래되었다. 예를 들어 사마천司馬遷은 "노나라 사람들은 모두 유술을 가르쳤으나, 〈협객으로 명성이 있던〉 주가朱家[3]들도 그 사이에 끼어서 들었다"[4]라고 말하였다. 진晉의 왕심王沈[5]이 논평한 『부자博子』에는 "부를 말하고 나라를 다스려 세상을 구제하며, 정치를 경륜하고 유교를 중시하였다"[6]라고 말하였다. 여기서도 '유교'의 '교敎'자에 대한 다른 이해가 있었음을 볼 수 있다. 사상사적 관점에서 보면, '유교'의 '교'자에는 세 가지 다른 이해나 혹은 의미가 있다.

---

1 원래 『철학연구』, 1982년, 제6기에 실렸던 글인데, 발표 때에 산절(刪節)이 있었다. 여기서는 저자의 요구에 따라 본문 전체를 기재하였다.

2 최대화(崔大華, 1938~): 안휘성(安徽省) 육안(六安) 사람, 학자이다. 대표 저서로는 『莊子歧解』·『莊學硏究』 등이 있다.(역자 주)

첫째, 초기 유가 학자들은 '교'자를 유가의 교육내용과 교육방법으로 이해하였다. 즉 『중용』에서 말한 '수도지위교修道之謂敎'7와 맹자가 말한 "가르침에는 또한 방법이 많다"8는 것이다. 유가의 교육내용은 유가경전마다 견해가 다르지만, 일반적으로 '사교四敎'가 있다.

공자께서는 네 가지로써 가르쳤으니, 문文·행行·충忠·신信이었다.9 악정樂正10은 네 가지 방법을 숭상하고 네 가지 가르침을 세워 선왕의 시詩·서書·예禮·악樂의 가르침에 따라 선비를 양성하였는데, 봄과 가을에는 예禮와 악樂을 가르쳤고, 겨울과 여름에는 시詩와 서書를 가르쳤다.11

---

3 한나라가 일어난 뒤로 주가(朱家)·전중(田仲)·왕공(王公)·극맹(劇孟)·곽해(郭解) 등과 같은 협객이 있었다고 한다. 때로 당시의 법망에 저촉되는 일도 있었으나, 개인적인 의리에 있어서는 청렴결백하고 겸양하여 칭찬하기에 충분한 점이 있었다. ……노나라 주가(朱家)는 고조와 동시대 사람이다. 그가 숨겨주어 목숨을 건진 호걸만도 수백 명에 이르고, 그 밖에도 평범한 사람들을 도운 수는 이루 다 헤아릴 수가 없을 만큼 많다. 그러나 평생 자기 재능을 자랑하거나 그가 베푼 덕을 내세우지 않았다. 오히려 이전에 자신이 은혜를 베푼 사람과는 만나는 것조차 꺼려했고, 남의 곤란을 도울 때는 가난하고 신분이 천한 사람부터 먼저 손길을 주었다.……(『史記』「遊俠列傳」, 참고)(역자 주)
4 『史記』卷124,「游俠列傳」, "魯人皆以儒敎, 而朱家以俠聞."
5 왕심(王沈, ?~?): 중국 서진(西晉)의 문학가, 자는 언백(彦伯), 고평(高平: 지금의 山東省 巨野) 사람이다. 대표 저서로는 『석시론(釋時論)』이 있다.(역자 주)
6 『晋書』卷47,「傅玄傳」, "言富理濟, 經綸政體, 存重儒敎."
7 『中庸』, 第1章, "修道之謂敎."
8 『孟子』「告子(下)」, "敎亦多術矣."
9 『論語』「述而」, "子以四敎, 文行忠信."
10 악정(樂正)은 악관(樂官)의 우두머리로, 국학(國學)에서 교육을 맡아보는 자이다.(역자 주)
11 『禮記』「王制」, "樂正崇四術立四敎, 順先王詩書禮樂以造士, 春秋敎以禮樂, 冬夏敎以詩書."

이 외에도, '오교五敎'·'칠교七敎'가 있는데, 이것은 다섯 가지 혹은 일곱 가지의 인륜관계를 가리킨다.12 교육방법에서는 공자께서 여러 방법으로 가르쳤으니, "마음으로 통하려고 노력하지 않으면 열어주지 않았고, 애태워하지 않으면 말해주지 않았다."13 사람에 따라 달라서 정설定說은 없었지만, 맹자도 그것을 다섯 가지로 귀납하였다.

> 군자가 가르치는 방법이 다섯 가지이니, 단비가 내려 일시에 만물을 소생시키듯이 하는 것이 있고, 덕德을 이루게 하는 것이 있으며, 재질을 통달하게 하는 것이 있고, 물음에 답하는 것이 있으며, 직접 가르치지 않고 사적으로 잘 도야하게 하는 것이 있다.14

총괄하면, 유가 학자들은 일반적으로 '교'자를 교육내용과 교육방법으로 이해하였다. 이것은 사마천이 말한 "노나라 사람들은 모두 유술로써 가르쳤다"는 '교'의 뜻이다.

둘째, 위진魏晉 이후, 불교와 도교가 점차 강성해져서 유가와 세력이 병립竝立함에 따라 문인 학자들은 항상 유·불·도를 '삼교三敎'라고 불렀다. 가장 빠른 것으로는 아마도 삼국시대일 것이다. 예를 들어 『오서吳書』에는 "오나라 임금이 삼교를 묻자, 상서尙書15인 감택闞澤이 대답

---

12 『左傳』「桓公 6年」에는 '그 다섯 가지 가르침을 닦았다(修其五敎)'는 것이 있다. 『孟子』「滕文公(上)」에서는 "계(契: 순임금의 신하)로 하여금 사도(司徒)를 삼아 인륜을 가르치게 하였으니 부자간에는 친애함이 있고 군신간에는 의리가 있으며 부부간에는 분별이 있고 장유간에는 차례가 있으며 붕우간에는 믿음이 있다(使契爲司徒, 敎以人倫, 父子有親, 君臣有義, 夫婦有別, 長幼有序, 朋友有信)"라고 하였다. 『禮記』「王制」에는 "일곱 가지 가르침을 밝혀서 백성의 덕을 일으키니, 부자·형제·부부·군신·장유·붕우·빈객을 말한다(明七敎以興民德, 父子·兄弟·夫婦·君臣·長幼·朋友·賓客)"라고 하였다.

13 『論語』「述而」, "不憤不啓, 不悱不發."

14 『孟子』「盡心(上)」, "君子之所以敎者五, 有如時雨化之者, 有成德者, 有達財者, 有答問者, 有私淑艾者."

하기를, '공자와 노자가 세운 가르침은 하늘을 본받아 만들어 감히 하늘에 어긋나지 않고, 부처가 세운 가르침은 제천諸天에서 받들어 행합니다'라고 하였다."16 이 후에, 양梁 무제武帝는 '삼교동원三敎同源'론을 제창하였고, 백거이白居易는 『삼교논형三敎論衡』의 글을 저술하였는데, 여기서의 '교'자는 모두 삼가三家(유가·불가·도가)의 전체 학설내용 혹은 사상체계를 가리킨다. 송원시대 유밀劉謐은 『삼교평심론三敎平心論』을 지어 '삼교'의 내용을 다음과 같이 개괄하였다.

> 유교는 중국에서 강상綱常을 바르게 하고 인륜을 밝혀서 예악형정禮樂刑政이 사방으로 통하고 어긋나지 않아 천지가 제자리를 잡고 만물이 자라게 되었으니, 천하에 공로가 크다. 그러므로 진시황秦始皇이 유교를 없애고자 하였으나 유교는 끝내 없앨 수 없었다. 도교는 중국에서 사람들로 하여금 겸허하여 스스로를 지키고 몸을 낮추어 스스로를 보존케 하여 어지럽고 혼란한 습관을 씻어내고 고요하고 무위無爲한 경지로 돌아가게 하였으니, 세교世敎에 도움을 준 것이 지극하다. 그러므로 양무제梁武帝가 도교를 제거하고자 하였으나 도교는 끝내 제거할 수 없었다. 불교는 중국에서 사람들로 하여금 호화스러운 사치를 버리고 실속에 나아가게 하고 거짓을 떠나서 진실로 돌아가게 하여, 힘써 노력함에 따라 편안히 행하는데(安行) 이르게 하고 자신을 이롭게 함에 따라 남을 이롭게 하는데 이르게 하였으니, 백성들을 위한 귀의처로는 더할 나위가 없었다. 그러므로 삼무三武17의 군주가 불교를 없애고자 하였으나 불교는 끝내 없앨 수 없었다.18

---

15 상서(尙書)는 상서성(尙書省)의 장관이다.(역자 주)

16 『翻譯名義集』卷5, 「半滿書籍篇」, "吳書云, 吳主問三敎. 尙書闞澤對曰, 孔老設敎, 法天制用, 不敢違天, 佛之設敎, 諸天奉行."

17 연대적으로 북위(北魏)의 태무제(太武帝), 북주(北周)의 무제(武帝), 당(唐)의 무종(武宗), 후주(後周)의 세종(世宗)에 의하여 진행된 불교에 대한 정권의 잔혹한 탄압을 말한다.(역자 주)

유밀의 개괄이 비록 정확하지는 않을지라도, 그것은 위진 이후 상당히 오랜 기간 동안 일반 학자들은 확실히 '삼교'를 세 가지 사상학설로 간주하여 비교 인식하였으며, 또한 봉건의 사회제도에 대해 말해도 유·불·도가 똑같이 필요한 것이라고 생각하였기 때문에 이사겸李士謙(523~588)은 '해와 달과 별'19에 비유하였고, 패술노충孛術魯翀20은 '황금과 백옥과 오곡'21에 비유하였으며, 송 효종孝宗은 『원도변原道辨』에서 "불교로 마음을 다스리고, 도교로 몸을 다스리고, 유교로 세상을 다스릴 것"22을 강조하였다. 이것이 바로 왕심이 말한 "유교를 중시하였다"는 '교'의 의미이다.

셋째, 오늘날 일부 학자들은 유가학설이 송명이학의 단계로 발전하면서 이론적 본질과 형식 및 사회작용에서 모두 기독교·불교 등의 종교와 완전히 같은 의식형태가 되었기 때문에 '유교'라 부른다고 보았다. 이러한 '교'자는 이미 유가의 교육내용과 방법을 가리키는 것이 아니고, 유가의 학설과 사상체계를 광범위하게 가리키는 것도 아니며, 오로지 어떤 단계의 유가의 종교적 본질만을 가리킨다. 오늘날 이러한 관점을 가장 먼저 제기한 자는 호적胡適(1891~1962)인데, 그는 「몇몇 반反이학의 사상가」라는 논문에서 다음과 같이 말하였다.

---

18 劉謐, 『三敎平心論』卷(上), "儒敎在中國, 使綱常以正, 人倫以明, 禮樂刑政, 四達不悖, 天地萬物, 以位以育, 其有功于天下也大矣, 故秦皇欲去儒, 而儒終不可去. 道敎在中國, 使人請虛以自守, 卑躬以自持, 一洗紛紜轇輵之習, 而歸于靜黙無爲之境, 其有裨于世敎也至矣, 故梁武帝欲除道, 而道終不可除. 佛敎在中國, 使人棄華而就實, 背僞而歸眞, 由力行而造于安行, 由自利而至于利彼, 其爲生民之所依歸者, 無以加矣, 故三武之君欲滅佛, 而佛終不可滅."

19 『北史』卷33(또는 『隋書』卷77), 「李士謙傳」, "佛日也, 道月也, 儒五星也."

20 패술노충(孛術魯翀, 1279~1338): 중국 원나라 때의 유학자, 자는 자휘(子翬), 호는 국담(菊潭), 여진족이다. (역자 주)

21 陶宗儀(1329~약1412), 『南村輟耕錄』卷5, 「三敎」, "釋如黃金, 道如白璧, 儒如五穀."

22 宋 孝宗, 『原道辨』(元代 劉謐의 『三敎平心論』卷(上)』에 인용되어 있다), "以佛治心, 以道治身, 以儒治世."

이학理學은 무엇인가? 이학은 유가라는 간판에 걸려있지만, 실제로 선종禪宗·도가道家·도교道敎·유교儒敎의 혼합물이다. 그 속에 있는 선천先天과 태극太極 등은 도교의 요소이고, 또한 심心을 말하고 성性을 말한 것은 불교가 남긴 문제이며, 재이감응災異感應을 믿는 것은 한대漢代 유교의 자취이다. 그러나 그 속의 중요한 관념은 예로부터 도교 자연철학 속의 천도天道관념인데, 또한 천리天理관념이라고도 부르기 때문에 도학道學이라고도 하고 이학理學이라고도 한다.23

최근에 임계유任繼愈는 이 문제에 대해 매우 세밀한 논술을 전개하였다. 임계유는 「유교의 형성」·「유가와 유교」24라는 두 편의 논문을 연이어 발표하고 아래 세 방면의 문제를 중심으로 논술하였다. 첫째, 유교의 형성과정이다. 임계유는 "유가학설은 본래 은殷·주周의 종교사상을 직접 계승하여 발전해 나왔고, 그 자체에는 한걸음 더 나아가 종교로 발전할 가능성을 가지고 있다"라고 생각하였다. 유가학설은 한대 신학적 개조와 송대 불교와 도교의 융합을 거쳐서 결국 '유교'(즉 송명이학)를 형성하였다. "송명이학 체계의 건립은 중국의 유학 조신造神운동의 완성이다." 둘째, 유교의 이론적 본질이다. 임계유는 "유교(송명이학)가 종교의 모든 본질적 속성을 가지고 있다고 생각하였다. 승려주의·금욕주의·원죄관념·몽매주의·우상숭배·내심의 반성을 중시하는 종교수양방법과 과학을 적대시하고 생산을 경시하는 등 이러한 중세기 스콜라철학이 가지고 있는 낙후된 종교내용이 유교에도 있어야 할 것은 모두 있다." 유교에도 교주(공자)가 있고, 숭배대상(천天·지地·

---

23 『胡適文存』3集, "理學是什麼. 理學挂着儒家的招牌, 其實是禪宗道家道敎儒敎的混合產品. 其中有先天太極等等, 是道敎的分子. 又談心說性, 是佛敎留下的問題. 也信災異感應, 是漢朝儒敎的遺迹. 但其中的重要觀念, 却是古來道敎自然哲學里的天道觀念, 又叫做天理觀念, 故名爲道學, 又名爲理學."
24 『中國社會科學』, 1980年, 第1期, 『中國哲學』, 第3集에 실려 있다.

군君· 친親· 사師)가 있으며, 경전과 전법체계(도통론) 등 종교의 외재적 특징이 있다는 것이다. 셋째, 유교의 사회적 작용이다. 임계유는 "유교 자체가 종교이지만, 그것은 중국 역사에 중국 봉건 종법사회의 특징을 갖는 종교의 신권통치에 재난을 가져주었다"라고 생각하였다.(이상은 모두「유교의 형성」의 글에서 인용한 것이다.)

이상의 세 가지 '유교'설 중에, 앞의 두 가지는 역사적 사상자료이니 논변할 것이 못되고, 세 번째 것은 현실 속에 매우 활발히 영향을 미치는 학술관점이니 다방면에서 검토하고 토론할만한 것이다. 아래 본문에서는 임계유의 글에서 논술한 세 방면의 문제를 중심으로 그와 다른 견해를 제시함으로써 임계유와 다른 학자들의 질정을 받고자한다.

2. 유가학설은 서주西周의 윤리도덕사상에서 발전해 온 것이다

임계유는 유가학설이 은· 주의 종교사상에서 발전해 나와 한대에서 송대에 이르는 상당히 긴 시간 동안 유학의 발전과정을 조신造神운동 과정이라고 생각하였다. 이것은 사상사의 실제에 부합하지 않는다.

먼저, 유가학설은 은· 주의 종교사상에서 발전해 나온 것이 아니라, 서주西周의 윤리도덕사상에서 발전해 나온 것이다. 은주시기는 사회정치제도의 변천에 따라25 사상의식도 크게 변천하였다. 갑골문 속에서 은나라 사람은 고정된 형태의 사상을 가지고·있었음을 볼 수 있는데, 주로 토템숭배· 자연숭배· 상제숭배· 조상숭배 등 종교의 의식이다. 그러나『상서尚書』속의「주서周書」각 편에는 주나라 사람의 사상에 중

---

25 王國維,「殷周制度論」『觀堂集林』卷10에 보인다.

대한 발전과 변화가 있었음을 볼 수 있다. 첫째, 주나라 사람에게 '경덕敬德'과 '보민保民'의 도덕사상이 출현하였다. 서주 통치자들은 정치·경제와 문화상에서 모두 자기보다 강대했던 은상殷商과 싸워서 이긴 뒤에, 소국小國이 이기고 대국大國이 지는 정권변천의 원인을 총괄할 때에 "천명天命이 정성을 돕는다"26는 일반적인 해석 외에, '천명'이라는 인력으로 좌우할 수 없는 객관적 힘 밖에 어떤 사람은 자체적 요소가 있음을 발견하였다.

> 하늘이 하夏나라를 버리려는데 뜻을 둔 것도 아니고 하늘이 은殷나라를 버리려는데 뜻을 둔 것도 아니지만, 너희 군주가 다방면으로 크게 음탕하여 하늘의 명을 경멸하였다.27

이에 '경덕敬德'의 도덕사상이 발생하였다.

> 나는 하나라를 살펴보지 않을 수 없고 은나라도 살펴보지 않을 수 없지만……오직 그 덕德을 공경하지 아니하여 일찍이 그 명命을 잃었다.28

주나라 사람도 다른 일부 중요한 도덕개념을 형성하였으니, 성聖29·효孝30·우友31와 같은 것이다. 또한 일부 구체적 도덕수양방법 혹은 요구를 제기하였으니, 계일락戒逸樂(편안함과 즐거움을 경계함)32과 계후주

---

26 『尙書』「大誥」, "天命棐忱." 이 글은 천명에만 기댈 것이 아니라 사람의 역할을 강조하고 있다.
27 『尙書』「多方」, "非天庸釋有夏, 非川庸釋有殷, 乃惟爾辟, 以爾多方, 大淫圖天之命."
28 『尙書』「召誥」, "我不可不監于有夏, 亦不可不監于有殷……惟不敬厥德, 乃早墮厥命."
29 『尙書』「多方」, "克念作聖."
30 『尙書』「文侯之命」, "追孝于前文人."
31 『尙書』「康誥」, "不孝不友."

戒酗酒(술주정을 경계함)33와 같은 것이다.

> 하늘은 아첨하고(佞), 속이고(謾), 숨기고(蔽), 미혹시키는(惑) 사람에게 〈천
> 명을〉 주지 않으신다.34

통치자로써 도덕수양은 개인의 품성을 교화할 뿐만 아니라, 더 중요한 것은 자기의 정치행위를 교화한다. 서주 통치자들은 은나라가 망하기 전날 밤에 '백성(小民)'을 처벌하였는데, '〈어지럽기가〉 매미가 우는 것 같고 끓는 국과 같은'35 상황이었다. 이에 '보민保民'의 사상이 출현하였고 "먼저 농사일의 어려움을 알아야……백성이 〈무엇에〉 의지하는지를 알고……백성을 보호한다"36라고 제기하였다.

둘째, 주나라 사람은 '예禮'의 윤리사상을 형성하였다. '예'는 갑골문 속에서 제사를 가리켰고, 『상서』의 '은례殷禮(성대한 예)'에서도 주로 제전祭典의식을 가리켰다. 『상서』「낙고洛誥」에는 "왕께서 처음으로 성대한 예를 거행하여 새 도읍에서 제사지냈다"37라고 하였다. 이것은 성주成周(洛邑 혹은 雒邑으로 西周를 가리킨다)38가 완공되었다는 뜻의 의식으로, 낙읍洛邑(지금의 河南省 洛陽)에서 성대한 의례의식에 따라 진행하던

---

32 『尙書』「無逸」에 보인다. "盈戒舜曰, 罔遊于逸, 罔淫于樂."
33 『尙書』「酒誥」에 보인다. "商受酗酒, 天下化之, 妹土商之都邑, 其染惡尤甚."
34 『尙書』「多士」, "天不畀允罔固亂."
35 『詩經』「大雅·蕩」, "如蜩如螗, 如沸如羹."
36 『尙書』「無逸」, "先知稼穡之艱難,……則知小民之依,……保惠庶民."
37 『尙書』「洛誥」, "王肇稱殷禮, 祀于新邑."
38 주(周)나라는 기원전 1046년 경부터 기원전 256년까지 상(商)을 이어 중국에 존재했던 가장 오래된 나라이다. 견융(犬戎)이 침략하여 기원전 771년 유왕(幽王)이 살해되고 제후에 의해 옹립된 평왕(平王)이 호경(鎬京: 西安)에서 낙읍(洛邑: 낙양)으로 수도를 옮기게 되는데, 이를 기준으로 이전을 서주(西周: BC 1122~BC 771), 이후를 동주(東周: BC 771~BC 256)라고 구분한다.(역자 주)

것이다. 그러나 주례周禮의 내용은 매우 광범위하였으니, 그것에는 예절의식의 절차가 있었고(『의례』에 보인다) 정부체제의 규정이 있었으며(『주례』에 보인다), 더욱 중요한 것은 종법제도를 반영한 윤리도덕 규범이 있었다(『예기』에 보인다). 이것으로 종법의 윤리질서를 유지하였으니, "군신·상하·부자·형제는 예가 아니면 차례가 바로서지 않는다는 것이다."[39] 또한 노예제도의 계급질서를 유지하였으니, "예를 시행하면 대부가 베푸는 혜택이 군주보다 못하고, 백성은 〈함부로 거주지를〉 옮기지 않으며, 농민은 〈토지를〉 떠나지 않고, 공·상인은 하는 일을 바꾸지 않는다는 것이다."[40] 때문에 서주의 통치자들은 '예'의 작용이 매우 광범위하고 또한 중요한 것이라고 생각하였다.

> 예는 국가를 다스리고, 사직社稷을 안정시키며, 백성을 질서있게 하고, 후사後嗣를 이롭게 한다.[41]
> 예가 없으면 반드시 망한다.[42]

이처럼 주나라의 통치자들은 은나라 사람과 달리, 의식형태방면에서 가장 중요한 작용을 한 것이 종교가 아니라 윤리도덕이었다.

물론, 주나라 사람의 윤리도덕사상에도 매우 중요한 종교사상적 요소가 있었으니, 그것은 은나라 사람의 종교사상과 연관이 있기도 하지만 또한 구별된다. 첫째, 주나라 사람의 '천명'은 바로 은나라 사람의 '상제'이다. 갑골문 속의 '천天'은 '크다(大)'는 뜻이었으니(예를 들어 '큰 성읍인 상나라(天邑商)'[43]와 같다), 종교의 의식내용이 없었다. 주나라

---

39 『禮記』「曲禮(上)」, "君臣·上下·父子·兄弟, 非禮不定."
40 『左傳』「昭公 26年」, "在禮, 家施不及國, 民不遷, 農不利, 工賈不變."
41 『左傳』「隱公 11年」, "禮, 經國家, 定社稷, 序民人, 利後嗣也."
42 『左傳』「昭公 25年」, "無禮必亡."

사람의 '천'은 바로 '상제'였으니 '황천상제皇天上帝'[44]라 부르는 것과 같
았다. 또한 최고의 권위를 가졌으니 "하늘이 명을 내렸다"[45]거나 "위
대한 문왕께서 하늘에서 큰 명을 받았고……하늘이 도와서 자식에 이
르렀으니 선왕을 본받아 지켰다."[46] 이것은 주나라가 정권을 획득한
뒤에 은나라 사람의 종교사상을 혁신하여 자기 정권의 합리성과 신성
성을 논증하였음을 나타낸 것이다.

둘째, 『예기』 「표기表記」에는 은나라 사람이 귀신을 섬기는 특징에
대해 "존숭하되 친애하지는 않았다"[47]라고 하였다. 이것은 은나라 사
람의 종교관념과 제사행위가 주로 자연력에 대한 두려움에서 나왔음을
나타낸 것이다. 그러나 주나라 사람의 종교사상에는 점차 도덕적 내용
을 보충하여 제사대상에 모두 모종의 '선善'한 품성이 있다고 여겼다.
예를 들어 『국어國語』 「노어魯語」에는 전금展禽[48]의 다음과 같은 기록이
있다.

성왕이 제사의 원칙을 만들었으니, 무릇 법규를 잘 집행하여 백성에게 은
혜를 베풀면 제사지내고, 나라를 위해 열심히 일하다가 죽으면 제사지내
며, 공적을 세워 나라를 안정시키면 제사지내고, 커다란 재해를 방비하면

---

43 『尙書』 「多士」, "天邑商."

44 『尙書』 「召誥」, "皇天上帝."

45 『尙書』 「酒誥」, "惟天降命."

46 西周 초기의 청동기, 『大盂鼎』, "丕顯文王, 受天有大命.……天翼臨子, 法(灋)保先
王." 대우정의 내벽에는 거침없는 필치로 쓴 19행, 모두 291자가 되는 긴 글이 새
겨져 있으며, 강왕(康王: BC 1000년경)이 뛰어난 장군이었던 우(盂)에게 조상의 관
직을 잇도록 명하고 수레·말·옷가지 등과 함께 1700명이 넘는 백성을 준 기념
으로 '우'기 이 정(鼎)을 만들었다고 적고 있다.(역자 주)

47 『禮記』 「表記」, "尊而不親."

48 전금(展禽): 춘추시대 노나라의 명재상으로, 전(展)은 성이고 금(禽)은 자(字)이다.
또 자를 계(季)라고도 하며 이름은 획(獲)인데 식읍(食邑)이 유하(柳下)이고 시호가
혜(惠)이므로 일반적으로 유하혜라고 불렀다.(역자 주)

제사지내고, 백성들의 엄청난 재난을 풀어주면 제사지내게 하였습니다.……이 밖에도 사직社稷과 명산대천名山大川의 신령에게 제사지내는 것은 모두 백성에게 공적이 있기 때문입니다. 다시 선대의 성철聖哲과 덕행이 높은 사람에게 제사지내는 것은 성신誠信을 표시하기 위한 것입니다. 하늘의 일·월·성신에 제사지내는 것은 백성이 우러러 보며 각종 일을 하기 때문입니다. 대지 위의 금金·목木·수水·화火·토土에 제사지내는 것은 생장하고 번식하기 때문입니다. 구주九州의 명산대천에 제사지내는 것은 그것들이 재물財物과 기용器用을 산출하기 때문입니다. 이외에는 나라의 제사제도에 낄 수가 없습니다.49

이처럼 은주시기에는 중국 고대의 종교사상과 윤리사상에 '전환'이 발생하였다. 이 후로, 윤리사상이 점차 중국사상의 주도적 요소가 되고 종교사상은 다만 윤리사상을 보충하거나 부속되었으니, '천지(귀신)'는 사람이 처리해야 하는 각종 윤리관계의 일종일 뿐 중심이 아니고 더더욱 전부가 아니었다. 각 문화마다 모두 최초 형성시기의 특색을 띠고 있지만, 인도문화의 종교색채나 희랍문화의 사변색채와 서로 비교하면 중국문화의 윤리색채는 은주시기의 사상에서 변천할 때에 처음으로 형성된 것이다.

공자는 주나라 사람의 윤리도덕사상을 계승하고 또한 중요한 발전을 이루었다. 그는 내용이 매우 풍부하고 새로운 도덕범주인 '인'을 제기하였다.

---

49 『國語』「魯語(上)」, "夫聖王之制祀也, 法施于民則祀之, 以死事勤則祀之, 以勞定國則祀之, 能御大災則祀之, 能扞大患則祀之.……加之以社稷山川之神, 皆有功烈于民者也. 及前哲令德之人, 所以爲明質也. 及天之三辰, 民所以瞻仰也. 及地之五行, 所以生殖也. 及九州名山山澤, 所以出財用也. 非是不在祀典."

　　효제孝弟라는 것은 '인'을 행하는 근본이다.50

　　이것은 '인'이 바로 '효'·'제' 등과 같은 윤리라는 말이다.

　　인이란 남을 사랑하는 것이다.51
　　천하에 다섯 가지를 행할 수 있으면 인이 되니, 공손함(恭)·너그러움(寬)·
　　믿음(信)·민첩함(敏)·은혜로움(惠)이다.52

　　이것은 '인'이 개개인의 도덕수양이라는 말이다. 공자는 "자기의 사
사로움을 극복하여 예를 회복하는 것이 인이다"53, "사람이면서 인하
지 않으면 예와 같은 것은 어디에다 쓰겠으며, 사람이면서 인하지 않
으면 음악과 같은 것은 어디에다 쓰겠는가?"54라고 말하였다. 사회윤
리와 개인의 도덕수양을 긴밀히 결합시킨 것이다. 주나라 사람의 사상
속의 종교방면에 대해 공자는 매우 담박하였다. 그는 여전히 전통적
'천명'신앙을 유지하였으니 "50세에 천명을 알았다"55거나 "삶과 죽음
이 명命에 달려 있고 부귀가 천天에 달려 있다"56는 것이다. 『논어』를
총괄해보면, 일종의 모호한 객관 필연적 관념이지 인격신의 종교관념
이 아니라는 것을 알 수 있다. 동시에 공자는 괴·력·난·신을 거의 말
하지 않았다. "공자께서는 괴·력·난·신을 말하지 않았다."57 그는

50 『論語』「學而」, "孝弟也者, 其爲仁之本與."
51 『論語』「顔淵」, "樊遲問仁, 子曰愛人."
52 『論語』「陽貨」, "能行五者于天下爲仁, 恭寬信敏惠."
53 『論語』「顔淵」, "克己復禮爲仁."
54 『論語』「八佾」, "人而不仁如禮何, 人而不仁如樂何."
55 『論語』「爲政」, "五十而知天命."
56 『論語』「顔淵」, "死生有命, 富貴在天."
57 『論語』「述而」, "子不語怪力亂神."

현실세계의 문제가 더 절박하다고 느꼈기 때문에 "계로季路가 귀신을
섬기는 일을 묻자, 공자께서는 '사람을 섬기지 못하는데 어찌 귀신을
섬길 수 있겠는가?'라고 대답하였다. 또한 죽음에 대해서 묻자, 공자께
서는 '삶도 알지 못하는데 어찌 죽음을 알겠는가?'라고 대답하였다."58
이러한 것들은 모두 공자가 서주西周의 윤리도덕사상을 계승하고 발전
시키고 은·주 이래의 종교사상을 방치하였음을 의미한다. 이처럼 공
자가 창립한 유가학설은 은주시기에 이미 형성되기 시작한 중국 고대
문화의 발전방향을 한걸음 더 고정시켰으니, 즉 윤리적이요 종교적 방
향이 아니라는 것이다.

　다음으로, 선진유가에서 송명이학에 이르는 유학의 발전과정도 결
코 유교 '조신造神운동'의 완성과정이 아니고, 주로 유가가 주장하던 윤
리도덕의 근원과 수양방법에 대해 새로운 논증을 부단히 제기한 과정
이다. 원시사회의 자연종교에서 계급사회의 인위人爲종교에 이르기까
지, 다신교多神敎에서 일신교一神敎에 이르기까지, 이러한 종교사상 발
전의 일반과정은 매우 엄격한 의미에서 '조신운동'이라고 말하는 것도
틀린 것은 아니다. 그러나 이러한 사상운동은 유학 속에서 발생하지
않았다. 왜냐하면 유가학설은 일종의 윤리사상체계로써, 그것의 주요
한 이론대상은 사람을 초월하는 모종의 객관적 힘 혹은 피안세계가 아
니라 사람을 그 속에 두는 현실사회의 각종 관계이니, 유가학설의 사
상발전은 주로 이러한 관계의 최종 근원을 끊임없이 탐색하여 봉건 윤
리도덕규범의 절대적 합리성과 영원성을 논증하거나 이러한 도덕수양
의 방법을 완성하는 것을 의미하기 때문이다.

　이러한 논증은 맹자에서 시작되었다. 맹자는 사람의 윤리행위와 도
덕정감이 "마음에 근원하고 인성人性은 고유한 것"이라고 주장하였다.

58 『論語』「先進」, "季路問事鬼神, 子曰未能事人, 焉能事鬼. 敢問死, 曰未知生, 焉知死."

인仁은 사람의 마음이다. 인·의·예·지는 밖에서부터 나에게 녹아드는 것이 아니라 나의 고유한 것이다.**59**

맹자는 "호연지기浩然之氣를 기르는" 방법을 제기하였다.

의義·도道와 짝을 이루니, 이것이 없으면 쭈그러들게 된다.**60**

맹자의 논증은 매우 간략하였지만, 유가의 핵심적 이론관점을 논증하는 시작이 될 수 있었다. 한대 동중서董仲舒(BC 179~BC 104)는 항상 '삼강오상三綱五常'으로 유가의 윤리도덕사상을 개괄하였고, 또한 당시 자연과 사회현상을 가장 광범위하게 해석할 수 있는 음양오행학설을 흡수하여 '변하지 않는 진리(天經地義)'**61**가 된다는 사실을 논증하였다. 동중서는 "하늘은 만물의 조상이고, 만물은 하늘이 아니면 생겨나지 않는다"**62**라고 생각하였다. '하늘'은 구체적으로 '음양'과 '오행'으로 표현되지만, "군신君臣·부자父子·부부夫婦의 뜻도 모두 음양의 도에서 취하였다."**63**

오행은 바로 효자孝子·충신忠臣의 행위이다.**64**

때문에 "왕도의 삼강은 하늘에서 구할 수 있다"**65**는 것이다. 이처럼

---

59 『孟子』 「告子(上)」, "仁, 人心也.……仁義禮智, 非由外鑠我也, 我固有之也."

60 『孟子』 「公孫丑(上)」, "配義與道, 無是餒也."

61 『左傳』 「昭公 25年」, "夫禮, 天之經也, 地之義也, 民之行也."

62 『春秋繁露』 「順命」, "天者, 萬物之祖, 萬物非天不生."

63 『春秋繁露』 「基義」, "君臣父子夫婦之義, 皆取諸陰陽之道."

64 『春秋繁露』 「五行之義」, "五行者, 乃孝子忠臣之行也."

65 『春秋繁露』 「基義」, "王道之三綱, 可求于天."

동중서는 유가가 주장하던 윤리도덕이 '하늘'에 근원한다는 것을 논증하였다. "하늘은 변하지 않으면 '도' 또한 변하지 않기"[66] 때문에 그것은 영원하다. 동중서의 논증은 "거리마다 무당이 있고 마을마다 축사祝史가 있다"[67]라는 귀신과 미신이 성행하던 서한西漢의 사회환경 하에서 진행된 것이기 때문에 그의 이론에는 명백한 종교신학의 색채가 물들어 있었으니 '하늘에 의지가 있다'는 목적론적 관점과 천인감응天人感應의 신비적 관점과 같은 것이다. 그러나 그의 종교신학의 외투 이면에는 여전히 유가의 윤리적 본질이 자리하고 있었다. 그는 일찍이 한 무제에게 "귀신에게 드리는 제사를 더욱 공경할 것"[68]을 권하면서 다음과 같이 말하였다.

> 대저 인·의·예·지·신 오상五常의 도는 왕께서 마땅히 닦고 삼가야 하는 것입니다. 다섯 가지를 닦고 삼기 때문에 하늘의 도움을 받고 귀신의 신령함을 누려서 덕德이 사방으로 베풀어지고 모든 백성에게 미칩니다.[69]

이것은 유가의 "성인이 신도神道로써 가르침을 베풀어 천하가 복종하던"[70] 방법이고, 중국사상에서 종교가 윤리에 종속된 표현이다. 그러나 동중서의 윤리도덕의 근원에 대한 논증은 감성경험의 간단한 비유에 입각하였다. 즉 수양이론방면에서 동중서가 형식상 '성삼품性三品'의 새로운 이론을 창립하였지만, 그 내용은 "가장 지혜로운 자와 가장

---

66 『漢書』卷56, 「董仲舒傳」, "天不變, 道亦不變."
67 『鹽鐵論·散不足』, "街巷有巫, 閭里有祝."
68 『史記』卷28, 「封禪書」, "尤敬鬼神之祀."
69 『漢書』卷56, 「董仲舒傳」, "夫仁義禮智信五常之道, 王者所當修飭也. 五者修飭, 故受天之祐, 而享鬼神之靈, 德施于方外, 延及群生也."
70 『易經』「觀卦」, "聖人以神道設教而天下服."

어리석은 자는 바뀌지 않는다"71, "성품은 서로 비슷하지만 습관은 서로 다르다"72는 공자의 구설舊說을 초월하지 못하였기 때문에 동중서는 결코 유가학설의 핵심이론에 대한 논증을 완성하지 못하였다. 송명이학은 불가와 도가 및 도교의 사유방법과 '사리원융事理圓融73'·'명심견성明心見性(마음을 밝게 하여 본성을 봄)'·'천리天理'·'무극無極' 등과 같은 사상적 내용을 흡수하여 유가가 주장하던 사람의 윤리도덕의 근원을 새롭게 논증하였다. 이러한 윤리의 근원을 정주파는 '리(도)'라고 보았다. 이정은 "만물은 모두 하나의 천리이다"74, "부자와 군신은 천하의 정해진 이치이다"75라고 말하였다. 주희는 말하기를,

> 조화 발육하여 만물이 다양하게 흩어져있지만 각자 참으로 그러한 이치가 있지 않음이 없으니, 가장 큰 것이 인·의·예·지의 성性이다.……도가 천하에 있으나, 그것은 천명의 성에 근원하고 군신君臣·부자父子·부부夫婦·붕우朋友 사이에서 실행된다.76

육왕파는 '심心'이라고 보았다. 육구연陸九淵(1139~1193)은 "황극皇極의 수립과 이륜彝倫의 질서가 이와 상반되면 옳지 않고 영원히 바뀌지 않는다. 극極과 이彝는 사람의 마음에 근본하고 천지에 가득 차 있다"77라고 말하였다. 왕수인王守仁(1472~1529)도 다음과 같이 말하였다.

---

71 『論語』「陽貨」, "唯上智與下愚不移."
72 『論語』「陽貨」, "性相近也, 習相遠也."
73 일체 제법(諸法)의 사리가 구별없이 널리 융통하여 하나가 되는 것을 말한다.(역자 주)
74 『河南程氏遺書』第2(上),「元豊己未呂與叔東見二先生語」, "萬物皆是一個天理."
75 『河南程氏遺書』第5,「二先生語五」, "父子君臣, 天下之定理."
76 『朱熹集』卷78,「江州重建濂溪先生堂記」·「徽州婺源藏書閣記」, "造化發育, 品物散殊, 莫不各有固然之理, 而最大者則仁義禮智之性.……道之在天下, 其原于天命之性, 而行于君臣父子夫婦朋友之間."

대저 예禮라는 것은 천리天理이다. 천명지성天命之性은 나의 마음에 갖추어져 있다. 그 혼연한 전체 속에 조리條理·절목節目이 삼연히 모두 갖추어져 있으니, 이 때문에 '천리'라고 한다. 천리의 조리를 '예'라고 한다. 이 예가 밖으로 드러나면 오상백행五常百行·수작변화酬酌變化·어묵동정語黙動靜·승강주선升降周旋·융살후박隆殺厚薄 등이 생겨난다.[78]

윤리도덕의 근원에 대한 견해와 서로 연관시키면, 도덕수양방법에 대해 정주파는 '거경궁리居敬窮理'를 제기하고 '도문학道問學'을 강조하였으니, 즉 지식의 누적에 따라 입장의 확립에 도달할 것을 주장하였다. 반면, 육왕파는 '본심을 드러내 밝힌다(發明本心)'거나 혹은 '치양지致良知'를 제기하고 '존덕성尊德性'을 강조하였으니, 즉 무엇보다도 입장을 단정히 하면 수양이 자연이 완성된다는 것을 주장하였다.[79] 이러한 것들은 모두 이전의 유가가 가지고 있던 철학적 이론색채와는 다른 새로운 논증이고 새로운 관점이다.

송명이학은 '리理' 혹은 '심心'을 우주 만사만물의 근원으로 삼거나 또한 사회윤리도덕의 근원으로 삼았는데, 이것은 동중서 윤리도덕의 근원적 논증 중에 '천'의 종교 신학적 색채를 깨끗이 씻어냈다. 이 뿐만 아니라 이학자들은 또한 선진시기 유가사상 속에 남아있던 종교 신학적 관점을 개조하였다. 공자사상 속에서 '천명'은 이미 더 이상 인격신의 내용을 가지고 있지 않기 때문에 그것은 종교관념이 아니다. 그러나 공자가 말한 "귀신을 섬긴다"[80], "신에게 제사를 지낼 적에는 신이

---

77 『象山全集』卷22, 「雜說」, "皇極之建, 彛倫之敍, 反是則非, 終古不易. 是極是彛, 根乎人心, 而塞乎天地."

78 『王陽明全書』卷7, 「博約說」, "夫禮也者, 天理也. 天命之性, 具于吾心, 其渾然全體之中, 而條理節目, 森然畢具, 是故謂之天理. 天理之條理謂之禮. 是禮也, 其發見于外, 則有五常百行·酬酢變化·語黙動靜·升降周旋·隆殺厚薄之屬."

79 이러한 해석은 임계유主編, 『中國哲學史』에서 제기된 것이다.

계시는 것처럼 한다"[81], "제사지내야 할 귀신이 아닌데 제사지내는 것
은 아첨하는 것이다"[82]라는 '귀신'은 여전히 일종의 인간의 힘이 초인
간적 힘의 형식을 취한 종교관념이다. 이러한 인격신의 종교관념이 이
학에서 철학으로 개조되었다. 이학자들은 더 이상 '귀신'을 초인간적
힘으로 이해하지 않고, 우주만물과 마찬가지로 '리'(천도)의 구체 산물
혹은 그 작용으로 표현하였다. 예를 들면 정이는 『역경』「관괘觀卦」의
"하늘의 신도神道를 봄에 사계절이 어긋나지 않고, 성인이 신도로써 가
르침을 베풀어 천하가 복종하였다"[83]라는 구절을 다음과 같이 해석하
였다.

> 천도는 지극히 신묘하기 때문에 신도神道라고 하였다. 천의 운행을 살펴보
> 아 사계절에 어긋남이 없으면 그 신묘함을 볼 수 있다. 성인은 천도의 신
> 묘함을 보고 신묘한 도를 체득하여 가르침을 베풀기 때문에 천하에 복종
> 하지 않은 사람이 없다. 천도는 지극히 신묘하기 때문에 사계절이 운행되
> 고 만물이 화육됨에 어긋남이 없는 것이다. 지극히 신묘한 도는 이름으로
> 형용할 수 없고, 오직 성인만이 묵묵히 합하여 그 신묘한 작용을 체득하여
> 정교政敎를 베풀기 때문에, 천하의 사람들이 그 덕德에 젖어 있으면서도 그
> 공적을 알지 못하고, 그 교화에 고무되면서도 그 작용을 헤아리지 못하고
> 자연히 우러러보고 떠받들며 복종한다. 그러므로 '신묘한 도로써 가르침
> 을 베풀어 천하 사람들이 복종한다'고 말하였다.[84]

---

80 『論語』「先進」, "事鬼神."
81 『論語』「八佾」, "祭神如神在."
82 『論語』「爲政」, "非其鬼而祭之, 諂也."
83 『易經』「觀卦」, "觀天之神道而四時不忒, 聖人以神道設敎而天下服."

주희는 『중용』의 "공자께서 귀신의 덕됨이 성대하다고 말하였다"[85] 라는 구절을 다음과 같이 해석하였다.

정자께서는 "귀신이 천지의 공용功用이고 조화의 자취이다"라고 말하였고, 장자(張載)께서는 "귀신은 음양 두 기운의 양능良能이다"라고 말하였다. 내가 생각하건대, 이기=氣로 말하면, 귀鬼는 음의 신령함이고 신神은 양의 신령함이다. 일기―氣로 말하면, 이르러 펴지는 것은 신神이 되고 반대로 되돌아가는 것은 귀鬼가 되니 실제로 일물―物일 뿐이다.[86]

이학자들은 '귀신'을 더 이상 인간을 초월하고 만물을 주재하는 신비한 인격적 힘으로 이해하지 않고, 우주만물과 마찬가지로 '기'의 산물이요 '천도' 혹은 '리'가 만물을 생성하는 과정 속의 신묘한 작용으로 이해하였다.

총괄하면, 유학이 자기와 다른 사조의 영향 하에서 이론형식에 부단한 변화가 발생하였지만 윤리의 핵심이론과 본질에는 시종 변화가 없었으며, 이학이 완성한 것은 '조신운동'이 아니라 유가 윤리도덕의 근원을 철학으로 논증하고 유학 속의 종교신학을 철학으로 개조하였다.

---

84 『伊川易傳』卷2,「觀卦」, "天道至神, 故曰神道. 觀天之運行, 四時無有差忒, 則見其神妙. 聖人見天道之神, 體神道以設敎, 故天下莫不服也. 夫天道之神, 故運行四時, 化育萬物, 無有差忒. 至神之道, 莫可名言, 惟聖人黙契體其妙用, 設爲政敎, 故天下之人, 涵泳其德而不知其功, 鼓舞其化而莫測其用, 自然仰觀而戴服, 故曰以神道設敎而天下服."

85 『中庸』第16章, "子曰鬼神之爲德, 其盛矣乎."

86 『中庸章句』, "程子曰鬼神, 天地之功用, 而造化之迹也. 張子曰鬼神者, 二氣之良能也. 愚謂以二氣言, 則鬼者陰之靈也, 神者陽之靈也. 以一氣言, 則至而伸者爲神, 反而歸者爲鬼, 其實一物而已."

3. 송명이학은 유가전통의 윤리관념이다

엥겔스Engels(1820~1895)는 "각 시대의 이론사유는……모두 일종의 역사적 산물이니, 서로 다른 시대에는 다른 형식을 가지며 또한 다른 내용을 갖는다"[87]라고 말하였다. 중국 고대사상사에서 선진시대의 자학子學, 한대의 경학經學, 위진의 현학玄學, 수당의 불학佛學, 송명의 이학理學 등 중국 역사발전의 다른 단계에 출현하였던 사조 혹은 사상체계는 모두 매우 다른 특색과 내용을 갖는다. 송명이학에서 말하면, 그것은 유학이 불교와 도교사상을 흡수하는 형태로 나타났다. 이학자들은 유가의 이론사유보다 수준 높은 불교와 도교의 사상방법과 모종의 사상개념을 흡수하고 개조하여, 그것으로 유가가 제창한 윤리도덕의 최종 근원을 탐색하고 논증하여 유가 도덕수양의 방법과정을 해명하고 완성함으로써 유가학설을 심화하고 철학화하였다. 때문에 송명이학은 중국사상사와 유가발전사에서 하나의 독립적 단계를 구성하였으니, 송명이학은 본질적으로 봉건 전제주의를 위해 이론적 논증을 전개한 유가 윤리철학이다.

물론, 송명이학의 이론적 본질에 대해서도 또 다른 견해가 있다. 명말청초明末淸初의 반反이학 사상가들은 이학이 '리'를 말하고 '심'을 논하면서 무욕無欲·주정主靜하여 불교·도교와 매우 유사하였기 때문에 '양유음석陽儒陰釋', 즉 이학이 겉으로는 유교이지만 실질적으로는 불교라고 단정하였다. 예를 들면 안원顔元(1635~1704)은 "송유들을 논하여 한진漢晉의 불교와 도교를 집대성한 것이라고 하면 옳지만, 요·순·주공·공자의 정맥이라고 하면 옳지 않다"[88]라고 말하였다. 반이

87 『마르크스·엥겔스선집』, 第3卷, p.465.
88 『習齋記余』卷3, 「上太倉陸桴亭先生書」, "論宋儒, 謂是集漢晉釋道之大成者則可, 謂是堯舜周孔之正脈則不可."

학 사상가들의 역사적 공적을 부인할 수는 없지만, 그들의 이학성질에 대한 논단은 결코 공인할 수 없다. 왜냐하면 이학자들의 '리'·'심'·'주정(경)'이 본질적 내용에서 불교와 도교가 말한 것과 다른 것이기 때문이다. 이것은 본문과 관계가 많지 않기 때문에 여기서는 더 이상 깊이 분석하지 않았다.

임계유는 한걸음 더 나아가 이학과 일반 종교를 비교하고, "유교(송명이학)가 종교의 모든 본질적 속성을 가지고 있다"라고 단정하였다. 예컨대 금욕주의·몽매주의·원죄관념과 과학을 적대시하고 생산을 경시하고 내심內心의 반성을 중시하는 등이나, 심지어 형식면에서도 교주숭배대상·경전 등 유사한 점이 있다는 것이다. 임계유가 여기에서 논한 것은, 적어도 두 가지 점에서 검토되어야 한다. 첫째, 임계유가 여기에서 거론한 '종교의 본질적 속성'은 실제로 일반 종교의 사상적 본질이 아니고, 어떤 유심주의 사상체계가 모두 가질 수 있는 사상적 특징이다. 예를 들면 기독교의 원죄관념·신Logos·금욕주의 등은 실제로 원래 필로 유대우스Philo Judaeus[89]의 철학사상과 스토아Stoa학파의 윤리사상이었는데, 이후에 이러한 사상에 '마지막 돌 하나가 쌓여서 인격화된 로고스Logos가 특정 인물로 나타난'[90] 후, 즉 신학화된 후에 그것이 비로소 기독교의 본질적 관념이 되었다. 이것은 철학사상이 종교사상으로 변화하는 과정이지 철학사상이 계속 심화되는 과정이 아니다. 엥겔스는 말하기를,

---

89 필로 유대우스(Philo Judaeus, BC 30?~AD 40?): 고대 알렉산드리아의 유대인 철학자. 『구약성서』를 그리스 철학, 특히 플라톤의 사상을 원용하여 비유적 해석을 행한 인물로 알려져 있다. 신플라톤 주의나 그리스도교 교부(敎父) 및 근세의 스피노자 철학 등에 커다란 영향을 주었다. 저서로는 「천지 창조에 관하여」·「비유적 해석」·「특수율법에 관하여」 등 주로 『구약성서』의 모세 5경(五經)이라고 하는 부분을 대상으로 하는 방대한 저작이 있다(역자 주)

90 『마르크스·엥겔스선집』, 第19卷, p.329.

이 마지막 돌 하나가 역사상에서 어떻게 스토아─필로Philo의 학설 속으로 들어갔는지, 우리는 참으로 믿을 만한 근거를 찾을 수 없다. 그러나 일부 긍정할 수 있는 것은, 이 마지막 돌이 철학자인 필로의 학생 혹은 스토아 학파에 의해 쌓여진 것이 아니라는 것이다. 종교를 창립하는 사람은 그 자신이 종교의 필요성을 느껴야 하고 또한 종교에 대한 대중의 수요를 알 아야 하지만, 번쇄한 철학자들은 통상 이와 같지 않다.[91]

때문에 일종의 의식형태로써 종교의 본질적 특징 혹은 속성은 무엇 보다도 '신'에 대한 관념이고, 그 실질은 "사람들의 일상생활을 지배하 는 외부적 힘이 사람들의 두뇌 속에 있는 환상에 대한 반영이니, 이러 한 반영 속에서 인간의 힘은 초인간적 힘의 형식을 취한다."[92] 금욕주 의 · 원죄관념 · 몽매주의 등 구체적 사상관점이 반드시 있어야 하는지 의 여부에 있지 않다. 송명이학이 형성되기 이전의 선진先秦 도가에서 는 "지식도 없게 하고 욕망도 없게 한다"[93], "학문과 지식을 버린다"[94], "갓난아이와 같다"[95], "형체는 진실로 말라죽은 나무와 같게 할 수 있 고 마음은 진실로 불기 없는 재와 같게 할 수 있다"[96]라는 것을 주장하 였다. 금욕주의 · 몽매주의라고 말할 수 있지만 조금의 종교적 색채도 보이지 않는다. 이학자들은 일반적으로 사람의 본성이 '천리'를 얻었 기 때문에 '선'한 것이지만, '기'가 있기 때문에 욕망이 생겨나서 '악'하 다고 보았다. 임계유가 이것을 종교의 '원죄관념'이라 한다면, 순자가 말한 "사람의 본성은 악하니 그 선하다는 것은 거짓이다"[97]는 것도 일

91 위의 책
92 『마르크스 · 엥겔스선집』, 第3卷, p.354.
93 『老子』, 第3章, "無知無欲."
94 『老子』, 第19章, "絶聖棄智."
95 『老子』, 第55章, "比於赤子."
96 『莊子』「齊物論」, "形固可使如槁木, 而心固可使如死灰."

종의 종교관념이겠는가? 일반적으로 말하면, 물론 종교사상체계에는 반드시 몽매주의·금욕주의의 내용이 있다. 왜냐하면 '신'은 종교의 환상이 창조해낸 것으로, 신은 이성으로 증명할 수 없고 신앙에 의지하여 유지할 수 있기 때문이다. 마르크스Marx는 "다만 물질적인 것이 있어야 비로소 깨달을 수 있고 비로소 인식할 수 있는 것이라면, 신의 존재에 대해서는 조금도 알 수 없다"[98]라고 말하였다. 이와 같으면 신앙의 몽매주의가 발생할 것이다. 동시에 그는 "신은 무엇보다도 (역사상 혹은 생활 속에서) 사람이 받는 억압상태와 외부 자연계 및 계급억압에 의해 발생하는 그러한 관념의 복합체이고, 이러한 억압상태를 견고히 하고 계급투쟁을 마비시키는 관념의 복합체이다"[99]라고 여겼다. 때문에 일체의 인성人性을 각성시키는 요소는 모두 억압되어야 하고, 이와 같으면 반드시 금욕주의가 발생할 것이다. 송명이학은 인격신 관념이 없는 윤리철학체계로 '격물궁리格物窮理'·'명리明理'를 주장하였는데, 여기에는 도덕 수양방법 외에도 인식론의 내용이 들어있다.

> 위로는 무극無極과 태극太極에서 아래로는 풀 한 포기와 나무 한 그루와 곤충 한 마리의 미세한 것에 이르기까지도 각각 '리'를 가지고 있다. 한권의 책을 읽지 않으면 한권의 책에 대한 도리가 부족하고, 한 가지의 일을 궁구하지 않으면 한 가지 일에 대한 도리가 부족하며, 한 사물에 나아가지 않으면 한 사물이 대한 도리가 부족하니, 모름지기 하나하나의 일마다 쫓아가서 그것을 이해해야 한다.[100]

97 『荀子』「性惡」, "人之性惡, 其善者僞也."

98 『마르크스·엥겔스선집』, 第2卷, p.164.

99 『레닌전집』, 第35卷, p.110.

100 『朱子語類』卷15, "上而無極太極, 下而至于一草一木, 一昆虫之微, 亦各有理. 一書不讀則缺一書道理, 一事不窮則缺一事道理, 一物不格則缺一物道理, 須著逐一件與他理會過."

우주에 가득 차 있는 것은 하나의 '리'일 뿐이니, 학자가 학문하는 까닭은 이 '리'를 밝히고자 할 뿐이다.101

이것은 모두 몽매주의에 반대한 것이다. 송명이학의 '인욕을 없애는 것(滅人欲)'은 '천리를 보존하여(存天理)' 봉건의 윤리강상을 유지하기 위한 것이지, 그렇지 않으면 '물욕物欲'이 유행하여 사람은 "본성이 어두워지고 윤리가 어지러워지고 규범이 무너져도 돌아갈 줄 모르니102, 이에 이륜이 썩고 천명이 어그러진다"103라고 하였다. 이것은 종교 금욕주의의 이론 전제나 목표와는 모두 서로 다른 것이다.

일종의 의식형태로써 종교의 본질적 특징 혹은 속성에도 약간의 '피안'관념이 있다. 엥겔스는 다음과 같이 말하였다.

종교가 그 본질에서 말하면, 사람과 대자연의 모든 내용을 박탈하고, 그것을 피안의 신의 환영幻影으로 돌린 후에 피안의 신이 큰 자비를 베풀어 일부의 은전恩典을 사람과 대자연에게 돌려주는 것이다.104

이것은 사회계급에 근원하는 것인데, 왜냐하면 종교는 사회적 고난苦難의 산물이기 때문이다.

각 계급 속에는 반드시 얼마간의 사람이 있는데, 그들은 물질적 해방에서 절망을 느끼면 바로 정신적 해방을 찾아가 〈그 절망을〉 대신하고, 사상적 위안을 찾아가 완전한 절망의 상황에서 벗어난다.105

『象山全集』卷12,「與趙咏道書」, "塞宇宙一理耳, 學者所以學, 欲明此理耳."
102 『朱熹集』卷14,「行宮便殿奏札」, "昧其性以亂其倫, 敗其則而不知反."
103 『象山全集』卷19,「武陵縣學記」, "彝倫于是而斁, 天命于是而悖."
104 『마르크스 · 엥겔스선집』, 第1卷, p.647.

레닌Lenin(1870~1924)도 다음과 같이 말하였다.

평생을 일하였으나 평생 가난한 사람(피착취자)에 대해, 종교는 그들에게
인간이 순종하고 인내할 것을 가르치거나 천국의 은사恩賜에 희망을 걸
것을 충고한다. 다른 사람의 노동에 기대어 살아가는 사람(착취자)에 대
해, 종교는 그들에게 인간이 선행善行을 할 것을 가르치고 그들의 모든
착취생활을 헐값에 변호해주거나 천국의 행복을 누릴 입장권을 헐값에
사준다.106

임계유도 "피안세계를 찾는 종교 세계관이 모든 종교의 공통된 특징
이다"107는 것을 인정하였다. 그렇지만 '피안'관념은 송명이학에 부족
한 것이고 반대하던 것이다.

유학자들은 사람이 천지의 사이에 나서 만물보다 영명하고 만물보다 귀
하여 천지와 더불어 나란히 삼극三極이 된다고 여겼다. 하늘에는 천도天道
가 있고, 땅에는 지도地道가 있으며, 사람에는 인도人道가 있다. 사람이면서
인도를 다하지 않으면 천지와 나란히 설 수 없다.108

이학자들은 『대학』을 "초학자들이 덕에 들어가는 문"109이라고 존숭
하였다. 왜냐하면 『대학』의 삼강령三綱領과 팔조목八條目은 유가의 개인
덕성수양을 완성하는 것에서 사회 윤리준칙을 실천하는데 이르기까지

---

105 『마르크스·엥겔스선집』, 第19卷, p.334.
106 『레닌전서』, 第10卷, p.62.
107 임계유의 「論儒敎的形成」을 참조한다.
108 『象山全集』卷2, 「與王順伯」, "儒者以人生天地之間, 靈于萬物, 貴于萬物, 與天地竝
而爲三極. 天有天道, 地有地道, 人有人道. 人而不盡人道, 不足與天地竝."
109 『朱熹集』卷15, 「講義」, "初學入德之門."

인생관의 모든 내용을 개괄하고 있기 때문이다. 이학자들은 이러한 입장에서 현세의 윤리를 버리고, 피안의 '해탈' 혹은 '신선'을 찾는 불교와 도교를 맹렬히 공격하였다.

> 불교와 도교의 학문은 깊이 논변할 필요도 없이 분명하다. 삼강오상三綱五常과 같은 일을 폐기하여 이미 죄명罪名이 매우 크니, 다른 것은 더 말할 필요가 없다.[110]

둘째, 임계유는 교주敎主·경전經典 등이 있는 것이 송명이학이 종교와 유사한 '외형적 특징'이라고 보았다. 이것은 더욱 본말이 전도된 것이다. 마르크스는 "종교 자체에는 내용이 없으니, 종교의 근원은 천상에 있지 않고 인간에 있음을 알아야 한다"[111]라고 말하였다. 신과 성경 등의 종교권위, 교의敎儀와 계율戒律 등의 종교생활, 교회와 교도 등의 종교조직은 모두 사람의 본질과 현실생활의 환상과 왜곡에 대한 반영이다. 엥겔스는 "통일된 군주가 없으면 결코 통일된 신이 출현할 수 없다. 신의 통일성에 관해서는 통일된 동방의 전제군주를 반영한 것에 불과하다"[112]라고 말하였다. 때문에 종교가 세속을 투사한 것이지 세속이 종교를 모방한 것이 아니다. 유학에서 말하면, 공자의 '성인'지위와 오경(혹은 육경)의 경전지위는 송명이학('유교')이 형성되기 오래 전에 확립되었다. 맹자는 "공자께서는 성인의 시중時中인 자이다"[113]라고 말하였고, 『예기』에는 자사子思를 "성인의 후손이다"[114]라고 불렀

---

110 『朱子語類』卷126, "佛老之學, 不待深辨而明, 只是廢三綱五常這一事, 已是極大罪名, 其他更不消說."
111 『마르크스·엥겔스전집』, 第27卷, p.436.
112 『마르크스·엥겔스선집』, 第27卷, p.65.
113 『孟子』「萬章(下)」, "孔子, 聖之時者也."
114 『禮記』「檀弓(上)」, "聖人之後."

다.『장자』에는 "공자께서『시경』·『서경』·『예기』·『악기』·『역경』
·『춘추』의 육경을 다스렸다"[115]라는 말이 있고,『순자』「권학勸學」과
『예기』「경해經解」에는 이미 오경 혹은 육경을 교학敎學의 경전내용으
로 존숭하였다고 하였다. 유학의 이러한 표현은 일종의 정치윤리학설
로써 국가정권과 서로 결합하여 독점 혹은 독존獨尊의 학술적 지위를
얻었음을 상징한다. 근본은 종교의 '외형적 특징'이 아니라는 것이다.
위魏 문후文侯(BC 445~396 재위)가 처음으로 '공자학'을 세우고, 한 무제가
유술만을 존숭하던 유학의 지위는 전국시대부터 한나라에 이르기까지
봉건 통치계급에 의해 인식된 후에 점차 확립된 것이지, '유교(송명이
학)'가 형성될 때에 비로소 있게 된 것이 아니다. 다만 송명 이후에는
봉건 전제의 중앙집권이 강화됨에 따라 이학의 사상통치가 더욱 엄격
해지고 공자와 유가경전의 지위가 더욱 숭고해지고 견고해졌다.

　총괄하면, 송명이학이 비록 불가와 도교 혹은 도가사상의 깊은 영
향을 받았지만, 이론적 핵심은 여전히 유가전통의 윤리관념이지 종교
사상의 본질적 특징인 '신'과 '피안'의 관념이 아니다. 이학의 기본 논
제는 유가가 제창한 윤리도덕의 최종 근원을 논증하고 유가 도덕수양
의 방법과 과정을 완성할 것을 천명하고 완성하는 것이지, '상제上帝'·
'불성(佛性)'을 논증하는 것이 아니고 '해탈' 혹은 '천국'에 이르는 수양
방법을 밝히는 것이 아니기 때문에 이학은 종교가 아니고 종교의 속
성을 가지고 있지도 않다. 물론, 이학의 윤리사상 핵심의 주위에도 일
부 종교적 부산물이 있으니, 예를 들면 천지·귀신에게 제사지내거나
공자를 존숭하는 등인데, 이것은 이학이 처한 시대적 사회배경과 이
론배경을 반영한 것이지, 이학의 본질적 내용이 아니다. 마르크스는
일찍이 자본주의 이전 사회에는 노동 생산력이 낮은 발전단계에 처해

---

115 『莊子』「天運」, "丘治詩書禮樂易春秋六經."

있어서 사람간의 관계나 사람과 자연간의 관계가 매우 협소하였다고 지적하였다.

실제 이러한 협소성은 고대의 자연종교와 민간종교 속에 있음을 관념적으로 반영한 것이다.116

송명이학이 봉건사회의 일종의 이론적 사상체계로써 자연종교와 민간종교의 모종의 형식에 물들고 답습한 것은 매우 자연적이다. 그러나 이학은 '천지'를 윤리관계의 일종으로 보았지 현실세계와 단절된 '피안'이 아니었고, 공자를 도덕의 '완성자'로 보았지 신기만능神奇萬能의 '신'이 아니었는데, 이것이 종교와 다른 것이다.

4. 이학은 종교가 아니라 윤리철학이다

중국 봉건사회의 후기에 송명이학은 통치지위를 차지한 유심주의 사상체계로써 중국사회의 발전에 심각한 해害를 가져다주었다. 그러나 이학은 종교가 아니고 윤리철학이기 때문에 이러한 유해한 성질은 임계유가 말한 것처럼, 유럽 중세기의 "종교신학 통치와 같은 재난"이 아니라, 중국역사의 특징을 가진 종법 도덕교조의 통치와 같은 재난이었다. 종교 광신은 신앙에 의해 발생하고, 도덕규범을 제약하는 힘은 사회습관과 여론을 통해 비로소 표현되어 나온다. 때문에 종교의 사회작용이 주로 사람들의 정신을 마비시키는 작용이라고 한다면, 송명이학의 사회작용은 주로 사회생활에 대한 응고凝固작용이었다. 이학의

---

116 『마르크스·엥겔스선집』, 第23卷, p.96.

중국 사회발전에 대한 정체작용은 몰락해가는 중국 봉건제도를 수호하는 작용이었으니, 주로 아래의 세 방면을 통해 실현 혹은 표현되어 나왔다.

첫째, 봉건 윤리도덕의 영원한 합리성을 논증하였다. 앞에서 서술한 것처럼, 송명이학의 중심 논제論題는 봉건의 윤리도덕이 '천리에 근원하고', '인심에 근본하며', 사람의 고유한 것이고, 사람에게 마땅히 있어야 하는 것이며, 절대 합리적인 것임을 논증하였다. 동시에 이학자들은 이러한 봉건의 윤리도덕이 영원히 합리적인 것이라고 생각하였다. 육구연은 다음과 같이 말하였다.

> 천만세 이전에 성인이 나왔어도 이 마음과 같고 이 이치와 같다. 천만세 이후에 성인이 나왔어도 이 마음과 같고 이 이치와 같다. 동서남북 사해四海에서 성인이 나왔어도 이 마음과 같고 이 이치와 같다.117

주희도 다음과 같이 말하였다.

> 성인의 도는 지극히 대중지정大中至正하기 때문에 만세토록 폐단이 없다.……이러한 성인의 도를 말하여 군신·부자·부부·형제·붕우의 사귐이라고 하였다.118

이학자들이 말한 영원히 폐단이 없는 '리' 혹은 '도'는 인륜관계방면에서 실제로 군신·부자·부부간의 "군위신강君爲臣綱·부위자강父爲子綱·

---

117 『象山全集』卷22, 「雜說」, "千萬世之前有聖人出焉, 同此心同此理也. 千萬世之後有聖人出焉, 同此心同此理也. 東南西北海有聖人出焉, 同此心同此理也."

118 『朱熹集』卷72, 「蘇黃門老子解說」, "聖人之道, 所以爲大中至正之極, 亘萬世而無弊者也……聖人之言道, 曰君臣也父子也夫婦也昆弟也朋友之交也."

부위처강夫爲妻綱"119의 예속관계를 가리킨다. 때문에 이학의 윤리도덕
사상은 실제로 개인을 군부君父라는 절대복종 속에 용해시켰으니, 이
학의 도덕완성 과정은 실제로 개성의 소멸과정이었다. 사회발전이라
는 어떤 관점에서 보면, 사회의 진보는 곧 개성의 발현과 성장과정이
다. 마르크스는 "어떤 해방이든 모두 사람의 세계와 사람의 관계를 사
람 자신에게 돌려주었다"120라고 말하였다. 이학의 논증과 파급에 따
라 형성된 봉건의 윤리와 정치제도가 절대적이고 영원히 합리적인 사
회의식은 필연적으로 이러한 해방의 발생을 저지하였다.

둘째, 윤리에 유해한 '인욕人欲'을 부정하였다. 이학자들은 인욕(물욕
과 사욕), 즉 사람의 자연욕망이 윤리에 유해하고 위배되는 주된 요소
라고 생각하고, 그것에 대해 부정적이고 비방적인 태도를 취하였다.
주희는 "천리와 인욕은 나란히 병립할 수 없다"121, "성현의 수천의 말
들은 사람에게서 천리를 밝히고 인욕을 없앨 것을 가르칠 뿐이다"122
라고 말하였다. 육구연도 "나의 마음에 해로운 것은 무엇인가? 욕망이
다"123, "옛날 성현들은 다만 사람의 병폐(욕망)를 없앨 뿐이었다"124라
고 하였다. 중국 봉건사회의 후기에는 이학이 광범위하고 깊이 전파됨
에 따라, 사람의 자연욕망을 증오하고 경멸하는 이학사상이 전체 사회
사상으로 확산되어 일종의 도덕표준이 되었다. 이러한 사상은 실제로
사람들의 사상활동에서 가장 활발하고 창조성을 갖는 요소를 질식시
킴으로써 사람들의 현실적 변혁을 일으키는 행동을 방해하였으니, 중
국사회의 발전에서 매우 큰 정체작용을 하였다. 엥겔스는 일찍이 다음

119 『論語集注』「爲政」, "君爲臣綱, 父爲子綱, 夫爲妻綱."
120 『마르크스·엥겔스선집』, 第1卷, p.433.
121 『孟子集注』「滕文公(上)」, "天理人欲, 不容並立."
122 『朱子語類』卷12, "聖賢千言萬語, 只是敎人明天理滅人欲."
123 『象山全集』卷32, 「養心莫善于寡欲」, "夫所以害吾心者何也. 欲也."
124 『象山全集』卷34, 「語錄」, "千古聖賢, 只去人病."

과 같이 말하였다.

> 헤겔Hegel(1770~1831)에서 악惡은 역사발전의 동력에 기대어 표현되어 나온
> 형식이다. 여기에는 이중二重의 뜻이 있다. 한편으로, 일종의 새로운 진보
> 는 모두 반드시 모종의 신성한 사물에 대한 모독으로 나타나고, 낡고 오
> 래되어 날로 쇠망해가지만 습관에 의해 숭상되는 질서에 대한 반역으로
> 나타난다. 다른 한편으로, 계급대립이 발생한 이래로 사람의 열악한 정욕
> 情欲-탐욕과 권세욕은 역사발전의 지렛대가 되었다. 이러한 방면에 관해
> 서, 예컨대 봉건제도와 자산계급의 역사는 바로 유일무이唯一無二한 것이요
> 부단히 지속된다는 증거이다.125

송명이학은 이러한 '지렛대'를 절단하려 하였다. 이러한 의미에서 말
하면, 송명이학의 점차 쇠락해가는 중국 봉건사회제도를 수호하는 작
용은 사람의 '선'한 윤리본성에 대한 증명으로 나타났을 뿐만 아니라,
더욱 중요한 것은 사람의 '악'한 자연본성에 대한 부정으로 나타났다.
　셋째, 정사靜思의 수양방법을 제창하였다. 선진시기 유가는 사람의
도덕완성 과정이 도덕표준의 실행과정이라고 주장하였다. 공자는 다
음과 같이 말하였다.

> 다섯 가지를 천하에 행할 수 있으면 인仁이 되니, 공손함(恭)·너그러움(寬)
> ·믿음(信)·민첩함(敏)·은혜로움(惠)이다.126
> 군자는 밥 먹는 동안이라도 '인'을 떠나지 않으니, 갑작스러운 상황에서도
> 반드시 '인'에 말미암고 위급한 상황에서도 반드시 '인'에 말미암는다.127

---

125 『마르크스·엥겔스선집』, 第21卷, p.330.
126 『論語』「陽貨」, "能行五者于天下爲仁, 恭寬信敏惠."
127 『論語』「里仁」, "君子無終食間違仁, 造次必于是, 顚沛必于是."

송명이학은 "학자가 먼저 인을 알아야 할 것"[128]을 주장하였다. 그 중에서 정주파는 "학자의 공부는 오직 거경居敬·궁리窮理 두 가지 일에 있을 뿐이다"[129]라고 하였다. 육왕파는 '본심을 드러내 밝힌다(發明本心)'거나 혹은 '치양지致良知'를 주장하였다. 두 학파는 수양방법에 대한 제기방법이 달랐지만, '고요함(寂靜)'이나 '깊이 생각할 것(冥思)'을 주로 한 것은 공통된 내용이었다. 이처럼 송명이학은 선진 유가의 도덕수양을 '행위의 정화'에서 '심경心境의 수렴'으로 변화시켰고, '인' 등의 도덕규범의 실행에서 '리'와 '심'에 대한 체험 혹은 깨달음으로 변화시켰다. 그 극심한 폐단은 명말청초明末淸初 반이학 사상가들의 날카로운 지적에서처럼, 이미 중국문화를 훼손시켰던 것이다.

> 눈을 감고 두 손을 모아 정좌하여 심성心性을 말하지만 시부詩賦를 물어서 알지 못하면 사장詞章의 말단이라 하였고, 역사와 전기를 물어서 알지 못하면 정사政事의 말단이라 하였으며, 혼천의渾天儀(璇璣) 9장을 물어서 알지 못하면 도수度數의 말단이라고 하였다. 세 가지 말단의 설이 일어나면서 천하의 일이 흐려지게 되었다.[130]

또한 중국 백성들에게 심각한 해를 주었다.

> 종일 꼼짝 않고 서재書齋에 앉아 있어서 사람의 정신을 시들게 하고 근골筋骨을 나약하게 하여, 천하에 약하지 않은 서생이 없고 병들지 않는 서생이

---

128 『河南程氏遺書』第2(上),「二先生語: 識仁篇」, "學者先須識仁."

129 『朱子語類』卷9, "學者工夫, 唯在居敬窮理二事."

130 陳第(1541~1617), 『松軒講義』「學周篇」, "瞑目端拱以談心性, 問之詩賦不知, 則曰詞章之末, 問之史傳不知, 則曰政事之末, 問之璇璣九章不知, 則曰度數之末. 三末之說興, 天下事朦朦矣."

없는데 이르게 하였다. 백성의 병으로 이보다 심한 것이 있지 않다.131

　이처럼 송명이학은 성장하지 못하고 새로운 문화내용을 보충하지 못한 경직된 윤리도덕의 교조가 되었다. 특히, 근대에 이르러 자본주의의 생산관계가 성장하고 서양의 자산계급사상이 중국에 들어온 후에는, 이학이 주로 사람들의 사상해방을 속박하는 정신적 족쇄작용을 하였다.

　총괄하면, 송명이학은 일종의 통치지위를 차지한 유심주의의 윤리철학이지 일반 종교로써 그 사회작용을 발휘하였던 것이 아니다. 이학의 도덕교조 통치가 가져온 해와 유럽 중세기 종교 신학통치가 가져온 재난은 그 경중輕重과 대소大小를 비교할 수 없지만, 그 특색에는 각자 차이가 있음을 분석할 수 있다. 중국에서 말하면, 종교(불교·도교와 기타 외래 종교)가 주장하던 수양이 세속생활을 떠나거나 벗어나는 것이라면, 이학이 주장하던 수양은 바로 세속생활 자체였기 때문에 이학의 영향은 모든 종교를 초월하였으며, 또한 종교가 봉건윤리의 부속물로 출현한 것이기 때문에 종교관념이 비록 없었지만 봉건윤리관념은 여전히 없어지지 않았다. 이처럼 중국 근·현대의 사상문화운동에서는 반종교와 종교신학을 비판하는 논쟁이 근본적으로 대신할 수 없고, 심지어 반봉건과 이학을 비판하는 논쟁도 반드시 확정적이지 않다는 분명한 사실이 발생하였다. 이 또한 이학이 종교가 아니라는 유력한 증거이다.

---

131 顏元, 『朱子語類評』, "終日兀坐書齋中, 萎惰人精神, 使筋骨疲軟, 以至天下無不弱之書生, 無不病之書生. 生民之病, 未有甚于此者也."

종교의 철학성을 흡수한 것인가 유학의 종교화인가[1]

이금전李錦全[2]

'선진유학이 후에 종교로 변천하였는가?'라는 문제에 관해서는 지금껏 국내 학술계에서 여전히 토론하고 있다. 본문에서는 유가가 비록 '신도설교神道設教(신도로 가르침을 베풀 것)'를 주장하였지만, 그것 자체는 도덕윤리의 교화작용만을 말한 것이지 결코 종교신앙을 형성하지 못하였다고 보았다. 한대의 참위讖緯신학이 한 차례 유학을 종교화하여 공자를 교주로 받들었지만 성공하지 못하였다. 주희의 이학에는 비록 적지 않은 불교와 도교사상이 있지만, 주로 그 속의 철학성을 흡수하여 유가의 윤리철학을 위해 논증하였다. 그는 사람들이 세속생활 속에서 일종의 초세속의 정신수양경지에 도달할 것을 요구하였지만, 종교성의 정신왕국을 형성하지 못하였다. 총괄하면, 주희는 유학을 종교화로 이끈 것이 아니라 종교의 철학성을 흡수함으로써 유가의 윤리교의를 철학화로 이끌었다. 주희가 선양한 것이 비록 정교한 형태의 신앙주의였지만,

---

1 원래『중국사회과학』, 1983년, 제3기에 실렸던 글이다.

2 이금전(李錦全, 1926~): 중국 중산(中山)대학 철학과 교수. 주요 저서로는『人文精神의 承傳與重建』·『海瑞評傳』·『陶潛評傳』·『思空齋詩草』등이 있다.(역자 주)

결국은 세속의 종교는 아니었다.

최근 몇 년간 임계유任繼愈가 종교적 의미의 '유교'라는 개념을 사용할 것을 견지함에 따라, 중국철학사계에 대단한 관심을 불러일으켰다. 그는 선진시기에 유가가 있었지만, 공자학설이 한대와 송대에 두 차례의 큰 개조를 거치면서 유가가 점차 중국의 특징을 가진 종교-유교가 되었고, 송명이학의 건립은 중국 유교의 완성을 상징한다고 보았다. 임계유의 이러한 관점은 여러 차례의 강연과 잇달아 발표된 논문에서 반복하여 설명되었다. 최근에 그는 「주희와 종교」라는 논문에서 더욱 분명하게 지적하였음을 볼 수 있다.

유교의 건립은 남송의 주희에 이르러 정식으로 이러한 역사적 사명이 완성되었다. 또한 주희의 학문은 순수한 사변학문이 아니라 행위를 지도하는 학문이었으니, 그것은 종교이지 철학이 아니다.[3]

임계유의 논단에 대해, 국내 학술계는 서로 다른 반응을 보였다. 그러나 복잡한 사상의 형태에 대해 깊이 탐색해야 하였기 때문에 빠른 시일 내에 통일된 의견을 내놓지 못하였다. 나는 여기에서 다만 나 개인적 견해를 말하여 토론에 응하고자 한다.

---

3 「朱熹與宗教」는 『中國社會科學』, 1982年, 第5期에 실려 있다.

1. 철학과 종교는 어떤 관계와 차이가 있는가

중국의 유가사상이 철학에 속하는지 종교에 속하는지를 분명히 밝히기 위해서는, 먼저 선진 유가가 어떻게 유교로 변천하여 형성될 수 있었는지, 철학과 종교분야에서 둘 간에는 어떤 관계와 차이가 있는가를 분명히 해야 한다. 임계유의 「주희와 종교」라는 논문에서 보면, 이 문제에 대한 해답은 사람에게 만족을 주지 못하였다. 임계유는 논문에서 다음과 같이 지적하였다.

사회에는 어째서 재난이 있고, 사람들에게는 어째서 부귀富貴·빈천貧賤이 있으며, 세계는 어떤 모양이고, 어떤 생활태도로 이러한 세계에 대처해야 하고, 사람은 어떻게 살아야 하는지 등등 이러한 문제는 다만 철학과 종교가 흥미를 갖고 대답할 수 있지만 둘의 길은 서로 다르다. 철학은 사변적 방법을 취하였고 종교가 걸어간 것은 신앙의 길이었으며, 철학은 이성 방면에서 해석하였고 종교는 감정방면에 만족을 주었다.[4]

이 말에 따르면, 철학과 종교는 마땅히 구별되어야 한다. 그러나 임계유는 이어서 다음과 같이 말하였다.

이론상에서 말하면, 철학과 종교는 각자 자기의 영역을 가지고 있지만, 이러한 영역을 분명히 구분하는 것은 사람들이 중세기의 겨울잠에서 깨어난 뒤라야 비로소 인식할 수 있고 비로소 철학의 완전한 의미를 얻을 수 있다. 중세기의 철학은 여전히 종교에서 독립되어 나오지 못하고 다만 종교에 종속되었을 뿐이다. 중국은 서방과 같은 그러한 산업혁명을 거치

---

[4] 任繼愈, 「朱熹與宗教」(『中國社會科學』, 1982年, 第5期) 참조.

지 못하고 장기간 봉건사회에 머물러 있어서 철학은 종교에서 분리되어
나올 조건이 형성되지 못하였고 종교가 여전히 철학을 통치하였으니, 둘
의 경계를 분명하게 구분하지 못하였다. 이것이 바로 중국 봉건시대의 철
학과 종교가 혼연히 일체를 이룬 상황이다.5

　이 뿐만 아니라 임계유는 서방 중세기의 스콜라철학도 천리인욕天理
人欲의 논변과 신심성명身心性命의 학문을 말하였으니, 동방의 성인과
서방의 성인이 부절을 합한 것처럼 서로 같았고 중국과 인도의 고대사
상도 서로 비슷하였다고 보았다. 여기에서 임계유는 서방에서 산업혁
명을 거치기 이전에는 과학과 생산력이 현대화되지 못하였고 철학과
종교도 분리되기 어려웠다고 설명하였다.
　위에서 말한 임계유의 논술에 따라, 중세기의 봉건시대에는 철학과
종교가 이론상에서만 구분할 수 있었고 실제로 분리되기 어려웠다면,
유가사상이 철학에 속하는지 종교에 속하는지를 토론하는 것은 어떤
의미도 없는 것이 아니겠는가? 봉건사회에서는 어떤 학파의 사상이든
모두 철학이면서 또한 종교라고 말할 수 있는 것이 아니겠는가? 동시
에 임계유의 관점에 따르면, 철학은 종교에서 분리되어 나와야 하고,
과학과 생산력 수준의 향상이 주요한 조건이어야 한다. 그렇다면 어떤
학파의 사상은 초기에는 종교의 맛이 농후하다가 후에 이르면서 점차
철학의 맛이 많아져야 할 것이다. 그런데 유가는 어째서 상반되었는
가? 선진시기 공자도 철학유파의 하나로 생각할 수 있지만, 후대 동중
서董仲舒에서 주희朱熹에 이르면서 유가철학은 상황이 나빠져서 점차 종
교로 변천하였는데, 설마 송대의 과학과 생산력 발전수준이 선진시대
만 못하다고 말하겠는가? 중화민족의 인식사와 중국철학의 발전사가

----

5 위의 책 참조.

점차 종교화 방면으로 발전하였다는 것인가? 이것은 인류 이론사유의 발전규율에 부합하는가? 상술한 문제는 사람들에게 당혹감을 느끼지 않을 수 없게 한다.

철학과 종교 둘의 구별과 관계에 대해, 나는 임계유와 약간 이해를 달리 한다. 임계유는 논문에서 "중세기의 철학은 종교에서 독립되어 나오지 못하고 다만 종교에 종속되었을 뿐이다"[6]라고 말하였다. 과거에도 항상 사람들은 유럽 중고中古시대의 철학은 다만 신학의 시녀였다고 말하였으니, 이러한 말의 뜻이 서로 같은 것도 역사적 사실이다. 그러나 종속도 좋고 시녀도 좋지만 주인과 언제나 구별되었으니, 둘의 사이는 통치와 피통치의 관계였다. 임계유는 논문에서 "중국 봉건사회에서는 종교가 여전히 철학을 통치하였다"[7]라고 말하였다. 비록 상황이 사실에 속할지라도, 이 때문에 중국 봉건시대의 철학과 종교가 혼연히 일체였다는 결론을 내릴 수는 없다. 실제로 이러한 결론은 임계유 자신도 따를 수 없었으니, 만약 철학과 종교가 시종 혼연한 일체였다면 어떻게 유학이 유교로 변천하였다고 말할 수 있겠는가? 여기에는 자체 모순이 있는 것이 아닌가?

나의 견해에 따르면, 중국 봉건시대에는 설령 종교가 여전히 철학을 통치하였다고 인정할지라도 둘 사이에는 결코 구분이 없었던 것이 아니다. 비록 유심주의 철학과 종교신학이 쉽게 하나로 뒤섞였지만 창조설을 인정하는 사상이 모두 종교인 것은 아니다. 엥겔스Engels는 다음과 같이 지적하였다.

---

6 위의 책 참조.
7 위의 책 참조.

대체로 정신을 자연계에 대해 본원적이라고 단정함으로써 결국 모종의 방식으로 창조설을 인정하는 사람(철학자 중에서, 예컨대 헤겔철학에서 창조설은 항상 기독교에서보다 더 혼란하고 황당한 형식을 취한다)은 유심주의 진영을 조성한다. 대체로 자연계가 본원적이라고 생각하는 사람은 유물주의의 각 학파에 속한다.[8]

여기에서 엥겔스는 철학의 기본문제로 두 진영을 구분하고, 창조설을 인정하는 것을 유심주의의 한 방면으로 귀결시켰다. 그는 헤겔식의 창조설과 기독교식의 창조설을 열거하고, 전자는 철학이고 후자는 종교라고 생각하였다. 우리는 여기에서 유가가 공자와 동중서에서 주회에 이르기까지 '그들이 유물주의자인지 유심주의자인지, 그들이 어떤 방식으로 창조설을 인정하였는지, 그들이 견지한 것은 철학자의 창조설인지 종교계의 창조설인지'를 밝힐 수 있는데, 이러한 연구를 통해 마땅히 구분할 수 있어야 한다.

우리는 중국 봉건사회에서 적지 않은 유심주의 철학자들에게 종교신앙이 있었다는 것을 부인하지 않는다. 혹자는 종교사상과 상통한다고 말하기도 하지만, 그들은 철학자로 불렸지 종교도들이 아니었다. 한발 물러나서 말하면, 설령 명실상부한 종교도들도 마찬가지로 그들의 철학사상이 있을 수 있다. 예를 들어 불교는 확실히 종교이지만, 불교철학은 철학사에서 없어서는 안되는 부분이다. 현장玄奘(602~664)과 혜능慧能(638~713) 등은 중국철학사에서 언제나 일정한 지위를 차지하는데, 그 원인은 다른 것이 아니라 그들의 세계관이 일정한 방식으로 철학의 기본문제에 해답하고 또한 일정한 특징과 대표성을 갖기 때문이다. 이처럼 그들을 철학사 밖으로 배제시키고 종교사에만 귀속시킬

---

8 『마르크스·엥겔스선집』, 第4卷, p.220.

수는 없다. 우리는 종교신앙을 선전하는 측면에서 보면 이러한 사람들이 종교도이지만, 인류 인식사의 이론사유가 일부 반드시 거쳐야 하는 일환을 밝히는 관점에서 보면 철학자로 간주할 수 있다고 말해야 한다. 종교관과 철학사상은 한 개인의 두뇌 속에서 병존할 수 있다. 상황이 복잡하지만, 무슨 이상한 일도 아니다. 이것은 종교와 철학 둘 간의 긴밀한 관계를 설명한 것이지만 그들 속의 차이를 간파하기가 어렵지 않다.

2. 중국사회의 특수한 형태가 중국 종교에 어떤 특징을 가져왔나

임계유는 중국의 특수한 사회역사조건이 중국 종교의 특수한 표현형식을 결정하였으니, 즉 유교가 불교·회교·기독교 등 외래종교와 다르고 중국이라는 특수한 사회에 뿌리를 내린 일종의 특수한 종교형태라고 생각하였다.

그렇다면 이른바 중국이라는 특수한 사회역사조건이란 무엇인가? 임계유는 중국 고대에는 혈연관계를 연결체로 하는 종법제도가 장기간 존재하였다고 보았다. 그는 논문에서 다음과 같이 지적하였다.

종법제도는 씨족 공동체사회 후기에 발생하였다. 일반적으로 생산이 낙후되고 노동이 발달하지 못하고 생산량이 매우 빈약한 조건 하에서 사회제도는 더 많이 혈연관계의 지배를 받는다. 세계의 많은 민족은 사회경제 생산의 발전에 따라 혈연관계의 속박에서 벗어나서 지역구분의 국가조직을 건립하였다. 중국에서는 이와 같지 않다. 국가조직이 형성된 후에도 씨족사회에 남은 혈연관계의 구舊형식을 버리지 못하였을 뿐만 아니라,

도리어 일종의 효과적인 사회조직형식이 되어 국가사회의 활동을 계속 조절하고 심지어 지배작용을 하여 사회관계를 조정하는 지렛대가 되었다. 종법제도는 계급사회에서 여전히 자연적 혈연을 연결체로 하여 사회구성원을 견고히 연결시켜 공통된 풍속습관·심리상태·행위규범이 사회상에서 여전히 보편적인 의미를 갖고 있었다. 유가는 종법제도를 유지하는 방면에서 舊형식을 부단히 이용하여 새로운 내용을 보충하였다.9

임계유의 글은 중국이 장기간의 봉건 종법사회에서 씨족사회가 남긴 원시 종교의식을 쉽게 보유할 수 있었음을 설명하려는 것에 지나지 않는다.

육경六經 속의 '예악'부분은 원시종교의 기록과 해석을 포괄한다. 유가경전의 '경천법조敬天法祖'·'존존친친尊尊親親'·'경덕보민敬德保民'의 교훈은 모두 원시종교의 흔적을 띠고 있고, 그 속에는 시종 농후한 종교성을 가지고 있다. 유가의 경전 자체에는 이미 종법제를 핵심으로 하는 천인관·사회관·종교관 등 복잡한 내용을 구비하고 있었기 때문에 진·한 통일 후에는 통일을 유지하는 사상적 도구가 필요하였고, 이에 70년간의 탐색을 거쳐 한 무제 때에 결국 유가가 일존一尊에 정해지고 동중서는 신학적 목적론을 고취하였고 『백호통白虎通』은 경학을 신학화하여 유가를 종교화의 길로 이끌었다. 위진남북조를 거치면서 불교와 도교가 성행하였고 수·당 통일에 이르면서 유·불·도 삼교가 나란히 함께 불리고 조정의 승인을 얻었으니, 유가가 종교가 된 것도 정치상에서 합법적 지위를 얻었다.10

9 任繼愈,「朱熹與宗教」(『中國社會科學』, 1982年, 第5期) 참조.
10 위의 책.

임계유의 상술한 관점에 대해, 필자는 상당한 의문을 갖는다. 그가 말한 중국의 특수한 사회역사조건이 주로 가리킨 것은 "중국이 계급사회에 진입한 후에도 씨족 공동체사회가 남긴 혈연관계를 연결체로 하는 종법제도에서 벗어나지 못하고 오히려 봉건사회에서 장기간 작용하였으나, 세계의 다른 많은 민족은 사회경제생산의 발전에 따라 혈연관계의 속박에서 벗어나서 지역구분의 국가조직을 건립하였다는 것이다." 이러한 것들은 물론 사실이지만, 이로부터 중국 고대의 종교 분위기가 반드시 외국보다 농후하였다는 결론을 내릴 수 있는가? 고대 희랍과 로마가 계급사회에 진입한 경로는 중국과 약간 다르다. 그들은 지역구분의 국가조직을 일찍이 건립하였지만, 유럽 중세기의 종교세력이 빠르게 발전하여 교권敎權이 왕권王權을 능가하였다. 중국은 비록 봉건 종법세력이 대단하였지만, 왕권이 시종 교권을 억압하였다. 원시종교의 사회상의 흔적에 관해서는, 민간에 유전되어 오던 다신多神숭배가 있었고, 그 속에 포함된 조상숭배는 아마도 원시 씨족 공동체사회 속의 토템숭배의 흔적일 것이다. 물론 봉건통치자와 종법제도의 수요에 부응하기 위해 숭배되던 제신諸神들도 부단히 가공과 개조를 거쳤다. 나는 조상에게 제사지내고 귀신을 숭배하는 것이야말로 진정한 봉건 종법제도의 산물이라고 생각한다. 그러나 이러한 귀신숭배에는 통일된 최고신이 없었고, 또한 교주와 통일된 교의敎義나 규정된 의식도 없었다. 성직자에 관해서도 사회상 일부 난잡한 미신꾼들이 아님이 없었다. 이 때문에 우리는 그것을 종교라는 명칭으로 개괄할 수 없고, 항상 습관적으로 봉건미신이라고 불렀다. 필자는 중국의 특수한 사회역사조건 하에서 민간의 다신숭배가 비록 엄격한 의미의 종교를 구성하지는 못하였지만, 그것이 바로 중국 종교의 일종의 특수한 표현형식이라고 생각한다.

중국 봉건 전제주의 중앙집권적 통치 하에서, 봉건신권은 정권의 지배를 받아 오히려 봉건정권을 위해 일하였다. 전제 제왕은 세속의 최고 통치자였고, 또한 천상天上 신권神權의 최고 대표였다. 중국의 장기간 봉건사회에는 종교권력이 왕권을 능가하는 것을 허락하지 않았고, 교권은 다만 왕권에 종속되었다. 임계유는 논문에서 이러한 사례를 열거하였다.

> 외국에서 들어온 불교가 동진東晉에서 당초唐初에 이르면서 '사문들은 왕을 공경하지 않는다', '사문들이 풍속을 숭배해서 안된다'는 논쟁이 발생하였는데, 모두 사문들의 실패로 끝났고 승려들이 치외법권治外法權을 요구하였으나 실패하였다. 불경의 원문이 중국 종법윤리제와 충돌하면 산삭하고 해석하지 않거나 원문을 고쳐서 해석하기도 하고 글자를 보태기도 하여 봉건 종법제도의 수요에 영합하였다. 불교도들에 대하여 말하면, '성언량聖言量'[11]은 최고의 준칙이었고, 만약 고의로 위반하면 지옥에 떨어져 악보惡報를 받았다. 중국 불교도들은 차라리 지옥에 떨어져 악보를 받는 결과를 무릅쓸지언정, 감히 봉건윤리와 삼강오상의 존엄함을 침범하지 못하였다.[12]

임계유가 거론한 사례는 봉건왕권의 독존獨尊으로 결코 교권敎權의 도전을 허락하지 않았음을 설명한 것이다. 외래종교, 특히 불교와 같은 것은 자신의 생존과 발전을 위해 부득이 중국화·세속화의 길로 나아가지 않을 수 없었다. 임계유의 이러한 분석은 본래 옳은 것이지만, 종교의 세속화와 유학의 종교화를 함께 언급하고 또한 둘이 수·당 후기에 이르면서 더욱 합류하는 추세를 나타냈다고 말하고, 이것으로 유

---

11 성인의 가르침에 기준을 두고 여러 가지 뜻을 헤아려 아는 일을 말한다.(역자 주)
12 任繼愈, 「朱熹與宗敎」(『中國社會科學』, 1982年, 第5期) 참조.

학이 유교로 변천하여 결국 종교가 되고 철학이 아니라는 것을 증명하였는데, 이러한 결론은 고려되어야 한다.

나의 이해에 따르면, 불교가 세속화로 나아간 것은 결코 종교성이 강화된 것이 아니라 오히려 약화된 것이다. 불경의 교의조차도 첨삭添削하여 고쳐 번역되었고 이것으로 종법宗法과 강상명교綱常名敎를 위해 일하였으니, 이것은 본래의 종교를 배반하고 거스른 것이 아니겠는가? 외래의 불교와 중국의 유학이 모두 봉건 종법제도를 위해 일하였다는 점에 근거하여 둘이 합류하는 추세를 띠었다고 단정하고 또한 유학의 종교화라고 단언하는 것은 타당성이 부족하다고 생각한다.

역사적 사실에서 보면, 수·당 통일 후에는 모두 '사상통치를 어떻게 강화할 것인지'의 문제에 직면하였다. 특히, 당초唐初의 통치자들은 수말隋末 농민봉기의 교훈을 거울삼아 더욱 태평성세의 방법을 탐구하였다. 그들은 정치사상에서 이른바 '백성을 편안히 하는 방도(安人之道)'를 강구하고 그것에 근거하여 사회모순을 완화시키는 외에도, 불교가 말한 '인과윤회因果輪回'·'출세해탈出世解脫' 등도 인민을 기만하고 마비시키는 작용을 할 수 있기 때문에 중시하였다. 그러나 불교는 외래종교이고 군신·부자의 의리에 있어서 최저의 표현형식에서 봉건 종법제도와 서로 위배되었기 때문에, 당 고조 이연李淵(618~626 재위)은 일찍이 불도들에게 "부모의 수발鬚髮(수염과 머리털)을 버리고 군신의 장복(章服)13을 없애니, 이로움이 어느 문하 안에 있고 유익함이 어떤 정황 밖에 있겠는가?"14라고 지적하였다. 부혁傅奕(555~639)도 다음과 같이 말하였다.

---

13 장복(章服): 장문(章文)이 장식된 의복으로, 황제 이하 왕과 문무백관이 착용한 제복이다.(역자 주)

14 『大正藏』卷52, 「史傳部」, p.380, "棄父母之須髮, 去君臣之章服, 利在何門之中, 益在何情之外."

예는 부모를 섬기는데 근본하여 윗사람을 받드는데서 끝나니, 이와 같으면 충효忠孝의 이치가 드러나고 신하와 자식의 행실이 이루어진다. 그러나 불교는 도성을 넘어 출가하여 그 부모에게서 도망쳤고, 필부匹夫로 천자에 대항하였고, 몸을 이었으나 친애하는 바에 어긋났기 때문에 '무부無父의 가르침'으로 배척하였다.15

이와 같기 때문에 당초唐初의 종교정책이 여전히 불교를 존중하고 이용하였지만, 동시에 도교를 끌어들여 불교와 균형을 유지하였다. 더 중요한 것은, 유가의 '군주와 부모의 의리'로 불교와 도교를 제약하여 '주공과 공자의 가르침'의 범위로 끌어들였다. 이연은 일찍이 다음과 같이 말하였다.

부자父子와 군신君臣의 사이, 장유長幼와 인의仁義의 질서, 주공과 공자의 가르침은 길이 다르지만 돌아갈 곳은 같으니, 예를 버리고 덕에 어긋나는 것(승도들이 군주와 부모를 섬기지 않는 것을 가리킨다)을 짐은 취하지 않겠다.16

당 태종 이세민李世民(626~649 재위)도 "짐이 지금 좋아하는 것은 요순의 도와 주공·공자의 가르침에 있으니, 마치 새에 날개가 있는 것과 같고 물고기가 물에 의지하는 것과 같다. 그것을 잃으면 반드시 죽을 것이니 잠시도 없을 수 없는 것이다"17라고 하였다. 당 고종高宗 이치李治(649~683 재위)는 승도들에게 군주와 부모를 섬겨야 하는지의 문제를

15 『舊唐書』「傅奕傳」, "禮本于事親, 終于奉上, 此則忠孝之理著, 臣子之行成. 而佛踰城出家, 逃背其父, 以匹夫而抗天子, 以繼體而悖所親. 所以斥之爲無父之敎."

16 『唐會要』(上冊)卷47, 「議釋敎上」, "父子君臣之際, 長幼仁義之序, 與夫周孔之敎, 異轍同歸, 棄禮悖德, 朕所不取."

17 『貞觀政要』卷6, 「慎其所好」, "朕今所好者惟在堯舜之道, 周孔之敎, 以爲如鳥有翼, 如魚依水, 失之必死, 不可暫無耳."

명확히 밝혔다.

> 짐은 하늘의 법도를 부여받아 효孝를 선양하고 땅의 뜻을 도와서 예禮를 선양하여 명교名敎를 장려하니, 이에 참된 풍속이 되었다.[18]

봉건 제왕들의 지지와 간섭 하에서, 불교는 주공과 공자의 가르침에 근접할 것을 분명히 하였다. 예를 들어 화엄종의 종밀宗密(780~841)은 "불교도 세상의 오상五常의 가르침과 같이 오계五戒를 견지할 것"[19]을 선전하였다. 불교의 '오계'를 '오상'과 서로 비교한 것은 불교도들이 유가의 '오상' 등 도덕관념을 옹호하였음을 의미한다. 당시 불교도들은 봉건국가에 충성할 것을 표시하였으니, 어떤 자는 황제를 살아있는 부처나 살아있는 보살로 간주하였고, 어떤 자는 봉건왕조의 국운國運을 위해 기도하였다. 그들은 『효자보은경孝子報恩經』과 『부모은중경父母恩重經』을 선양하였고, '효도'를 "유가와 불가에서 모두 종지로 삼았음"[20]을 고취하여 불교도들도 유가가 제창하는 효도를 옹호하였음을 나타내었다. 충군忠君과 효친孝親은 봉건 종법제도의 근본적 요구였고, 불교도들의 출가出家와 같은 방면은 쉽게 세인들의 책망을 받았다. 이 때문에 불교도들은 이를 보충하는데 힘썼으니, 이른바 불교의 세속화도 유학화로 기울어졌던 것이다.

여기에서 주의할 것은, 수당시기에 발생한 종교의 세속화는 주로 '원석입교援釋入儒'[21]로 나타났고, 유가의 대표인물이 '원유입석援儒入釋'[22]을 주장하거나 혹은 유학을 신학화하는 정황은 보이지 않는 것 같

---

18 『大正藏』卷52,「史傳部」, p.455, "朕稟天經以揚孝, 贊地義以宣禮, 獎以名敎, 被妓眞俗."
19 宗密, 『原人論』「原人論之以佛會通儒道」, "佛且類世五常之敎, 令持五戒."
20 宗密, 『盂蘭盆經疏』序, 卷(上)开篇, "儒釋皆宗之."
21 불가에서 유가의 이론을 받아들이는 현상이라 말할 수 있다.(역자 주)

다. 임계유는 논문에서 다음과 같이 지적하였다.

> 수·당의 통일은 유·불·도를 함께 삼교=敎라고 불렀다. 국가의 대전人典
> 에는 삼교의 대표인물을 불러서 궁궐에서 강론하였다. 유학이 종교로 공
> 인된 것은 이때부터 시작되었다.23

여기에서 말한 것은 비록 역사적 사실의 일면도 있지만 결론은 여
전히 분석할 필요가 있다. '삼교'의 제기방식에 관해 일찍이 삼국시대
『오서吳書』에는 "오나라 임금이 삼교를 물었다"24라는 기록이 있고,
남조南朝 때의 양梁 무제武帝도 "삼교는 근원이 같다(三敎同原)"라는 설이
있다. 수대隋代 왕통王通(584~617)은 『중설中說』이라는 책에서 학생들이
그에게 '삼교는 어떤지'를 물었을 때 "삼교는 하나라고 할 수 있다"라
고 대답하였다. 당나라 백거이白居易(772~846)도 『삼교논형三敎論衡』을
저술하였다. 이상의 것들이 가리키는 것은 유·불·도 삼교이다. 이른
바 삼교구류三敎九流25는 후에 사회에서 계속 사용되었다. 그러나 이
말에 근거하여 '유가가 이미 종교로 공인되었는지'의 여부에 대해 결
론내리기란 쉽지 않은 것 같다. 가령 왕통 자신도 '주공을 계승하고
선니宣尼(공자)26를 이은'27 정통 유종儒宗으로 자처하였고, 공자를 찬양
하여 "위대하구나! 군자는 군자답고 신하는 신하다우며, 부모는 부모

---

22 유가에서 불가의 이론을 받아들이는 현상이라 말할 수 있다.(역자 주)

23 任繼愈, 「朱熹與宗敎」(『中國社會科學』, 1982年, 第5期) 참조.

24 『三國志』卷59, 「吳書吳主五子傳」, "吳主問三敎."

25 삼교(三敎)는 유교·불교·도교이고, 구류(九流)는 제자백가 중 유가(儒家)·도가(道
家)·음양가(陰陽家)·법가(法家)·명가(名家)·묵가(墨家)·종횡가(縱橫家)·잡가(雜家)·
농가(農家)를 말한다.(역자 주)

26 한(漢) 평제(平帝) 원시(元始) 원년(元年: 1년)에 공자에게 포성선니공(襃成宣尼公)의
시호를 내렸는데, 이 때문에 후에 공자를 선니(宣尼)라고 불렀다.(역자 주)

27 王通, 『文中子中說』「天地篇」, "繼周公, ……紹宣尼."

답고 자식은 자식다우며, 형은 형답고 동생은 동생다우며, 남편은 남편답고 아내는 아내다운 것은 공자의 힘이다"28라고 말하였다. 그는 유가 예악교화의 작용을 강조하고, 인仁이 '오상의 시작'이고 성性이 '오상의 근본'이라고 생각하였다. 여기서는 그가 유가를 종교적 의미로 간주하였음을 조금도 찾아볼 수 없다. 당 태종이 유학을 제창하면서도 '요순의 도'와 '주공·공자의 가르침'을 함께 말하였다. 나의 이해에 따르면, 이것은 주공과 공자가 종교를 창립하였다는 말이 아니라 여전히 유가의 예악교화의 작용을 가리킨다. 국가의 대전이 있으면 삼교의 대표인물을 궁궐에 불러서 강론한 것도 현대적 용어로 말하면, 종교계(불교와 도교)와 교육계(유교)의 저명한 인사들을 초청하여 좌담에 참가시킨 것이니, 여기에서 말한 유교는 다만 하나의 교육단체이지 종교가 아니다.

필자의 이해에 따르면, 중국의 특수한 사회역사조건은 장기간 시행된 전제주의 중앙집권의 봉건 종법제도로 독립된 권력을 가진 종교가 발생하는 것을 허락하지 않았으며, 비록 외래의 종교라도 중국의 국정國情에 따라 개조되었다. 중국 유가가 근본하는 육경에는 비교적 많은 원시종교의 흔적을 띠고 있지만, 창시자인 공자는 결코 육경을 종교의 교의教義로 발전시키지 못하였다. 공자가 천명을 믿었지만 "괴怪·력力·난亂·신神을 말하지 않았다."29 부모나 조상에게 제사지내는 것에 대해서도 다만 "제사를 지낼 적에는 조상이 계신 듯이 할 것"30을 주장하였는데, 그것은 "초상初喪을 삼가고 멀리 돌아가신 분을 추모하여 백성의 덕을 후한 데로 돌아가게 하기 위한 것이다."31 이와 같았기 때문

---

28 王通,『文中子中說』「王道篇」, "大乎哉, 君君臣臣, 父父子子, 兄兄弟弟, 夫夫婦婦, 夫子之力也."
29 『論語』「述而」, "不語怪力亂神."
30 『論語』「八佾」, "祭如在."

에 유가가 창시될 때는 결코 신비성을 띤 종교단체를 형성하지 못하였다. 유가가 건립한 것은 다만 교육진영뿐이었다. 물론 공자와 유가도 일찍이 '신도설교神道設敎'를 주장하였지만, 이것은 인민을 협박하고 기만하고 우롱하기 위한 것이었다. 모택동毛澤東(1893~1976)이 개괄한 염라대왕과 성황당에서 토지보살의 저승계통에 이르기까지, 옥황상제에서 각종 신기한 신선神仙계통에 이르기까지, 어떤 의미에서는 유가 '신도설교'의 지도사상의 산물로 볼 수 있다고 하겠지만, 유가 자체는 종교가 아니다.

3. 선진先秦에서 한당漢唐까지 유학의 변천은 무엇을 설명하는가

임계유도 처음부터 유교가 있었다고 주장한 것은 아니다. 그는 다음과 같이 말하였다.

> 유교의 형성은 일찍이 위로 천년의 과정을 거쳐서 주돈이周敦頤·이정二程·장재張載·소옹邵雍에서 남송의 주희에 이르러 비로소 점차 이러한 종교사상체계가 완전해졌다.32

'유교가 어째서 송대에 이르러서 비로소 최종적으로 완성되었는지'에 대해, 임계유는 봉건후기에 피할 수 없는 사회적 곤경에 부딪친 외에 유가철학도 사상적 위기에 직면하였기 때문인데, 이것은 불교와 도

---

31 『論語』「學而」, "愼終追遠, 民德歸厚矣."
32 任繼愈, 「朱熹與宗敎」(『中國社會科學』, 1982年, 第5期) 참조.

교의 위협에서 나온 것이라고 생각하였다. 위기는 해결하지 않으면 안 되었고, 그 노력의 결과 유교를 건립하였는데, 남송 주희에 이르러서 비로소 정식으로 이러한 역사적 사명을 완성하였다. 총괄하면, 한대에서 송대에 이르는 유학의 발전이 '조신造神운동'의 과정이라고 여겼다.

중국 유학의 발전은 시종 '조신운동'의 과정을 거쳤는가? 이것은 구체적으로 분석해야 한다. 선진 유가는 공자 이후에 유가가 여덟 학파로 나누어졌다고 말하지만, 중요한 것은 맹자와 순자 두 학파이다. 순자는 유물주의 자연관을 견지하였으니, 당연히 조신운동을 하였다고 말할 수 없다. 맹자는 유심론자이고 천명사상이 있지만, 맹자의 사상적 핵심은 사람의 선성善性과 양심양능良知良能을 발전시키고 '사단四端'을 확충시켜33, 진심盡心과 지성知性에서 지천知天에 이르고 "몸을 닦아서 명을 세우는데(修身以立命) 있었다."34 맹자는 사람에게 천신天神을 숭배하고 신앙할 것을 강조하지 않았고, 선험적 주관정신을 발전시키고 도덕수양을 강화하여 '천인합일天人合一'에 이를 것을 요구하였다. 전체적 사상체계에서 보면, 맹자의 조신운동은 분명하지 않다.

유가 중에 참으로 조신운동을 하였던 사람을 말하라면, 한대의 동중서董仲舒를 생각할 수 있을 것 같다. 임계유는 「유교의 형성」35의 논문에서 일찍이 다음과 같이 말하였다.

> 한대의 유가는 먼저 지상왕국의 모형에 따라 천상왕국을 만든 후에, 다시 천상왕국의 신의 뜻을 빌려서 지상왕국의 모든 활동을 지시하였으니, 이것이 한대 동중서에서 백호관白虎觀회의에 이르는 신학적 목적론의 실질이다.36

33 『孟子』「公孫丑(上)」, 참조.
34 『孟子』「盡心(上)」, 참조.
35 『中國社會科學』, 1980年, 第1期에 실려 있다. 원제는 「論儒敎的形成」이다.
36 위의 책 참조.

　동중서의 사상체계가 '천인감응天人感應'의 신학적 목적론을 고취하
였다는 것은 국내 학술계가 공인하는 것이니 이의가 없는 것 같다. 그
러나 이 때문에 유학이 유교의 방향으로 변천하였다고 말할 수 있겠는
가? 간단하게 대답할 수 없을 것 같다. 왜냐하면 천상왕국을 만든 것
은 결코 한대 유가 혹은 동중서 혼자의 힘으로 이룰 수 있었던 것이 아
니기 때문이다. 한 무제가 이미 전대미문의 대제국을 통치함에 따라
집권과 통일을 실현하고 왕권을 강화하기 위해, 천상의 신권神權을 중
건하는 일이 일정에 거론되었다. 당시에 한편으로는 오행, 즉 토土·목
木·금金·화火·수水로 인격신인 황제黃帝·청제靑帝·백제白帝·적제赤帝·
흑제黑帝의 오제五帝를 만들었고, 동시에 음양설을 견강부회하여 양신
천일陽神天一·음신지일陰神地一을 만들어내어 천지음양의 태일신(太一神
혹은 泰一神)이 생겨났다. '태일'이 천신 중에 가장 존귀한 지위를 얻어
한대의 상제上帝가 되었다. 동중서의 대책對策(天人三策)이 있을 때에 '태
일'의 지상신이 이미 세워졌으니, 이것은 지상왕권이 천상에의 투영이
지만 신권과 왕권간의 관계는 여전히 체계적 이론 설명을 결핍하였다.
한 무제는 이러한 문제를 해결하기 위해 현량賢良한 문학 선비들을 천
거하는 책문策問에서 특별히 "천인간의 응답(天人之應)"이라는 '하문下問'
을 제기하였는데, 동중서의 대책은 바로 이 문제에 회답한 것이다. 그
가 '천인감응'의 신학적 목적론을 제기한 것은 한 무제의 왕권신수王權
神授를 위해 논증한 것이다. 여기에서 한대의 최고신은 결코 동중서가
'만들어낸 것(造)'이 아니지만, 그는 확실히 이러한 운동에 참가하였고,
또한 유가의 윤리도덕학설과 신학적 목적론을 연결시켜 신권神權·왕
권王權·부권父權의 삼위일체三位一體로 변화시켰으니 중앙집권의 봉건
통치를 견고히 하기 위해 일하였음을 알 수 있다.
　동중서가 고취한 '천인감응'과 '왕권신수' 등은 확실히 종교신학의 사
상적 내용을 포함하였고 또한 유가경전 속의 윤리강상의 도덕설교를

수호하였으니, 이 때문에 신비적 색채를 띠었고, 이러한 것은 모두 사
실이다. 그러나 이 때문에 유학이 유교로 바뀌었다고 말할 수 있겠는
가? 아직 더 연구되어야 할 것 같다. 왜냐하면 종교가 되려면, 창시자
는 교주로 바뀌어야 하고 지위는 항상 지고무상至高無上해야 하기 때문
이다. 예를 들어 불교의 석가모니와 이슬람교의 마호메트Mahomet는 모
두 교도들로부터 숭배되는 불조佛祖 혹은 사자使者**37**였다. 기독교의 최
고신이 하느님이지만, 예수는 하느님의 아들이니 그의 지위는 논의할
필요가 없다. 동중서의 "하늘은 온갖 신들의 대군大君(천자)이다"**38**라는
말에는 비록 최고 인격신의 맛이 조금 있기는 하지만, 천자는 다만 세
속의 봉건군주일 뿐이니 오직 "천자만이 하늘에서 명을 받고"**39** "왕이
위로 삼가 하늘의 뜻을 계승하여"**40** 상제의 대표가 될 수 있다. 만약
이 말도 교주의 말로 간주한다면, 교주는 봉건 황제이지 공자가 아니기
때문에 유교로 부르기는 어렵다. 동중서는 남을 위해 장가든 격이니,
한 무제의 천상왕국을 위해 약간의 이론적 근거를 제공하였을 뿐이다.

　한대의 유생들은 모두 유교를 건립할 생각이 없었는가? 결코 이와
같지 않은 것 같다. 일부 사람들이 확실히 조금 시행을 해 본 것은 주
로 참위讖緯신학 속에 나타나 있으니, 예를 들어 한대에 잔존해 내려오
던 위서緯書에서 이러한 흔적을 볼 수 있다.

　위서에는 유학을 종교화하였는데, 그 중의 중요한 부분은 공자를 교
주로 분장하고 적극 신격화하였다. 예컨대 공자의 모친이 흑제黑帝와
"꿈에서 교제하여" 임신하였다거나 공자가 태어날 때에 앞가슴에 "제
작정세부운制作定世符運(안정된 세상을 만드는 부적)"**41**이라는 글이 있었는데,

---

37 이슬람교에서 신의 계시를 받은 사람이다. (역자 주)
38 『春秋繁露』「郊語」, "天者百神之大君."
39 『春秋繁露』「順命」, "天子受命於天."
40 『春秋繁露』「官制象天」, 擧賢良對策", "王者上謹于承天意."

이것은 "신비한 종으로 타고났다"는 말이다. 또한 "현성玄聖(가장 뛰어난 성인)인 공자께서 명을 만들어 묘금卯金(劉氏)이 황제가 되었다"[42]라는 신화를 날조하였다. 다시 말하면, 유방劉邦이 황제가 된 것이니('유劉'자는 묘卯·금金·도刀로 쪼갤 수 있으니, 제묘금帝卯金은 유씨 성이 황제가 된다는 것을 가리킨다.) 이것은 공자가 '명을 만든 것'에 의해 정해진 것이다. 「연공도演孔圖」속에는 또한 "도설을 그리고 법을 제정하는 상황이 있는데"[43], 여기에서 공자는 탁월한 교주로 묘사되어 하늘을 대신하여 '명을 만들어' 누가 황제가 될 것인지를 결정하였다. 중국 역사상에 유교가 있었음을 말하려는 것이니, 조금 그럴듯하다.

위서緯書에서는 유가경전을 가능한 신비화하였다. 예들 들면 『역』에는 "상경上經은 하늘을 본받은 것이고 하경下經은 역법을 계산한 것이다"[44]라고 하였고, 『상서尙書』에는 "상천이 글의 형상을 후세에 전하였으니……책은 하늘의 운행과 같다"[45], "시詩는 천지의 마음이다"[46], "공자께서 『춘추』를 지어 천인관계를 밝혔는데, 기이한 것을 기록하고 부록符錄(예언서)을 참고하였다"[47]는 등이다. 공자께서 『춘추』를 짓고 『효경』을 만들어 완성되자 하늘에 고하였다.

하늘에는 찬란한 무지개가 생기고 흰 안개가 땅에 자욱하였으며, 붉은 무지개가 위에서 내려와 황금 옥으로 변하였는데, 길이가 3척이었고 위에 글자가 새겨져 있었다. 공자께서 무릎을 꿇고 받아서 읽어보니, "진귀한

41 『春秋緯』「演孔圖」, "制作定世符運."
42 『孝経緯』「援神契」, "玄丘制命, 帝卯金."
43 『春秋緯』「演孔圖」, "有作圖制法之狀."
44 『春秋緯』「說題辭」, "上經象天, 下經計曆."
45 『尙書緯』「璇璣鈴」, "上天垂文象, 書如天行也."
46 『詩緯』「含神霧」, "詩者天地之心."
47 『春秋緯』「握誠圖」, "孔子作春秋, 陳天人之際, 記異考符."

글이 나오고 유계劉季(유방)가 대권을 잡을 것이다. 묘금도卯金刀가 진성軫星48의 북쪽에 있고, 자字는 화자禾子(季)이며, 천하 사람들이 복종할 것이다"라고 하였다.49

여기서의 의도가 비록 유계劉季, 즉 유방이 황제가 되는 신학적 근거를 찾기 위한 것이지만, 공자의 형상도 확실히 점차 종교화되었다.

그러나 유가가 유교방면으로의 변천은 여기에 이르면 끝나는 것 같다. 참위신학은 원래 유씨劉氏 성의 왕조를 위해 일하였지만, 후에 왕망王莽(BC 45~AD 23)이 그것을 이용하였고 동한東漢 광무제光武帝 유수劉秀(25~57 재위)도 이것으로 자기가 황제가 되는 근거를 삼았다. 이러한 것은 매우 허황되고 천박하기 때문에 조금의 상식을 가진 사람이면 믿지 않았고, 동시에 정통유가에서도 이렇게 장난하는 것을 원치 않았기 때문에 결국 종교화라는 길로 나가지 못하고 참위신학은 점차 유행되지 못하였다. 동한 관방官方유학의 대표작인 『백호통白虎通』은 봉건의 강상綱常사상을 선양하기 위해 항상 일부 자연현상을 왜곡하여 인사人事에 비유하였다.

자식이 부모를 따르고, 아내가 남편을 따르고, 신하가 군주를 따르는 것은 무엇을 본받은 것인가? 땅이 하늘을 따르는 것을 본받은 것이다.50 군주에게 많은 백성이 있는 것은 무엇을 본받은 것인가? 하늘에 많은 별이 있는 것을 본받은 것이다.51

---

48 진성(軫星): 28수의 맨 마지막 별자리이다. 28수 중 남방주작칠수(南方朱雀七宿)에 속한 진수(軫宿)를 말한다.(역자 주)

49 『孝經緯』「援神契」, "天乃虹郁起白霧摩地, 赤虹自上下, 化爲黃玉, 長三尺, 上有刻文, 孔子跪受而讀之曰, 寶文出, 劉季握, 卯金刀, 在軫北, 字禾子, 天下服."

50 『白虎通義』卷(下), 「天地」, "子順父, 妻順夫, 臣順君, 何法. 法地順天也.

51 『白虎通義』卷(下), 「五行」, "君有衆民, 何法. 法天有衆星也."

    이러한 비유는 참으로 황당하지만, 종교적 색채는 결코 농후하지 않
다. '하늘'에 대한 해석은 다만 "높은 법관 아래에 있으면 사람이 압도
된다"52는 말이다. '땅'은 "원기元氣가 소생하는 곳으로 만물의 조상이
다."53 이것은 각종 종교의 창조설보다 그 신비성이 분명히 조금 적지
만, 그렇다고 그것을 유교라고 부르는 것도 어울리지 않는다.
    양한兩漢 이후부터 위진남북조에 이르기까지, 현학玄學이 흥기하고
불교가 전래되어 점차 유행하였기 때문에 유학의 교화작용도 일정한
제한을 받지 않을 수 없었다. 그러나 유가가 지키려던 강상명교綱常名敎
는 어떤 봉건통치자도 포기하지 못하였다. 예컨대 조조曹操(155~220)는
사람을 등용할 때에 〈거현물구품행령擧賢勿拘品行令(현자를 등용할 때 지나
치게 품행에 구애되지 말라는 칙령)〉을 내려서 일부 "불인不仁하고 불효不孝
하지만 치국治國과 용병用兵의 술책을 가진"54 인재를 임용할 것을 공
언하였다. 그러나 다음 세대에 대처하고 배양하는 문제에서는 "후생
들이 인의예양仁義禮讓의 풍속을 돌아보지 못하는 것을 내가 매우 슬퍼
한다"55라고 하였다. 그는 〈건학령建學令〉을 내려서 "선왕의 도가 폐
기되지 않고 천하에 유익함이 있을 것"56을 요구하였으니, 여전히 유
가의 교화를 필요로 하였다. 뒤를 이은 진대晉代 사마씨司馬氏에 이르러
서는 더욱 효도孝道로 나라를 다스릴 것을 표방하였으니, 유가의 품종
에 속하였음은 말할 필요가 없다. 당시 현학이 성행하였지만, 누구도
감히 공공연하게 명교名敎를 위반하지 못하였다. 하안何晏(193?~249)과
왕필王弼(226~249)은 고묘하게 도가와 유가를 조화하였다. 하안은 "노

52 『白虎通義』卷(下), 「天地」, "居高理下, 爲人鎭也."
53 위의 책, "元氣之所生, 萬物之祖."
54 『後漢書』「曹操(下)」, "不仁不孝而有治國用兵之術."
55 『漢魏六朝百三家集』「建學令」, "後生者不見仁義禮讓之風, 吾甚傷之."
56 위의 책, "先王之道不廢, 而有以益於天下."

자와 성인은 같다"57라고 하였다. 왕필은 한걸음 더 나아가 "성인(공자)은 무無를 체득하였다"58라고 말하고, 공자를 노자보다 뛰어난 자로 분장하였다. 그들은 모두 '명교'가 '자연'에서 나왔음을 공언하고, 현학이 유가의 교의敎義에 위배되지 않음을 설명하였다. 물론, 이것은 결코 유가를 종교로 변화시킨 것이 아니라 그 윤리철학의 본래모습이다. 서진西晋 때에 어떤 사람은 명교와 자연을 대립시켰으니, 예컨대 혜강嵇康(224~263)은 "명교를 뛰어넘어 자연에 내맡길 것"59을 제기하였는데, "탕왕과 무왕을 비방하고 주공과 공자를 박해한"60 결과 사마씨에게 살해되었다. 그러나 혜강의 죽음은 그가 종교신학의 이단異端이었기 때문이 아니라, 유가의 허황된 인의도덕仁義道德설교에 불만을 품다가 사마씨의 약점에 부딪쳐 죽음을 당하는 화를 초래하였다. 반대로 말하면, 유가의 명교는 봉건세속의 도덕윤리교조일 뿐이지 결코 신이 세계를 창조하는 종교 교의가 아니다. 혜강의 죽음은 유럽 중세기가 신학이단의 배역을 맡아 박해 당하던 상황과는 서로 다르다.

유학이 한때 종교화의 상징이었던 참위신학은 양한兩漢 이후에 상황이 갈수록 나빠져서 수대隋代에 한 차례 소멸되고 송대宋代에 이르러 거의 대부분 사라졌다. 유가가 사회에서 비록 유교로 불렸지만, 유밀劉謐의 말처럼 "유교는 중국에서 강상綱常을 바르게 하고 인륜을 밝혀서 예악형정禮樂刑政이 사방으로 통하고 어긋나지 않아 천지가 제자리를 잡고 만물이 자라게 되었으니, 그 공로가 천하에서 가장 크기 때문에 진시황秦始皇이 유교를 없애고자 하였으나 유교는 끝내 제거될 수 없었다."61 여기에서 말한 유교는 유가사상(봉건 윤리강상)의 교화작용이

---

57 『世說新語』「文學」注, "老子與聖人同."
58 『魏志』「鍾會傳」, 裵徽 注에 何劭, 『王弼傳』, "聖人體無."를 인용하고 있다.
59 嵇康, 『釋私論』, "越名敎而任自然."
60 嵇康, 『與山巨源絶交書』, "非湯武而薄周孔."

지 결코 종교적 의미를 가지고 있지 않다.

4. 주희의 이학은 유학의 종교화인가 유학의 철학화인가

유가사상의 변천은 한대漢代에 한 차례 종교화의 현상이 출현하였
다. 공자는 "하늘을 대신하여 명을 제정하는" 교주지위가 되어 위서緯
書속에서 한 차례 꽃을 피웠으나, 한층 더 빛나게 발양하지 못하였다.
봉건통치자들이 공자를 중시하여 그 지위가 부단히 승격되었다. 예를
들어 당唐 현종玄宗(712~756 재위) 때에 '문선왕文宣王'의 호칭이 주어졌고,
송대에는 '지성문선왕至聖文宣王'이 되었고, 원대에는 더욱 추숭되어 '대
성지성문선왕大成至聖文宣王'이 되었고, 청대에 이르러서는 결국 '대성지
성문선선사大成至聖文宣先師'가 되었다. 그러나 여기에서 봉해진 호칭이
어떠하든, 그는 언제나 봉건왕조의 세속 신하였지 "명을 제정하여 세
상을 안정시키는(制命定世)" 탁월한 교주가 아니었다. 당대 한유韓愈(76
8~824)는 스스로 방도를 찾았다. 즉 요순堯舜에서 시작하여 대대로 전해
지던 유가의 도통을 열거하고 이것으로 불교와 도교를 배척하였으며,
또한 그 자신을 위해 유가의 정통지위를 쟁취하였다. 송유들은 한유에
대해 그 뜻은 본받았으나 그 말은 본받지 않았으니, 각각의 성인이 서
로 계승되는 도통 속에서 한유를 버리고 주돈이와 이정이 위로 맹자를
잇고 주희가 위로 주돈이와 이정을 이었다고 여겼는데, 이것이 바로
송 왕조 이학자들이 세운 도통道統이다. 중국 후기의 봉건사회에서 정
주이학은 공자와 맹자의 간판을 내걸고 유학의 정통적 지위를 확립하
고 동시에 관방官方(국가체제)의 통치사상이 되었으니, 주희는 이 방면에

---

61 劉謐,『三敎平心論』卷(上), "儒敎在中國, 使綱常以正. 人倫以明, 禮樂刑政, 四達不悖,
天地萬物以育, 其功于天下大矣, 故秦王欲去儒而儒終不可去."

서 확실히 중요한 역할을 담당하였다. 그러나 주희는 최종적으로 유교를 건립하였다는 말에는 동의하지 않았다. 주희 이학이 유학의 종교화인지 아니면 유학의 철학화인지는 고려해볼 만하다.

임계유는 북송 때 정치상에서 위기에 직면했기 때문에 왕안석王安石(1021~1086) 변법이 몇 차례 반복하여 출현하였다고 생각하였다. 동시에 유학은 불교와 도교의 위협 때문에 사상적 위기에 직면하여 변하지 않으면 출구가 없었고, 그 변화의 결과 유교를 건립하였다. 이러한 관점에 대해서는 윗글에서 이미 역사적으로 회고하였다. 왜냐하면 유학이 불교와 도교의 위협을 받은 것은 결코 송대에 시작되지 않았고 양진兩晉 남북조와 수·당 때도 이러한 위협은 여전히 심각하였지만, 유학은 이 때문에 불교·도교와 병립하는, 즉 종교화의 방면으로 발전하지 않았기 때문이다. 반대로, 이미 참위신학에 의해 뒤죽박죽이 되었던 유가경전이 점차 그 윤리철학의 본래모습을 회복하였고, 공자도 신비하고 탁월한 교주에서 유가 선사先師의 지위로 돌아왔다. 당시 불교·도교와 나란히 '삼교'로 불렸다는 말에서는, 통치자들이 삼교의 사회적 작용에서 판단한 것으로 봉건통치를 유지하는 세 가지 정신적 지주로 보았다. 유가에서 주공과 공자의 가르침은 윤리강상을 그 사상적 핵심으로 삼았다. 이것은 봉건통치의 가장 중요한 근원이었으니, 왕권지상의 중국에서는 종교세력의 어떤 위협도 두려워하지 않았고, 반대로 출세의 종교가 윤리화와 세속화의 길로 나아가 윤리강상과 서로 부합할 것을 요구하였던 것이다.

수·당 때에 정통유학의 입장에 서있던 사람들은 불교와 노자를 배척하였으니, 당초唐初의 부혁傅奕(555~639)과 중당中唐의 한유韓愈가 그 대표적인 사례이다. 그러나 이론상의 결핍 때문에 정치적으로 상대방을 압도하는 이외에 유학사상 자체에 대해서는 독창적인 견해를 제기하지 못하였다. 이러한 임무는 송대 이학자들의 신상에 떨어졌으나, 그들이 나아간 것은 유학의 종교화가 아니라 유학 철학화의 길이었다.

임계유를 포함한 적지 않은 사람들은 이학을 유·불·도 삼교가 합류한 산물로 생각하는데, 이 말은 다소 일리가 있다. 이학은 확실히 적지 않은 불교와 도교의 것을 흡수하였지만, 필자가 생각하기에 이학은 주로 철학 사변성의 일면을 흡수하고 종교 신비성의 일면을 배척하였으며, 특히 주희는 더욱 노력하여 이러한 역사적 사명을 완성하였다.

임계유는 그의 논문에서 다음과 같이 지적하였다.

> 주희는 주돈이 「태극도설太極圖說」의 '무극이태극無極而太極'의 사상을 계승하고 또한 발전시켜 '이일분수理一分殊'의 학설을 세우고, 사물의 다양성과 통일성의 관계를 논증하여 그의 유심주의 본체론을 비교적 완전하게 밝혔다.62

임계유가 말한 상황에 내가 동의하는 것은, 주희의 학문이 확실히 불가와 도가의 사상을 융합하였음을 설명한 것이다. 그러나 이 말에 근거하여 그가 유학을 종교화로 이끌었다고 할 수 있겠는가? 이러한 결론을 내리기는 어려울 것 같다.

많은 사람들은 주돈이의 「태극도설」이 『역전易傳』에 대한 일종의 해석을 표방하였다는 것을 알지만, 주이존朱彝尊(1629~1709)은 「태극도수수고太極圖授受考」에서 "한漢 이후로 여러 유학자들이 『역』을 말하였으나 「태극도」를 언급한 자는 없었다. 오직 도가의 유파에 '상방대동진원묘경上方大洞眞元妙經'이 있어서 태극삼오太極三五의 설을 저술하였다.……후에 무극無極과 태극太極의 여러 도설에 널리 퍼지게 되었다"63라고 하였다. 황종염黃宗炎(1616~1686)은 「태극도설변太極圖說辨」에

---

62 任繼愈, 「朱熹與宗敎」(『中國社會科學』, 1982年, 第5期) 참조.

서 주돈이의 태극도가 진단陳摶(872~989)의 무극도無極圖에서 나왔다고
생각하는데**64**, 이러한 견해는 모두 상당한 근거가 있다. 중국 초기의
도교 저술에는, 즉 동한 위백양魏伯陽의 『주역참동계周易參同契』와 같은
것은 『주역』과 황노학설黃老學說과 연단술煉丹術을 서로 결합시켜 '음양
이 서로 교제하고 팔괘가 서로 짝을 이루는' 학설로 연단하여 신선이
되는 이론을 밝혔고, 후에 도교도들이 많은 도식을 추론하여 연단술을
말하거나 또한 우주론을 말하였다. 주돈이의 「태극도설」은 그 중에
연단술에 관한 내용을 버리고 우주발생론의 도식이 되게 하였다. 주돈
이가 비록 도교 '무극도無極圖'의 간판을 바꾸었지만, '무극'이라는 용어
는 그대로 보유하였다. 때문에 육구연陸九淵은 주돈이의 '태극' 위에 '무
극'을 더하는 말이 유가의 종지에 부합하지 않는다고 단언하였는데,
이는 주돈이의 말이 도교사상에서 나온 비밀을 간파하였던 것이다. 도
교의 내단內丹설에 따르면, '허虛'는 신선이 되어 도를 얻는 최고 경지이
고, '무극도'의 최상 도설은 신선이 되어 '허'로 돌아가거나 다시 무극
으로 돌아가는 것이다. 주돈이의 사상에는 분명히 도교의 흔적을 답습
하고 있기 때문에 쉽게 세유世儒들의 책망을 받았다.

주돈이의 이러한 도교에서 나온 사상에 대해, 이정은 회피하는 태도
를 취하였다. 그들은 여태껏 태극도를 언급한 적이 없었고 또한 '무극'
을 말하지 않았는데, 이 점은 후에 육상산陸象山형제로부터 「태극도설」
이 주돈이가 지은 것임을 의심하게 하는 구실을 갖게 하였다. 주희의
태도는 이정과 달랐으니, 그는 한편으로 주돈이 학설이 진단陳摶과 관
계가 있음을 인정하지 않을 수 없었지만, 다른 한편으로는 전력을 다
해 세척작업을 하고 주돈이가 태극도를 발명하였다고 여겼다.

---

63 朱彝尊, 『曝書亭集』卷58, 「太極圖授受考」, "自漢以來, 諸儒言易, 莫有及太極圖者.
惟道家者流, 有上方大洞眞元妙經, 著太極三五之說. ……衍有無極太極諸圖."
64 黃宗炎, 『易學辨学惑』「太極圖說辨」, 참조.

스승(이정)에 의해 전수되지 않았으나 묵묵히 도체道體에 부합하였다.……
마음에서 얻었으나 천지만물의 이치가 크고 작고 어둡고 밝고(巨細幽明),
정미하고 거칠고 높고 낮아(高下精粗) 관철하지 않음이 없으니, 이에 처음
으로 이 도설을 만들어 그 비밀을 밝힌다.65

이 말은 주돈이의 사상이 도교에서 나왔음을 엄폐하려는 것이다.
그러나 주희의 주요작용은 일반적으로 주돈이를 위해 변명한 것이
아니라, 주돈이 「태극도설」의 첫 구절을 구체적으로 수정하였다. 주
희는 송사실록宋史實錄에 원래 실려있는 도설의 첫 구절이 '자무극이위
태극自無極而爲太極'이고, 구강본九江本에는 '무극이생태극無極而生太極'으로
되어있음을 인정하였다. 이것은 무극이 태극의 앞에 있고 흔적이 지
나치게 분명함을 명백히 말한 것이다. 주희는 이러한 판본이 글자를
더하여 잘못되었다고 평계를 대기도 하였으나, 첫 구절은 응당 '무극
이태극無極而太極'이 되어야 한다고 단정하고 이 구절을 새롭게 해석하
였다.

극極은 도리가 지극한 것이다. 모든 천지만물의 이치가 바로 태극이니, 태
극은 다만 하나의 실리實理이다.……주돈이가 말한 '무극이태극'은 태극
위에 다른 무극이 있음을 말한 것이 아니라, 다만 태극은 사물이 아님을
말한 것이다.……'무극이태극'은 바로 이 형상形狀은 없으나 이 도리가 있
음을 말한 것이다.66

---

65 『朱熹集』卷76, 「再定太極通書後書」, "不由師傳, 默契道體.……得之于心, 而天地萬
物之理, 巨細幽明, 高下精粗, 無所不貫, 于是始爲此圖以發其秘."

66 『周子全書』「太極圖說·集說」, "極, 是道理之極致, 總天地萬物之理, 便是太極, 太極只是
一個實理.……周子所謂無極而太極, 非謂太極之上, 別有無極也, 但言太極非有物耳
.……無極而太極, 正所謂無此形狀, 而有此道理耳."

주희의 이러한 해석을 거쳐서 「태극도설」의 도교사상은 무형無形으로 해소시킬 수 있었고, 봉건강상의 '리'는 도리어 우주본체의 최고범주가 되어 전통유학 속의 '천'의 지위를 대신하였다. 그렇다고 그가 유가사상을 종교화로 이끌었다고 어떻게 말할 수 있겠는가? 응당 주희가 유가의 천명·신비사상을 철학화하였다고 말해야 할 것이다.

주희가 세운 '이일분수理一分殊'학설에 이르러서도, 이것은 화엄종이 말한 '일다상섭一多相攝'[67]의 관점과 비슷하여 '월인만천月印萬川'으로 비유하여 해석하였다.

> 본래는 다만 하나의 태극(리)이지만, 만물이 각각 품부 받아 또한 각자 온전히 하나의 태극을 가지고 있다. 예를 들어 달이 하늘에 있는 것은 하나이지만, 강이나 호수에 흩어져 있으면 어디서나 볼 수 있는데, 달이 쪼개졌다고 말할 수 없는 것과 같다.[68]
> 사물에 나아가서 이치를 궁구해보면, 하나의 사물이 있으면 하나의 이치가 있다. 궁구하여 얻은 후에 사물에 부딪치면 모두 이러한 도리를 만나게 된다.[69]
> 이치는 하나일 뿐이니, 도리는 같으나 그 분수는 다르다. 군신君臣에는 군신의 이치가 있고, 부자父子에는 부자의 이치가 있다.[70]

주희의 이러한 사상은 불교에 연원하지만 내용은 다르다고 말해야 한다. 그것은 불교의 사변형식을 흡수하였으나 그 종교 교의는 답습하

---

67 일다상섭(一多相攝)사상을 표현하고 있는 대표적인 구절을 인용하면, 큰 바다의 물방울 하나가 백 가지 강물의 맛을 포함하는 것과 같다는 것이다.(역자 주)

68 『朱子語類』卷94, "本只是一太極, 而萬物各有稟受, 又自各全具一太極爾. 如月在天, 只一而已, 及散在江湖, 則隨處可見, 不可謂月已分也."

69 『朱子語類』卷15, "格物窮理, 有一物便有一理, 窮得到後, 遇事觸物, 皆撞着這道理."

70 『朱子語類』卷6, "理只是這一個, 道理則同, 其分不同. 君臣有君臣之理, 父子有父子之理."

지 않았다. 주희는 '이일분수'라는 명제를 통해 삼강오상三綱五常과 충효절의忠孝節義 등 봉건 정치윤리도덕을 지고무상한 '천리'로 간주하였는데, 이것은 마치 하늘의 밝은 달이 대지大地를 두루 비추는 것과 같다. 천리에 포위된 채 사람들은 자기의 본분에 따르고 천리에 따라 일을 처리할 수 있을 뿐이다. 주지하듯이, 송대 이전에는 유가 전통의 천명사상이 비교적 유행하였고, 불교가 선양한 인과보응因果報應설이 더해져서 한 개인의 곤궁·영달·부귀·빈천도 '명命'이 이와 같아야 하는 것으로 간주되었다. 송대 이학자들의 뛰어난 점은, 그들이 비록 '명'을 말하였지만, 더 강조한 것은 '이치(理)'가 이와 같아야 한다거나 혹은 '분수(分)'가 이와 같아야 한다는데 있다. 그들은 결코 종교미신을 크게 선양하지 않았지만, 사람들이 '이일분수'의 이론적 설교를 받아들이면 자각적으로 봉건강상을 지켜나갈 수 있는 반면, 그렇지 않고 사회여론에 의해 '천리를 손상시키고 본분을 지키지 않는 것'으로 매도되면 명교名敎의 죄인이 되어 영원히 벗어나지 못하였다.

위에서 볼 수 있듯이, 주희사상이 비록 불교·도교와 관계가 있지만 '신선이 되어 도의 경지에 들어가거나(修仙入道)' '부처가 되고 조사가 되는(成佛做祖)' 종교사상을 버리고, 그 이론적 사변부분을 흡수하여 유가의 윤리철학을 위해 논증하고 또한 철학화의 수준으로 끌어올렸다. 임계유는 논문에서 "주희가 자연과 사람을 소통시켜 천인동리天人同理·천인일관天人一貫·천인상통天人相通을 말하였기 때문에, 진한시기 천인합일의 신학적 목적론보다 더 전진하였다"[71]라고 지적하였다. 여기서는 '전진前進'이 무슨 뜻인지를 보아야 하는데, 종교화로의 전진인가 아니면 철학화로의 전진인가? 윗글의 논증에 따르면, 후자에 속해야 하고 전자가 아니다.

---

[71] 任繼愈, 「朱熹與宗敎」(『中國社會科學』, 1982年, 第5期) 참조.

필자의 이러한 논증에도 불구하고 임계유는 여전히 동의하지 않을 것이다. 왜냐하면 그는 논문에서 다음과 같이 언급하고 있기 때문이다.

> 주희의 '천'은 매우 생동적인 인격신이 아니라 봉건 종법화의 이성의 신이니, 그것은 사람의 형체를 가지고 있지 않으나 사람의 성품을 가지고 있고 만물을 낳는 마음을 가지고 있다. 유교가 숭배하는 대상은 천天·지地·군君·친親·사師이니, '천'은 군권君權의 신학적 근거이고, '사'는 천·지·군·친을 대신하여 입언하는 성직자이다. 유교는 기질지성氣質之性을 악의 기원으로 삼았으니, 바로 종교의 '원죄'설이다.**72**

총괄하면, 임계유가 주희의 이학을 동중서와 『백호통』의 유교 신학과 서로 비교한 것은 이성화 방면으로의 발전임을 인정하였지만, 또한 이것은 사람의 형체를 가지고 있지 않은 신이기 때문에 결국은 종교이지 철학이 아니라고 생각하였다.

내가 생각하기에, 만약 엥겔스Engels가 제기한 철학의 기본문제로 양대 진영 (헤겔식의 창조설(철학)과 기독교식의 창조설(종교))을 구분하는 표준을 삼는다면, 주희는 확실히 모종의 방식으로 창조설을 인정한 사람이다. 주희는 '리'가 우주의 본원임을 인정하였다.

> 천지가 있기 전에 필경 다만 이 '리'가 있었다. 이 '리'가 있으면 이 천지가 있고, 만약 이 '리'가 없으면 천지도 없고 사람도 없고 사물도 없어서 모두 갖추어 실을 수 없다.**73**
> '리'는 상제이고 주인이다.**74**

---

72 위의 책 참조.
73 『朱子語類』卷1, "未有天地之先, 畢竟也只是理. 有此理便有此天地, 若無此理便亦無天地, 無人無物, 都無該載了."

이러한 사람의 모습이 없는 이성은 창조주의 품격을 갖추고 있으니 일종의 정교한 신앙주의라고 말할 수 있다.

그렇지만 엥겔스가 헤겔의 창조설을 종교라 부르지 않았다면, 주희의 창조설에는 종교가 되는 필요조건이 구비되어 있었는가? 임계유는 다음과 같이 말하였다.

> 종교는 모두 두 세계를 선양하니, 하나는 세간의 정신세계-천국·서방정토·피안세계이고, 다른 하나는 현실세계이다.……어떤 종교는 피안세계를 일종의 주관적 정신경지로 간주하였다. 중국의 수·당 이후의 불교와 도교는 모두 이러한 경향을 가지고 있었다. 송명이학도 이와 같았으니, 그것은 사람에게 이른바 '고명을 다하여 중용을 지키는(極高明而道中庸)' 정신경지를 제기하였는데, 이것은 세속생활을 떠나지 않고 일종의 초세속의 정신수양경지에 이르는 것이다. 때문에 주희의 학문은 일종의 사변적 학문이 아니라 사람들에게 일종의 종교 세계관에 관철할 것을 지도하였다.[75]

이것은 임계유가 송명이학이 종교라는 것에 대한 또 다른 논증이다.

설령 주희의 창조설이 일종의 정교한 신앙주의임을 인정하더라도, 그것은 사람들에게 세속생활 속에서 초세속의 정신경지를 수양할 것을 요구한 것이니, 주희의 학문이 곧 종교라고 말하는 것과는 다르다. 왜냐하면 종교신앙에는 언제나 숭배하는 우상과 종교의식이 있는데, 이른바 '이성의 신'이 비록 인민을 통치하는 정신적 족쇄가 될 수 있지만, 다만 교화를 통하여 사람들이 자각적으로 봉건 교조敎條를 지키도

---

74 위의 책, "理是帝是主."
75 任繼愈, 「朱熹與宗敎」(『中國社會科學』, 1982年, 第5期) 참조.

록 인도할 수 있을 뿐이고, 사람들로 하여금 머리를 땅에 대고 엎드려 절하게 할 수는 없기 때문이다. 불교 속의 일부 종파는 '중생이 곧 부처'라는 종교 세계관을 받아들여 "물을 기르고 땔나무를 나르는 가운데 견성성불見性成佛할 수 있으니" 부처는 속세 밖에 있지 않고 속세 속에 있음을 인정하였으나, 필자는 이러한 교의와 이학의 수양을 함께 논할 수 없다고 본다. 왜냐하면 '입지성불立地成佛(그 자리에서 바로 깨달음을 얻어 부처가 됨)'은 결국 일종의 세간을 떠나지 않고 출세가 되는 이론이기 때문이다. 사람은 이 세계를 떠나지 않을 수 있지만, 부처가 되려면 사상적으로 세속을 초월하는 정신경지에 도달해야 한다. 이학의 수양은 이와 같지 않다. 그들이 선양한 것은 천기가 활발발하고(天機活潑) 생의가 충만한(生意盎然) 것이었으니, 현실세계의 고난에 대한 왜곡된 반영이다. 여기에는 결코 출세사상이 없고, 신선이 되고 부처가 되는 종교 이상국이 없다. 왜냐하면 대체로 종교도들에게는 정신적으로 모두 이중의 세계가 있으니, 이른바 "물을 기르고 땔나무를 나르는 것이 신묘한 도가 아님이 없다"[76]는 것은 세속수양의 수단일 뿐이고, 그들이 도달하려는 것은 내심 속에 형성된 서방 극락세계이기 때문이다. 그러나 이 점은 당시 가장 뛰어난 이학자들이—설령 일종의 초세속의 정신수양경지에 도달할 수 있을지라도—그들의 내심이 어떠했든 이러한 피안세계를 형성하지 못하였다. 그들이 부모를 섬기고 군주를 섬겨서 성인이 되고 현인이 될 수 있었지만, 종교성의 정신왕국을 형성하지는 못하였다.

마지막으로, 유교의 숭배대상과 성직자 및 성악性惡을 '원죄'설로 삼는 등등을 언급하였는데, 임계유 논문의 해석에는 다소 견강부회한 감이 있다. 천제天帝와 조상을 숭배한 것은 은·주 이래로 중국민족의 전

---

[76] "運水搬柴, 無非妙道."은 禪偈의 말이다. (역자 주)

통이었으니, 그 때문에 예로부터 사람들이 모두 유교도였다고 말할 수 있겠는가? 만약 '스승(師)'을 성직자라고 말한다면, 아이가 어려서 학교에 들어가는 것을 모두 종교의 세례를 받았다고 여길 수 있겠는가? 송명이학이 기질지성氣質之性을 악惡의 기원으로 삼고 금욕주의를 선전하였는데, 이것은 봉건 통치자들이 노동인민을 억압하여 물질생활을 개선하려는 일종의 기만적 설교이다. 본원을 궁구하는 천명지성天命之性에 관해서는 그들이 선한 것이라고 여겼으니, 이것은 결코 종교의 '원죄'설과 다르다. 총괄하면, 주희 이학에 비록 신앙주의의 일면이 있지만, 동중서의 신학과 비교하면 그 사변성이 크게 강화되었음을 부인할 수 없다. 주희가 유학을 종교화로 이끈 것이 아니라, 일찍이 참위신학화된 유가 교의를 철학화로 이끌었다.

주희사상의 총체적 평가에 대해, 임계유는 논문 속의 가장 마지막 부분(「주희와 신중국」)에서 일찍이 상세히 기술하였다. 그는 주희사상의 해독과 봉건 종법제의 잔여가 신중국에 좋지 않은 영향을 미쳤고, 이미 사람들의 마음에 깊이 파고들어 고치기 어렵게 되었기 때문에 사회의 전진을 방해하였다고 여겼다. 이러한 평가에 대해서는 필자도 동의한다. 특히 임계유는 논문에서 "신중국 학자의 한 사람으로서 절실히 느끼는 것은 이러한 문화권 밖에 서있는 학자들의 인상과 다르다"라고 지적하였는데, 임계유의 이 말에 대해서도 필자는 깊이 공감한다. 최근 몇 년간 대외적으로 추진한 학술교류가 비교적 많았으나, 국외의 일부 학자들(대만의 경우)은 언제나 "국내에서는 여전히 송명이학을 비판하고 좋지 않게 이해하고 있다"고 보았으며, 어떤 사람들은 언제나 "주희사상에 대해 더 많은 찬가를 부를 것"을 희망하였다. 국내 학술계에도 일부 사람들은 이와 서로 호응하여 주희 등의 사람을 이성주의자 혹은 약간의 인문주의 맛을 띤 계몽사상자로 분장시키려 하였다. 이러한 관점은 필자가 찬성하지 않는 것이다. 정주이학이 선양한 것이 '이성주의인지 몽매주의인지'의 문제는 마땅히 토론되어야 하지만, 나의 생각은 후자에 기울어지고 전자가 아니다.

임계유는 논문에서 또한 "송대 유교사상의 인민에 대한 속박작용은 결코 과소평가할 수 없다"라고 지적하였다. 중국 봉건주의의 핵심은 봉건 종법제도인 '삼강三綱'설인데, 이것은 사회주의민주와 서로 용납되지 않는 것이다. 중국의 10년간 '문화대혁명(1966~1976)'의 많은 죄악 행동은 봉건주의로 마르크스주의를 사칭하여 조성된 것이다. 그 밖에도 어떤 가장제家長制와 일언당一言堂 및 개인숭배 등이 있는데, 이러한 봉건주의 문화의 찌꺼기는 확실히 중국 국가민족에 끝없는 재난을 가져다 주었으니 깊이 교훈으로 삼아야 한다. 그러나 생산이라는 이러한 사상의 역사적 뿌리가 송명이학에서 나왔고, 정주 등의 사람들이 선양한 봉건 몽매주의에서 나왔다는 말에 필자는 동의한다. 필자는 또한 이 점을 긍정하지만, 주희의 학문이 바로 종교라는 말과는 결코 같지 않다고 생각한다. 모두 봉건 몽매주의를 선양하였지만 송유末儒, 특히 주희는 철학의 사변형식으로 표현하려고 노력하였으니, 이것은 천명사상을 핵심으로 하는 봉건 전기의 유가사상과 비교하면 응당 진보가 있었다고 말해야 하니-종교의 맛은 농후해진 것이 아니고 희박해졌다. 만약 우리가 전체적으로 문제를 보지 않고 송유들이 제창한 "사람들이 일종의 초세속의 정신수양경지에 도달하려 하였다"는 이 점만을 포착한다면, 주희의 학문을 철학이라고 말하기보다는 차라리 종교라고 말하는 편이 나을 것이다. 이렇게 내린 결론은 매우 공정하지 않다.

유학은 종교가 아니다[1]

– 임계유의 논의를 중심으로

주여민 周黎民 · 피경후 皮慶侯

유학은 공자를 창시자로 하는 유가의 사상체계이다. 이 학설은 공자로부터 창립되었고, 특히 한 무제가 일존一尊(제자백가를 축출하고 유술만을 존숭함)으로 정한 이래로 중국에 깊은 영향을 미쳤다. 삼교구류三敎九流[2]는 모두 유가를 존숭하였고 최고로 여겼다. 그만큼 유학의 지위가 높았고 영향이 컸다는 것을 알 수 있다. 유학은 본래 일종의 세속의 학문이지만, 옛 사람은 그것을 불교·도교와 나란히 삼교三敎로 열거하였다. 이것은 '유학의 본질이 무엇인가'라는 문제를 발생시켰다. 일반 사람들은 모두 유학이 종교가 아니라고 여겼지만, 임계유선생은 「유교의 형성」이라는 논문에서 유학이 종교이고 "종교의 명칭은 가지고 있지 않지만 종교의 실질이 있는"[3] 종교라고 보았다. 최근 몇 년 동안,

---

1 원래 『상담대학학보(湘潭大學學報)』, 1988년, 제2기에 실렸던 것이다.
2 '삼교'는 유교·불교·도교이고, '구류'는 유가·도가·음양가·법가·명가·묵가·종횡가·잡가·농가를 말한다.(역자 주)
3 任繼愈, 「論儒敎的形成」은 『中國社會科學』1980年, 第1期에 실려 있다.

임선생은 또한 그의 논문과 책에서 반복하여 그의 관점을 거듭 말하였
다. 이에 대해 우리는 감히 임선생의 의견에 반론을 제기한다.

　유학이 결국 종교인지 아닌지를 설명하려면, 먼저 '종교가 무엇인가'
라는 문제를 분명히 해야 한다.

　　종교라는 두 글자는 본래 불교에 근원한다. 불교에는 부처가 말한 것을
　　교(敎)라 하고 불제자가 말한 것을 종(宗)이라 하였으니, '종'은 '교'가 분파된
　　것으로 합하여 종교라고 불렀다. 불교의 교리(敎理)를 가리켰으나, 지금은
　　일반적으로 신도(神道)에 대해 공경하는 것을 종교라고 부른다.4

　　그렇다면 신도(神道)는 또한 무엇인가? 『사해(辭海)』5의 해석은 다음과
같다.

　　종교와 신화 속의 환상의 주재자는 물질세계에 대해 초자연적이고 인격
　　과 의식을 가지고 있는 존재이다. '신선(神仙)'·'신령(神靈)'이라고도 부르고 '신'
　　이기도 하다.6
　　신에 대한 공경과 숭배는 모든 종교의 핵심이다.7

---

4 『辭海』, 第2冊, "宗敎二字本來源於佛敎, 佛敎以佛所說爲敎, 佛弟子所說爲宗, 宗爲敎的
　分派, 合稱宗敎. 指佛敎的敎理, 現泛稱對神道的敬仰爲宗敎."
5 『사해』는 1937년에 중국의 서신성(舒新城)·장상(張相)·심이(沈頤) 등이 편찬한 중국
　어휘사전. 『사원(辭源)』에 대항하여 중화서국(中華書局)에서 간행하였으며, 어휘의
　수록범위를 송원나라의 희곡과 소설까지 확대하고 그 출전을 밝혔다. (역자 주)
6 『辭海』, 第2冊, "宗敎及神話中所幻想的主宰, 物質世界的超自然的具有人格和意識的存
　在. 也叫神仙神靈, 也卽神."
7 위의 책, "對神的敬仰和崇拜是一體宗敎的核心."

마르크스Marx(1818~1883)는 종교의 원시적 해석에 대해 다음과 정의하였다.

> 종교는 그 본질에서 말하면, 사람과 대자연의 모든 내용을 박탈하여 그것을 피안彼岸에 있는 신의 환상에 돌려준 연후에, 피안의 신이 큰 자비를 베풀어 일부 은전恩典을 사람과 대자연에게 돌려주는 것이다.[8]
> 일체의 종교는 모두 사람들의 일상생활을 지배하는 외부적 힘이 사람들의 두뇌 속에 있는 환상을 반영한 것에 불과한데, 이러한 반영 속에서 인간의 힘은 초인간적 힘의 형식을 취한다.[9]

이 때문에 간단하게 말하면, 종교는 신에 대한 신앙과 숭배이다.

유학이 만약 종교(즉 유교)라면, 그 이면에는 반드시 지고무상至高無上한 신이 있어야 한다. 임선생은 "동중서를 시작으로 공자는 종교 교주의 지위로 격상되었다.……한대漢代의 공자는 유교의 장엄하고 신성한 교주가 되었고, 그는 신으로 형상화되어 영원한 진리의 화신이 되었다"[10]라고 말하였다. 임선생의 견해에 따르면, 공자는 유교 속의 신이다. 그렇지만 우리는 공자가 결코 하느님과 성모마리아가 낳은 것이 아니라 숙량흘叔梁紇과 안징재顔徵在가 낳았고 공자도 신으로 자처하지 않았다는 것을 알지만, 임선생은 몇 세기 후에 공자는 "신으로 형상화되었다"라고 하였다. 그러나 임선생은 논문에서 어떤 증거도 제시하지 못하고 다만 한결같이 "유가가 일존一尊에 정해지고 유가의 경전은 종교가 되었다"[11]라고 하였다. 이와 같다면, 공자는 응당 신이 되어

8 『마르크스·엥겔스선집』, 第1卷, pp.647~648.
9 『마르크스·엥겔스선집』, 第3卷, p.354.
10 任繼愈, 「論儒敎的形成」, 『中國社會科學』, 1980年, 第1期.
11 위의 책, 참고.

야 한다. 그러나 이러한 추리는 결코 사람을 신복시킬 수 없다. 그렇다면 동중서가 공자를 신으로 바꾸어 놓았나? 그러나 동중서의 저작에는 결코 그가 공자를 신으로 불렀던 말이 보이지 않으며, 공자에 대한 그의 최고 칭호는 왕이거나 또한 '소왕素王'이었다.

　공자께서 『춘추』를 지어 먼저 왕을 바르게 하고 만사萬事를 근심하였으니, 소왕素王(공자)의 글에 보인다.12

　동중서는 일반적으로 공자를 성인이라고 불렀고, 후인들도 공자를 성인이라고 불렀다. 어떤 사람은 말하기를, 성인은 초인超人이고 초인은 신이라고 하였다. 성인이 신이라면 공자가 살아계실 때에 신이 되었을 것이니, 왜냐하면 공자와 같은 시기의 사람들은 항상 공자를 성인이라고 불렀기 때문이다. 예를 들어 중니仲尼(공자) 제자들은 "부자께서는 어찌도 그리 다능多能하신가. 하늘이 내보낸 성인이시다"13라고 하였다. 만약 동중서가 말한 것처럼 성인이 신이라면, 동중서는 "그러므로 성인은 귀신에 대해 두려워하되 감히 속이지 않고, 믿되 감히 독단하지 않으며, 섬기되 전적으로 의지하지 않는다"14라고 말하지 않았을 것이다. 실제로 성인도 사람인데 다만 일반인보다 조금 현명할 뿐이다. 가의賈誼(BC 200~BC 168)는 일찍이 다음과 같이 말하였다.

　도를 아는 자를 밝다(明)고 하고, 도를 행하는 자를 어질다(賢)고 하니, 밝고도 또한 어질다면 이를 일러 성인이라 한다.15

---

12 『漢書』「董仲舒傳」, "孔子作春秋, 先正王而系萬事, 見素王之文焉."
13 『論語』「子罕」, "夫子何其多能也, 蓋天縱之聖與."
14 『春秋繁露』「祭義」, "故聖人於鬼神也, 畏之而不敢欺也, 信之而不敢獨任, 事之而不敢專恃."

  동중서가 공자를 신으로 형상화하지 않았음을 알 수 있다. 그렇다면 동중서 이후의 통치자들이 공자를 신으로 형상화하였는가? 역사상 통치자들이 공자에게 봉호封號를 내린 것을 조사해보면 우리는 분명히 알 수 있다.

  가장 일찍이 공자에게 봉호를 준 것은 노나라 애공哀公(BC 494~BC 468 재위)이었으니, 공자가 죽자 바로 '니부尼父'에 봉하였다. 서한西漢(前漢) 선제宣帝(BC 74~BC 49 재위) 때는 '선니부宣尼父'라는 시호를 추증하였다. 동한東漢(後漢) 화제和帝(88~105 재위)는 처음으로 공자를 '제후'에 봉하였다. 북위北魏의 효문제孝文帝(471~499 재위)는 공자의 시호를 '문선니부노文宣尼父老'로 고쳤다. 북제北齊 태조고太祖高(文宣, 550~559 재위) 황제는 처음으로 선성先聖(옛 성인)을 소왕素王에 봉할 것을 명하였다. 북주北周 선제宣帝(578~580 재위)는 추국공鄒國公에 봉할 것을 명하였다. 당나라 고조高祖(618~626 재위) 때는 태사太師에 봉하였고, 무측천武則天(唐 高宗의 황후 측천무후)은 융도태사隆道太師에 봉하였으며, 당나라 현종玄宗(712~756 재위)은 '문선왕文宣王'이라는 시호를 추증하였다. 후주後周 태조太祖(951~954 재위)는 '지성문선사至聖文宣師'에 봉하였다. 송나라 진종眞宗(997~1022 재위) 때는 '현성문성왕玄聖文宣王'이라는 시호를 추증하였다. 명·청 두 왕조 때는 전제정치가 한층 강화되고 통치자들이 공자 '왕'의 봉호를 없애버림에 따라, 공자를 '만세사표萬世師表' 혹은 '지성선사至聖先師'로 고쳐 불렀다. 이러한 일련의 봉호 속에는 결코 어떤 신神도 보이지 않는다. 반대로 역대 통치자들이 공자에게 봉호를 멋대로 내리는 상황에서 보면, 공자는 신이 될 수 없었을 뿐만 아니라 또한 후에는 왕호王號조차도 확보하지 못하였으니, 다만 '지성선사'가 적당할 뿐이었다. 이것은 참으로 이국권李國權과 하극양何克讓의 다음의 말과 같다.

---

15 『新書』卷8, 「道術」, "知道者謂之明, 行道者謂之賢, 且明且賢, 此謂聖人."

　　공자가 역대 군왕의 봉상封賞을 받아야 했으니 그의 권위는 어디에 있겠
　　는가?16

　　유학은 한대 동중서의 첫 번째 개조를 거쳤으나 신으로 만들어내지
못하였으니, 이 때문에 유학은 종교로 바뀌지 못하였다. 그렇다면 송
유들의 두 번째 개조를 거쳐서 유학이 종교로 바뀌었는가? 임선생은
긍정하였다.

　　유가가 종교로 바뀐 것은 주희의 두 번째 개조를 거친 결과이다.17

　　유교의 교주는 공자이고, 그 교의와 숭배의 대상은 천天·지地·군君·
친親·사師18이다.
　　앞에서 우리는 이미 공자가 신이 될 수 없음을 논증하였으니, 이 때
문에 공자는 종교적 의미상의 교주가 될 수 없다. 천·지·군·친·사
는 신인가? '친'과 '사'는 모두 사람이지 신이 아니라는 것을 긍정할 수
있으니, 문제는 '군'과 '천·지'에 있다. 황제가 일반백성들의 안중에는
신이지만, 유학 대가의 안중에는 여전히 사람이다. 『맹자』「고자」에
는 조교曹交(曹나라 군주 동생)와 맹자의 대화가 실려 있다.

　　조교曹交가 묻기를, "사람이 모두 요순이 될 수 있다는데, 그러한 것이 있
　　습니까?" 맹자께서 대답하기를, "그렇다"라고 하였다.19

---

16 李國權·何克讓, 「儒教質疑」, 『哲學研究』, 1981年, 第7期.
17 任繼愈, 「從王充到熊伯龍」, 『中國無神論文集』, 湖北人民出版社, 1982年.
18 任繼愈, 「論儒教的形成」, 『中國社會科學』, 1980年, 第1期.
19 『孟子』「告子(下)」, "曹交問曰, 人皆可以爲堯舜, 有諸. 孟子曰然."

요순堯舜이 유가의 안중에는 가장 현명한 군주이지만, 맹자는 오히려 사람마다 모두 요순이 될 수 있다고 말하였다. 만약 군주가 신이라면, 어찌 사람마다 모두 신이 될 수 있다는 것이 아니겠는가? 요순이 사람이라는 것을 분명하고도 쉽게 알 수 있다. 더 심한 것은 상주商紂·하걸夏桀·진시황秦始皇과 같은 포학한 군주가 유가에서는 백성의 도적이나 폭군으로 배척되었다. 군주가 또한 신이 아님을 알 수 있다. 천·지에 대해서는, 동중서의 견해에 따르면 '천'은 확실히 신이다.

하늘은 모든 신들의 대군人君이다.[20]

그러나 한대 이후에는 유학의 '천'에 대한 견해에 변화가 있었으니, '천'은 의식이 있는 신에서 '자연의 천' 혹은 '의리의 천'으로 변하였다. 당대의 유종원柳宗元(773~819)은 "저 위에 있는 검은 것을 세상에서는 '하늘'이라 하고, 아래에 있는 누런 것을 세상에서는 '땅'이라 하며, 혼연히 가운데 있는 것을 세상에서는 '원기元氣'라 한다"[21]라고 말하였다. 당대에는 천지가 이미 자연 속의 사물로 변하였다는 것을 알 수 있다. 송유들은 이러한 견해를 계승하였다. 주희는 "하늘은 푸르고 푸르며, 이것이 형체이다"[22]라고 하였다. '천'은 사람들의 마음속에서 여전히 신비감을 가지고 있고 또한 숭고한 지위를 차지하고 있었기 때문에 송유들은 '천'과 그들이 말한 리理를 함께 연결시켜 '천리天理'라고 부르고, 이로써 '리'의 지위를 향상시켰다. 주희는 "천하에 '리'보다 존귀한 것이 없기 때문에 상제(천)로 이름한다"[23]라고 말하였다. 이정은 심지어

---

20 『春秋繁露』「郊祭」, "天者, 百神之大君也."

21 柳宗元, 『柳河東集』「天說」, "彼上而玄者, 世謂之天. 下而黃者, 世謂之地, 渾然而中處者, 世謂之元氣."

22 『朱子語類』卷68, "天之蒼蒼, 此是形體."

"천은 이치이다"[24]라고 해석하였다. '리'는 의식이 있는 신인가? 주희
는 다음과 같이 말하였다.

> 이치는 다만 '아주 깨끗하고 텅비고 넓은(淨潔空闊)' 세계일뿐이다. 형체와
> 자취가 없으니 그것은 조작이 있을 수 없다.[25]
> 이치는 정의情意(감정)도 없고 계탁計度(계산하거나 추정함)도 없으며 조작造作할
> 수도 없다.[26]

'리'는 형체가 없을 뿐만 아니라 정의도 없고 계탁도 없으니 더더욱
인격화가 못된다. 이 때문에 송유들의 '리'는 신이 아니고 '리'의 대명
사인 '천'도 신이 아니다. '지地'는 천과 상대되는 것이니, 천이 '자연의
천'이면 '지'도 당연히 '자연의 지'이다.

공자는 신이 아니고 '천·지·군·친·사'도 신이 아니니, 이 때문에
송유들의 이학은 종교가 될 수 없다.

임선생은 "보기에는 중국에 유럽 중세기와 같은 독점적 권위가 없는
것 같지만, 중국 중세기의 독점적 지배력은 종교의 명칭은 가지고 있
지 않지만 종교의 실질을 가진 유교이다"[27]라고 하였다. 임선생이 보
기에, 유교는 종교의 몇 가지 기본적 특징을 가지고 있었다. 이 문제를
분명히 하기 위해, 여기서는 임선생의 관점에 대해 조목별 분석을 가
하는 것도 무방하다.

첫째, 임선생은 "고급단계의 종교에 진입하면 모두 그것과 다른 원

23 『朱子語類』卷4, "天下莫尊於理, 故以帝名之."
24 『河南程氏遺書』卷11, 「師訓」, "天者理也."
25 『朱子語類』卷1, "理則只是箇淨潔空闊底世界. 無形迹, 他却不會造作."
26 위의 책, "理却無情意, 無計度, 無造作."
27 任繼愈, 「論儒敎的形成」, 『中國社會科學』, 1980年, 第1期, 참조.

죄설이 있다. 사람은 태어나면서 죄가 있으니 반드시 종교의 정신훈련에 의지하여 사람들의 영혼을 구제할 것을 선전하였다. 정이程頤는 말하기를, 대개 사람에게 몸이 있으면 저절로 사사로운 이치가 있어서 마땅히 도와 하나 되기가 어렵다고 하였다"28라고 하였다.

인성이 선한지 악한지의 견해에 대해, 중국 사상계에는 예로부터 논쟁이 있었다. 2천여 년 전에, 맹자孟子와 고자告子는 이를 위해 한바탕 논변을 벌였다. 중국 사상계의 인성에 대한 견해는 크게 네 가지가 있으니, 즉 '인성은 본래 선하다', '인성은 본래 악하다', '인성에는 본래 선도 없고 악도 없다', '인성에는 본래 선도 있고 악도 있다'는 것이다. '인성이 본래 악하다'는 것을 주장한 대표 인물은 순황(荀況: 순자)이다.

사람의 성은 악하니, 그것(본성)이 선하다는 것은 거짓이다. 29

맹자를 대표하는 정통 유학자들은 인성이 본래 선하다고 생각하였다. 『삼자경三字經』30의 첫머리에는 "사람이 처음 태어날 때는 성이 본래 선하다"31라고 하였다. 왕양명王陽明이 인성에는 선도 없고 악도 없다고 보았다면, 양웅揚雄(BC 53~AD 18)은 사람이 태어나면 선악으로 나누어진다고 생각하였다. 정자程子가 사람에게는 저절로 사사로운 이치가 있다고 말한 것은, 다만 인성이 본래 악하다는 다른 견해일 뿐이다.

---

28 위의 책, 참조.
29 『荀子』「性惡」, "人之性惡, 其善者僞也."
30 『삼자경(三字經)』은 '세 글자로 된 글'이라는 뜻의 책이다. 즉 처음부터 끝까지 세 글자를 1구(句)로 하여 384구 1152자로 이루어졌다. '경(經)'이라고 한 것은 경전(經傳)에 의거하여 기술한 것이 많기 때문이다. 저자가 명확히 밝혀지지 않고 세 사람으로 알려져 있는데, 송나라의 왕응린(王應麟), 송말(宋末)의 구적자(區適子), 원말명초(元末明初)의 여정(黎貞)이다.(역자 주)
31 『三字經』, "人之初, 性本善."

만약 정자가 참으로 사람에게 저절로 사사로운 이치가 있다고 말하였다면 유학 속에 원죄설이 있음을 단정한 것이니, 그렇다면 순자는 이미 훨씬 전에 원죄설을 제기한 것이다. 만약 순자의 성악론性惡論이 원죄설이라면, 맹자의 성선론(인성이 본래 선하다는 이론)은 '원공原功'설이어야 한다. 맹자를 대표로 하는 정통 유가학설은 사람이 태어나면서 본래 죄가 있음을 선전하지 않았고 사람이 태어나면서 본래 공功이 있음을 크게 선전하였기 때문이다.

둘째, 임선생은 "유교가 금욕주의를 선전하였다"[32]라고 말하였다. 송유들이 '천리를 간직하고 인욕을 없앨 것(存天理 滅人欲)'과 같은 말을 한 것은 부인할 수 없다. 이정은 다음과 같이 말하였다.

> 심하구나! 욕심(欲)이 사람에게 해를 끼침이여. 사람이 불선不善을 하는 것은 욕심이 유혹하기 때문인데, 유혹하여도 알지 못하면 천리天理가 다 없어지는데 이르러서도 돌아갈 줄 모른다. 그러므로 눈은 아름다운 색을 원하고, 귀는 좋은 소리를 원하며, 코에 이르러서는 좋은 냄새를 원하고, 입은 훌륭한 맛을 원하며, 몸은 편안함을 원한다. 이것은 모두 그렇게 하도록 시키는 것이 있는데, 그렇다면 어떻게 그 욕심을 막겠는가? 대답하기를, "생각(思)할 뿐이다. 학문은 생각보다 더 귀한 것이 없으니, 오직 생각만이 욕심을 막을 수 있다. 증자曾子가 하루에 세 번 반성한 것은 욕심을 막는 방도였다."[33]

---

32 任繼愈, 「論儒敎的形成」, 『中國社會科學』, 1980年, 第1期, 참조.
33 『宋元學案』「伊川學案」(또는 『河南程氏遺書』卷25, 「暢潜道本」), "甚矣, 欲之害人也, 人之爲不善, 欲誘之也, 誘之而弗知, 則至於天理滅而不知反. 故目則欲色, 耳則欲聲, 以至鼻則欲香, 口則欲味, 體則欲安. 此皆有以使之也, 然則何以窒其欲. 曰思而已矣. 學莫貴於思, 唯思爲能窒欲. 曾子之三省, 窒欲之道也."

주희도 "천리와 인욕은 나란히 설 수 없다"**34**, "천리를 보존하면 인욕이 없어지고, 인욕이 이기면 천리는 소멸된다"**35**라고 말하였다. 그러나 우리는 겉으로 드러나는 현상에 속아서는 안되는데, 왜냐하면 송유들의 '멸인욕滅人欲'과 종교 속의 '금욕주의'에는 본질적인 차이가 있기 때문이다. 먼저, 유학의 인욕과 종교의 인욕은 글자가 서로 같을지라도 구체적 내용에는 크게 다르다. 예를 들어 불교 속의 인욕은 이른바 팔계八戒**36**이니, 고기를 먹고 술을 마시고 결혼하는 등 사람의 정당한 욕망이 모두 인욕으로 간주되어 철저히 금지되어야 했다. 그러나 유학 속의 인욕은 사회 안녕에 해를 주는 사욕私欲을 가리키니, 즉 공자가 말한 예禮가 아닌 것이다. 유가는 사람에 대한 정당한 욕망을 금지하지 않았을 뿐만 아니라, 도리어 사람에게 노력하여 만족시켜 나갈 것을 권장하였다. 공자는 "부귀는 사람이 원하는 것"**37**이라고 하였다. 맹자는 "여색을 좋아하는 것은 사람이 원하는 것이다.……부富도 사람이 원하는 것이며, 귀貴도 사람이 원하는 것"**38**이라고 하였다. 순자는 "사람이 원하는 것을 충족시켜 주고 사람이 구하는 것을 제공해준다"**39**라고 하였다. 동중서는 "성인이 백성을 제재하는데 원하는 것을 있게 하였으니……욕망이 없을 수 없다"**40**라고 말하였다. 송유들은 유가의 전통을 계승하여 사람의 정당한 욕망을 만족시킬 것을 주장하

---

34 『孟子集注』「滕文公(上)」, "天理人欲, 不容並立."
35 『朱子語類』卷13, "天理存則人欲亡, 人欲勝則天理滅."
36 '팔계(八戒)'는 재가신자(在家信者)가 일일일야(一日一夜)동안 지켜야 하는 8가지 계율이다. 『석씨요람(釋氏要覽)』에는 살생·도적질·간음·거짓말·음주·화려한 장식·높고 편안한 침대에 눕고 가무를 시청·점심 이후 아무것도 먹지 않는 등 8가지 행동을 금기하는 것이라고 쓰여 있다.(역자 주)
37 『論語』「里仁」, "富與貴, 是人之所欲也."
38 『孟子』「萬章(上)」, "好色, 人之所欲,……富, 人之所欲,……貴, 人之所欲."
39 『荀子』「禮論」, "以養人之欲, 給人之求."
40 『春秋繁露』「保位權」, "聖人之制民, 使之有欲,……不得無欲."

였다. 다만 그들은 사람의 정당한 욕망을 '천리' 속에 귀속시키고 사람
의 정당하지 않는 욕망을 '인욕'으로 배척하였다. 주희는 말하기를,

　　음식을 먹는 것은 천리요, 훌륭한 맛을 요구하는 것은 인욕이다.[41]

　　실제로 송유들이 말한 천리와 인욕 사이는 결코 고정된 분명한 경계
가 없다. 주희는 "천리와 인욕은 기미幾微 사이에 있다"[42]거나, 또한
"천리와 인욕은 행동은 같으나 실정이 다르다"[43]라고 말하였다. 심지
어는 "비록 인욕이라도 인욕 속에는 자연히 천리가 있다"[44]라고 말하
기도 하였다. 다음으로, 종교 속의 금욕과 송유들의 거인욕去人欲은 그
목적이 완전히 다르다. 종교 속의 '금욕'이 내세의 행복을 위한 것으로
허황된 것이라면, 송유들의 '거인욕'은 사회 안녕에 해를 끼치는 사욕
을 제거하는 것으로 현실적이다. 이 때문에 종교의 금욕과 송유들의
'거인욕'을 동일시할 수 없다.
　　셋째, 임선생은 "종교에서 만일 지고무상한 신을 선전하였다면, 유
가에도 경천敬天·외천畏天을 선전하여 군주를 하늘의 아들이라 부르고
군권과 신권을 긴밀히 결합시켜 군주에 신성성을 부여하였다. 유교에
도 하늘에 제사지내고 공자에 제사지내는 의식이 있었다"[45]라고 하였
다. 우리가 이미 말하였듯이, 공자는 한대漢代에 신이 되지 못하였고
'천'·'지'가 송유들의 안중에는 신이 아니었다. '천'·'지'가 신이 아니
지만 유가에서 제사를 주장한 것은 겉으로 보기에는 조금도 이해할

41 『朱子語類』卷13, "飮食者, 天理也. 要求美味, 人欲也."
42 『朱子語類』卷13, "天理人欲, 幾微之間."
43 『孟子集注』「梁惠王(下)」, "天理人欲, 同行異情."
44 『朱子語類』卷13, "雖是人欲, 人欲中自有天理."
45 任繼愈, 「論儒敎的形成」, 『中國社會科學』, 1980年, 第1期.

수 없는 것 같지만, 우리가 유가의 '신도설교神道設敎'사상을 분명히 알
면 이해할 수 있다. '신도설교'의 내용에 관해서는 본 논문의 끝부분에
서 상세히 논술할 것이다. 공자에게 제사지내는 의식에 대해서는 다
만 선배를 잊지 않고 후진에 힘쓰는 뜻을 나타낼 뿐이다. 공자에게 제
사지내는 의식은 죽은 자를 위한다고 말하기보다는 차라리 살아있는
사람을 위한다고 말하는 것이 나을 것이다. 증자曾子는 "초상初喪을 삼
가하고 멀리 돌아가신 분을 추모하면 백성의 덕이 후한 데로 돌아갈
것이다"46라고 하였다. 순자는 "제사란 〈죽은 이를〉 기억하고 생각하
는 사모의 정이다.……그것을 군자는 사람의 도리라고 생각하지만,
백성들은 귀신의 일이라고 생각한다"47라고 하였다. 명 왕조 선교사
인 마테오리치Matteo Ricci(1552~1610)는 "그들은 그(공자를 가리킨다)에게서
어떤 신성성이 있음을 인정하지 않았고, 또한 그에게 조금도 바라지
않았다. 때문에 이러한 예절도 진정한 제사라 부를 수 없다"48라고 말
하였다. 프랑스 계몽사상가인 볼테르Voltaire(1694~1778)는 "사람들의 공
자에 대한 신앙은 신에 대한 숭배와 다르다. 왜냐하면 사람들의 공자
에 대한 숭배는 황제관료와 선배 성인들에 대한 숭배와 완전히 같기
때문이다"49라고 말하였다.

넷째, 임선생은 "가난을 영예로 여기거나 가난을 즐거워할 것을 선
전한 것도 유교의 중요한 내용 중의 하나이다. 유교의 저작은 뜻을 둔
선비가 '비록 가난하여 도시락의 밥과 표주박의 물이 자주 비어도 편
안할 것'을 칭찬하였다"50라고 하였다. 유가의 주류사상은 '도를 즐거

---

46 『論語』「學而」, "愼終追遠, 民德歸厚矣."
47 『荀子』「禮論」, "祭者, 志意思慕之情也,……其在君子以爲人道, 其在百姓以爲鬼事."
48 『마테오리치 中國札記』, p.659, 참조.
49 Voltaire著, 梁守鏘等 譯, 『風俗論: Essai sur les mœurs』, 商務印書館.
50 任繼愈, 「論儒敎的形成」, 『中國社會科學』, 1980年, 第1期.

위한 것(樂道)'이지 '가난을 탓하지 않고 편안해한 것(安貧)'이 아니다. 유학자들은 결코 '가난을 즐거워할 것'을 선전하지 않았고, 더더욱 '가난을 영예로 여길 것'을 선전하지 않았다. 반대로, 공자에서 주희에 이르기까지 모두 가난을 부끄럽게 여기고 부귀는 정당한 방법으로 추구해야 할 것으로 보았다. 공자께서 말하기를,

> 나라에 도가 있을 때는 가난하고 천한 것이 부끄러운 일이고, 나라에 도가 없을 때는 귀하고 부한 것이 부끄러운 일이다.[51]
> 〈심지어〉 부富를 구할 수 있다면, 비록 말채찍을 잡는 천한 일이라도 내 또한 그것을 하겠다.[52]

공자가 안회顔回를 "한 그릇의 밥과 한 표주박의 음료로 누추한 시골에 있는 것을 남들은 그 근심을 견디지 못하지만, 안회는 그 즐거움을 바꾸지 않았다"[53]라고 칭찬한 것은 결코 가난을 영예로 여기고 가난을 즐거워할 것을 선전한 것이 아니라, 안회의 '도를 즐거워한 것'을 칭찬한 것이다. 이정은 이 단락을 다음과 같이 해석하였다.

> 안자顔子의 즐거움은 한 그릇의 밥과 한 표주박의 음료 및 누추한 시골을 즐거워한 것이 아니라, 가난으로 그 마음을 결박해도 그 즐거움이 변하지 않는 것이다.[54]

---

51 『論語』「泰伯」, "邦有道, 貧且賤焉, 恥也. 邦無道, 貴且富焉, 恥也."
52 『論語』「述而」, "富而可求也, 雖執鞭之士, 吾亦爲之."
53 『論語』「雍也」, "一簞食, 一瓢飮, 在陋巷. 人不堪其憂, 回也不改其樂."
54 『論語集注』「雍也」, "顔子之樂, 非樂簞瓢陋巷也, 不以貧窶累其心而改其所樂也."

정자가 분명히 말했듯이, 안회는 결코 한 그릇의 밥과 한 표주박의 음료 및 누추한 시골의 궁핍한 처지를 즐거워한 것이 아니지만, 임선생이 "가난을 영예로 여기고 가난을 즐거워할 것을 선전한 것이 유교의 중요한 내용 중의 하나이다"라고 말한 것은 확실히 사람을 신복시킬 수 없다.

다섯 째, 임선생은 "유교는 일체의 학문을 모두 종교수양의 학문으로 귀결시켰으니, 유교는 세계를 바꾸지 않고 내심內心을 순결하게 하였고, 밖으로 관찰하지 않고 안으로 반성하였으며, 세계의 규율을 인식하지 않고 정심正心·성의誠意를 성현으로 간주하였다"[55]라고 말하였다. 유가의 경전 중의 하나인 『대학』은 격물치지格物致知를 8조목의 첫머리로 나열하고, 주희는 "이른바 '치지'가 '격물'에 있다는 것은, 나의 앎을 지극히 (깊이) 하고자 하면 사물에 나아가 그 이치를 궁구하는데 있음을 말한 것이다"[56]라고 해석하였다. 사람은 어떤 사물에 나아가서 어떤 이치를 궁구해야 하는가? 주희는 다음과 같이 말하였다.

> 만물의 번성하고 초췌한 것(榮悴)이나 동·식물의 크고 작은 것(大小)과 같은 것에 이르기까지, 이것은 어떻게 부릴 수 있고 저것은 어떻게 쓰일 수 있는지……모두 이해되어야 한다.[57]

만물의 번성하고 초췌한 것이나 동·식물의 크고 작은 것을 인식하는 것은 물론 세계의 규율을 인식하는 것이다. 이것은 어떻게 부릴 수 있고 저것은 어떻게 쓰일 수 있는지를 인식하는 것은 물론 세계를 바

---

55 任繼愈, 「論儒教的形成」, 『中國社會科學』, 1980年, 第1期.

56 『大學』, 第5章, "所謂致知在格物者, 言欲致吾之知, 在卽物而窮其理也."

57 『朱子語類』卷18, "至若萬物之榮悴, 與夫動植小大, 這底是可以如何使, 那底是可以如何用,……皆所當理會."

꾸기 위한 것이다. 주회 본인도 그렇게 하였으니, 한편으로는 주로 수
기치인修己治人의 제왕의 학문을 연구하였고, 다른 한편으로는 우주만
물의 심오한 비밀을 탐구하였다. 그는 만물이 기화氣化하는 과정, 우주
의 진화, 우주의 구조, 지구의 내원을 연구하였고, 아울러 일부 과학적
의미를 가진 견해를 제기하였다.

각 방면의 상황에서 보면, 유학은 모두 종교로 바뀌지 못하였다. 왜
냐하면 공자를 대표로 하는 유학은 근본적으로 종교미신에 반대하였
고, 더 중요한 것은 한대와 송대에는 유학이 종교로 바뀌는 사회적 기
초가 없었기 때문이다. 우리는 종교 속의 고난이 현실사회의 고난을 반
영한다는 것을 알고 있다. 이 때문에 종교의 발생과 전파는 언제나 사
회의 큰 동란과 인민들의 큰 고통을 수반한다. 예를 들어 소아시아에서
기독교의 발생과 발전, 남북조시대 불교의 성행은 모두 사회의 동란과
인민들의 고통과 관계가 있다. 그러나 서한西漢(前漢) 무제武帝(BC 141~BC
87 재위) 때는 한초漢初 70여년의 휴식을 통하여 인민들의 생활이 풍족
해지고 국력이 강성해져 사회가 안정되었는데, 이는 봉건사회에 보기
드문 태평성세였다. 송 왕조가 국력방면에서 비교적 약했다고 하더라
도, 경제·문화·과학기술·생산력 수준은 모두 성당盛唐(玄宗의 開元(713)
에서 代宗의 永泰(765)까지 약 50년간) 때보다 크게 향상되었고, 중국의 4대
발명 중에 송 왕조가 그 중 셋을 차지하였다. 한·송의 비교적 안정된
환경에서는 통치지위를 차지한 종교가 발생할 수 없었다.

유가사상은 종교가 아니고 어떤 사람에 의해 종교로 바뀔 수도 없었
으니, 강유위康有爲(1858~1927)에게도 그러한 능력이 없었다. 왜냐하면
유가는 종교미신을 믿지 않고 비판하였기 때문이다. 그러나 유가는 종
교미신에 대해 일종의 비판적 태도를 견지하였을 뿐만 아니라 또한 일
종의 이용하는 태도를 견지하였으니, 이러한 종교미신에 대한 이용이
바로 유가사상 속의 '신도설교神道設敎'이다. 만약 유가의 두 가지 태도

를 이해하지 못하면, 묵자의 무리처럼 유가에 다음과 같이 질문할 수
있다.

> 어떻게 귀신이 없다는 설을 견지하면서 또한 제사의 예법을 배울 수 있겠
> 는가?58

가장 일찍이 '신도설교'사상을 제기하고 이용한 것은 공자께서 가장
공경하던 인물인 주공周公이다. 주공이 성왕成王(BC 1042~BC 1021 재위)을
보좌할 때에 관숙管叔·채숙蔡叔과 상나라 무경武庚이 연합하여 반란을
일으켰는데, 주공은 3년의 시간을 들여 비로소 반란을 평정하였다. 이
반란에서 은나라 귀족세력은 매우 강대하였고 또한 그들은 실패에 승
복하지 않았다. 주공은 은나라 귀족의 재차 반란을 막기 위해, 이에 왕
조교체가 바로 천명天命이 돌아갈 곳이고 인력으로 만회할 수 있는 것
이 아니니 주 왕조가 은 왕조를 대신하는 것도 이와 같다는 사실을 적
극 선전하였다. 주공은 다음과 같이 말하였다.

> 하나라가 하늘의 명命을 받았으나……오직 그 덕을 공경하지 아니하여
> 이에 일찍이 그 명을 잃었다.……은나라가 하늘의 명을 받았으나……오
> 직 그 덕을 공경하지 아니하여 이에 그 명을 잃게 되었다. 지금 왕께서 그
> 명을 이어 받았으니, 나 또한 이 두 나라(하나라와 은나라)의 운명을 생각하
> 여 그 공을 계승하겠다.59

하루는 주공이 은나라 귀족들을 모아놓고 훈계하기를,

---

58 『墨子』「公孟」, "公孟子曰無鬼神, 又曰君子必學祭祀."
59 『尙書』「召誥」, "有夏服天命,……惟不敬厥德, 乃早墜厥命.……有殷受天命,……惟不敬
厥德, 乃早墜厥命. 今王嗣受厥命, 我亦惟玆二國命, 嗣若功."

하늘이 은나라를 크게 망하게 하시고 우리 주나라의 천명을 도우셨으니,
하늘의 밝은 위엄으로 은나라 왕을 벌하고 은나라의 명을 경계하여 상제
로부터 끝나게 하셨다.**60**

주나라가 은나라를 대신한 것이 상제의 명령이라면, 은 왕조의 유민
들은 천명을 위반하거나 주 왕조에 반항할 수 없고 천명에 순종하여
주 왕조에 복종해야 했다. 때문에 『시경』에는 "상나라의 자손들이 그
수를 헤아릴 수 없을 정도로 많았으나, 상제가 이미 명하여 주나라에
복종하였다"**61**라고 하였다. 은 왕조 사람들은 천명을 믿었기 때문에
주공의 설교는 과연 좋은 효과를 얻었다. 『역경』에는 "하늘의 신도神道
를 살피면 사계절이 어긋나지 않고, 성인이 신도로써 가르침을 베풀면
천하가 복종한다"**62**라고 하였다.

위의 말에서 보면, 주공은 천명론자인 것 같다. 실제로 주공은 천명
을 믿지 않았고, 적어도 천명에 대해 매우 큰 회의를 나타냈다. 『상서』
에서 주공은 일찍이 여러 차례 천명에 의지할 수 없음을 지적하였다.

하늘은 위엄이 있어 두렵지만 믿을 수 있는 것이 아니고, 백성들의 실정
은 크게 볼 수 있지만 백성들을 보호하기가 어렵다.……천명은 변치 않
는 일정한 것이 아니다.**63**

그는 심지어 "하늘은 믿을 수 없다"**64**라고까지 말하였다.

---

60 『尙書』「多士」, "旻天大降喪于殷, 我有周佑命, 將天明威致王罰, 勅殷命終于帝."
61 『詩經』「大雅·文王」, "商之孫子, 其麗不億. 上帝旣命, 侯于周服."
62 『易經』「觀卦」, "觀天之神道而四時不忒, 聖人以神道設敎而天下服."
63 「尙書」「康誥」, "天畏(威)棐(非)忱, 民情大可見, 小人難保,……惟命不于常."
64 『尙書』「君奭」, "天不可信."

자기 자신은 천명을 믿지 않았고 오히려 천명을 이용하여 다른 사람을 통치하였으니, 주공의 이러한 사상이 바로 '신도설교'이다. 장태염章太炎(1869~1936)과 곽말약郭沫若(1892~1978)은 이에 대해 상세하게 논술하였다. 장태염이 말하기를,

아! 나는 이에 신도설교神道設敎의 원인을 알았다.……총명예지한 주공 같은 이가 상제의 있고 없음을 알았는지 상제의 있고 없음을 몰랐는지 나는 감히 알지 못하겠지만, 참으로 알았다면 그 마음이 이와 같았을 것이다.65

곽말약은 더 분명하게 말하였다.

주나라 사람이 은나라 사람의 '천'사상을 계승한 것은, 다만 정치상의 계승일 뿐이다. 그들은 종교사상을 우민愚民정책으로 간주하고 자신들도 그것(종교사상)이 믿을 수 없는 것임을 알았지만, 원래 그것을 신앙하던 민족을 제압하고 통치하는데 하나의 매우 큰 방편方便이었다. 자연발생의 원시종교는 목적이 있고 의식이 있는 하나의 속임수였다. 때문에 기록상에서 말한 "주나라 사람이 귀신을 섬기되 멀리하였다"는 것은 이러한 실제를 설파한 것이다.66

이러한 사상은 하늘의 존재를 의심할 수 있었으니, 그렇지만 객관방면에서는 그것을 이용하여 통치의 도구로 삼았고 주관방면에서는 도리어 인

---

65 『章太炎選集』「視天說」(1899년 1월 8일 『台湾日日新報』에 발표되었던 글), 上海人民出版社, 1981年, "嗚呼. 吾于是知神道設敎之故矣.……睿智若周公, 其知上帝之有無, 與不知上帝之有無, 吾不敢知也, 苟知之, 則其心若矣."

66 郭沫若, 『靑銅時代』「先秦天道觀之發展」, 科學出版社, 1957, "周人之繼承殷人的天的思想, 只是政治上的繼承. 他們把宗敎思想視爲愚民政策, 自己盡管知道那是不可信的東西, 但拿來統治原來信仰它的民族, 却是很大的一个方便. 自然發生的原始宗敎, 成了有目的有意識的一个騙局. 所以表記上說的周人事鬼神而遠之, 是道破了這个實際的."

력人力을 강조하였다. 천도天道를 우민정책으로 보고 덕정德政을 이러한 정
책을 유지하는 수단으로 삼았으니, 이것은 확실히 주나라 사람이 발명해
낸 새로운 사상이다. 이러한 사상을 발명한 주나라 사람을 주서周書 속에
분명하게 나타낼 수 있었던 것이 바로 주공周公이다.[67]

주공의 '신도설교'사상은 공자에 의해 계승되었다. 공자는 한편으로
제자들 앞에서 천명을 말하였고, 다른 한편으로는 제자들에게 "귀신을
공경하되 멀리할 것"[68]을 요구하였다. 공자와 자공의 대화가 이 문제
를 분명하게 설명하였다.

자공子貢이 공자에게 "죽은 사람에게 지각이 있는지 없는지"를 물었다. 공
자께서 대답하기를, "내가 죽은 자에게 지각이 있다고 말하면 효성스러운
자손들이 생명을 해쳐서 죽은 자를 전송할까 두렵고, 지각이 없다고 말하
면 불효한 자손들이 버려두고 장사지내지 않을까 두렵다. 사賜(자공)가 죽
은 자에게 지각이 있는지 없는지를 알고자 하는 것은 죽은 뒤에 천천히
알아도 오히려 늦지 않을 것이다"라고 하였다.[69]

공자가 비록 분명하게 말하지는 않았지만, 후인들은 공자의 마음을
음미할 수 있다. 왕충王充(27~97?)은 일찍이 다음과 같이 말하였다.

---

67 위의 책, "這一套思想以天的存在爲可疑, 然而在客觀方面, 要利用它來做統治的工具,
而在主觀方面却强調着人力. 以天道爲愚民政策, 以德政爲操持這个政策的機柄, 這的
確是周人所發明出來的新思想. 發明這一思想的周人, 在周書中表現得很明白的, 那便
是周公."

68 『論語』「雍也」, "敬鬼神而遠之."

69 『說苑』卷18, 「辨物」, "子貢問孔子, 死人有知無知也. 孔子曰, 吾欲言死者有知也, 恐
孝子順孫妨生以送死也, 欲言無知, 恐不孝子孫棄不葬也. 賜欲知死人有知將無知也, 死
後自知之, 猶未晩也."

공자께서 삶과 죽음의 실제에 밝지 않은 것은 아니지만 그 뜻을 분명히 구분하지 않은 것은 육가陸賈(BC 240~BC 170)의 말(죽은 자는 알지 못하기 때문에 후장厚葬이 무익하다는 말)을 가리킨다. 대저 죽은 자에게 지각이 없다고 한다면, 신하와 자식이 그 군주와 부모를 배반할 것이니……성인은 불효不孝를 여는 근원을 두려워하였기 때문에 죽은 자에게 지각이 없다는 사실을 분명히 하지 않았다.70

종교미신이 믿을 수 없다는 것을 분명히 알았지만 그것을 제창해야 하였고, 사람이 죽으면 지각이 없음을 분명히 알았지만 그것을 설파하지 않았다. 이것이 바로 유가 '신도설교'의 통치사상이다. 이러한 사상은 후대 통치자들에 의해 널리 채용되어 중국사회에 깊은 영향을 주었다.

---

70 王充, 『論衡』「薄葬篇」, "孔子非不明死生之實, 其意不分別者, 亦陸賈之語指也. 夫言死無知, 則臣子倍其君父,……聖人懼開不孝之源, 故不明死無知之實."

유교는 종교가 아니다[1]

- 마테오리치의 유교에 대한 견해

임금수林金水[2]

   최근 철학계에는 '유가가 유교로 변천했는지의 문제'에 대해 토론을
전개하였다. 유가를 '유학'이라 부르는 사람도 있고 '유교'라 부르는
사람도 있는데, 비록 부르는 방법이 다르지만 과거 사람들은 모두 유
가가 하나의 학파이고 종교가 아니라고 생각하였다. 임계유는 「유교
의 형성」과 「유교의 재평가」[3] 등의 논문에서 유가학설이 송명이학의
단계로 발전하면서 이미 중국의 특징을 가진 종교-'유교'로 변천하였
다고 보았다. 이국권李國權·하극양何克讓의 「유교에 대한 질의」와 최대
화崔大華의 「'유교'논변」[4]은 임계유의 이러한 견해와 달랐다. 그 중에
서 유교가 일반종교의 기본속성을 가지고 있는지의 여부는 쌍방논쟁

---

1 원래 『복건사대학보(福建師大學報)』, 1983년, 제3기에 실렸던 글이다.

2 임금수(林金水, 1946~): 중국 복건(福建)사범대학 사회역사학과 교수. 대표 저서로는
  『마테오리치와 중국』·『복건의 대외문화교류사』·『대만 기독교사』 등이 있다.
  (역자 주)

3 『中國社會科學』, 1980年, 第1期와 『中國科學戰線』, 1982年, 第2期에 각각 실려 있다.
  원제는 「論儒敎的形成」과 「儒敎的再評價」이다.

의 중요한 문제였다. 임계유는 유교의 교주가 공자이고, 그 교의와 신봉대상은 '천天·지地·군君·친親·사師'이며, 그 경전은 유가의 육경六經이라고 생각하였다. 그는 유교가 비록 일반종교의 외형적 특징을 결핍하였지만, 종교의 모든 본질적 속성을 가지고 있다고 말하였다. 예를 들면 승려주의·금욕주의·원죄관념·몽매주의와 우상숭배 등의 종교적 내용이다. 이국권과 하극양은 논문에서 종교경전이 주로 종교적 활동상황과 교의敎義·교규敎規를 기록하여 내용이 난잡하고 저속하지만, '유가의 육경'은 내용이 매우 풍부하여 정화精華와 조박糟粕한 부분을 모두 가지고 있어 간단하게 그것을 종교의 경전이나 교의와 동일시할 수 없다고 생각하였다. 공자는 유가학설의 창시자이지 '유가의 교주'가 아니다. 최대화도 논문에서 공자의 '성인'지위와 육경의 경전지위는 송명이학(유교)이 형성되기 매우 오래 전에 확립되었다고 말하였다. 이것은 유학이 일종의 정치윤리학설로써 국가정권과 서로 결합하여 독단 혹은 독존獨尊의 학술적 지위를 얻은 것을 의미하지, 종교의 '외형적 특징'이 아니다. 이국권과 하극양의 논문에서는 또한 종교도에게는 모두 비교적 엄격한 입교入敎방식이 있고 모두 일정한 성직자 수행업무가 있으나, '유교'에는 근본적으로 어떠한 '입교수속' 혹은 '의식'이 없고 어떤 조직형식도 없고 성직자도 없다고 말하였다. 필자는 후자의 견해에 찬성한다. 실제로 유교의 종교성 문제는 결코 오늘날에 비로소 사람들의 관심을 불러일으키기 시작한 것이 아니라, 일찍이 명 왕조 만력萬曆[4] 연간에 이탈리아 사람이고 예수회의 인사인 마테오리치Matteo Ricci(1552~1610)가 중국에 왔을 때에 이미 주목하였는데, 당시에 그는 유교가 종교가 아니라는 견해를 제기하였다.

---

[4] 만력(萬曆) 연간은 명대 신종(神宗)의 연호(1573~1620)이다. (역자 주)

[5] 『哲學硏究』, 1981年, 第7期와 1982年, 第6期에 각각 실려 있다. 원제는 「儒敎質疑」와 「儒敎辨」이다.

마테오리치는 1582년에 중국에 와서 1610년 북경에서 병으로 죽기
까지 중국에서 근 28년을 머물렀다. 행적은 남쪽에서 북쪽을 경유하
여 중국을 두루 다녔으며, 중국사회의 각 방면(그 속에 종교·철학을
포괄한다)에 대해 많고 적은 이해가 있었다.6 그는 천주교를 중국 땅
에서 자생하고 만연하게 하기 위해 일련의 중국화 책략을 취하였는데,
그 중에서도 가장 중요한 책략은 유가사상과 결합하여 천주교 교의를
선전하였다. 마테오리치는 이러한 책략을 제정하기 전에, 먼저 유가의
종교성 문제를 고려해야 하였다. 주지하듯이, 천주교는 다른 종교와
마찬가지로 강한 배타성을 가지고 있고 교규敎規가 매우 엄격하여 교
도들이 어떠한 이단異端사상과 섞이는 것을 허용하지 않았다. 이 때문
에 마테오리치는 유가가 종교가 아니라는 것을 확인하는 전제 하에서
비로소 유가사상과 서로 결합할 것을 제기하였다. 그렇지 않으면, 그
는 로마 가톨릭교에 의해 이단으로 간주되어 천주교를 배반한 죄로 처
벌을 받을 수 있었다. 마테오리치의 유가가 종교가 아니라는 견해의
제기는, 그가 중국에 막 도착하여 말을 타고 꽃구경을 즐기던 때나 외
국인의 한 사람으로서 "중국의 시서詩書에 통하지 않고 중국의 글 뜻을
이해하지 못하여 중국의 도리를 함부로 말하던 때"7에 제기된 것이 아
니다. 그것은 중국에서 실천의 과정을 거쳤고, 그가 중국의 "서적을 읽
지 않음이 없었고"8, 중국 사대부와의 광범위한 교류를 통하여 유가사
상에 대한 인식이 점차 심화된 이후에 제기된 것이다.

마테오리치가 처음 중국 광동성廣東省의 조경肇慶에 도착했을 때는 유
가사상에 대한 인식이 무지無知하였다고 말할 수 있다. 이 때문에 당시

---

6 林金水, 「마테오리치의 중국에서의 활동과 영향」『歷史硏究』, 1983年, 第1期에 보인다.
7 『康熙與羅馬使節關係文書 影印本』, 第13通, 北平故宮博物院編, 1932, "不通中國詩書, 不解中國文義.……妄辨中國道理."
8 李贄, 『續焚書』卷1, 「與友人書」, 中華書局, 1975년에 보인다. "書籍無不讀."

그는 승려로 분장하여 머리와 수염을 깎고 가사袈裟를 걸치고 말할 때
마다 자신을 '중'이라고 하였고 교당敎堂을 '절'이라고 하였다. 그는 이
렇게 하는 것이 중국의 민족습속을 따르고 중국화와 세속화로 나아간
다고 생각하였다. 장이기張爾岐(1612~1678)의 『호암한화蒿庵閑話』에는
"마테오리치가 처음 광동廣東에 도착하여 배에서 내려 머리를 삭발하
고 어깨를 드러내어 사람들은 서양 중이라고 생각하였다"9라고 하였
다. 그러나 마테오리치는 중국 사대부들과 10여년의 친밀한 왕래를
통해 유가사상이 중국사상계에서 차지한 독존(獨尊)의 통치지위와 유
생들이 중국에서 누리던 특수한 사회지위에 대해 점차 이해하기 시작
하였다. 그는 중국에서 유생이 아니면 환영받지 못하고, 천주교 교의
도 유가사상과 결합하지 못하면 광범위한 전파를 이루기 어렵다는 것
을 깨달았다. 1595년 광동성 소주韶州에 있을 때, 이전에 숭상하던 불
교의 분장을 버리고 유복儒服으로 갈아입고 유건儒巾을 쓰고, 또한 사서
오경四書五經을 읽으면서 자신을 경건한 공자의 신도로 분장하였다. 이
러한 책략의 변화는 마테오리치가 중국에서 선교를 성공할 수 있는 기
점이었다. 이후부터, 마테오리치는 유가경전을 연구하기 시작하여
"주야로 경사經史를 보아서 경사의 설에 모두 통할 수 있었고"10, "사자
四子(四書)와 오경이 모두 대의大義에 통하였다."11 마테오리치와 교류하
던 진보사상가 이지李贄(1527~1602)는 그에게 "『사서四書』의 성리性理에
밝은 자가 그 대의大義를 알고, 『육경』의 주석에 밝은 자가 그 해설에
통한다"12라고 말하였다. 참으로 상술한 말에 과장된 곳이 있기도 하

9 張爾岐, 「蒿庵閑話」(『筆記小說大觀』, 上海進步書局에 실려 있다), "瑪竇初至廣東, 下
舶, 髡首袒肩, 人以爲西僧."

10 (明) 支允堅의 『異林』과 應撝謙(1615~1683)의 『天主論』에서는 모두 方豪(1482~1530)
의 『中國交通史』(第5策, p.117, 대만 1954)를 재인용하였다. "日夜觀經史, 能盡通經
史之說."

11 張爾岐, 「蒿庵閑話」(『筆記小說大觀』, 上海進步書局에 실려 있다), "四子五經皆通大義."

지만, 마테오리치가 유가경전에 일정한 연구가 있었다고 설명할 수 있다. 강희康熙13는 서양인에게 다음과 같이 말하였다.

> 그대들이 중국의 도리를 논하고자 하면 반드시 중국의 문리文理에 깊이 통해야 하고, 중국의 시서詩書를 모두 읽어야 비로소 논변할 수 있다.14

마테오리치의 유교가 종교가 아니라는 논술은 바로 대량의 유가경전을 읽은 기초 위에 세워진 것이다.

마테오리치는 왜 유교가 종교가 아니라고 논술하였는가? 그는 주로 아래의 세 방면에서 분별하여 기술하였다.

첫째, 마테오리치는 유교가 종교유파가 아니고 학파라고 보았다.

마테오리치는 말하기를,

> 유교는 스스로 종교유파임을 인정하지 않고 다만 하나의 계층 혹은 단체라고 주장하는데, 이것은 정통정부와 국가의 보편적 이익을 위해 세워진 하나의 학파이다.15

마테오리치도 유교에 최고신이 있음을 인정하였지만, 이러한 신은 천주교의 '하느님'처럼 사람을 창조할 수 있고 천지만물을 창조할 수

---

12 李贄, 『續焚書』卷1, 「與友人書」, "請明於四書性理者解其大義, 請明於六經疏義者通其解說."
13 강희(康熙, 1662~1722)는 청나라 제4대 황제 성조(聖祖)의 연호이다. (역자 주)
14 『康熙與羅馬使節關係文書 影印本』, 第13通, "你欲論中國道理, 必須深通中國文理, 讀盡中國詩書, 方可辯論."

있는 것과는 같지 않고, 그것은 다만 "지상의 만물을 보호하고 주재할
뿐이라는 것이다."16 유교에는 조물주의 신이 없기 때문에 유교도 창
조설을 제기하지 못하였으니, 마테오리치의 말에 따르면 "진정한 유교
는 세계를 누가 언제 어떤 방식으로 창조하였는지를 결코 설명해내지
못한다는 것이다."17 마테오리치가 보기에, 유교는 겉으로 비록 신을
숭배하지만 실제는 일종의 충군忠君의 표현이니, 왜냐하면 이러한 최
고신은 천상에 있지 않고 인간에 있었으니 바로 중국의 황제였기 때문
이다. 마테오리치는 다음과 같이 말하였다.

유교가 최고신에게 제사와 예배를 드리는 것은 다만 황제폐하에 대해 다
해야 하는 직책일 뿐이다. 그들이 보기에, 이것은 변하지 않은 상도와 같
은 것이다. 만약 어떤 사람이 일련의 같은 제사를 별도로 지내어 황제의
권리를 침범하려 한다면, 그는 장차 윗사람을 업신여기고 임금을 속인 벌
을 받아 그들이 하늘을 함께 받들어 모시지 않는 적敵이 될 것이다.18

실제로 이와 같았다. 강희황제는 일찍이 자기를 '천天'과 '상제上帝'에
비하는 것을 꺼리지 않았다.

---

15 『마테오리치의 일기』(Louis J. Gallagher(trans.), China in the Sixteenth
Century:the Journals of Matthew Ricci, 1583~1610, New York, 1953), p.98. "儒
敎不承認自己是一个宗敎派別, 只聲稱它是一个階層或團體, 是爲正統政府和國家普遍
利益建立起來的一个學派."

16 위의 책, "保護和主宰地上的萬物."

17 위의 책, pp.94~95, "眞正的儒敎並沒有說明世界是誰在什么時候, 以什么方式創造的."

18 위의 책, "儒敎對最高神的獻祭和禮拜, 僅僅作爲對皇帝陛下應盡的職責. 在他們看來,
這是如此天經地義的, 如果任何人還想另搞一套同樣的祭祀, 侵犯皇帝的權利, 那他將要
受到凌上欺君的懲罰, 成爲他們不共戴天的敵人."

하늘을 상제라고 부르는 것은 곧 짐을 만세(萬世)라고 부르고 짐을 황상皇
上이라고 부르는 것과 같다. 호칭은 비록 다르지만 임금을 공경하는 마음
은 한결같다.19

이로써 유교의 신은 인류의 자기속성과 본질의 이질화가 아니고, 또
한 사람들의 일상생활을 지배하는 외부 힘이 사람들의 두뇌 속에 있는
환상에 대한 반영도 아니며, 인간의 힘이 초인간적 힘의 형식을 취하
는 것도 아니라는 것을 알 수 있다.20 그것은 사람 자체이다.

**둘째, 마테오리치는 유교가 일반 종교의 기본속성을 가지고 있지 않다
고 보았다.**

선도사인 마테오리치는, 종교에는 반드시 교규敎規 · 계율戒律 · 경전經
典 · 입교入敎와 예배의식 · 예배장소 · 성직자 등이 있어야 하지만, 유교
에는 이러한 것들이 없다는 것을 알았다.

우리는 유교에 사람들이 신봉하는 어떤 특별한 의식이 있는지를 발견하
지 못하였고, 따를만한 어떤 종교계율도 없었고, 최고 당국에서 교규敎規
를 해석하고 반포하였지만 최고 당국에 의해 제정된 교규를 범한 사람
을 처벌하는 것을 보지 못하였다. 유교에는 대중이든 개인이든 모두 기
도하고 찬송가를 불러서 그들의 최고신에 대한 경의敬意를 표시하지 않
았다.21

---

19 『康熙與羅馬使節關係文書影印本』, 第13通, "呼天爲上帝, 卽如稱朕爲萬歲, 稱朕爲皇上.
稱呼雖異, 敬君之心則一."
20 『마르크스 · 엥겔스선집』, 제3권, p.354.

비록 유교가-그들이 부르는 것처럼 최고의 신을 인정하였지만, 그들은
사당을 세워 그(최고신)를 신봉하지 않았고, 예배를 드리는데 쓰이는 별도
의 특별한 장소도 없었다. 이 때문에 물론 당연하겠지만, 사제司祭가 이러
한 예배의식을 주관하지 못하였다.[22]

　유교의 조상에 제사지내고 공자에 제사지내는 의식에 대해, 마테오
리치는 비교적 상세히 분석하였다. 그는 조상에 제사지내는 것이 죽은
자에 대한 존경이고, 후손들에게 효도를 행할 것을 교육하기 위한 것
이라고 보았다. 공자에 제사지내는 것은 공자에 대한 경의敬意를 표시
한 것이고, 공자의 유가경전을 저술한 것에 대한 기념이라고 생각하였
다. 이 두 예절은 모두 "우상을 숭배하는 것이 아니라 순수한 예절이
다."[23] 그것은 일종의 사회의식으로 엄격한 의미상의 종교의식과는
서로 다르다. 왜냐하면 그 제사의 대상은 신이 아니고, 또한 제사의 대
상에게 돌봐주고 자비를 베풀 것을 기도하지 않기 때문이다. 마테오리
치는『중용』의 "무왕과 주공은 뛰어난 효자이시다.……죽은 자 섬기
기를 살아있는 자 섬기듯이 하였고, 죽어 없는 자 섬기기를 생존해 있
는 자를 섬기듯이 하였으니 효가 지극한 자이다"[24]라는 말에 근거하여
제사의식에 대해 다음과 같이 묘사하였다.

---

21 『마테오리치의 일기』, pp.94~95, "我們沒有發現儒教有什么爲人們所奉行的任何特
別的禮儀, 也沒有什么可遵守的教誡, 也沒有看到由最高當局來解釋和頒發教規, 懲罰那
些犯了由最高當局制定的教規的人. 儒教不論是公衆, 還是个別人, 都沒有做禱告, 唱贊
美詩表示他們對最高之神的敬意."
22 위의 책, "雖然儒教-正如他們稱呼的那樣, 承認一个最高的神, 但是他們沒有建廟敬奉
它, 也沒有另外特別的場所供作禮用. 因此理所當然, 也就沒有祭司來掌管這種禮拜
儀式."
23 Vincent Cronin저 思果역, 『西泰子來華記: A Wise Man from the West』, 홍콩 公
教真理学会, 1964, p.177, "不是崇拜偶像, 而純粹是禮節."
24 『中庸』, 第19章, "武王周公, 其達孝矣乎.……事死如事生, 事亡如事存, 孝之至也."

우리가 이미 말한 것처럼, 유교의 가장 보편적 의식은 1년에 한 번 조상에 게 제사지내는 것인데, 모든 유생들이 위로는 황제에서 아래로는 지방의 가장 낮은 관원에 이르기까지 모두 제사에 참가하였다. 그들 자신의 견해 에 따르면, 그들은 조상에게 제사지내는 것을 죽은 조상에 대한 존경으로 간주하였으니 조상을 존경하는 것이 마치 그들이 세상에 살아있는 것처 럼 하였다. 죽은 자가 참으로 무덤 앞에 진열해놓은 식품이 필요할 것이 라는 것을 그들은 믿지 않았다. 그러나 그들의 전통적 견해에 따라, 이것 이 그들의 친애하던 사람의 죽음에 대한 애도를 표시하는 일종의 가장 좋 은 형식이라고 말하였다. 실제로 이와 같았기 때문에 많은 사람들은 모두 이러한 특별한 의식을 거행하였지만, 무엇보다도 살아있는 사람의 이익 을 고려한데서 나온 것이지 죽은 사람을 위한 것이 아니라고 생각하였다. 이처럼 그들의 후손과 교양이 없는 사람을 교육하여 살아있는 부모에게 어떻게 효도하고 봉양해야 하는지를 알게 하였다. 왜냐하면 그들은 죽은 조상들이 학문이 있고 지위가 있는 사람의 존경을 어떻게 받는지를 직접 보았기 때문이다. 죽은 자의 무덤 앞에 제품祭品을 진열하는 의식은 기독 교 신령에 대한 모독이라 보아서는 안되고, 또한 그것이 미신의 영향을 받았다고도 말할 수 없는 것이다. 왜냐하면 그들은 결코 그들의 조상을 신으로 섬기지 않았고, 또한 조상에게 기도하여 어떤 물건을 얻거나 현실 의 어떤 소원을 이룰 것을 요구하지 않았기 때문이다.[25]

공자에 제사지내는 의식에 관해 마테오리치는 다음과 같이 말하였다.

공자의 사당은 실제로 상부의 선비나 유생과 같은 유일계층의 총 교당敎 堂이다. 법률로는 성읍마다 중국의 위대한 철인哲人을 위해 사당을 세울

---

25 『마테오리치의 일기』, pp.96~97 참조.

것을 규정하였다. 성읍 중에 특별한 곳은 사람들에 의해 문화의 중심으로 간주되었다. 이러한 사당은 호화롭게 건축되었고, 그것과 이웃하는 곳에는 그 지방관원이 학생을 관리하였다. 사당에서 가장 눈에 띄는 곳에는 공자의 초상이 있었고, 초상이 없는 곳에는 금색 글자로 새긴 공자 이름의 큰 편액匾額을 걸어두었다. 그 좌우에는 몇몇 공자 제자들의 초상이 있었고, 중국인들은 그들도 성인으로 존경하였지만 공자보다 한 등급이 낮았다. 매월 삭망일朔望(음력 초하루와 보름날)에는 관원이 학생을 모두 데리고 공자사당에 모여서 그들의 위대한 선사先師에게 경의를 표시하였다. 이러한 상황에서 의식은 무릎을 꿇어 절하고 촛불을 붙이고 향을 피웠다. 그러나 매년 공자 탄생일이나 혹은 다른 전통으로 규정된 날에는 공자의 초상 앞에 제기祭器를 진열해놓고 미리 준비한 정성껏 만든 음식을 올려놓았다. 그들은 공자의 저술이 그들에게 가르침을 준 것에 대한 감사를 표시한 것이라고 주장하였다. 왜냐하면 이러한 가르침을 받아서 그들이 일어날 수 있었기 때문이다. 국가도 이 때문에 우수한 문관文官관원을 얻어 그들에게 지방행정을 관리하도록 위임할 수 있었다. 그들은 이미 공자에게 묵묵히 기도하지 않았고, 그의 비호庇護를 요구하거나 그의 은사恩賜를 기대하지도 않았다. 그들이 공자를 기념하였지만, 우리가 이미 말하였던 것처럼 존경하는 사자先者에 대해 경의를 표시하는 것에서 나온 일종의 예절일 뿐이다.[26]

2백년 후 마테오리치의 상술한 견해는 다른 예수회 인사인 민명아閔明我 · 서일승徐日昇 · 안다安多 · 장성張誠 등의 지지를 얻었다. 그들은 강희康熙황제에게 준 편지에서 다음과 같이 말하였다.

---

[26] 위의 책, pp.96~97 참조

신 등의 좁은 소견으로는 공자에게 절하는 것이 남들의 사표師表로서 공경하는 것이지, 결코 복과 총명과 작록을 바라고 절하는 것이 아닙니다. 조상에게 제사지내는 것은 애친愛親의 뜻에서 나온 것이니, 유교의 의식을 따르는 것은 또한 가호加護를 바라는 것이 아니라 오직 효도를 다할 것만을 생각할 뿐입니다. 비록 조상의 위패를 세우더라도 조상의 영혼을 말하는 것이 아니니, 나무위패는 자손들의 보본추원報本追遠(조상을 추모하고 자신의 근본에 보답함)을 나타내는데 불과합니다.[27]

이에 강희황제는 "이 글은 매우 훌륭하고 대도大道에 부합한다"[28]라고 말하였다. 강희의 말과 마테오리치의 말이 수레바퀴 자국처럼 일치하였다.

공자를 공경하고 조상을 공경하는 것은 순수하게 조상과 선사先師에 대한 사랑과 공경을 표시한 것이지 종교의 미신이 아니다.[29]
중국에서 위패를 모시는 일은 결코 다른 뜻이 있는 것이 아니라 그 부모를 기리는 것에 불과하니, 이것은 서양에서 부모의 초상화를 그려놓고 잊지 않으려는 뜻과 같다.[30]
위패를 모시는 일은 원래 공자에서 시작된 것이 아니다. 이것은 모두 후

---

27 『正敎奉褒』下冊, 慈母堂排印 光緖 30年, pp.122~123, "臣等管見, 以爲拜孔子, 敬其爲人師範, 並非祈福祐聰明爵祿而拜也. 祭祀祖先, 出於愛親之義, 依儒禮亦無求祐之說, 惟盡孝思之念而已. 雖設立祖先之牌, 非謂祖先之魂, 在木牌位之上, 不過抒子孫報本追遠, 如在之意耳."

28 위의 책, "這所寫甚好, 有合大道."

29 강희 1700년 11월 30일의 편지글이다. 勃魯克, 『天地敎神學辭典』을 참조.(方豪, 『中國天主敎人物傳』, 第2冊, p.318에서 재인용), "敬孔敬祖純爲表示愛敬先人和先師, 不是宗敎迷信."

30 『康熙與羅馬使節關係文書 影印本』, 第6通, "中國供牌一事並無別意, 不過是想念其父母, 卽如西洋畵父母之像以存不忘之意."

인들의 존경의 뜻이지 결코 이단異端의 설이 아니다.31

공자를 공경하는 것에 대해 강희황제는 더욱 구체적으로 말하였다.

> 성인은 오상五常·백행百行의 큰 도와 군신君臣·부자父子의 큰 윤리로 가르침
> 을 만세에 전하여 사람들로 하여금 윗사람을 친애하고 어른을 섬기는 큰
> 도리를 행하게 하였으니, 이 때문에 지성선사至聖先師는 마땅히 존경되어야
> 한다.32

마테오리치와 강희황제의 말이 일치하는 것은, 마테오리치의 유가
가 종교가 아니라는 견해가 당시 중국의 실제정황에 부합하였음을 설
명한 것이다.

셋째, 마테오리치는 유교에 우상숭배가 없다고 보았다.

마테오리치는 다음과 같이 말하였다.

> 유교는 우상숭배를 믿지 않았고, 실제로 그들에게는 어떠한 우상도 없
> 었다.33

그가 보기에, 유교는 최고신을 숭배하는 외에도 다른 신기神祇를 숭
배하였다.

---

31 위의 책, 第13通, "供牌位原不起自孔子, 此皆后人尊敬之意, 並無異端之說."

32 위의 책, 第11通, "聖人以五常百行之大道, 君臣父子之大倫, 垂敎萬歲, 使人親上事長
　　之大道. 此至聖先師所應尊應敬也."

33 『마테오리치의 일기』, pp.94~97 참조.

유교의 성읍에는 또한 다른 사당이 세워져 있어 그 곳의 신령을 기념하였다.[34]

그러나 이러한 신은 "공자보다 한 등급이 낮았으며 지배권력에 제한이 있어 허명虛名을 가질 뿐이었다."[35] 이러한 신령을 모시는 사당은 제사를 지내는 장소로 쓰였던 것이 아니라, 신임관원이 취임연설을 하는 곳이 되었다. 이 때문에 이러한 신령과 최고신은 비교될 수 없었다. 그러나 마테오리치는 이러한 신이 "신의 권력을 가지고 있어 착한 자에게 복을 주고 악한 자를 벌할 수 있다"라고 생각하였다.[36]

총괄하면, 우리는 마테오리치가 주로 종교의 일반적 기본속성, 즉 종교의 기본특징에서 유교의 종교성 문제를 분석한 것이지 종교의 본질적 속성(그는 종교 신앙자로 이 점을 이루지 못하였다)에서 유교의 종교성 문제를 분석한 것이 아니라는 것을 어렵지 않게 볼 수 있다. 마테오리치는 종교인이고 천주교 신학자의 한 사람으로써, 종교를 어떻게 구분해야 하는지에 대해 식별하는 표준을 가지고 있었다. 이 점은 우리 일반 세속인들이 집 밖에서 집 안의 일을 논하는 것보다 더 깊은 이해, 즉 일반 세속인이 고려하지 못하거나 혹은 이미 고려했더라도 아직 상세히 언급하지 못한 부분에 더 깊은 이해가 있었다. 이 말은 마테오리치가 세속인의 견해보다 뛰어나다는 것과는 다르다. 왜냐하면 사람들의 신분이나 신앙과 경력의 차이에 따라 이러한 문제인식에 차이를 가져오기 때문이다.

다음으로, 마테오리치가 중국에서 활동하던 시기는 송명이학이 발전하던 말기—명말明末의 사회였다. 송명이학이 그 시기에 이미 종교,

---

34 위의 책 참조.
35 『마테오리치의 일기』, pp.94~97 참조.
36 위의 책 참조.

즉 유교로 변했는지에 대해서는 분명히 알 수 있다고 말해야 할 것이다. 앞에서 기술한 것처럼, 마테오리치는 명말의 중국사회를 상당히 자세히 이해하였다. 『마테오리치의 일기』는 거의 만력萬曆(1573~1620) 연간에 중국에서 발생한 중대한 역사사건을 기록하고 있다. 그 일기의 기술은 중국 역사서에 기록된 것과 서로 부합할 뿐만 아니라, 또한 일부 방면에서는 한문 역사서에 기록된 부족한 점을 보충하고 있다. 마테오리치는 당시 중국에서 선교한 직접 실천한 활동에 기초하여 유교가 종교가 아니라는 결론을 내렸으니, 참으로 오늘날 사람들이 사료史料분석의 간접적인 실천을 통해 얻어낸 결론보다 인식의 객관적 진리에 더 접근한다. 때문에 우리는 오늘날 철학계가 토론하는 이 문제에 대해, 마테오리치의 유교가 종교가 아니라는 견해가 일부 참고할만한 가치가 있다고 말할 수 있다.

중국의
종법성 전통종교 탐구[1]

모종감牟鐘鑒[2]

본 논문은 '중국 역사상에는 사회 전체에서 받아들이고 또한 수천 년 동안 끊이지 않고 면면히 이어온 정통종교가 있었는지'의 문제를 지적하였고 또한 긍정적으로 대답하였다. 이것이 바로 '종법성 전통종교'라고 생각한다. 그것은 천신숭배와 조상숭배를 핵심으로 하고, 사직社稷·일월日月·산천山川 등 자연숭배를 그 다음으로 하며, 기타 다종의 귀신숭배를 보충하여 상대적으로 견고한 교사郊祀[3]제도와 종묘제도 및 기타 제사제도를 형성하여 중국 종법등급 사회 예속禮俗의 중요한 구성부분이 되었으니, 이것은 사회질서와 가족체계를 유지하는 정신적 힘이요 중국인의 심령心靈을 위로하는 정신적 원천이다. 이 점을 이해하지 않으면, 중화민족의 성격특징과 문화특징을 정확히 파악하기

---

1 원래『세계종교연구(世界宗敎硏究)』, 1990년, 제1기에 실렸던 글이다.

2 모종감(牟鐘鑒, 1939~): 중국 중앙민족대학 철학과 교수. 주요 저서로는『중국종교와 문화』·『중국종교통사』·『유교가치의 신탐구』·『민족종교학도론(導論)』등이 있다. (역자 주)

3 천지(天地)에 지내는 제사를 말한다. 동지에는 남교(南郊)에서 하늘에 제사지내고, 하지에는 북교(北郊)에서 땅에 제사지낸다. (역자 주)

어렵고, 또한 많은 외래종교가 순화된 이후에 갖게 된 중국정신을 인식하기가
어렵다.

1. 문제 제기

중국 역사상에는 몇 개의 큰 종교가 존재하였는가? 이 문제는 말하
지 않아도 알 수 있을 것 같다. 원시종교와 고대 국가종교(하·상·주
3대의 종교를 가리킨다)를 놓아두거나 보편적이고 지속적으로 존재하
던 세속미신을 놓아두고도 2천여 년 간의 봉건사회 속에서 큰 종교로
는 당연히 불교·도교·기독교·이슬람교가 있고, 조금 더 광범위하게
말하면 각종의 민간종교와 소수민족의 전통종교를 포괄하게 된다. 유
학은 종교라고 할 수 있는가? 유학은 중국의 중세기 사상문화 속에서
주도적 지위를 차지하였고 불교와 도교가 그를 보좌하였으니, 다른 종
교의 영향과는 더더욱 비교할 수 없다. 가령 유학이 종교라면, 그것은
중국·역사상 최대의 종교이다. 사학자들이 항상 '유·불·도 삼교'라고
말하였지만, 여기서의 '교敎'는 바로 교화敎化의 뜻이고 '종교'를 말하는
것이 아니다. 종교의 기본 특징은 출세성으로, 허환虛幻의 세계를 구성
하여 그것이 인간의 고난을 구제하여 사람들로 하여금 해탈을 얻게 할
수 있다고 보았다. 유가의 천명天命·귀신鬼神사상은 확실히 모종의 종
교성을 포함하지만 그 기본경향은 입세적이니, 수신修身을 출발점으로
삼고 천하를 태평하게 다스리는 것을 최종 귀착점으로 삼기 때문에 그
것은 종교가 아니다. 역사상에는 이러한 기본궤도를 벗어나서 유학을
종교화하려는 유학자들이 있었으니, 예를 들어 동중서董仲舒(BC 179~BC
104)와 임조은林兆恩(1517~1598) 등은 모두 전통유가의 비판을 받아 주류
파가 되지 못하였다. 가령 유학이 종교가 아니라면, 상술한 불교와 도

교 등 어느 것도 일찍이 중국인의 주요 신앙이 되지 못하였을 것이다. 불교는 수당시기에 성행하여 그 영향이 멀리 승려의 범위를 뛰어넘어 사회의 각 문화영역에 미쳤지만, 그 정식 신도는 다만 수십만 명에 불과하였고 이후 각 시대에도 더 많이 증가하지 못하였다. 유가의 신도는 출가한 사람보다 훨씬 많았지만, 전국 인구에서는 여전히 소수를 차지하였다. 또한 일부 사람들은 다신숭배에 물들어 부처를 믿는 자는 다만 그들의 숭배활동 중의 일부에 불과하였다. 도교는 중국에서 나고 자란 토종의 대교大敎라고 말할 수 있지만, 그 신도 수는 시종 불교보다 못하고 그 종교활동은 일반적으로 조정의 의식인 국사國事에 끼지 못하였으니, 도교신앙이 민간에서의 영향이 컸지만 독실한 신봉자는 많지 않았다. 기독교와 이슬람교에 이르러서는 주로 일부지역과 일부 민족에서 유행하였으니, 중국의 사회생활에 대해서는 결코 전체적인 영향을 갖지 못하였다. 지금의 문제는, 즉 중국 역사상에는 일종의 큰 종교─줄곧 정통신앙이 되어 사회 전체에서 보편적으로 받아들이고 또한 수천 년간 끊이지 않고 면면히 이어진 큰 종교가 있는가? 필자는 있다고 보는데, 이것이 바로 '종법성 전통종교'이다.

중국의 종법성 전통종교는 천신숭배와 조상숭배를 핵심으로 하고, 사직社稷·일월日月·산천山川 등 자연숭배를 그 다음으로 하며, 기타 다종多種의 귀신숭배를 보충하여 상대적으로 견고한 교사郊社제도와 종묘제도 및 기타 제사제도를 형성하여 중국 종법등급사회 예속禮俗의 중요한 구성부분이 되었으니, 이는 사회질서와 가족체계를 유지하는 정신적 힘이요 중국인의 심령心靈을 위로하는 정신적 원천이다. 이러한 종교와 그 사상의 전통을 이해하지 못하면, 중화민족의 성격특징과 문화특징을 정확히 파악하기 어렵고, 또한 각종 외래종교가 순화된 이후에 갖게 된 중국정신을 이해하기가 어렵다.

중국의 종법성 전통종교는 옛 사람들의 마음속에서 숭고한 지위를 차지하였으니, 그것은 실제생활에서 관방官方(국가체제)에 의해 존숭되었고 민중에 의해 추앙되었을 뿐만 아니라, 또한 학자와 사학자들이 관심을 가지게 되었다.

『상서尚書』·『주역周易』·『시경詩經』과 『춘추삼전春秋三傳』 중에서, 특히 『예의禮儀』와 『예기禮記』에는 모두 초기 종교 제사활동과 제사 이론에 관한 기록이 있다. 『사기史記』의 「봉선서封禪書」, 『한서漢書』의 「교사지郊祀志」, 『후한서』의 「제사지祭祀志」는 역대의 종교 제사활동을 전문적으로 기록하였다. 종법성 전통종교가 점차 예속禮俗과 하나가 되어 한나라 이후 관리가 사서史書를 편찬할 때는 대부분 제사사항을 「예지禮志」나 「예악지禮樂志」·「예의지禮儀志」에 기록하였고, 교사郊社나 종묘宗廟의 제도와 활동에 관해서는 언제나 모든 예의 첫 번째 혹은 두 번째 자리에 배치하였으니 내용상에서 차지한 비중도 매우 컸다. 당·송 이후 전지체典志體 사서史書[4]와 대형류의 서책은 모두 종법성 전통종교에 중요한 지위를 부여하였다. 『통전通典』속의 「예전禮典」, 『통지通志』속의 「예락禮略」, 『문헌통고文獻通考』속의 「교사고郊祀考」와 「종묘고宗廟考」에는 제례祭禮와 상례喪禮의 자료를 수집하였을 뿐만 아니라, 또한 옛날부터 지금까지의 전통 종교 제사제도의 연혁에 대해서도 모조리 고증하였다. 『태평어람太平御覽』[5]에는 「예의부禮儀部」가 있고, 연관되

---

4 전지체(典志體)란 말은 우리에게 생소한 말인데, 중국에서는 서지학·분류학 등에서 잘 쓰는 말로 전지(典志)란 전장제도를 기록한 문장이나 서적을 일컫는 말이다. 통고(通考)란 원래 전지체사서(典志體史書)의 일종으로 고금의 전장제도와 원류를 위주로 기술하는 것이니, 원나라 때 마서림(馬瑞臨)의 『문헌통고(文獻通考)』와 같은 것이다.(역자 주)

5 『태평어람(太平御覽)』: 북송(北宋) 전기에 국가에서 편찬한 '사대서(四大書)' 중의 하나이다. 『사고전서총목제요(四庫全書總目提要)』에는 "송나라 이방(李昉) 등이 교서를 받들어 편찬했고, 태평 흥국 2년에 조칙을 받들어 8년에 책이 완성되었다. 처음에는 '태평류편'이라 했다가 나중에 '태평어람'으로 고쳤다"라고 하였다.("宋李昉等奉敎撰. 以太平興國二年受詔, 至八年書成. 初名太平類編, 後改名爲太平御覽.")(역자 주)

는 종교제사와 자료가 상당히 풍부하다. 『고금도서집성古今圖書集成』6
은 한층 더 고금의 종교문헌을 집대성하여 위로 주周·진秦에서부터 아
래로 청초淸初에 이르기까지 망라한 시간이 가장 길다. 옛 사람들은 전
통 종교의 제사를 매우 중시하였고, 그들은 이러한 종교를 가장 정통
적 신앙으로 간주하여 국가종교로 다루었음을 알 수 있다. 그렇지만
그것은 근·현대 학자들에 의해 등한시되었다. 이와 같은 확실한 역사
사실과 이와 같은 풍부한 문헌자료에 직면해서도 중국 종교사를 연구
하는 학자들의 눈에는 거의 보이지 않았고, 많은 사람들의 안중에는
도교와 불교만 있었다. 일부 논문에서 역대의 제사와 상례喪禮를 언급
하였지만, 대부분 사회습속에 착안하였고 그것을 불교·도교와 함께
논할 수 있는 정통종교로 다루지 못하였다. 혹자는 그것을 유학과 뒤
섞어 말하여 유학 종교화의 견해로 전통 종교제사가 독립적으로 존재
하는 객관적 사실을 대신하였다. 혹자는 다만 그것을 하·상·주 삼대
의 종교로 간주하고, 진·한과 그 이후에는 결여되어 이러한 종교가
이미 단절되거나 불교와 도교에 의해 완전히 대체된 것 같다고 보았
다. 예를 들어 왕치심王治心(1881~1968)의 『중국종교사상사中國宗敎思想史』
와 홍콩 진가영陳佳榮(1937~)의 『중국종교사中國宗敎史』7는 모두 하늘에
제사지내고 조상에 제사지내고 사직社稷에 제사지내는 것을 전국시기
이전의 고대종교로 간주하여 처리하였고, 진秦 이후에는 불교와 도교
방면으로 돌리고 더 이상 그것을 언급하지 않았는데, 이것은 매우 유

---

6 정식 명칭은 『흠정고금도서집성(欽定古今圖書集成)』이다. 강희제(康熙帝) 때의 진몽뢰
(陳夢雷)가 시작한 것을 옹정제(雍正帝) 때의 장정석(蔣廷錫)이 이어받아 1725년에 완
성하였다. 총 권수는 1만권이며, 목록 40권으로 되어 있다. 천문(天文)을 기록한 역
상휘편(曆象彙篇), 지리·풍속의 방여휘편(方興彙篇), 제왕·백관을 기록한 명륜휘편
(明倫彙篇), 의학·종교 등의 박물휘편(博物彙篇), 문학 등의 이학휘편(理學彙篇), 과거·
음악·군사 등을 기록한 경제휘편(經濟彙篇) 등 6휘편으로 되어 있다. (역자 주)
7 陳佳榮, 『中國宗敎史』, 香港, 學津書店, 1988.

감스러운 일이다. 이러한 견해에 따르면 '한대漢代에는 미신만 있고 종교가 없는' 기이한 현상이 나타날 수 있는데, 왜냐하면 그것은 삼대三代 이후나 불교와 도교가 흥기하기漢末 이전에 해당되기 때문이니, 이것은 물론 말이 통하지 않는다.

종법성 전통종교는 역사상에서 확실히 예속禮俗을 형성하여 사람들의 일상생활에 영향을 미쳤지만, 그것은 일반적인 예속이 아니라 종교의 예속으로 분명한 종교적 특징을 가지고 있다. 종교 예속화는 종교의 세속화인데, 이것은 다수종교의 공통된 추세이고 불교와 도교도 예외가 아니었으니, 이 때문에 이것으로 전통신앙의 종교성을 부정할 수 없다. 종법성 전통종교와 유학은 확실히 서로 겹치는 부분이 있으니, 예를 들어 유가경학 속의 예학禮學에서 매우 큰 일부분이 바로 제례祭禮와 상례喪禮를 연구하는 것이고, 그것은 전통종교의 이론적 기초이다. 일부 유가 학자들은 종교제사에 매우 적극적이었고 제례와 상례의 수정과 실행에도 다양하게 참여하였다. 유학 속의 천명론과 귀신사상은 전통 종교신학의 중요한 내용이다. 그러나 유학은 종교와 다르다. 유학에도 다만 일정한 종교성이 있지만, 더 많은 비종교성을 가지고 있으니, 그것의 중심은 종교제사에 있지 않고 수신修身·치국治國에 있기 때문에 주류파는 인사人事를 중시하고 귀신을 경시하여 일부 무신론을 주장하는 유학자가 출현하였다. 전통 종교에는 명확한 전장제도가 있고 독립적이고 전후로 서로 계승된 역사전통이 있어서 관방官方(국가체제)에 의해 장악되었으니 기본적으로 유학학파의 분화와 유학사조가 기복起伏하는 영향을 받지 않았다. 다시 말하면, 유학에는 자기의 학통學統이 있고 종교에는 자기의 교통敎統이 있어서 서로 영향을 미치지만, 상대적으로 독립된 지위를 유지하였다는 것이다. 중국의 종법성 전통종교는 또한 일반의 세속미신과 혼동할 수 없는데, 그것에는 기본적 신앙, 엄격한 제도, 일상의 활동이 있을 뿐만 아니라 또한 체계적 이론, 완비된 의례가 있고, 또한 역대 관방官方에서 존숭되었고 전 사회에서 공경되었으니, 그 정통적 지위는 다툴 수 없는 것이다. 중요한 하나를 지적한다면, 종법성 전통종교는 결코 삼대三代에만 존재하였던 것이 아니라 부단히 2천여 년간 지속되었고, 또한 후대로 내려갈수록 더욱 체계가 완비되었다. 중국 중세기의 종교를 연구하면서 전통의 하늘에 제사지내고 조상에 제사지내고 사직에 제사지내는 것을 연구하지 않는 것은, 부분적 결핍에 그치지 않고 주도적 단서를 잃은 것이니 그 잘못은 근본적이다.

　이로부터 종법성 전통종교를 연구하는 것은 매우 필요한 것이고, 그것을 분명히 하지 않으면 지금 중국 종교연구 속의 일련의 혼란을 해명할 수 없고, 또한 중국 종교연구의 참신한 국면을 열기가 어려워 일부 종합적인 '중국 종교사 연구'가 착수될 수 없다는 것을 알 수 있다. 지금의 임무는 결코 우리 연구자들이 일부 자료를 이용하여 종법성 전통종교를 규합하고 창조해내는 것이 아니다. 지금 필요한 것은, 다만 우리 연구자들이 그것을 새로이 발견하여 여실히 소개하고 정확히 평가하는 것이다. 그것을 무슨 종교라 불러야 하는지에 대해서는 그 다음의 일이다. 내가 그것을 '종법성 전통종교'라고 부르는 데는 나만의 이유가 있으니 아래 글에서 상세히 기술하였다. 다른 사람은 다른 이름을 붙일 수도 있겠지만, 그것이 중국 역사상에 객관적으로 존재하던 '정통 대교大敎'라는 것은 의심할 수 없는 사실인데, 다만 우리에게 충분한 주목을 끌지 못하였을 뿐이다.

2. 종법성 전통종교의 특징

(1) 내원 来源의 유구성

천신숭배와 조상숭배 및 기타 계열의 자연숭배는 모두 원시사회 혹은 국가형성 초기에 기원한다. 고고학과 고문헌 자료에는 토지숭배·곡물숭배와 일월산천日月山川·풍우뇌전風雨雷電 숭배가 매우 일찍이 발생하였고, 이것이 고인들의 보편적 신앙이라고 밝히고 있다. 군주등급제 사회가 출현한지 오래지 않아 귀신관념도 등급의 분화를 시작하였으니, 백신百神 위에 지상신至上神이 탄생하였으니, 은나라 사람들은 상제(帝)라고 불렀고 주나라 사람들은 천天이라고 불렀다. 천신天神은 천상의 배후에 있는 군주이고, 군주는 천신을 대표하는 인간이다. 군권천수君權天授는 영원히 바뀌지 않는 진리가 되었고, 하늘에 지내는 제사는 역대 군왕이 독점하는 특권이 되었다. 조상숭배는 씨족사회에 발생하였고, 남성 조상숭배는 부권제 씨족사회에서 유행하였다. 중국은 원시사회에서 사유제사회로 진입한 후에도 씨족조직의 껍데기를 버리지 못하였을 뿐만 아니라, 도리어 씨족과 부락의 혈연 망을 더 강화하고 확대하여 가정과 가족이 사회국가 안정의 기초가 되었다. 때문에 부계혈통을 맥락으로 하는 조상숭배가 더 체계적으로 발달하였고, 조상에 제사지내고 조상을 공경하는 것이 중국인의 보편적인 기본신앙이 되었다. 총괄하면, 원시종교·고대 국가종교·중세기 전통종교가 모두 일맥상전一脈相傳되어 왔던 것이다.

(2) 발전의 연속성

세계적으로 말하면, 희랍·이집트·페르시아·인도 등 문명이 오래

된 나라의 원시사회와 초기 국가단계에서는 중국과 마찬가지로 천신
숭배·조상숭배·자연숭배가 성행하였다. 그러나 이러한 국가가 중세
기에 들어선 후에는 고대 종교전통에 비교적 큰 전환이나 심지어 단
절이 발생하였다. 고대의 희랍종교가 기독교 정교正敎로 대체되었고,
이집트와 페르시아는 모두 이슬람교를 신봉하였으며, 인도에는 불교
가 궐기하였다. 아랍지역과 유럽 다수 지역에는 고대 종교신앙이 기
본적으로 이슬람교와 기독교 신앙으로 바뀌었다. 큰 문명국가 중에서
유독 중국만이 고대 종교전통이 중단되지 않았고, 중세기에 진입한
이후에도 더욱 왕성하게 발달하였고 더욱 완비되었다. 왕조가 어떻게
교체되든 모두 그것의 정통적 지위에 영향을 주지 못하였다. 도교의
흥기와 불교의 전래도 일찍이 그것의 국가종교 성질을 동요시키지 못
하였다. 대다수 중국인에 대하여 말하면, 하늘을 공경하고 조상에 제
사지내는 것은 첫 번째로 버릴 수 없는 것이었고, 불교와 도교의 신앙
은 두 번째 혹은 세 번째에 속하여 믿을 수도 있었고 믿지 않을 수도
있었다. 이러한 정황은 줄곧 근대 신해혁명辛亥革命(1911) 전후로까지
지속되었는데, 이러한 종교가 매우 안정되고 견고한 전통이었음을 설
명한 것이다.

(3) 의규儀規의 종법성

이러한 종교의 기본신앙은 '하늘을 공경하고 조상을 본받는(敬天法
祖)' 것이다. 『예기』 「교특생郊特牲」에는 "만물은 하늘에 근본하고 사람
은 조상에 근본한다"[8]라고 하였다. 이것이 중국인의 만물과 인간 본원
本源에 대한 기본 견해이니, 하늘에 제사지내고 조상에 제사지내는 것

---

8 『禮記』 「郊特牲」, "萬物本乎天, 人本乎祖."

은 바로 본원에 보답하는 방식이다. 하늘을 공경하면 반드시 군주에 충성하여 이에 충도忠道가 신장될 수 있고, 조상을 본받으면 상례喪禮와 제례祭禮를 중시하여 이에 효도가 선양될 수 있다. 충효忠孝의 도가 바로 종법 등급사회의 주요한 윤리규범이기 때문에 전통종교는 강렬한 종법성을 갖는다. 이른바 종법은 부계가족의 실체를 견고히 하는 체제로, 그것은 남성혈통의 계승관계를 중심으로 하여 상하등급과 원근친소遠近親疎의 사람간의 망을 형성하였다. 이로써 재산과 권력의 분배와 재분배를 결정하였으니, 위로는 황족이 있고 가운데는 종족과 가족이 있고 아래로는 가정이 있었으니, 그들이 바로 사회의 민중을 연결하는 보편적 축대였다. 적장자嫡長子 계승제는 종법제의 핵심으로, 이로부터 대종大宗·소종小宗과 적자嫡子·서자庶子의 구분이 있었다. 종법제는 부권과 부계혈통을 가장 중시하였기 때문에 그것은 남성조상을 숭배하였고, 먼 조상과 가까운 조상을 포괄하여 사람들에게 강렬한 친조親祖 관념과 감정을 가질 것을 요구하였다. 유가윤리는 본질적으로 종법윤리이고 그것은 종법 등급사회의 토양에서 직접 발생하였다. 이렇게 본다면, 전통종교와 유학은 동일한 종법 등급사회라는 큰 나무에 열린 두 개의 과실이니, 전자는 종법주의의 종교형태이고 후자는 종법주의의 이성형태이다. 종교의 조직활동에서 말하면, 전통 종교에는 독립된 교단조직과 같은 체계가 없으니, 그것의 종교 제사활동은 국가·종족·가족·가정에서 구성된 종법 조직체계에 의해 관리를 겸하였다. 한 사람이 종교 제사활동에서의 지위와 작용은 결코 그의 종교학식과 재능과 경험에서 결정되지 않고, 다만 종법조직 속의 등급지위에서 결정되었다. 천자天子는 황족을 대표하기 때문에 천신과 황족의 조상제사를 주관하는 신권을 독점하였다. 종족·가족·가정의 제사활동은 당연히 족장族長과 가장家長에 의해 주관되었다. 종교제사는 종법조직의 일상적이고 내부적인 일이니 다른 종교조직을 세울 필요가 없었으며, 이

때문에 입교수속이나 교도와 비교도의 구분이 없었고 종법조직 하의
구성원이 모두 신도였다. 때문에 대다수 중국인에 대해서 말하면, 전
통종교는 전 국민의 종교에 근접하였다. 이러한 범국민성은 아래와 같
은 결과를 야기하였다. 즉 하늘을 공경하고 조상을 본받는 신조信條를
공개적으로 위반하는 자는 물론 드물었지만, 경건하고 열광하는 신도
도 소수였다. 총괄하면, 종법제도 및 윤리와 긴밀히 결합하여 조직상
의 독립성을 결핍하였으니, 이것이 전통종교의 최대 특징이고 내가 그
것을 '종법성 전통종교'라고 부르는 주된 근거이다.

(4) 공용功用의 교화성

종법성 전통종교는 일반적으로 '귀신세계의 구체적 정황과 개인영
혼을 어떻게 구제할 것인지'는 특별히 추구하지 않고 제사예법의 세목
도 특별히 중시하지 않는다. 그것이 가장 중시한 것은 종교제사가 정
치와 윤리방면에서 발생하는 교화작용이다. 이른바 '신도설교神道設教'
는 신도神道의 숭배를 통하여 교화를 설립하는 것이다. 이것은 종교제
사를 기본적 교육수단으로 실시하는 것이기 때문에 "제사는 가르침의
근본이다"[9]라는 견해가 있는데, 이러한 종교관점은 윤리형적이고 대
표적이다. '신도설교'의 목적에 도달하기 위해 종법성 전통종교는 사
람들이 신령에게 제사지낼 때에 진실하고 엄숙할 것을 요구하는데, 그
목적은 신령의 호감을 얻어 자신을 보호하도록 하기 위한 것이다. 마
찬가지로, 사람들에게 공경하고 효도하는 마음을 길러서 인성人性을
착하게 하고 심령을 정화시키기 위한 것이다. '신도설교' 자체는 신도
神道와 교화敎化 두 요소를 포함한다. 먼저 신도를 진실되게 믿은 이후

---

9 『禮記』「祭統」, "祭者敎之本也."

에 비로소 사람 마음을 교화할 수 있다고 강조한 것은 유신론有神論에 속하는데, 이것이 전통종교의 주류파이다. 그러나 교화의 공능만을 중시하고 신도를 단순한 교육수단으로 간주하는 것은 무신론無神論으로 나아갈 가능성이 있고 일종의 이단이다. 순자는 "군자는 의식의 일이라 생각하고 백성은 귀신의 일이라고 생각한다"[10]라고 말하였다. 왕충王充은 다음과 같이 말하였다.

살아있는 자에 말미암아 죽은 자를 섬겨서 조상을 잊지 않음을 알려준다. 오제五帝·삼왕三王·교종郊宗·황제黃帝·제곡帝嚳[11] 등의 제사가 그들의 공적에 보답하고 노고를 존숭하여 감히 조상의 공덕을 잊지 않지만, 반드시 귀신이 있어야 제물祭物을 흠향할 수 있는 것은 아니다.[12]

이러한 사상이 성행할 때는 아마도 제사활동이 형식에 흐르고 그 종교성을 상실하여 세간의 예속禮俗과 융합되었던 것이다.

(5) 신계神界의 농업성

중국은 온대지방으로, 토지가 비옥한 중원지역은 일찍이 서경鋤耕[13] 농업이 발달하였고, 또한 전체 고대 중국의 경제의 명맥命脈이 되었다. 이렇게 발달한 농업경제의 기본 위에서 각종 찬란한 물질과 정신문명의 성과를 이루었으니, 이 때문에 중화문명은 주로 농업문명이다. 이

---

10 『荀子』「天論」, "君子以爲文, 而百姓以爲神."
11 제곡(帝嚳)은 고대 제왕의 이름. 황제의 증손(曾孫)으로 호를 고신씨(高辛氏)라 하였다.(역자 주)
12 『論衡』「祀義」, "緣先(生)事死, 示不忘先, 五帝三王, 郊宗黃帝帝嚳之屬, 報功堅力, 不敢忘德, 未必有鬼神審能歆享之也."
13 서경(鋤耕)은 호미로 흙을 뒤엎어 파종 혹은 김매기하는 농사법을 말한다.(역자 주)

것과 서로 부응하여 원시시대부터 줄곧 지속되어 내려오던 자연숭배
는 분명히 농업신숭배를 핵심으로 하였고, 자연의 여러 신들의 성격이
모두 농업생산과 관계가 있어 농업제사가 일찍이 출현하였다. 천지天
地·일월日月·풍우風雨·뇌전雷電·산천山川에 대한 제사는 주로 풍년을
기구하기 위한 것이고, 토지와 곡물에 대한 숭배는 더욱 농업제사의
핵심이 되었는데, 이에 사직社稷14의 숭배가 있었다. '사'는 토지신土地神
이고 '직'은 곡신穀神으로, 가장 중요한 농업생산의 자료와 노동성과를
대표하였는데, 이 때문에 특별한 영화를 누렸다. 중세기 전체에서 사
직의 제사는 하늘에 제사지내는 것에 다음갔고, 조상에 제사지내는 것
과 거의 대등하였다. 왜냐하면 "백성은 먹을 것을 하늘로 여긴다, 즉
백성에게 가장 중요한 것은 먹을 것이고"15 농업이 나라를 세운 근본
으로, 수확의 좋고 나쁨이 종법 등급사회의 근본적 안정에 직접 영향
을 주기 때문에 사직이 전통종교의 주요한 구성부분이 되었다. 중국
역사상에는 신농씨神農氏16라고 불리는 농업의 큰 신을 존숭하였는데,
그는 농경사업의 창조자로 간주되어 대대로 제사를 받았고 제선농祭先
農으로 불렸다.

---

14 '사직'은 제왕이나 군주들이 토신(土神)과 곡신(穀神)에게 제사를 드리기 위해 세운
   제단(祭壇)을 말한다. 사(社)는 토신(土神)이고 직(稷)은 곡신(穀神)이다.(역자 주)
15 『史記』「酈生·陸賈列傳」, "民以食爲天."
16 '신농씨'는 중국의 고대 전설상의 인물로 복희씨(伏羲氏)·수인씨(燧人氏)와 더불어
   삼황(三皇)이라고 하며, 농업의 발명자 백성들에게 농경과 목축을 처음 가르쳤다
   는 것으로 알려져 있다.(역자 주)

3. 경천敬天과 제천祭天

천신숭배는 대략 부계씨족사회의 후기-부락연맹시기에 발단되었으니 구체적인 정황은 이미 오래되어 고증하기가 어렵다. 『논어』「요왈堯曰」에는 "오직 하늘만이 위대하고 오직 요임금만이 그것을 본받았다"[17]라고 하였다. 『상서尙書』「순전舜典」에는 "순임금이 마침내 상제에게 유類제사를 지냈다"[18]라고 하였다. 『묵자』「겸애(하)」에는 「우서禹誓(우임금의 맹세)」를 인용하여 우임금이 유묘有苗족을 정벌한 것이 바로 "하늘의 벌을 내린 것이다"[19]라고 말하였다. 『상서』「탕서湯誓」에는 "유하有夏에게 죄가 많아 하늘이 명하여 그를 죽였다.……하씨夏氏에게 죄가 있어 상제를 두려워하니 감히 바로잡지 않을 수 없었다"[20]라고 하였다. 『효경孝經』에는 "주공이 후직后稷에게 제사지내어 하늘과 짝을 이루게 하였고, 명당에서 문왕에게 제사지내어 상제와 짝을 이루게 하였다"[21]라고 하였다.

상술한 문헌의 견해에 따르면, 요·순·우·탕·주공은 모두 천신天神을 공경하여 제사하였는데, '천'이라고 부를 때도 있었고 '상제'라고 부를 때도 있었으며 겸하여 부를 때도 있었는데 불과하다. 은대의 천신숭배는 이미 은허殷墟의 고고학적 자료에 의해 확실히 증명되었으니, 갑골문에는 "상제가 바람을 불게 하였다(帝其令風)", "상제가 비를 내리게 하여 풍년이 들었다(帝令雨足年)", 상제가 "흉년을 내리고(降饉(堇)) 재앙을 내리는(降禍)" 기록이 있는데, 이것은 상제가 자연과 사회의 주재

17 『論語』「堯曰」, "唯天爲大, 唯堯則之."
18 『尙書』「舜典」, "肆類于上帝."
19 『墨子』「兼愛(下)」, "用天之罰."
20 『尙書』「湯誓」, "有夏多罪, 天命殛之.……夏氏有罪, 予畏上帝, 不敢不正."
21 『孝經』「聖治」, "周公郊祀后稷以配天, 宗祀文王于明堂以配上帝."

자임을 설명한 것이다. 주나라 사람들은 '상제'의 옛 호칭을 그대로 사용할 때도 있었지만, 대부분 천天 혹은 황천皇天·호천昊天·창천蒼天을 사용하였고, 혹자는 '천'을 상제와 결합시켜 '천제天帝'·'호천상제'(후세에 이 호칭을 사용한 것이 가장 많았다)·'황천상제皇天上帝' 등으로 불렀는데, 『상서』·『시경』이 이를 증명할 수 있다. '천'은 끝없이 넓은 우주를 신격화하였으니, 그것은 지상신의 신성성이 부여된 이후에도 여전히 원래 있던 '한없이 넓고 까마득한 성질'과 '덮어주는 포용성'으로 '상제'라는 호칭보다 지상신의 헤아릴 수 없이 깊고 끝없는 포용성을 더 잘 나타내었다. 때문에 매우 모호한 성질을 가짐으로써 후에 중국인의 천신관념에 여러 해석이 나오게 되었고, 이해도에서 비교적 큰 발전과 융통성의 여지를 가짐으로써 '천명'과 '천도' 등의 개념으로 쉽게 일반화되었다. 만약 은나라 사람의 '상제'가 다만 그 부족의 보호신이고 희노喜怒가 무상한 인격화된 지상신이라고 말한다면, 주나라 사람의 '천신'은 정의正義와 공도公道를 주관하고 사회전체의 이익에 관심이 있고 항상 상벌賞罰의 표준이 되는 신의 성격을 가지고 있었다. "오직 덕 있는 자만을 돕는다"[22]는 것은 왕권을 부여하고 보호하는 자였을 뿐만 아니라 동시에 왕권을 감독하고 규제하는 자였으니, 천자는 천신이라는 인간을 통치하는 권력을 얻은 후에 또한 '덕으로 천과 짝을 이루게 하고(以德配天)', '덕을 숭상하여 백성을 보호하는(敬德保民)' 일련의 사회책임을 담당해야 비로소 천신의 영원한 신임을 얻어 정권의 안정을 유지할 수 있고, 그렇지 않으면 천명은 다른 성씨의 덕 있는 자의 신상으로 옮겨갈 수 있다. 이러한 사상의 주된 창립자가 주공周公이다. 유가의 천명론은 "죽고 사는 것은 운명에 달려있고 부귀는 하늘에 달려있다"[23]는 말로 대표할 수 있다. 그것은 '천'에 인력으로 할 수 없

는 성질을 부여하였는데, 대체로 주관적 노력이 도달할 수 없는 곳이 바로 천명에 돌아갈 곳이다. 이처럼 선진시기의 '천'에 관한 관념에는 '주재의 천', '도덕의 천', '운명의 천'이라는 세 가지 중요한 성질이 있었으니, 후세 사람들의 마음속에 있는 천신은 바로 이 세 가지 중요한 성질이 뒤섞여서 인간의 힘을 지배하였다.

경천敬天 · 제천祭天에는 그 뜻이 네 가지가 있다. 첫째, 천도天道를 본받아 인사人事를 결정한다. 『주역』의 "하늘이 상象을 드리워 길흉을 내보이니 성인이 그것을 본받았다"[24], 『논어』의 "오직 하늘이 위대하고 오직 요임금이 그것을 본받았다"[25]는 것이다. 둘째, 하늘의 도움을 받고 하늘의 징벌을 두려워한다. 『논어』의 "하늘에 죄를 얻으면 빌 곳이 없다"[26], 『주역』의 "제사를 이용하여 복을 받는다"[27], 『춘추번로春秋繁露』「교어郊語」의 "하늘을 두려워하고 공경하지 않으면 그 재앙이 은밀히 이른다"[28]는 것이다. 셋째, 하늘의 덕에 감응하고 하늘의 은혜에 보답한다. 『예기』「교특생郊特牲」의 "교제郊祭(하늘에 지내는 제사)를 지내는 것은 크게 근본에 보답하고 처음으로 돌아가는, 즉 조상의 은혜에 보답하는 것이다"[29], 『물리론物理論』의 "천지에 제사지내는 것은 죽은 조상에 보답하는 것이다."[30] 넷째, 왕은 하늘에서 명을 받았으니, 하늘에 제사지내면 왕권을 견고히 할 수 있다. 『오경통의五經通義』의 "왕이 천지에 제사지내는 것은 무엇 때문인가? 왕의 아버지가 하늘을 섬

23 『論語』「顏淵」, "死生有命, 富貴在天."
24 『周易』「繫辭(上)」, "天垂象見吉凶, 聖人象之."
25 『論語』「泰伯」, "唯天爲大, 唯堯則之."
26 『論語』「八佾」, "獲罪於天, 無所禱也."
27 『周易』「困卦」, "利用祭祀, 受福也."
28 『春秋繁露』「郊語」, "不畏敬天, 其殃來至暗."
29 『禮記』「郊特牲」, "郊之祭也, 大報本反始也."
30 (晋) 楊泉, 『物理論』, "祭天地, 報往也."

기고 어머니가 땅을 섬기기 때문에 자식된 도리로써 하는 것이다"31,
『한서漢書』「교사지郊祀志」의 "제왕의 일은 하늘의 질서를 받드는 것보
다 더 큰 것이 없고, 하늘의 질서를 받드는 것은 교제郊祭를 지내는 것
보다 더 중한 것이 없기 때문에 성왕이 진심으로 걱정하여 그 제도를
세웠다"32는 것이다. 이로부터 '경천'이 천하 사람들이 보편적으로 마
땅히 가지고 있던 신앙이라면, '제천'은 주로 군왕 자신들의 일이었으
니, 천신숭배가 왕권의 정신적 지주였음을 알 수 있다.

　제천의 활동에는 기본적으로 네 가지 방식이 있으니, 즉 교제郊祭·봉
선封禪·고제告祭·명당제明堂祭로 지금 분별하여 간단하게 기술하였다.

(1) 교제郊祭

　이것은 역대 군왕이 하늘에 제사지내던 주된 방식이다. 『예기禮記』·
『주서周書』와 『효경孝經』의 기록에 근거하면, 대략 주대를 시작으로 하
여 정식으로 수도 남교南郊에서 하늘에 제사를 지냈다. 당시에는 하늘
과 땅에 합제合祭를 지내고 조상을 배제配祭하여(천자만이 天祭에 조상신을
배제할 수 있다) '번시燔柴(섶나무를 태우며 하늘에 제사지냄)'의 예를 행하였다.
즉 단 위에 땔나무를 쌓고 옥이나 돈 및 희생물을 놓고 불을 피운 후에
연기가 위로 올라 하늘에 이르게 하고 또한 상응하는 공물貢物·음악·
기도 등 각종의 의식절차가 있었다. 전국戰國 중기 이후에는 음양오행
사조가 유행하여 천제天帝도 따라서 다섯 가지로 나누어져 오제설五帝說
이 출현하였다. 즉 황제黃帝는 중앙에 있으면서 토덕土德을 가지고 있
고, 태호太皥는 동쪽에 있으면서 목덕木德을 가지고 있고 봄을 주관하여

---

31 劉向, 『五經通義』, "王者所祭天地何. 王者父事天, 母事地, 故以子道之也."
32 『漢書』「郊祀志」, "帝王之事莫大乎承天之序, 承天之序莫重于郊祀, 故聖王盡心極慮以
　建其制."

청제青帝라고도 불렀으며, 염제炎帝는 남쪽에 있으면서 화덕火德을 가지고 있고 여름을 주관하여 적제赤帝라고도 불렀으며, 소호少皞는 서쪽에 있으면서 금덕金德을 가지고 있고 가을을 주관하여 백제白帝라고도 불렀으며, 전욱顓頊은 북쪽에 있으면서 수덕水德을 가지고 있고 겨울을 주관하여 흑제黑帝라고도 불렀다. 또한 후토后土·구망句芒·축융祝融·욕수蓐收·현명玄冥의 다섯 신을 오제五帝에 배치하여 그들을 보좌하였다. 천자는 사계절의 순서에 따라 오제五帝와 오신五神에게 차례로 제사를 지냈다. 『사기』「봉선서」에 근거하면, 진나라는 사치四畤(동·서·남·북의 신에 제사지내던 곳)에서 백白·청靑·황黃·적赤의 사제四帝에 제사를 지냈고, 유방劉邦이 궁궐로 들어온 후에는 흑제黑帝의 사당을 증설하였는데, 이로부터 정식으로 오제五帝의 제사가 있었다. 그러나 '오제'의 제사는 전통적인 천신의 통일성과 지상성을 약화시켜 통일된 중앙정권을 견고히 하는데 불리하였기 때문에 한 무제는 유기謬忌(한 무제 때의 방사)의 상소에 따라 사당을 세워 천신인 태일太一에 제사를 지내고 오제는 강등되어 태일을 보좌하였으며, 제사제도에서는 엄격한 규정이 없었다. 동한東漢 때는 참위讖緯의 영향을 받아 태호·염제·황제·소호·전욱의 다섯 황제 외에, 다시 영위앙靈威仰·적표노赤熛怒·백초거白招拒·엽광기葉光紀·함추뉴含樞紐라는 다섯 천제天帝의 출현이 있었다. 매 왕조는 모두 오제 중의 하나에 감응하여 일어났기 때문에 감생제感生帝라고도 불렀고, 그 제사의식은 하늘에 제사지내는 것에 다음갔고 오제에 제사지내는 것과 동급이었다. 『효경』에는 다음과 같은 말이 있다.

후직后稷에게 제사지내어 하늘과 짝을 이루게 하였고, 명당에서 문왕文王에 제사지내어 상제와 짝을 이루게 하였다.33

---

33 『孝經』「聖治」, "郊祀后稷以配天, 宗祀文王于明堂以配上帝."

정현鄭玄(127~200)은 천신을 둘로 나누었으니, 환구圜丘[34]에서 호천昊天에 제사를 지내고 남교南郊에서 상제에 제사를 지냈다. 또한 호천에 다섯 천제를 더하여 '육천六天'의 설이 되었으니, 위나라 명제明帝(226~238 재위)는 하늘에 제사지낼 때에 정현의 설을 취하였다. 진晉(西晉)나라 무제武帝(265~290 재위)는 정현의 설을 버리고 왕숙王肅(195~256)의 설을 채용하였으니, 환구와 남교를 같은 것으로 간주하고 또한 오제를 하나의 신으로 보고 함께 호천상제昊天上帝라고 불렀으며, 또한 북교北郊에 방택方澤을 세우고 땅에 제사를 지냈다. 이 후부터 하늘과 땅을 나누어 제사지내는 제도가 있게 되었다. 하늘 제사에는 여러 천체天體·기상氣象의 신을 함께 제사하였고, 땅 제사에는 여러 산천山川·하해河海의 신을 함께 제사하였다. 남북조 각 시대에는 늘거나 줄어 든 변동이 있었지만 모두 하늘에 제사지내는 의식은 중단되지 않았다. 수대에는 이전 왕조를 답습하였다. 당대 초기에는 정현의 설을 취하여 환구에서 호천상제昊天上帝에 제사를 지냈고, 남교에서는 태미감제太微感帝에 제사를 지냈으며, 명당에서는 태미오제太微五帝에 제사를 지냈다. 당나라 고종高宗(649~683 재위) 때는 또한 정현의 설을 버리고 왕숙의 설을 취하여 환구와 남교를 하나로 합하고 감생제의 제사를 없애고 다시 풍년이 들기를 비는데 사용하였다. 당나라 예제를 규정한 『개원례開元禮』[35]는 대체로 국가의 제사제도를 확정하였으니, 호천상제를 최고의 천신으로 간주하고 지기地祇와 서로 짝을 이루게 하였고, 오제의 신을 배향하

---

34 환구(圜丘): 원형의 언덕으로 천자가 동지(冬至)에 하늘에 제사지내는 곳이다.(역자 주)
35 중국 당나라 때의 예제(禮制)를 규정한 책. 150권. 『대당개원례(大唐開元禮)』라고도 한다. 당 현종(玄宗)의 개원(開元) 20년(732년)에 소숭(蕭嵩) 등이 황제의 명을 받아 태종 때의 『정관례(貞觀禮)』와 고종 때의 『현경례(顯慶禮)』를 절충하여 만들었다. '정관'은 태종 때의 연호이며, '현경'은 고종 때의 연호이다. 『당개원례』가 만들어짐으로써 당대의 오례(五禮)제도가 완비되었다. 이후의 여러 왕조가 모두 이것을 근거로 예제를 정하였으며, 수정을 하였다고 하더라도 그 범위에서 크게 벗어나지 못하였다.(역자 주)

고 각종의 신령과 존승하던 조상신을 함께 제사지냈고, 황제가 친히 남교에서 하늘에 제사를 지냈다. 송나라는 당나라의 제도를 답습하고 큰 변동이 없었다. 명대 가정嘉靖(명 世宗 때의 연호)황제는 예악을 제정 하는 것을 자기의 임무로 삼아 하늘과 땅에 나누어 제사지낼 것을 확 정하였으니, 다시 동교東郊와 서교西郊에서 아침 해(朝日)와 저녁 달(夕 月)에 각각 제사를 지냈고, 정양문正陽門 5리 밖 대사전大祀殿의 남쪽에 환구를 만들어 하늘에 제사를 지냈고, 대사전에서는 풍년을 기원하였 고, 안정문安定門 밖 동쪽에 방택의 제단을 만들어 땅에 제사지내는데 사용하였고, 제단의 제도·신위神位·제기祭器·공물供物과 의례상에서 모두 완비되는데 이르렀다. 청대에는 기본적으로 명대의 하늘에 제사 지내는 제도를 모방하여 환구북圜丘北(하늘에 제사지냄)을 기년전祈年殿(풍 년을 기원)으로 간주하였다. 하늘에 제사지내던 의식은 일반적으로 다 음과 같다. 즉 흠천감欽天監(천문관의 일종)에서 길일吉日의 시각을 예측하 면, 하루 전날 황제는 천단天壇에 이르러 재궁齋宮·재계齋戒하고, 제사 지내는 날에는 감색의 예복을 입고 향을 피우고 또한 세 번 무릎을 꿇 고 아홉 번 머리를 땅에 조아리며 절하는 예를 행하고 옥과 예물을 바 치고 '번시'하고 제사음악을 연주하고 제사를 지냈다. 정월에 풍년을 기원하는 기곡祈穀과 여름철 기우祈雨도 천단에서 거행하였다. 각 왕조 의 황제는 남교에서 1년에 한번 혹은 2~3년에 한번 하늘에 제사를 지 냈고, 전란으로 인하여 조금 긴 시간 정지될 때도 있었지만 대체로 중 단되지 않았고, 사회가 안정되면 바로 회복되었다. 황제가 친히 제사 를 지낼 때가 대부분을 차지하였고, 관원을 보내 제사를 대신할 때도 있었지만 제사를 주관하는 명분은 여전히 황제 한 사람에게 돌아갔으 니, 이것이 바로 천자만이 홀로 누리는 신권이었다.

(2) 봉선封禪

교제郊祭가 국가의 일상적인 제천祭天방식이라고 말한다면, 봉선封禪은 아주 성대하거나 거행하기 어려운 하늘과 땅에 제사지내는 큰 제전이다. 제사를 지내는 곳은 반드시 동악東嶽에 있는 태산泰山이다. 제사의 방식은, 산 위에 흙을 쌓아서 단을 만들어 하늘에 제사를 지내어 하늘의 공덕에 보답하는 것을 '봉'이라고 하고, 산 아래 작은 산의 부지에서 땅의 공덕에 보답하는 것을 '선'이라고 한다. 봉선의 예를 행하려면 반드시 두 가지 정황 가운데 하나가 나타나야 한다. 하나는 왕조의 교체이니, "왕이 역성易姓하여 일어나면 반드시 태산에 올라가 흙을 높이 쌓고 보고하였다."[36] 다른 하나는, 세상이 잘 다스려져 국가가 흥성해지는 것이니, "옛날 성왕聖王은 공적이 이루어지고 도가 두루 미치어 상서로운 조짐이 나타나면 태산에서 하늘에 제사를 지내기 위해 흙을 높이 쌓았다."[37] 봉선의 큰 제전이 비록 성대하고 다채롭지만, 황제 일행이 길을 따르는데 거대한 인력과 물력을 소비해야 하였기 때문에, 스스로 치세治世의 군주임을 자처한 자라도 항상 재용財用의 부족으로 봉선의 계획을 포기해야 하였다. 역사상 봉선의 대전을 행한 군왕은 손가락을 꼽을 정도에 불과하였다. 『사기』「봉선서」에는 관중管仲이 옛날에 봉선한 72가家의 일을 기록하였지만, 어슴푸레하여 믿기 어렵고 3대 봉선의 일이 있었는지도 자세히 고증하기가 어렵다. 사료에 확실히 기록되어 있는 봉선 황제로는 진시황秦始皇, 한 무제武帝, 한 광무제光武帝, 당 현종玄宗, 송 진종眞宗 몇 사람이다. 제齊 환공桓公, 위 명제明帝, 진晉 무제武帝, 송 문제文帝, 양 무제武帝, 수 문제文帝, 수 양제煬帝, 당 태종

---

36 『白虎通』卷5, 「封禪」, "王者易姓而起, 必升封泰山, 報告成."
37 『尚書緯』「尚書中侯」, "昔古聖王, 功成道洽, 符瑞出, 乃封太山."

太宗 등 군왕은 모두 봉선의 논의가 있었으나 행하지 못하였다. 한 광무
光武의 봉선은 일찍이 산꼭대기 제단의 석함石函 속에다 옥첩玉牒(황실의
계보)을 봉하여 감추어 외부인이 그 내용을 보지 못하였다. 당 현종玄宗
(712~756 재위)이 봉선의 예를 행할 때에 옥첩을 꺼내어 백관들에게 보
여주었는데, 그 내용은 다음과 같다.

당나라를 이은 천자 신 아무개가 감히 호천상제昊天上帝에게 아룁니다. 하
늘이 이씨李氏에게 계시를 내려 덕운德運이 토덕土德에서 일어났습니다. 고
조高祖(제1대 황제)와 태종太宗(제2대 황제)이 명을 받아 나라를 세웠습니다. 고
종高宗(제3대 황제)이 승중升中(옛날 제왕이 하늘에 제사지내어 일의 성공을 고함)하여
천지 사방이 번창하였습니다. 중종中宗(제4대 황제)이 계승하여 일어나 선대
의 뒤를 이어받았으나 안정되지 못하였습니다. 그러나 상제께서 돌봐주
시어 신 충무忠武(제6대 황제 현종)에게 하사해주었으니 어찌 내간內艱(모친상)
에도 편안할 수 있겠습니까? 성부聖父(선왕)를 추대하고 대보大寶(옥새)를 공
손히 받든 지가 13년이 되었으나 공경하기를 마치 하늘의 뜻과 같이 하여
온 천하가 편안해졌습니다. 대악岱嶽(태산)에서 흙을 쌓아 제사를 지내어
하늘에 고하니 자손이 많은 복을 얻고 백성이 복을 받게 해주소서.**38**

이것은 바로 '봉천승운奉天承運(천운을 받들어 계승함)', '경천안민敬天安民
(하늘을 공경하여 백성을 안정시킴)', '기천사복祈天賜福(하늘에 빌면 복을 줌)'의
뜻이다.

---

38 『舊唐書』卷23, 「禮儀」, "有唐嗣天子臣某敢昭告于昊天上帝, 天啓李氏, 運興土德. 高祖
太宗受命立極. 高宗升中, 六合殷盛. 中宗紹復, 繼體不定. 上帝眷祐, 錫臣忠武, 底綏內
艱, 推戴聖父, 恭承大寶, 十有三年, 敬若天意, 四海晏然. 奉祀岱嶽, 謝成于天, 子孫百祿,
蒼生受福."

(3) 고제告祭

새로운 왕조를 처음으로 세우고, 새로운 군주가 등극하고, 도읍을
세우고, 도읍을 옮기며, 나라를 봉하거나 기타 국가의 큰 일을 진행할
때는 고천告天의 예를 거행하여 일이 중대함을 나타냈는데, 특히 상천
에 보고하여 상천의 허락을 구하고 합법적인 명의名義를 얻어서 정국政
局을 안정시키고 민심을 안정시켜야 하였으니, 이것을 고제告祭라고
하였다. '고제'는 교제郊祭와 다르니, 상대적으로 확정된 제사기일이
없고 평소에 거행하지도 않았다. 또한 봉선과도 다르니, 황제가 친히
태산에 가서 큰 제전을 거행할 필요도 없었다. 『논어』「요왈堯曰」에는
상商나라 탕湯임금이 하夏나라를 멸망시킨 후에 '고천'의 제사를 행한
것을 기록하고 있다.

> 나 소자 리履는 감히 검은 황소의 희생물을 써서 황황후제皇皇后帝께 아룁니
> 다. 죄 있는 자를 감히 용서하지 않고 상제의 신하를 덮어주지 않는 선택
> 은 상제의 마음에 달려 있습니다. 내 몸에 죄가 있는 것은 만방의 백성 때
> 문이 아니지만, 만방의 백성에게 죄가 있는 것은 그 책임(죄)이 내 몸에 있
> 습니다.39

이것은 대체로 가장 일찍이 '고천'한 말이다. 『사기』「주본기周本紀」
에 근거하면, 주나라 무왕이 주紂왕을 멸망시킨 후에 '고천'의 제사를
거행하였는데, 은나라 주왕의 폭행을 낱낱이 열거하고 천명을 받아 은
나라를 대신하였음을 나타내었다. 주나라 평왕平王(BC 770~BC 720 재위)
은 낙양洛陽으로 도읍을 옮기고 일찍이 교외에서 희생물을 써서 하늘

---

39 『論語』「堯曰」, "予小子履, 敢用玄牡, 敢昭告于皇皇后帝, 有罪不敢赦. 帝臣不蔽, 簡在
帝心. 朕躬有罪, 無以萬方, 萬方有罪, 罪在朕躬."

에 고하였다. 이 후, 동한東漢(後漢)의 유수劉秀(25~57 재위)는 제위 때에 제단을 쌓고 하늘에 고하였고, 위 문제文帝(220~226 재위)는 제단에 올라가 선위禪位를 받을 때 천지天地·오악五嶽·사독四瀆40에 섶나무를 태우며 제사를 지냈는데, 권신權臣들이 길을 터주어 실력을 바탕으로 평화롭게 정권교체를 실행한 선례이다. 머지않아, 유비劉備(221~223 재위)가 성도成都41에서 황제로 자처하고 황천상제皇天上帝와 후토신기后土神祇에 고하였는데, 조씨曹氏(前魏)가 한나라를 찬탈한 죄를 낱낱이 열거하고 하늘의 처벌을 공손히 실행하여 한 왕실을 부흥시키는 것을 자신의 임무로 삼았다. 이처럼 조위曹魏와 촉한蜀漢 두 곳에는 동시에 두 가지 대립적인 천명이 출현하였으니, 천명은 실제로 '인명人命'이요 사람들이 자기의 수요에 근거하여 만들어 낸 것임을 알 수 있다. 진晉 무제武帝(265~290 재위)가 위나라를 대신하였고, 송 무제武帝(420~422 재위)가 진晉나라를 대신하였고, 제齊 고제高帝(479~482 재위)가 송나라를 대신하였고, 양 무제武帝(502~549 재위)가 제나라를 대신하였고, 진陳나라 고조高祖(武帝, 557~559 재위)가 양나라를 대신한 것은 모두 실력에 근거한 궁중정변이었고, 또한 모두 한 차례 '선양'이라는 막간으로 나가야했고 모두 남교에서 제단을 세우고 '고천'의식을 거행하였다. '고천'의 글은 대동소이大同小異하였으니, 반드시 전 왕조의 죄악을 낱낱이 열거하고 자기의 공적을 늘어놓아 저들을 취하여 대신하는 것이 바로 위로 천심天心에 부합하고 아래로 민의民意에 순응하여 이와 같지 않을 수 없었던 것이지 결코 한 몸의 사욕에서 나온 것이 아님을 나타내었으며, 또한 상천의 많은 가호를 받아 나라가 태평하고 백성이 안정되어 제위의 운이 장구하기를 기원하였다. 이 후에 "천명은 영원하지 않고 제왕은 한 종

---

40 사독(四瀆): 고대에 장강(長江)·황하(黃河)·회수(淮水)·제수(濟水)를 가리키던 말이다.
41 '성도'는 사천성(四川省)의 수도이다.

족의 것이 아니니, 덕을 잃으면 반드시 무너지고 덕을 얻으면 왕이 될 수 있다"[42]는 사상이 사람들의 마음에 깊이 파고들었다. 천신의 권위는 영원한 것이지만 인간의 군왕은 변할 수 있다는 것이다. 이처럼 조정이 어떻게 교체되든 천신숭배는 계속 유전되어 내려갈 수 있었다. 수 문제文帝, 당 고조高祖, 송 태조太祖, 송 고종高宗은 모두 즉위 때에 고제의 예를 행하였다. 송 효종孝宗은 황제가 되어 '고제'를 행하고 개국 때 고천告天하는 관습을 타파하였고, 광종光宗과 영종寧宗이 그것을 모방하였다. 송 고종高宗은 건강建康(지금의 南京)을 순행하고 군대를 일으켜 금나라를 정벌할 때에 하늘에 고하였고, 송 영종寧宗이 군대를 일으켜 북벌할 때도 하늘에 고하여 '고천'의 범위가 확대되었다. 청대의 제도에는 대체로 등극登極, 상존호上尊號[43], 만수절萬壽節, 태자책봉太子冊封, 황후책봉皇后冊封과 임금이 몸소 출전하여 장수에게 명령하고(親征命將), 교단郊壇과 태묘太廟[44]를 세우고, 한재旱災에 기우제를 지내는 등에 모두 천지와 태묘에 고제를 지냈고, 사직에 제사지내는 것을 추가할 때도 있었다.

(4) 명당제明堂祭

'명당'은 주대周代에서 시작되었으며, 천자가 정령政令·월령月令·교령教令을 반포하고 종교제사를 거행하는 곳이다. 『효경』의 표현에 따

---

42 『梁書』卷2,「武帝紀」, "天命不于常, 帝王非一族, 失德必墜, 得道可王."

43 존호(尊號)는 왕과 왕비의 덕을 칭송하는 호(號)이며, 대왕이나 왕후가 경하(慶賀)할 일이 있을 때 상존호(上尊號)하고 승하한 후에 추상존호(追上尊號)하는 일도 있다. 추존(追尊)도 하며 복위상존호(復位上尊號)하기도 한다. 왕의 존호는 4자 또는 8자이고, 왕후의 존호는 2자이다. 휘호(徽號)는 왕후가 승하한 후에 상시호(上諡號)와 함께 올리는 존호이고, 자수는 4자가 정례(正例)이다.(역자 주)

44 태조(太祖: 초대 임금)의 종묘를 말한다.(역자 주)

르면, 주공은 "명당에서 문왕에게 제사를 지내고 상제와 짝을 이루게 하였다"[45]라고 하였다. 그렇다면 명당은 바로 문왕의 사당이고, 동시에 상제에게 제사를 지내는 곳이기도 하다. 오제五帝숭배의 영향을 받아『여씨춘추』12기紀에는 천자가 12개월의 순서에 따라 교대로 유사한 명당의 다른 방에 거주하면서 그 달에 상응하는 오제·오신五神에게 제사지낼 것을 규정하였는데, 태묘太廟에서 조상에게 제사지내는 것과 다르다.『예기』「명당위明堂位」의 표현에 따르면, 명당은 제후가 천자를 알현하는데 사용되었다. 건물구조는 일반적으로 전殿은 있고 벽壁은 없으며, 덮개가 있고 방이 있으며, 위는 둥글고 아래는 정방형이며, 사방은 물로 둘러싸여 있다. 방은 5실·9실·12실의 설이 있다. 한 무제가 방사 공옥대公玉帶[46]의 설을 취하여 명당을 세워 태일太一과 오제五帝에게 제사를 지낸 이후부터 명당과 오제를 긴밀히 연계시켜 천신숭배 활동의 중요한 장소가 되었다. 채옹蔡邕(133~192)이 지은『명당론明堂論』에는 명당이 조상에게 제사지내는 것을 위주로 하면서 상공賞功·경노敬老·현학顯學·선사選士 등의 공능을 겸하고 있다고 보았다. 정현鄭玄(127~200)은 명당에서 오제·오신에게 제사지내니, 명당과 태묘太廟·노침路寢[47] 셋이 제도는 같지만 실질은 다르다고 여겼다. 명당의 역사적 발전에서 보면, 초기에는 많은 공능이 있었지만 후에는 오제에 제사지내는데 편중되어 하늘에 제사지내는 교제郊祭에 대한 일종의 보충적인 기능이 되었다. 오제는 초기에 상제와 동일시되었고, 후에는 호천상제昊天上帝 아래의 천신으로 강등되었지만 많은 신들 위에 있었으며, 또한 항상 '천'과 혼동되었기 때문에 명당에서 오제에 제사지내는

45『孝經』「聖治」, "宗祀文王于明堂以配上帝."

46 공옥대(公玉帶): 한 무제 때의 방사로, 제남(齊南) 사람이다.(역자 주)

47 노침(路寢)은 천자와 제후들이 조회(朝會)·의식(儀式)을 행하는 궁전이다. 노전(路殿)·정침(正寢)·정전(正殿)이라고도 말한다.(역자 주)

것이 바로 하늘에 제사지내는 방식의 하나가 되었다. 한위漢魏시기에
는 대부분 명당에서 조상에게 제사를 지내어 상제와 짝을 이루게 하였
고, 때로는 명당에서 오제에 제사지내기도 하였다. 진대晉代에는 한때
오제의 자리가 없어졌으나 오래지 않아 다시 회복되었으며, 남조南朝
에는 모두 오제에 제사를 지냈다. 당대의 여러 황제들은 대부분 명당
에서 가을의 큰 제전을 거행하였는데, 호천상제에게 제사지내고 오제
를 배향하였다. 송대에는 명당을 궁궐 안에 세우고 오제에게 제사지내
기도 하고 천지에 제사지내기도 하고 정령이나 역법을 반포하기도 하
였다. 명대 가정嘉靖(명 世宗의 연호)황제는 명당에서 추향제秋享祭48를 지
낼 것을 정하였는데, 하늘에 제사지내는 예와 같았다. 청대에는 당자堂
子49에서 하늘에 제사지내던 제도가 있었는데, 명당과 유사하고 '고천'
의 예가 대부분 여기에서 행해졌다.

4. 제사와 상장喪葬

중국 중세기는 종법 등급사회였고 남성 혈연관계가 사람들의 경제와
정치관계를 제약하였기 때문에 조상을 공경하고 조상에 제사지내는 것
이 사회와 정신생활에서 가장 중요한 큰일이 되었다. 조상을 숭배하는
것은 먼 조상과 가까운 조상에 대한 숭배를 포괄하였다. 『논어』에는
'신종추원愼終追遠'50이라는 말이 있는데, '신종'은 아버지 대 혹은 할아
버지 대의 상사喪事를 성대하게 처리하는 것이고, '추원'은 공덕이 있는
조상을 제사하고 추모하는 것이다. 이론상에서 말하면, 하늘에 제사지

---

48 초가을에 종묘와 사직에 지내는 제사를 말한다.(역자 주)
49 청대의 황실에서 토곡(土穀)의 신에게 제사를 지내던 곳이다.(역자 주)
50 『論語』「學而」, "愼終追遠."

내는 것이 조상에 제사지내는 것보다 우선하였으니, 그 순서는 "천지
에 제사지내는 것이 종묘의 일이다"51라는 것이다. 그러나 실제로는
조상에 지내는 제사와 상장喪葬이 천신을 공경하고 제사지내는 것보다
여전히 중요하였다. 원인은 다음과 같다. 첫째, 천신의 관념은 추상적
이고 모호하지만 조상의 관념은 구체적이고 확실하였으며, 하늘을 공
경하지 않은 자는 역대로 많이 있어서 하늘을 원망하고 하늘을 욕하는
것이 오히려 사회에서 용인될 수 있었지만, 조상을 공경하지 않은 자
는 세상에 보기가 드물었고 조상이 욕을 먹거나 조상무덤이 파헤쳐지
는 것을 가장 견디기 어려운 것으로 여겼다.

> 불효에 세 가지가 있는데, 〈그 중에서〉 후손이 없는 것이 가장 큰 불효
> 이다.52

'후손이 없다'는 것은 바로 조상에게 제사지낼 사람이 없다는 것이고,
조상의 혼백이 혈식血食하지 못하는 것은 혈통의 단절을 의미한다. 때
문에 중국인은 후사後嗣를 매우 중시하였고, 또한 조상의 묘를 다듬고
가보家譜를 잇는데 적극적이었고, 가문의 혈통을 확인하는 등 뿌리(근본)
를 찾는 의식이 매우 강렬하였다. 둘째, 하늘에 제사지내는 활동이 조
정과 황실에 제한되었다면, 조상에 제사지내는 범위는 매우 광대하여
거의 사회 각 계층에 널리 퍼져있었다. 국가에는 태묘太廟가 있었고, 종
족에는 종사宗祠가 있었고, 가정에는 조감祖龕이 있었는데, 가난한 가정
에도 조상의 위패를 세웠고, 상장喪葬의 의례에 비록 후박厚薄의 차이가
있었으나 감정적인 면에서 중시한 정도는 대체로 모두 강렬하였다. 관

---

51 『禮記』「禮器」, "天地之祭, 宗廟之事."
52 『孟子』「離累(上)」, "不孝有三, 無後爲大."

직에 있는 자는 부모가 세상을 떠나면 관직을 사직하고 집으로 돌아와서 상사喪事를 지켰는데, 역대로 통례가 되었다. 셋째, 조상숭배의 정신이 천신숭배에 깊이 침투하였는데, 예를 들어 '천'과 군왕의 관계를 부자관계와 같이 보았기 때문에 왕을 천자天子라고 불렀고, 또한 '천'을 많은 사람들의 증조부로 간주하였으니(동중서) 사람들은 항상 가족의 관점으로 천인天人관계를 다루고 우주를 한 가정으로 보았다.

은대의 조상숭배는 상당히 발달하였다. 진몽가陳夢家(1911~1966)의 『은허복사종술殷墟卜辭綜述』의 연구에 근거하면, 은나라 사람이 조상에게 제사지내는 것은 '주나라 제사'를 채택하였고 주나라 제사에는 또한 소小·중中·대大의 구분이 있었다. 은 왕조 말기에는 조상신이 너무 많았기 때문에 가려서 제사지내는 '선제選祭'가 출현하였다. 은대에는 비록 남성혈통을 중시하였지만, 종자宗子(종가의 맏아들) 계승제도를 세우지 못하면 왕위의 계승은 대부분 '형종제급兄終弟及(형이 죽으면 동생이 계승함)'이었다. 주 왕조가 은나라를 대신한 후에는 종법제가 더욱 성숙해졌다. 주周 천자는 천하의 대종大宗(직계의 종가)으로 그 왕위는 적장자에 의해 계승되어 오래도록 바뀌지 않았다. 각 서자들은 제후諸侯 혹은 대부大夫에 봉해졌고, 주왕에 대해서는 소종小宗이었으나 그 봉지封地 내에서는 또한 대종이었다. 그 서자들이 경대부卿大夫로 봉해지면 소종이 되고, 그 종족 내에서는 또한 대종이었으니, 이렇게 서로 층을 이루어 종족식의 사회를 형성하였다. 이와 상응하여 주나라 사람은 종묘와 조상에 제사지내는 제도를 세웠다.

천자는 7묘廟이니 태조太祖와 삼소三昭삼목三穆이고, 제후는 5묘이니 태조와 2소2목이며, 대부는 3묘이니 태조와 1소1목이다. 선비(士)는 1묘이고 서인은 거실에서 제사를 지냈다.[53]

이른바 소목昭穆54은 대代를 사이에 두고 조상을 두 줄로 나누어 그 위패와 태조위패의 원근遠近의 위치를 합리적으로 정하는데 편리하였다. 『예기』「왕제王制」의 표현에 따르면, 천자와 제후는 1년에 네 번 조상에 제사를 지냈다.

봄에 제사지내는 것을 약礿55이라고 하였고, 여름에 제사지내는 것을 체禘라고 하였으며, 가을에 제사지내는 것을 상嘗이라고 하였고, 겨울에 제사지내는 것을 증烝이라고 하였다.56

실제로 여름의 제사가 가장 중요하였기 때문에 후에는 항상 '체禘'제사로써 제왕이 조상에 제사지내는 예를 대표하였다. 제례祭禮에는 또한 태묘에서 조상을 합제하는 '협祫(合祀)'이 있었고, 갓 죽은 자와 조상을 합향合享하는 제사인 '부祔'가 있었고, 먼 조상에 제사지내거나 혹은 사당을 옮기는 제사인 '조祧'가 있었다. 또한 입시立尸의 제도가 있었으니, 즉 손자나 어린아이를 조상혼백의 상징으로 간주하고 그들에게 제물을 올리거나 제사지내어 자식이 부모를 섬기는 도리를 분명히 하였다. 진秦 이후에는 이 제도가 폐지되었고, 목주木主(나무로 만든 위패)로써 그것을 대신하였다. 주나라 사람은 또한 상장喪葬의 예를 중시하여 일반적으로 세 가지 큰 절차로 나누었으니, 먼저 빈殯57이고, 그 다음이

---

53 『禮記』「王制」에 근거하였다. "天子七廟, 太祖與三昭三穆, 諸侯五廟, 太祖與二昭二穆, 大夫三廟, 太祖與一昭一穆, 士一廟, 庶人祭於寢."

54 소목(昭穆)은 종묘에 신주를 모시는 차례이다. 천자는 태조(太祖)를 중앙에 모시고 2세·4세·6세는 소(昭)라고 하여 왼편에, 3세·5세·7세는 목(穆)이라고 하여 오른편에 모시어 삼소(三昭)삼목(三穆)의 7묘(七廟)이고, 제후는 이소(二昭)이목(二穆)의 오묘(五廟)이다.(역자 주)

55 약(礿)은 하나라와 은나라 때 천자가 행하던 봄 제사이다. 주나라 때는 여름 제사이다.(역자 주)

56 『禮記』「王制」, "天子諸侯宗廟之祭, 春曰礿, 夏曰禘, 秋曰嘗, 冬曰烝."

장사지내는 일이고(葬), 가장 나중이 복상服喪이다. '빈'은 정시停尸와 입렴入斂을 포괄하는데, 이 때 친척과 친구에게 조문하고 애도할 기회를 준다. 장葬은 출빈出殯과 하장下葬을 포괄하는데, 정식으로 죽은 자를 땅에 안장하는 것이다. '복상'은 상복을 입는 것을 포괄하는데, 음식과 행동거지를 절제하고 정해진 날짜에 제사지내고 애도하는 등이다. 이른바 '삼년상'은 죽은 자의 신주가 조상의 사당에 들어간 날에서 25개월 후의 대상大祥까지를 가리키는데 상喪을 지키는 일이 끝난다.

『주례』·『의례』·『예기』는 전국시기에서 한초漢初 사이에 탄생하여 고대 남겨진 글의 옛 제도를 보존하는 기초 위에서 상당히 체계적인 전장예제의 학문으로 발전하였고, 그 중에서도 유가의 종교제사에 관한 구상을 나타냈는데, 특히 조상을 공경하고 제사지내는 것을 가장 상세히 구비하고 있었다. 삼례三禮에는 조상에 제사지내는 것을 하늘에 제사지내는 다음에 두었고, 사직과는 동등한 지위였다.

> 나라의 신위를 세울 때는 사직社稷을 오른쪽으로 하고 종묘宗廟를 왼쪽으로 한다.[58]

상례와 제례가 바로 모든 예의 중심에 있다고 보았다.

> 예는 관례冠禮를 시작으로 하고, 혼례를 근본으로 하며, 상례와 제례를 중하게 여겼다.[59]
>
> 예에는 다섯 가지 종류[60]가 있는데, 제사보다 더 중요한 것이 없다.[61]

---

57 빈(殯): 시체를 입관(入棺)한 후에 장사지낼 때까지 안치하는 것을 말한다.(역자 주)

58 『周禮』「春官宗伯」(또는 『禮記』「祭義」), "建國之神位, 右社稷而左宗廟."

59 『禮記』「昏義」, "禮始於冠, 本於昏, 重於喪祭."

60 길례(吉禮)·흉례(凶禮)·빈례(賓禮)·군례(軍禮)·가례(嘉禮)를 말한다.(역자 주)

그것은 제사를 종법질서를 견고히 하고 도덕교화를 강화하는 것과 연결시켰다.

> 부모를 포함한 친족을 친애함으로 조상을 존숭하고, 조상을 존숭함으로 종가宗家를 공경하고, 종가를 공경함으로 종족을 화합시키고, 종족을 화합시킴으로 종묘가 존엄하다.[62]
> 종묘를 손질하고 제사지내는 일을 공손하게 하는 것은 백성에게 효도할 것을 가르치는 것이다.[63]

삼례는 이전 사람들의 상례제도의 기초 위에서 상복에 관한 오복五服의 제도를 정리하였는데, 그 기본원칙은 죽은 자에 대한 살아있는 자의 원근遠近·친소親疎에 따라 상복양식과 착용시간의 경중輕重을 확정하였다. 가장 중한 것은 참최斬衰인데, 입는 기한이 3년이다. 다음은 자최齊衰로 입는 기일이 1년이며, 그 다음이 대공大功으로 입는 기일이 9개월이고, 그 다음이 소공小功으로 입는 기일이 5개월이다. 가장 마지막은 시마緦麻인데, 입는 기일이 3개월이다. 삼례 속에는 본래 많은 이상적 요소가 있었지만, 경서經書가 된 후에는 성인의 말이나 주공의 제도로 간주되어 응당 실행해야 하였으니, 이에 위에서 서술한 이론들은 점차 국가의 의례로 변하거나 또한 점차 변하여 민간습속이 되었다.

한대에는 숙손통叔孫通(?~BC 194?)이 종묘의식의 표준을 정하였지만 성숙되지 못하였으니, 비록 각 제왕들이 모두 종묘를 세웠지만 제사방법이 제각기 달랐고 천자 7묘의 설은 실행되지 못하였다. 위진남북조

---

61 『禮記』「祭統」, "禮有五經, 莫重於祭."
62 『禮記』「大傳」, "親親故尊祖, 尊祖故敬宗, 敬宗故收族, 收族故宗廟嚴."
63 『禮記』「坊記」, "脩宗廟, 敬祀事, 教民追孝也."

시대에는 대부분 1묘 7실을 세워 7묘의 예가 되었다. 당 태종太宗은 7
묘를 세웠고, 당 현종玄宗은 태묘 9실을 세웠으며, 그 후에는 또한 9대
11실이 있었다. 5년에 한번 '체'제사를 지냈고 3년에 한번 '협祫'제사를
지냈다. 제신들은 관위등급에 따라 묘제廟制를 정하였으니, 상품은 4묘
이고 중품은 3묘이고 하품은 2묘이고 적사嫡士[64]는 1묘이고 서민들은
방에서 제사를 지냈다. 당나라의 제도는 다음과 같다. 서자가 관직이
높아서 사당을 세우면 서자(혹은 지차)는 봉해진 관직으로 대종大宗에 근
거하여 제사를 주관하고 형이 자리에 동반하는데, 이것은 관직을 본위
로 하는 종법 상제喪祭에 대한 모종의 초월과 수정이다. 송나라가 나라
를 세운 후에 '7실'을 '7묘'로 대신하였는데, 실室이 점차 묘廟의 호칭으
로 불렸다. 태조의 자리를 정하기 어려웠기 때문에 항상 그 자리를 비
워두거나 혹은 개국황제를 태조라 하였고, 적장자 계승제는 또한 항상
'형종제급兄終弟及'과 '대신의립大臣議立(대신들이 의논하여 계승자를 세움)'으로
보충하였는데, 오래도록 바뀌지 않는 대종이 있기는 어려웠기 때문에
조상혼백의 설치는 항상 수시로 바뀌었다. 주희는 일찍이 다음과 같이
말하였다.

> 태조太祖 소목昭穆 묘제廟制의 일은 1천5~6백년간 정리한 사람이 아무도 없
> 었다.[65]

대개 시간이 흐르고 세상이 변함에 따라 옛 제도를 반드시 회복할
필요가 없었던 것이다. 송대의 종묘제사는 체禘·협祫 이외에 해마다
다섯 차례의 제사가 있었으니, 즉 사맹월四孟月(음력 1월·4월·7월·10월)과

---

64 제후의 상사(上士)와 천자의 상사(上士)·중사(中士)·하사(下士)를 가리킨다.(역자 주)
65 『文獻通考』卷94, 「天子宗廟」, "太祖昭穆廟制一事, 千五六百年無人整理."

계동季冬(음력 12월)이다. 삭망朔望(음력 초하루와 보름)에는 상식上食66과 천신薦新67하였다. 또한 조향朝享·고사告詞·신주부알新主祔謁 등이 있었는데, 모두 종묘의 큰 제사이다. 원대 몽고의 귀족들은 전통 묘제를 모방하여 수도인 대도大都에 태묘를 세우고 7실을 구비하였는데, 후에는 10실로 확대하여 태조太祖 소목昭穆의 신위를 정하였다. 전통과 다른 것으로는 첫째, 태묘에서 불사佛事를 올리고 둘째, 몽고의 희생물을 〈제사에 쓰기 알맞게〉 자르거나 말의 젖을 바치는 등 옛 의식을 보유하였다. 명대의 종묘의식 제도는 몇 차례 변동이 있었으니, 초기에는 사친묘四親廟(4대의 신주를 모셔두는 곳)가 있었으나 후에는 동당이실同堂異室68이 되었다. 가정嘉靖 중에 새로이 태조묘太祖廟와 조묘祧廟69를 세웠고, 또한 황고묘를 세웠다. 궁중에는 또한 봉선전奉先殿이 있었는데, 이것은 황실에서 항상 조상에게 제사를 지내던 장소였다. 청대에는 단문端門의 왼쪽에 태묘를 세웠고, 그 소목昭穆의 순서와 부제祔祭에는 많은 변경이 있었다. 선통宣統(청나라 마지막 황제) 원년(1909년)에 이르러 처음으로 묘제를 제정하였는데, 사맹四孟70에는 태묘에서 제사를 지냈고 세모歲暮(섣달그믐)에는 협제祫祭를 지냈다. 종실宗室(왕족)에서 왕을 봉한 자는 가묘家廟를 세웠고, 관리는 등급에 따라 조상에 제사지내는 규격을 정하였으며, 서민들은 집에서 제사를 지냈다.

상례喪禮의 복제방면은 당나라 이후에 세분화되고 가중화되는 추세

---

66 상식(上食): 상가(喪家)에서 조석으로 궤연(几筵) 앞에 차려놓는 음식이다.(역자 주)
67 천신(薦新): 새로 나는 음식물을 먼저 신명(神明)에게 올리는 것을 말한다.(역자 주)
68 건물은 같이 쓰고 그 안에 방(室)만 따로 하여 여러 신위를 한 지붕 아래 함께 모시는 제도를 말한다.(역자 주)
69 조묘(祧廟): 먼 조상을 사당에 합사(合祀)하는 것이다.(역자 주)
70 사맹(四孟): 사시의 맹월인 맹춘(孟春)·맹하(孟夏)·맹추(孟秋)·맹동(孟冬)이다. 맹춘은 봄의 첫째 달로 음력 정월을 말하고, 맹하는 여름의 첫째 달로 음력 4월을 말하며, 맹추는 가을의 첫째 달로 음력 7월을 말하고, 맹동은 겨울의 첫째 달로 음력 10월을 말한다.(역자 주)

에 있었다. 예를 들어 당대에는 증조부와 증조모 자최齊衰 3개월을 5개
월로 바뀌고, 아버지가 어머니를 위해 입던 1년복이 자최 3년으로 바
뀌었다. 송대에는 부부가 남자 쪽 부모를 위해 상복을 입던 차이를 없
애고 부인만 그 남편을 따랐다. 명대에는 더욱 남자를 중시하고 여자
를 경시하여 부인은 시아버지와 시어머니를 위하고 부인과 첩은 남편
을 위해 모두 참최 3년을 입었으나, 남편은 부인을 위해 자최장기齊衰杖
期에 불과하였고, 장인과 장모를 위해서는 시마緦麻 3개월에 지나지 않
았다. 청대에는 규정이 가중되어 아들의 부인(며느리)은 아들의 여러
어머니를 위해 참최 3년복을 입었고, 또한 독자(외아들)가 두 집(아버지
와 백부)의 대를 잇는 것을 허락하여 대종大宗을 중시하였다.

　중국 역사상의 제사와 상장喪葬을 살펴보고 그 종법성의 변천에 나
아가 말하면, 초기·중기·말기의 세 단계로 나눌 수 있다. 주대周代가
초기에 해당되는데, 행정체계와 종법체계가 서로 일치하여 전국이 하
나의 대가족과 같아서 제사는 종교활동이고 또한 정치활동이었다. 진
·한에서 송까지가 중기에 해당되는데, 지역을 기초로 하는 행정구획
과 관료선발제가 포함되지 않은 것이 없는 종법체계를 무너뜨려 종법
제가 종족내부의 제도로 축소되어 제사는 더 이상 전국을 통일하는 정
치행위가 아니고, 관리의 등급이 때로는 적서嫡庶의 구분보다 더 중요
하였다. 명·청이 말기에 해당된다. 귀족의 종족과 민중의 종족간의
한계가 더욱 뚜렷하였고, 가정의 작용이 강화되어 제사활동이 더욱 분
산되고 완화되었다. 예를 들면 서민의 경우, 이전에는 다만 부父에게
만 제사지낼 수 있었으나 명대에는 조부모祖父母에게 제사지낼 수 있었
고, 청대에는 더욱 부父·조祖·증曾·고高 4대 조상에게 제사지낼 수 있
었다. 위에서 기술한 추세는 결코 종법제의 쇠퇴를 나타내지 않고, 다
만 그것의 형태에 변화가 있었음을 의미하였다. 왜냐하면 사회의 행정
체계가 비록 수도·주州·현縣·향鄕·리里에 있었지만, 사람들의 생활이

의지하고 정신이 의탁하는 것은 여전히 종족과 가정에 있었기 때문에 사회상의 '조상에 제사지내고 조상을 공경하는' 풍조는 성행하고 쇠퇴하지 않았다. 그것은 상층사회와 평민사회의 정상적 운행을 유지하였고, 중국인이 오랫동안 태만하지 않을 수 있었던 응집력의 중요한 원천이다.

5. 사직··일월과 기타

(1) 사직숭배

이 숭배는 종법성 전통종교에서 조상숭배와 대체로 같은 숭고한 지위를 차지하였으니, 정권이 사직에 의지하여 유지되었고 법통法統이 사직에 의지하여 연속되었고 황실이 사직에 의지하여 안정되었다. 중국은 농업국가였고, 사직은 고급의 농업제사였기 때문에 특별히 중시되어 국가정권의 대명사가 되었다. 당초唐初에는 사직이 중사中祀에 배열되었으나, 천보天寶(당 玄宗 때의 연호) 이후에는 대사大祀로 승격되어 청말까지 이르렀다. '사社'는 일반적 토지숭배가 아니고, 그것은 다만 특정 관할범위 내의 토지와 경작지에만 제사를 지냈는데, 이 때문에 '사'의 제사는 줄곧 북교北郊에서 지기地祇에 제사지내는 것과 구분하여 제사를 지냈다. '직稷'도 일반적 식물숭배가 아니고, 그것은 다만 인공으로 재배하는 곡물, 즉 오곡만을 숭배하였다. 예를 들어 『효경위孝經緯』71에는 다음과 같이 말하였다.

사社(地神)는 토지의 주인으로, 토지는 광활하여 모두 다 공경할 수 없었기 때문에 흙을 쌓아 '사'라 하고 공덕에 보답하였다. 직稷(기장)은 오곡 중의

으뜸으로, 곡식이 많아서 다 제사지낼 수 없었기 때문에 직신稷神을 세워서 그에게 제사를 지냈다.72

사직의 신은 처음에는 토지와 곡물의 신령을 가리켰으나, 후에는 종교신화가 출현하여 전설 속의 영웅인물에 맡겨졌다. 전설에는 후토后土(共工氏의 아들인 句龍)를 '사'라 하고 주柱(烈山氏(神農)의 아들)를 '직'이라 하였고, 또한 우禹임금을 '사'라 하고 주나라의 기棄(后稷)를 '직'이라 하였으나 다른 집단에서는 또 다른 견해가 있었다. 전국시기 이후에는 오행설이 흥기하면서 마침내 "'사'는 다섯 흙의 신이다"73라는 견해가 있었으니, 이에 국가의 사단社壇에는 적赤·황黃·청青·백白·흑黑 오색의 흙을 깔았고 중앙에 머물면서 사방을 통솔하는 것을 보여주었다. 이후에 점차 전통이 되었다. 옛 사람들이 '사'에 제사지내는 습관은 어떤 나무 혹은 신령스러운 돌을 선정하여 사신社神의 상징으로 여기고 그 신령에 의지하였다. 『논어』에는 다음과 같이 말하였다.

애공哀公이 재아宰我에게 '사'를 묻자 재아가 대답하기를, "하후씨는 소나무를 사용하였고, 은나라 사람은 측백나무를 사용하였고, 주나라 사람은 밤나무를 사용하였다"라고 하였다.74

---

71 위서(緯書)의 일종. 위서는 중국 전한(前漢) 말기부터 후한(後漢)에 걸쳐서 유학의 경전인 경서(經書)에 대응하여 만들어진 책이다. 시위(詩緯)·서위(書緯)·예위(禮緯)·악위(樂緯)·역위(易緯)·춘추위(春秋緯)·효경위(孝經緯) 등을 7위서(七緯書)라 하였다.(역자 주)

72 『孝經緯』(『太平御覽』卷30, 「社」에 인용), "社, 土地之主也, 土地闊不可盡敬, 故封土爲社, 以報功也. 稷, 五穀之長也, 穀衆不可遍祭, 故立稷神以祭之."

73 『禮記外傳』(『太平御覽』卷532, 「社稷」에 인용), "社者, 五土之神也."

74 『論語』「八佾」, "哀公問社於宰我, 宰我對曰, 夏后氏以松, 殷人以柏, 周人以栗."

또한 가래나무(梓)와 홰나무(槐)를 쓰기도 하였으나 후대에는 흰 돌을 많이 사용하였다. '사'의 등급에서 말하면 관사官社와 민사民社로 나눌 수 있고, 그것을 세분하면 중앙에는 태사太社를 세웠고, 왕국에는 국사國社를 세웠고, 주현州縣에는 주사州社와 현사縣社를 세웠고, 민간에는 향사鄕社와 이사里社를 세웠다. '사'제사는 농신農神을 숭상하고 풍년을 기원하는 종교의식 외에도, 사회 각 계층의 사람들을 모아놓고 문예활동과 정감교류를 시행하여 지방을 단결시키고 여가생활을 조절하는 사회적 의미를 가지고 있었으니, 근대의 '사회'라는 말은 바로 고대 사일社日[75]의 모임에 근원한다.

주대에는 이미 사직을 세웠기 때문에『모시毛詩』에는 "봄에 밭을 갈고 사직에 기도하였다"[76]라는 말이 있다.『예기』「왕제」의 표현에 근거하여 "천자는 천지에 제사지내고 제후는 사직에 제사지낸다"[77]고 하면, 사직은 제후왕국 최고의 제사가 된다. 한 고조高祖(BC 206~BC 195 재위)는 관사官社를 세우고 하우夏禹(하나라 우임금)를 배향하였으나 관직官稷은 세우지 못하였으며, 평제平帝(1~5 재위) 때에 이르러 비로소 관직官稷을 세우고 후직后稷을 배향하였다. 위진남북조시대에는 일찍이 태사太社·제사帝社·태직太稷을 세웠다. 당 예종睿宗(710~712 재위) 때는 태사주太社主에 돌을 사용하였고, 단壇 위에는 황색을 입히고 단의 네 면과 네 계단을 동·서·남·북 사방의 색(청색·적색·흑색·백색)으로 장식하였다. 송대에는 태사太社·태직太稷에 매년 중춘仲春·중추仲秋와 납일臘日에

75 사일(社日): 입춘(立春)과 입추(立秋) 후 다섯 번째 무일(戊日). 입춘 후 다섯 번째 무일을 춘사(春社)라고 하고, 입후 후 다섯 번째 무일을 추사(秋社)라고 한다. 이날 여자는 바느질을 하지 않고 남자는 농사를 쉬며, 이웃끼리 나무 밑에 제수를 차려놓고, 춘사에는 곡식의 성육을 빌고 추사에는 추수를 감사하는 뜻에서 지신(地神)과 농신(農神)에게 제사를 지냈다.(역자 주)
76『毛詩』「閔子·載芟」, "春耕籍田而祈社稷."
77『禮記』「王制」, "天子祭天地, 諸侯祭社稷."

제사를 지냈고, 주사州社·현사縣社는 봄과 가을에 두 번 제사를 지냈다. 원대에는 화의문和義門 안에 두 단을 쌓았는데, '사'는 동쪽에 쌓았고 '직'은 서쪽에 쌓았다. '사'의 단은 오색의 흙을 사용하였고, '직'의 단은 황색 흙 한 색을 사용하였으며, 사주社主는 흰 돌을 사용하고 그 반을 땅 속에 묻었다. 명대에는 수도와 왕국·부·주·현에 모두 사직의 제사를 세우고, 태사太社와 태직太稷을 모두 하나의 단으로 하여 태사에는 구룡句龍(后土)을 배향하고 태직에는 후직后稷(주나라의 시조)을 배향하였다. 이사里社에는 마을 1백호마다 하나의 단을 세우고, 오토五土·오곡五穀의 신에게 제사를 지냈다. 청대에는 수도·성·주·현에 모두 사직의 제사를 세웠다. 태사·태직의 단은 단문端門 오른쪽에 세워 종묘와 대칭을 이루었고, 단 위는 오색의 흙을 발랐고, 해마다 봄과 가을의 중월仲月(2월과 8월) 첫 무일戊日에 제사를 지냈는데 황제가 친히 제단에 참석하여 제사를 지냈다.

(2) 제선농祭先農

이 제사는 사직과 직접 연관된다. 주나라 제도에는 봄에 천자가 행하던 적전籍田[78]의 예가 있었으니, 농사를 장려하는 모습을 보여주고 또한 선농先農[79]에 제사를 지냈다. 한위漢魏 이후에도 답습하고 쇠퇴하지 않았다. 당대에는 때로는 제사帝社로 선농에 제사지내는 단을 삼기도 하였고 때로는 선농단先農壇이라 부르기도 하였는데, 숙종肅宗(756~762 재위) 이후에는 '적전'의 예가 50년간이나 폐지되었다. 송대에는 조양문

---

78 적전(籍田): 임금이 농업을 장려하기 위하여 적전(籍田)에 나와 몸소 농사를 짓던 일.(역자 주)
79 선농(先農): 농사짓는 법을 인간에게 가르쳤다는 고대 중국의 제왕인 신농씨(神農氏)와 후직씨(后稷氏)를 모시고 지내던 제사이다.(역자 주)

朝陽門밖에 선농단을 세우고 후직后稷을 배향하여 선농이 중사中祀에서 대사大祀로 바뀌었다. 명대에는 남교에 선농단을 세우고 600여묘畝를 몰수하였다. 청대에는 정양문正陽門 밖 서남쪽에 선농단을 세웠고, 순치順治(청 세조의 연호)·옹정雍正(청 세종의 연호)·건융乾隆(청 고종의 연호) 모두 선농에 제사를 지냈고 또한 '적전'의 예를 행하였다. 사신社神·직신稷神·선농신先農神은 모두 농업신이었으니, 이에 일부 사람들은 셋을 섞어서 합제를 지내기도 하였다. 그러나 '사'는 토지신이고 '직'은 곡신이며 '선농'이 대표하는 것은 전체 농업이었기 때문에 결국 다 없애지 못하였고, 따라서 사직과 선농이 병존하는 국면을 형성하였다. 이 밖에도 선잠先蠶에 제사를 지냈는데 황후에 의해 제사가 주관되었다. 그것은 남자가 밭을 갈고 여자가 실을 짜는 자연경제가 종교제사에 반영된 것이다.

(3) 일월성신日月星辰의 제사

이 제사는 항상 하늘에 제사지내는 것에 종속되어 천단天壇에서 함께 제사를 지냈고, 또한 때로는 별도로 단을 세워서 제천을 보충하기도 하였는데, 주요 목적은 농사에 알맞게 기후가 순조롭기를 기원하고 농업의 풍작을 보장하였다. 그러므로 『좌전』「소공昭公 원년」에는 "해와 달과 별의 신은 눈·서리·바람·비가 때맞추어 내리지 않으면 이에 영제禜祭[80]를 지냈다"[81]라고 하였다. 진한시기에는 항상 명산名山에서 해와 달에 제사를 지냈고, 혹은 궁전 계단 아래에서 해와 달에게 절하였다. 위魏 이후에는 춘분에 동교東郊에서 아침 해에 제사지내고(朝日)

---

80 영제(禜祭)는 고대에 일반적으로 수해(水害)를 물리치는데 쓰였기 때문에 '청청(請晴)이라고도 불렀다.(역자 주)

81 『左傳』「昭公 元年」, "日月星辰之神, 則雪霜風雨之不時, 于是乎禜之."

추분에는 서교西郊에서 저녁달에 제사지내기(夕月) 시작하였다. 『예기』
「제의祭義」에서 말한 "해는 단壇에서 제사지내고 달은 감坎에서 제사지
내어 어둠과 밝음을 분별하고 그것으로써 위와 아래를 구분하였다"[82]
는 내용에 따라, 북주北周 때는 달에게 제사지내는 단을 구덩이 속에 세
웠는데, 구덩이의 둘레는 4장丈이었고 깊이는 4척尺이었다. 수·당 때도
그것을 답습하였다. 당대에는 해·달·별의 제사를 중사中祀로 간주하
였고, 송대에는 조일朝日·석월夕月을 대사大祀로 간주하였다. 명대 가정
嘉靖(명 세종의 연호) 중에는 조양문朝陽門 밖 서쪽에 조일단朝日壇을 세우
고, 부성문阜成門 밖 동쪽에 석월단夕月壇을 세웠다. 석월에는 오성五星(목
성·화성·수성·금성·토성)·28수二十八宿[83]와 하늘을 주행하는 별을 배향
하였다. 해와 달의 제사를 중사中祀로 강등시켰고, 청대에는 명대의 제
도를 답습하여 황제가 갑甲·병丙·무戊·경庚·임壬년에 친히 제사를 지
냈고, 나머지 해에는 관리를 파견하여 제사를 지냈다.

(4) 성현숭배

중국은 먼 옛날 영웅숭배의 전통이 있었는데 후에 성현숭배로 바뀌
었다. 예를 들어 강태공姜太公·오자서伍子胥·공명孔明(諸葛亮)·관우關羽
등 역사인물은 모두 신명神明과 같이 받들었는데, 그 중에서 가장 오래
도록 지속되고 보편적인 것으로는 공자를 예배하였는데, 일종의 준準
종교행위가 되었다. 서한西漢(前漢) 원제元帝(BC 49~33 재위) 때부터는 공

---

82 『禮記』「祭義」, "祭日于壇, 祭月于坎, 以別幽明, 以制上下."

83 이십팔수(二十八宿): 고대에 행성들의 소재를 밝히기 위하여 황도를 중심으로 나
눈 천구(天球)의 스물여덟 자리. 동쪽의 각(角)·항(亢)·저(氐)·방(房)·심(心)·미
(尾)·기(箕), 서쪽의 규(奎)·누(婁)·위(胃)·묘(昴)·필(畢)·자(觜)·삼(參), 남쪽의 정
(井)·귀(鬼)·유(柳)·성(星)·장(張)·익(翼)·진(軫), 북쪽의 두(斗)·우(牛)·여(女)·허
(虛)·위(危)·실(室)·벽(壁)이다.(역자 주)

자와 제자들을 받들어 제사지냈고, 이후에 잇따라 노나라 고을山東省과 각지에 공자사당을 세우고 공자를 선성선사先聖先師로 존숭하였다. 당 현종玄宗은 공자를 문선왕文宣王에 봉하였고, 공자에 제사지내던 것을 중사中祀로 승격시켰다. 송대에는 공자와 10철인에게 제사를 지냈을 뿐만 아니라 또한 역대 대유大儒들을 배향하였다. 원대에는 '대성지성문선왕大成至聖文宣王'이라는 존칭이 더해졌고 네 성인의 신위를 세웠으니, 즉 복성復聖 안회顔回·종성宗聖 증삼曾參·아성亞聖 맹가孟軻·술성述聖 자사子思이다. 공자는 후에 연성공衍聖公에 봉해졌고, 전국의 공립학교와 서원에는 모두 공자사당을 세워서 때마다 제사를 지냈다. 명대에는 비록 공자를 지성선사至聖先師로 고쳐 불렀지만, 더욱 숭배하여 공자에게 제사를 지내고 사배四配84·10철十哲85에게도 제사를 지냈으며 선현先賢과 선유先儒 100여명을 배향하였다. 청대에는 수도의 국자감國子監을 태학으로 여기고 문묘文廟를 세웠으며, 옹정雍正(청 세종의 연호) 중에는 또한 공차 이전의 5대에 왕작王爵을 추가로 봉하였으며, 동치同治(청 穆宗의 연호) 중에는 공자에게 제사지내는 것을 대사大祀로 승격시켜 예악의 의식이 군왕에 비견되었다. 궁궐 안에는 안자·증자·맹자·자사의 네 사당이 있었다. 역대로 공자에게 제사지낸 것을 유학 종교화의 경향으로도 볼 수 있겠지만, 대다수 중국인의 마음속에서 공자는 시종 교주敎主가 되지 못하고 대덕선사大德先師의 형상을 유지하였기 때문에 공자에게 제사지내는 기념적 의미는 우상에 대한 숭배를 뛰어넘었다.

---

84 사배(四配): 공자묘에 배향한 顔子·子思·曾子·孟子의 네 성현을 말한다.(역자 주)

85 공문10철(孔門十哲): 공자문하의 가장 우수한 10분의 학생인 자연(子淵)·자건(子騫)·백우(伯牛)·중궁(仲弓)·자유(子有)·자공(子貢)·자로(子路)·자아(子我)·자유(子游)·자하(子夏)이다.

(5) 산천의 제사

이 제사는 유래가 이미 오래되었는데, 재용財用을 낼 수 있는 것을 은택으로 여겼기 때문에 숭배하여 제사를 지냈다. 산천의 제사 중에 가장 유명한 것이 오악五嶽·사독四瀆이다. '오악'은 동악의 태산泰山, 남악의 형산衡山, 서악의 화산華山, 북악의 항산恒山, 중악의 숭산嵩山이다. '사독'은 장강長江·황하黃河·회하淮河·제수濟水이다. 매 왕조마다 산천에 제사를 지내는 것에는 모두 일정한 예가 있었으나, 때로는 단독으로 제사를 지내기도 하였고 때로는 지기地祇와 한 단에 합쳐서 제사를 지내기도 하였다.

(6) 고매高禖의 제사

'고매'는 중매의 신으로 혼인을 주관하였으니, 두 성씨를 잘 결합시켜 자손의 맥을 연장시켰기 때문에 조상을 공경하고 후사를 중시할 때는 반드시 고매에게 제사를 지냈다. 항상 황제는 대를 이을 후사를 바라기 때문에 고매에게 제사를 지냈다.

(7) 태세太歲

옛날에는 '태세'의 제사가 없었으며 원대元代에 처음으로 제사를 지냈고 명·청 때에 그것을 답습하였다. 태세는 즉 목성木星이니 바로 십이진十二辰의 신이다. 명대에는 대세단太歲壇이 정양문正陽門 밖 서남쪽에 있어서 천단과 대칭을 이루었는데, 해마다 음력 정월에 사당에서 제사를 지냈고 섣달그믐에 협제祫祭(원근 조상의 신주를 함께 모셔 제사를 지냄)의 날에는 관원을 보내어 제사를 지냈다. 청대에는 태세전太歲殿이 선농단

先農壇 동북쪽에 있었으며, 정전正殿(중앙에 위치한 主殿)에서 태세에 제사를 지내고 양무兩廡(東廡와 西廡)86에서 십이월장十二月將87에 제사를 지냈다.

(8) 사제蜡祭

사蜡는 납臘과 같으며 겨울철 제사로, 농업 · 사냥 · 목축업의 여러 신에게 제사를 지내어 세말歲末(세밑)의 공덕에 보답하고 다음해의 풍년을 기원하였다. 정현鄭玄(127~200)의 견해에 따르면, 천자의 대납大蜡에는 여덟 가지가 있었으니(八蜡) 선색先嗇(神農), 사색司嗇(后稷), 농농(田畯)88, 우표철郵表畷89, 묘호貓虎(농작물을 해치는 멧돼지와 쥐를 제거해주는 호랑이와 고양이), 방坊(제방), 수용水庸(도랑), 곤충昆蟲이다.90 후에 '사제'의 신이 점차 많아져서 송대에는 무려 200분이나 되었으니 성신星辰 · 악진해독嶽鎮海瀆 · 산림태구山林澤丘 · 사령四靈91 · 오충五蟲92 등을 포괄하였다. 이에 '사제'는 세말에 온갖 일에서 여러 신들의 은덕에 보답하고

---

86 양무(兩廡): 문묘(文廟) 안에 있는 동무(東廡)와 서무(西廡)를 아울러 이르는 말. 대성전(大成殿) 앞에 마주해 있는 동무(東廡)와 서무(西廡)에는 공자의 제자들 및 중국과 우리나라 여러 선현들의 위패를 모시고 있다.(역자 주)

87 십이월장(十二月將): 12신(十二神)이라고도 부른다. 등명(登明: 亥) · 하괴(河魁: 戌) · 종괴(從魁: 酉) · 전송(傳送: 申) · 소길(小吉: 未) · 승광(勝光: 午) · 태을(太乙: 巳) · 정강(正罡: 辰) · 태충(太冲: 卯) · 공조(功曹: 寅) · 대길(大吉: 丑) · 신후(神后: 子)이다.(역자 주)

88 농(農)은 전준(田畯)으로, 주대(周代)에 농업을 장려하는 일을 맡은 벼슬아치.(역자 주)

89 우표철(郵表畷): 밭도랑에 오두막집을 짓고 농경(農耕)을 독려하는 신과 밭길(밭 사이에 난 좁은 길)의 신.(역자 주)

90 『禮記正義』「郊特牲」, 鄭玄注, "蜡祭有八神, 先嗇一, 司嗇二, 農三, 郵表畷四, 貓虎五, 坊六, 水庸七, 昆蟲八.(『十三經注疏』참조)

91 사령(四靈): 인(麟: 기린) · 봉(鳳: 봉황) · 구(龜: 거북) · 용(龍)이다.(역자 주)

92 오충(五蟲): 형태상으로 구분한 다섯 가지 종류의 벌레. 비늘을 가진 인충(鱗蟲), 날개를 가진 우충(羽蟲), 이 난 모충(毛蟲), 털이나 날개가 없는 나충(裸蟲), 딱딱한 껍질을 가진 개충(介蟲 혹은 甲蟲)이다.(역자 주)

다음해 여러 일의 복을 기원하는 큰 합제合祭가 되었다.

(9) 역대 제왕·장수·재상의 제사

진·한 이전에는 고대 성왕과 영웅조상에 제사지냈다. 한漢 이후에는 범위가 확대되어 고대 현신賢臣들도 제사의 대상이 되었다. 당唐 이후에는 역대 개국황제와 보좌하던 대신들을 위해 사당을 세웠다. 송대에는 또한 역대 중흥中興과 수성守成한 제왕을 추가하였다. 명대에는 수도에 역대 제왕의 사당이 있었고, 해마다 중춘仲春·중추仲秋에 제사를 지냈다. 청대 강희康熙(청 聖祖 때의 연호)황제는 1722년에 조서를 내려 말하기를, "무릇 천하의 주인이 되어 나라를 잃거나 무도하게 피살되었으니 모두 사당을 세워 제사지내야 한다"[93]라고 하였다. 이에 제왕에게 제사를 지낸 것이 143명에 달하였고 공신 40명을 배향되었다. 이것은 역대 귀족통치가 종교제사에 반영된 것이다.

이상의 각종 제사 외에도, 역대에는 많고 복잡한 명칭이 있었다. 예를 들어 진나라 때는 진보陳寶·두주杜主가 있었고, 한나라 때는 영성靈星·완약宛若·박기태일薄忌太一·삼일三一·명양冥羊·마행馬行 등이 있었으며, 위진남북조와 수나라 때는 사중司中·사명司命·풍사風師·우사雨師·사록(司祿) 등이 있었고, 당나라 때는 무성왕武成王·사한司寒·마조馬祖·선목先牧 등이 있었으며, 송나라 때는 구궁귀신九宮鬼神·오룡五龍·수성壽星 등이 있었고, 명대에는 기독旗纛·성황城隍·사호司戶·관제關帝 등이 있었으며, 청대에는 선의先醫·현량賢良·문창文昌 등이 있었다.

---

[93] 『清史稿』卷84,「禮二」, "凡爲天下主, 除亡國暨(及)無道被殺, 悉當廟祀."

6. 결론

역대 종교제사의 대체적인 정황을 논술한 후에, 우리는 종법성 전통 종교의 주요한 내용적 특징 및 그 역사적 운명과 작용에 대해 아래와 같이 개괄할 수 있다.

첫째, 전통종교의 신령이 복잡하지만 또한 주된 체계가 있으니, 대체로 천신天神·지기地祇·인귀人鬼·물령物靈의 네 가지 큰 부류로 귀결할 수 있다. '천신'은 호천상제昊天上帝를 최고신으로 삼고, 그 다음에는 오제五帝·오신五神이 있고, 그 다음에는 일월성신日月星辰·풍우뇌전風雨雷電·사명司命·사중司中·사민司民·사록司祿 등이 있는데, 모두 천상세계를 구성하였다. '지기'에는 후토后土·사직社稷·산천山川·악진嶽鎭·해독海瀆·강하江河·성황城隍 등이 있는데 모두 지상세계를 구성하였다. '인귀'에는 성왕聖王·선조先祖·선사先師·역대 제왕帝王·현사賢士 등이 있고, '물령'에는 기독旗纛·사호司戶·사조司竈·사령司靈 등이 있었다. 이 네 가지 큰 부류는 또한 하늘에 제사지내고 조상에 제사지내고 사직에 제사지내는 것을 축으로 하여 높은 데서 낮은 데로 이르는 완비된 교천郊天·종묘宗廟·사직社稷의 전장제도를 형성하였다. 명대 가정嘉靖(명 세종 때의 연호) 황제는 "천지가 가장 존귀하고 다음이 종묘이고 다음이 사직이다"[94]라고 말하였다. 이것은 전통 종교제사의 단계성에 대한 전형적인 견해이다.

멀리까지 말하지 않더라도 명·청 두 시대를 사례로 어떻게 대사大祀·중사中祀·소사小祀를 구분하였는지를 살펴보자. 명대에는 환구圜丘·방택方澤·종묘宗廟·사직社稷을 '대사'로 간주하고, 선농先農·일월성신日月星辰·풍운뇌우風雲雷雨·악진해독嶽鎭海瀆·산천山川 등을 '중사'로 간주하

---

94 『明史』卷49,「志·禮三·社稷」, "天地至尊, 次則宗廟, 又次則社稷."

고, 기타의 여러 신들을 '소사'로 간주하였다. 청초에는 환구·방택·기곡祈穀·태묘太廟·사직을 '대사'로 간주하고, 기타의 천신天神·지기地祇·일월日月·선왕先王·선사先師·선농先農을 '중사'로 간주하고, 선의先醫·현량賢良·소충昭忠 등을 '소사'로 간주하였다. 건융乾隆(청 高祖 때의 연호) 중에는 기우제를 '대사'로 승격시켰고, 광서光緒(청 德宗 때의 연호) 말에는 선사인 공자를 '대사'로 승격시켰다. 역대 왕조의 '대사'는 대체로 모두 하늘에 제사지내고 조상에 제사지내고 사직에 제사지내는 범위 안에 제한되었고 이것은 국가의 가장 중요한 제전이었다. 이처럼 중국인의 마음속에는 인간 위에 신의 세계와 인간배후에 저승이 있어서 신귀神鬼에 대한 숭배가 중국인의 보편적 정통신앙이 되었다.

둘째, 전통의 종교 신권이 군권君權·족권族權·부권父權과 긴밀히 결합하여 사회정치생활·가족생활·정신생활의 유기체 구성부분이 되었다. 종교 신권은 국가에 의해 장악되어 집권자는 종교제사를 국사활동의 중요한 내용으로 간주하였다. 예를 들어 명대에는 1년 중 일상의 제사로 '대사'가 13번 있었으니, 정월正月(음력 1월) 첫 번째 신일辛日일에 기곡祈穀을, 맹하孟夏(음력 4월)에 대우大雩를, 가을에 대향大享을, 동지冬至에 환구圜丘95와 하지夏至에 방구方丘96에서 황지기皇地祇(토지 신)에게 제사를 지냈고, 춘분에 조일朝日과 추분에 석월夕月에 제사를 지냈고, 사맹四孟(사계절의 처음인 음력 1월·4월·7월·10월)과 계동季冬(음력 12월)에 태묘太廟에 제사를 지내고, 중춘仲春(음력 2월)과 중추仲秋(음력 8월)의 첫 번째 무일戊日일에 태사太社(토지신)·태직太稷(곡신)에 제사를 지냈다. 대략 '중사'는 25번이었고 '소사'는 8번이었다. 이렇게 보면, 봉건 집권자의 종

---

95 환구(圜丘): 원형의 언덕으로서 천자가 동지(冬至)에 하늘에 제사를 지낸 곳이다. (역자 주)
96 방구(方丘): 서울의 북쪽교외에 있는 방형(方形)의 언덕으로, 옛날에 하지(夏至)에 지신에 제사지내던 곳이다.(역자 주)

교활동은 매우 바빴고 전통종교는 국가종교의 성질로 부각되었다. 역대 군왕은 최고의 통치권력을 취한 후에 반드시 하늘에 제사지내고 조상에 제사지내고 사직에 제사지내는 것을 실행해야 비로소 중화정통의 신통神統 · 정통政統 · 예통禮統을 계승하였다는 것을 나타낼 수 있었다. 군왕은 불교와 도교를 믿을 수도 있고 믿지 않을 수도 있었지만, 반드시 하늘을 공경하고 조상에 제사지내야 했다. 이러한 종교는 기타 외래종교에 대해 매우 큰 배척성을 가지고 있어서 자신의 연속성을 유지하였다. 청대 강희康熙 때는 로마 교황청이 중국 천주교도들의 하늘을 공경하고 조상에 제사지내고 공자에 제사지내는 것을 간여하다가 그 선교사들이 엄하게 배척을 받았는데, 이는 중국 고유의 신앙과 예절이 엄숙하여 침범할 수 없다는 것을 증명하였다.

셋째, 전통종교와 전통예속이 하나로 융합하였다. 옛 사람들은 대부분 예교禮敎의 관점에서 종교제사를 처리하였는데, 이 때문에 제단을 세우고 의식의 규범과 절차를 특히 중시하고 종교신앙과 종교이론의 수립과 심화에는 비교적 소홀히 하여 천명 · 귀신에 관한 일반적인 관념에 만족하였다. 이처럼 종교성은 항상 세속예교의 형식에 가려 매몰되었던 것이다. 예禮와 속俗의 관계에서 말하면, 상층 귀족의 종교의례가 점차 하층의 민간풍속에 영향을 미쳤으니, 예를 들면 조상에 제사지내고 지신地神(社)에 제사지내고 연말에 여러 신에 제사지내는(蜡祭) 등이다. 그러나 일부 민간종교의 습속도 귀족에 흡수되어 국가의 정식 제전으로 바뀌었으니, 예를 들면 부엌(竈)에 제사지내고 방문(戶)97에 제사지내고 관제關帝(關羽)에 제사지내는 등이다. 이처럼 상하가 교류를 이루어 전통 국가종교가 민간풍속의 사회적 기초를 가지게 됨으로써 쇠퇴하지 않고 성행할 수 있었다.

---

97 문으로, 옛날 한 짝으로 된 것을 호(戶)라 하고 두 짝으로 된 것을 문(門)이라 하였다.(역자 주)

넷째, 종법성 전통종교가 유가의 예학과 관계가 밀접하여 혹자는 유가의 천명·귀신사상과 길례吉禮·흉례凶禮에 관한 논술이 바로 전통종교의 신학이론이라 말하기도 하였는데, 이 때문에 둘 사이에는 서로 겹치는 곳이 있다. 그러나 유학은 결국 이론형태의 학술문화이고 전통종교는 제사활동을 중심으로 하는 실체화와 실천화의 사회적 일이며, 유학은 이성을 기초로 '성성성현成聖成賢(성인이 되고 현인이 됨)'과 '제세안민濟世安民(세상을 구제하여 백성을 안정시킴)'을 추구하였지만, 전통종교는 신앙을 기초로 신귀神鬼의 보호를 기대하였으니 둘을 하나로 섞어서 말할 수는 없다. 유학 속에 종교적 성분이 있고 일부 유학자들이 종교제사에 열중하였지만, "귀신을 공경하되 멀리하였다"[98]는 것이 다수를 차지하였다. 또한 종교의 덕성德性과 교화敎化의 공능을 중시하였을 뿐이고 참으로 귀신을 믿지 않았으니, 종교제사는 결코 유학의 제목 가운데 응당 있어야 하는 뜻이 아니었고, 유가 주류파의 관심은 여전히 현실인생과 사회윤리 위에 있었다. 유가 학자들의 강력한 지지를 얻지 못하였고, 또한 중국 전통문화의 '현실을 중시하고 피안을 경시하는' 영향을 받았기 때문에 종법성 전통종교의 이론은 발달하지 못하고 방대하고 정비된 신학체계를 형성하지 못하였다.

다섯째, 종법성 전통종교는 국가정권과 각 계층의 족권族權[99]에 지나치게 의지하여 자신들의 조직상에 어떠한 독립성이 없었고 교도敎徒와 비교도非敎徒의 경계도 없었다. 이러한 상황은 한편으로 종법성 전통종교의 존재와 연속에 유리하였으니, 다만 종법 등급사회가 하루라도 존재하려면 그것이 이러한 종교를 지지하고 보호해야 하였다. 다른 한편으로, 이러한 종교는 종법 등급사회의 능력을 뛰어넘는 것을 어렵

---

[98] 『論語』「雍也」, "敬鬼神而遠之."

[99] 족권(族權): 종법제도 하에서 족장(族長)의 가족에 대한 지배력 혹은 가장(家長)의 가정 구성원에 대한 지배력이다. (역자 주)

게 하였으니, 예를 들어 불교와 도교와 같은 것은 근현대로 연속되었으나 일단 중세기 사회가 산산이 부서지면 전통종교도 따라서 쇠망한다. 이 때문에 중국이 중세기에서 근·현대사회로 전환될 때, 구체적으로 말하면 신해혁명辛亥革命(1911)과 원세개袁世凱(1859~1916)를 타도한 후에 종법성 전통종교는 군주제의 지지를 얻지 못하였기 때문에 전체적으로 붕괴되었고, 남은 것으로는 귓전을 감도는 여음과 민간습속의 관성작용뿐이었다.

여섯째, 종법성 전통종교의 역사적 작용은 이중성을 가지고 있었다. 한편으로, 그것은 군권신수君權神授의 신조信條로 군주 전제제도를 유지하였고, 천명·귀신사상으로 하층 인민들의 억압착취에 대한 반항의식과 자연환경의 개조의식을 약화시켰고, 조상을 숭배하고 공경하는 관념으로 사람들의 편협한 족권族權과 부권父權에서 벗어나는 것을 속박하였으니, 이 때문에 매우 큰 소극성을 가지고 있었고, 특히 군주제 사회의 말기에 있었다. 다른 한편으로, 전통종교를 숭배하는 통치집단이 상승시기 혹은 상대적으로 건강한 상태에 있을 때는 전통정권의 종교에 대한 수호작용은 적극적 요소를 가지고 있었다. 집권집단 속의 어떤 사람이 일반원칙을 꺼리지 않고 멋대로 할 때는 다른 사람이 또한 신권의 위력과 역사적 교훈으로 설득하고 규제하거나 더 나아가서는 이러한 구성원을 교체하여(제왕을 포괄한다) 집권자들로 하여금 두려워하고 신중하게 하였다. 전통종교는 확실히 일종의 거대한 응집력으로, 그것에 의해 형성된 종교예속은 중화민족 공동체를 유지하는 중요한 정신적 힘이고 사회의 도덕기풍을 개선하는데도 적극적 촉진작용을 하였으니, 이 때문에 그것에 일정한 역사적 지위를 부여해야 한다.

유학과
종법성 전통종교[1]

장천張踐[2]

　종법성 전통종교는 하·상·주 삼대三代에 창립되어 명·청에 이르기까지 끊이지 않고 면면이 이어져 내려온 정통 국가종교이다. 그것은 일련의 완전한 종교이론과 의례체계를 가지고 있었고, 삼대에는 고대 국가의 유일한 사회 의식형태였다. 춘추시대 이후에 유학이 학술문화로써 독자적으로 발전하였기 때문에 종법종교는 이론상에서 상대적으로 정체되어 세속화와 의례화의 단계로 진입하였다. 유학과 종법종교에는 분명한 차이가 있었지만, 둘은 또한 관계가 밀접하여 상호 영향을 주었다. 종법종교는 유학을 위해 가치를 안정시켜 주었고, 유가는 종법종교를 위해 의례를 개정해 주었다. 둘은 가치취향이 일치하였고 전적典籍과 문헌文獻이 합일하였다.

　학계에는 '유학이 종교인지 아닌지'에 관한 논쟁이 오랫동안 해결하

1 원래『세계종교연구』, 1991년, 제1기에 실렸던 글이다.
2 장천(張踐, 1953~): 중국 인민대학 교수. 주요 저서로는『종교·정치·민족』·『중국불교』·『덕성과 공부-중국인의 수양관』 등이 있다.(역자 주)

지 못한 문제로 남아있다. 세계 각국의 봉건사회는 모두 고도의 폐쇄
적이고 분산된 자연경제의 기초 위에서 건립되어 흩어진 모래알처럼
사회경제조직이 뿔뿔이 흩어지는데 이르지 않게 하기 위해서는 정치
상 고도의 전제 집중이 필요하였다. 상응하여 의식형태영역에서도 일
종의 신격화된 왕권의 종교가 통치계급을 위해 일해야 하였다. 각국의
중세기에는 보편적으로 정교합일政教合一의 국가종교가 존재하였다. 이
때문에 국외의 대다수 종교학 학자와 일부 중국학자들은 또한 중국에
서 일존一尊에 정해진 관학官學─유학을 종교로 간주하였다. 공자를 교
주로 여기고, 『오경五經』을 성전聖典으로 여기고, '공자를 존숭하고 경
전을 읽는 것'을 종교활동으로 여겼다. 그러나 국내의 대다수 학자들
은 유학의 인문주의와 이성주의 내막에 대한 깊은 이해에서 출발하여
유학이 종교라는 관점을 받아들이기가 어려웠다. 그들은 유교의 '교教'
가 바로 교화의 '교'이고 종교의 '교'가 아니고, 공자문하의 성현들은
사람이지 신이 아니며, 유가의 도통은 인도人道이지 신도神道가 아니어
서 유학을 핵심으로 하는 중국 전통문화는 결코 종교문화가 아니라고
강조하였다. 그러나 유학이 종교임을 부인하는 것에도 피하기 어려운
문제가 있었다. 유학경전 중에 대부분은 천명·귀신 등 피안세계에 관
한 내용을 포함하였고, 하늘에 제사지내고 조상에 제사지내고 공자에
제사지내는 것은 봉건 종법제도 하에서 천자에서 서민에 이르기까지
모두 준수해야 했던 유가의 제사의례였으니, 이것은 일반 학술유파가
구비하지 못한 내용이었다. 최근에 모종감牟鐘鑑3교수는 은殷·주周에서
명明·청淸에 이르기까지 중국사회에는 처음부터 끝까지 모두 종법성
전통종교가 존재하였다는 관점을 제기하였다.4 필자는 많은 자극을

---

3 모종감(牟鐘鑑, 1939~): 중국 中央民族대학 철학과 종교학과 교수. p.204 참조.(역자 주)
4 牟鐘鑑,「中國 宗法性 傳統宗教 試探」,『世界宗教硏究』, 1990年, 第1期에 실려 있다.

받았고, 또한 만약 유학과 종법성 전통종교를 구분하면 '유학이 종교
인지 아닌지의 문제'와 '중국 중세기에는 국가종교가 존재하였는지의
문제'가 모두 비교적 합리적인 설명을 얻을 수 있다고 생각하였다.

1. 중국 고대종교와 그 특징

하·상·은 삼대에는 고대 국가종교가 존재하였는데, 이것은 학계의
공통된 인식이다. 고대 종법종교는 그 역사가 유구하다. 원시인의 자
연숭배가 점차 고대종교 속의 천신숭배로 변천하였다. 은나라 사람은
지상신至上神을 상제上帝로 불렀고, 주나라 사람은 지상신을 천天으로
불렀다. 천신은 온갖 신들의 우두머리였고, 일월日月·성신星辰·강하江
河·산천山川·귀매鬼魅(도깨비)·물령物靈(만물의 정령)을 통솔하여 인간에
상대하는 피안세계를 구성하였다. 천신은 인간 군왕의 보호신으로 군
왕의 권력은 신이 준 것이니(군권신수), 하늘에 제사지내는 것은 역대
제왕이 결코 다른 사람이 몰래 갖는 것을 용납하지 않던 특권이었다.
교천郊天·봉선封禪·고제告祭·명당明堂을 주요 내용으로 하였고 성대하
고 복잡한 종교의식을 형성하였다. 조상숭배는 씨족사회시기에 발생
하였다. 중국 고대사회는 씨족제도에서 탈태해 나왔으나, 씨족 혈연조
직의 껍질을 벗어버리지 못하였을 뿐만 아니라 또한 종법 혈연의 망을
사회의 조직기구로 개조하였다. 때문에 고대 종교에는 부계혈연을 기
초로 하는 조상숭배가 특히 발달하여 엄격하고 분명한 제사제도를 형
성하였다. 원시사회의 농업숭배는 고대 종교의 사직숭배로 바뀌었다.
토지의 신인 '사社'와 곡신인 '직稷'에 대한 숭배가 사직 제사제도를 구
성하였다. 토지사유제의 발달과 국가 영토관념의 강화에 따라 사직제
사는 또한 영토와 주권의 의미를 가지고 있었다.

천신을 우두머리로 하는 초자연신령에 대한 숭배가 중국 고대종교
와 세계 기타종교의 공통된 성질이라면, 종법혈연의 친소親疎등급에
따라 제사의식을 규정하는 것은 중국 고대종교의 특징이다. 은대에는
상제가 우주의 주재자로, 바람을 불게하고(令風), 비를 내리게 하고(令
雨), 흉년을 내리고(降蕫(蕫)), 재앙을 내려(降災) 당시의 왕을 보호하거나
혹은 당시의 왕을 숭상하는 능력을 가지고 있었다. 그러나 현실의 사
람은 결코 이러한 못하는 것이 없는(無所不能) 상제와는 직접적인 관계
가 없었다. 은허殷墟 갑골문에 대한 연구를 통하여, 은나라 사람은 결
코 상제에게 직접 제사를 지내지 않았고 다만 자기의 조상에게만 제사
를 지냈음이 발견되었다. 다만 은왕殷王은 자기 조상의 영혼을 통해야
비로소 세상 사람의 염원을 상제에게 전달해줄 수 있었으니, 왜냐하면
은왕이 죽은 후에야 '상제를 모실(賓于帝)'5 수 있었기 때문이다. 은 왕
조의 통치자는 조상의 영혼을 통하여 상제를 농단하고 신권神權을 제
압하였다. 조상의 영혼은 상제와 인간을 연결시키는 교량橋梁으로 지
위가 매우 중요하였기 때문에 은왕이 조상에 제사를 지내는 규모는 거
대하고 의례가 성대하고 횟수가 빈번하였으니, 많은 가축을 도살하였
을 뿐만 아니라 또한 대대적으로 사람을 순장하기도 하였다. 주나라
사람이 은나라 사람의 '귀신을 중시하고 사람을 경시하는' 관습을 변
화시켰지만, 조상숭배는 약화되지 않았을 뿐만 아니라 도리어 한층 더
강화되었다. 주대를 시작으로 지상신을 '천'이라 불렀으니, 천신을 왕
실의 직접적인 조상으로 여기고 주왕周王을 천자라 불렀다.

만물은 하늘에 근본하고 사람은 조상에 근본한다.6

5 郭沫若 主编,『甲骨文合集』, 1402正, "賓于帝."
6 『禮記』「郊特牲」, "萬物本乎天, 人本乎祖."

백성은 모두 하늘의 아들이고 주왕은 적장자嫡長子였으니, "왕은 비록 나이가 어리지만 원자元子이시다."7 주 왕실이 천하의 대종大宗이었다. 주공周公은 "호천상제께서 그분의 원자元子(큰아들)와 대국大國인 은나라의 명을 바꾸었다"8는 것으로 주나라 무왕武王이 일으켰던 혁명의 합리성을 논증하였다. 주공은 대종大宗·소종小宗의 원칙에 근거하여 일련의 완비된 종교 제사제도를 건립하였다. 첫째, 서자는 제사지내지 않는다는 제도이다.

서자庶子가 조상에게 제사지내지 않는 것은 그 종가宗家의 지위를 밝히는 것이다.9

적장자는 대대로 제사를 주관하는 지위에 있었다. 둘째, 종묘제도10의 규정이다.

천자는 7묘七廟이니 3소三昭·3목三穆에 태조의 사당과 더불어 일곱이다. 제후는 5묘五廟이니 2소二昭·2목二穆에 태조의 사당과 더불어 다섯이다. 대부는 3묘三廟 1소一昭·1목一穆에 태조의 사당과 더불어 셋이다. 사士는 1묘一廟이고 서민들은 방에서 제사를 지냈다.11

---

7 『尚書』「召誥」, "有王雖小, 元子哉."
8 『尚書』「召誥」, "皇天上帝, 改厥元子玆大國殷之命."
9 『禮記』「喪服小記」, "庶子不祭祖者, 明其宗也."
10 종묘는 다름 아닌 사당(祠堂)이다. 사당은 조상의 신주를 모시고 제사를 지내는 공간으로 황제의 신주를 모시는 사당을 태묘(太廟), 왕의 신주를 모시는 사당을 종묘(宗廟), 일반 사대부의 조상을 모신 사당을 가묘(家廟)라 한다.(역자 주)
11 『禮記』「王制」, "天子七廟, 三昭三穆, 與大祖之廟而七. 諸侯五廟, 二昭二穆, 與大祖之廟而五. 大夫三廟, 一昭一穆, 與大祖之廟而三. 士一廟. 庶人祭於寢.".

종묘제도로 귀천貴賤을 구별하였다. 셋째, 종법 도태제淘汰制이다.

별자別子12가 한 집안의 조상이 되면, 별자를 계승하는 자가 대종大宗이 되고, 별자 이외의 다른 자제들을 계승하는 자가 소종小宗이 된다. 백세百世가 되어도 옮기지 않는 종가가 있고, 5세가 되면 옮기는 종가가 있다.13

태조太祖의 사당은 옮기지 않고 시조始祖가 창업한 공로를 기념하였다. 시조 이하 역대의 대종은 그대로 답습하여 제사가 끊어지지 않았다. 5세 이하의 소종은 1세가 바뀔 때마다 1묘가 옮겨가고, 5대 이상이면 혈연이 단절되어 더 이상 상복을 입지 않는다. 종묘 제사제도는 종법의 작용을 구별하였다. 확대해가면, 주나라 사람은 종법관념으로 천인天人관계를 이해하고 다음과 같이 규정하였다.

천자는 천지天地에 제사지내며 사방에 제사지내며 산천山川에 제사지내며 오사五祀에 제사지내되 해마다 고르게 제사를 지낸다. 제후諸侯는 사방에 제사지내며 산천에 제사지내며 오사에 제사지내되 해마다 고르게 제사를 지낸다. 대부大夫는 오사에 제사지내되 해마다 고르게 제사를 지낸다. 사士는 그 조상에게 제사지낸다.14

절대로 참월僭越을 허락하지 않았고, 실제로 "서자가 조상에게 제사지내지 않는다"는 종법제의 연장이었다. 종법성은 고대 종교에서 독보적인 지위를 차지하였기 때문에 우리는 그것을 '종법성 종교'라고 불렀다.

---

12 별자(別子): 고대 종법제도에서 제후의 적장자(嫡長子) 이외의 아들(支子)을 말한다.(역자 주)
13 『禮記』「大傳」, "別子爲祖, 繼別爲宗, 繼禰者爲小宗, 有五世而遷之宗."

주공은 고대 종교를 위해 비교적 완전한 기초를 세웠으나, 그의 종교개혁에도 자신이 거부할 여지를 남겨두었다. 은주시기의 정치변혁 속에서 주공은 "하늘의 명은 일정한 것이 아니다"15, "하늘은 믿기 어렵다"16라고 보았다. 희씨姬氏(주나라)의 천하를 영원히 보유하기 위해 그는 '천명이 바뀐다'거나 '덕으로 천과 짝을 이루게 한다'는 사상을 제기하였다. 은나라 사람의 종교 속에는 결코 도덕윤리방면의 글이 없었고, 상제는 위엄이 있고 엄숙하고 희노喜怒가 무상한 인격신이었다. 사람은 신 앞에서 무능하여 아무 일도 못하고 늘 제사를 지내고 후하게 바쳐서 신에게 환심을 살 뿐이었다. 주공은 "황천皇天은 친애하는 사람이 없고 오직 덕 있는 자만을 돕는다"17라고 생각하였다. 하늘의 신성성은 주로 사회방면에 있었으니, 일종의 지고무상至高無上하고 공정무사公正無私한 도덕적 실체였다.

제사를 지내는데 의식이 많지만, 의식이 제물祭物에 미치지 못하면 이것을 제사지내지 않는 것이라고 하였다.18

황천은 제물을 바치는 것의 많고 적음으로 상벌賞罰을 결정하지 않는다. 덕 있는 사람이 자연히 천명을 얻는다.

오직 하늘의 덕을 가질 수 있어야 자연히 큰 명命이 만들어져 아래에 있는 백성들이 배향할 것이다.19

---

14 『禮記』「曲禮(下)」, "天子祭天地, 祭四方, 祭山川, 祭五祀, 歲徧. 諸侯方祀, 祭山川, 祭五祀, 歲徧. 大夫祭五祀, 歲徧. 士祭其先."

15 『尙書』「康誥」, "惟命不于常."

16 『尙書』「君奭」, "天難諶."

17 『尙書』「蔡仲之命」, "皇天無親, 唯德是輔."

18 『尙書』「洛誥」, "享多儀, 儀不及物, 惟曰不享."

반대로, 백성에게 포악하고 덕을 어지럽히면 천명을 잃을 수 있다.

　그 덕을 공경하지 않으면 바로 그 명을 잃는다. [20]

　주공은 자식과 조카들에게 '덕을 밝혀서 몸을 닦고(明德修身)', '덕을 밝히고 형벌을 신중히 하고(明德慎罰)', '덕을 숭상하고 백성을 보호할 것(敬德保民)'을 훈계하였다.

　고대 종교는 이로부터 은대의 제사와 점을 중시하는, 즉 귀치鬼治를 중시하고 인치人治를 경시하는 경향에서 벗어나 이성화의 길로 발전해 나갔다. 하늘의 상벌이 사람의 주관행위에서 결정되어 인문주의·이성주의의 요소가 부단히 증가하였다. 『역전易傳』에서 말한 것처럼 "인문을 살펴서 천하의 교화를 이룬다는 것이다."[21] 도덕교화가 고대 종교의 주요 내용이 되어 귀신형상과 피안세계에 대한 탐구는 오히려 부차적인 위치에 놓여졌다. 주나라 예가 날로 의례화되어 지금에 이르기까지 상당히 많은 학자들은 다만 그것을 '사회생활의 습속'으로 간주하였다. 주공의 종교개혁은 고대 종교가 세속화되는 계기를 남겨 두었다.

---

19 『尚書』「呂刑」, "惟克天德, 自作元命, 配享在下."
20 『尚書』「召誥」, "惟不敬闕德, 乃早墮闕命."
21 『易傳』「賁卦」, "觀乎人文, 以化成天下."

2. 공자의 종교관 및 유학의 학술문화로의 독자적 발전

춘추전국시기는 중국이 고대사회에서 중세기로 넘어가는 시기였다. 이와 상응하여 의식형태영역 안에 내포되어 있던 온갖 고대 종교가 와해되었다. "예악이 붕괴"22하여 예에 어긋나는 사건이 빈번히 발생하였다. 하늘을 의심하고 하늘을 원망하며 하늘을 욕하는 사조가 널리 유행하였다. 전문 사제司祭대열─복卜·사史·종宗·축祝이 민간에 유행하였다. 정교합일의 일체화된 의식형태가 해체되어 춘추전국시기 백가쟁명百家爭鳴의 역사적 전제가 되었다. 유가는 선진시기 제자백가 중의 한 학파로, 유가의 발생과 발전은 모두 고대 종교와 밀접한 관계가 있다. 유가가 창립되기 이전의 사회에는 '유儒'라는 일종의 직업이 있었고, 그 구성원들은 대부분 고대 무격巫覡에서 전환되어 나와서 사람들의 혼사婚事·상사喪事의 의식을 전문적으로 주관하였다. 공자가 젊었을 때는 '유'를 직업으로 삼고 주례周禮에 정통하였기 때문에 그의 학파도 '유'라는 명칭을 얻었다. 그러나 공자는 예를 도와주는 상례(相禮 혹은 贊禮)를 직업으로 삼아 생계를 도모하는데 만족하지 않고, 주례 속에 포함된 종교와 세속의 내용에 대해 이론적으로 깊이 사고하여 자기의 종교관을 창립하였다. 공자의 종교관은 그의 '치국治國·평천하平天下'와 "늙은이를 편안하게 해주고 젊은이를 감싸주려고 하는"23 정치적 이상을 위해 일하였고, 또한 유학과 종법성 종교가 중세기에 각자의 발전방향으로 발전하게 하였다.

춘추전국시기에는 고대 종교유산을 둘러싼 논쟁이 주로 두 가지의 초점에 집중되었다. 하나는 천인天人관계의 문제이나 실제로는 인신人

---

22 章炳麟,「與簡竹居書」(『國粹學報』, 辛亥年, 第82期에 실려 있다), "禮崩樂壞." 동주(東周)시기의 전장제도가 점차 폐기되는 것에 대한 묘사이다.(역자 주)

23 『論語』「公冶長」, "老者安之,……少者懷之."

神관계의 문제였으니, 즉 천신이 사회와 자연을 주재하는 것을 인정하는지의 여부였다. 다른 하나는 형신形神관계의 문제였으니, 즉 사람에게 영혼이 있는지, 죽은 후에는 귀신이 되는지, 피안세계가 존재하는지 여부의 문제였다. 주공 '이덕배천以德配天'의 인문주의사상은 공자에게 비교적 큰 영향을 미쳤다. 천인관계에서 공자는 '주재의 천'의 존재를 인정하였다.

> 하늘에 죄를 얻으면 빌 곳이 없다.24
> 삶과 죽음은 명命에 달려있고 부귀는 하늘에 달려있다.25

그러나 '천'이 비록 '착한 사람에게 상을 주고 악한 사람에게 벌을 주어' 세상 사람의 운명을 결정하는 능력을 가지고 있었지만, 고대 종교이론과 서로 비교하면 하늘의 인격성은 감소하였고 철학성은 증가하였다. 공자는 다음과 같이 말하였다.

> 하늘이 무엇을 말하던가? 사시가 운행하고 온갖 만물이 자라나지만 하늘이 무엇을 말하던가?26

'천'이 일종의 '자연의 신'으로 간주되었는데, 이것은 인류가 자기와 다른 각종 힘의 총체를 인식할 방법이 없었고 제압할 방법이 없었던 것이다. 공자는 '천'의 의지성과 정감성을 부각시키지 않고 규율성의 색채를 갖는 '천명'을 더 강조하였다.

---

24 『論語』「八佾」, "獲得於天, 無所禱也."
25 『論語』「顏淵」, "死生有命, 富貴在天."
26 『論語』「陽貨」, "天何言哉. 四時行焉, 百物生焉, 天何言哉."

도가 장차 행해지려는 것도 명이고, 도가 장차 폐기되려는 것도 명이다.[27]

공자가 고대 종교 속의 천신을 철학화하여 생생하게 살아있는 듯한 상제를 볼 수도 없고 만질 수도 없는 법칙─천명으로 바꾸어놓았다고 말할 수 있다. 고도로 이성화된 천명관과 서로 연관시키면, 형신관形神觀에서 공자는 귀신의 존재를 의심하였다.

계로季路가 귀신 섬기는 일을 묻자 공자께서 대답하기를, "사람을 섬기지 못하는데 어찌 귀신을 섬길 수 있겠는가?"라고 하였다. 계로가 감히 죽음을 묻자 대답하기를, "삶도 알지 못하는데 어찌 죽음을 알겠는가?"라고 하였다.[28]

공자는 사람이 죽은 뒤의 세계에 대해 알 수 없다는 대답을 주었다. 비록 당시에 종교세력이 여전히 강대하였지만, "공자는 괴怪·력力·난亂·신神을 말하지 않았다."[29] 공자는 결코 사후의 정황을 말하지 않았으니, 실제로는 피안세계로 통하는 문을 닫아버렸다. 영혼관은 종교의 중요한 초석으로, 영혼이 있어야 신령과 귀신이 있고 피안세계가 있고 개인 정신의 윤회와 해탈이 있다. 이는 바로 종교와 인생의 관계가 가장 긴밀하고 또한 가장 매혹적인 곳이기 때문이다.

종교학의 관점에서 보면, 종교관념은 종교의 핵심이고 종교의례와 활동은 종교관념의 외형화와 표현이다. 그러나 공자의 신상에는 일종의 매우 모순된 현상이 나타났으니, 비록 공자가 종교관념에 대해서는 일종의 의심하는 태도를 고집하였지만 종교의례와 활동에 대해서는

---

27 『論語』「憲問」, "道之將行也與. 命也. 道之將廢也與. 命也."
28 『論語』「先進」, "季路問事鬼神, 子曰未能事人, 焉能事鬼. 曰敢問死, 曰未知生, 焉知死."
29 『論語』「述而」, "子不語怪力亂神."

매우 큰 열정을 기울였다.

공자께서 태묘太廟에 들어가서 매사每事를 물었다.30
재계할 때는 반드시 베로 만든 명의明衣를 입었고, 재계할 때는 반드시 음
식을 바꾸었으며(평상시 먹던 술이나 마늘 등을 먹지 않았다), 거처하던
자리도 반드시 옮겨 앉았다.31

일부 왕공王公과 귀족들의 종묘 제사활동에서 예에 어긋나는 행위에
대해 공자는 매우 분개하였다. 공자가 노나라의 조상에 제사지내는 예
를 보았을 때 다음과 같이 말하였다.

체禘제사에서 강신주降神酒를 따른 뒤부터는 내 보고 싶지 않다.32
자공子貢이 매달 초하루 사당에 고하면서 바치는 희생양을 없애려하자 공
자께서 말하기를, "사야! 너는 그 양을 소중히 여기느냐, 나는 그 예를 소
중히 여긴다"라고 하였다.33

공자가 종묘 제사활동의 의례에 대해 이처럼 진지하였던 것은, 그가
종교활동의 사회적 기능의 관점에서 종교를 보았기 때문이다. 정치상
에서 공자는 종법제도를 견고히 하고 혈연가족의 단결을 유지할 것을
주장하였다. 그는 종법종교의 제사활동이 바로 효도孝道를 선양하고
사람에게 등급관념을 기르는 좋은 기회라고 여겼다. 증자曾子는 일찍
이 "초상의 예를 다하고(愼終) 돌아가신 분을 추모하면(追遠) 백성들의

30 『論語』「八佾」, "子入太廟每事問."
31 『論語』「鄕黨」, "齊必有明衣, 布. 齊必變食, 居必遷坐."
32 『論語』「八佾」, "禘自旣灌而往者, 吾不欲觀之矣."
33 『論語』「八佾」, "子貢欲去告朔之餼羊. 子曰賜也, 爾愛其羊, 我愛其禮."

덕이 후한 데로 돌아갈 것이다"**34**라고 하였다. 여기에서 '신종'은 상례喪禮를 가리키고 '추원'은 제례祭禮를 가리킨다. 공자는 "살아계실 때는 예로써 섬기고, 돌아가시면 예로써 장사지내고, 예로써 제사지낼 것"**35**을 강조하였다. 공자가 비록 귀신의 존재를 의심하였지만, 제사의 중대한 사회적 의미에 대해서는 조금도 의심하지 않았다.

중요한 것은 백성의 식생활과 상례와 제례이다.**36**

민생문제 외에 상례와 제례는 그가 가장 관심을 가졌던 일이다. 왜냐하면 일이 종법등급과 관계가 있었기 때문이다.

공자는 한편으로 귀신에 대해 의문으로 남겨두었지만, 다른 한편으로는 또한 종교 제사활동을 크게 시행할 것을 주장하였기 때문에 "귀신이 없음을 고집하면서 제례를 배운다"**37**는 절름발이 상태에 빠지는 것을 면하기 어려웠다. 이러한 양난의 국면에서 벗어나기 위해, 공자 종교관의 최종 결론은 "백성의 뜻에 힘쓰고 귀신을 공경하되 멀리하였다."**38** 그는 사람들에게 경건한 태도로 종교활동에 종사할 것을 가르쳤지만, 귀신이 존재하는지 여부를 사고하는데 철저히 따지지 않았다.

제사를 지낼 때는 조상이 앞에 계시는 것처럼 하셨고, 신에게 제사지낼 때는 신이 계시는 것처럼 하셨다. 공자께서 말하기를, "내가 제사에 참여하지 않는 것은 제사지내지 않는 것과 같다"라고 하였다.**39**

---

34 『論語』「學而」, "愼終追遠, 民德歸厚矣."
35 『論語』「爲政」, "生, 事之以禮, 死, 葬之以禮, 祭之以禮."
36 『論語』「堯曰」, "所重, 民食喪祭."
37 『墨子』「公孟」, "執無鬼而學祭禮."
38 『論語』「雍也」, "務民之義, 敬鬼神而遠之."
39 『論語』「八佾」, "祭如在, 祭神如神在. 子曰吾不與祭, 如不祭."

종교활동은 참여자의 주관적 느낌과 심리적 만족이 중요하니, 사람이 신이 있다고 믿으면 신은 있는 것이고 신이 있다고 믿지.않으면 신은 없는 것이다. 신의 주재적 지위를 사람에게 주게 하여 종교활동 속의 주체적 작용과 사회적 의미를 부각시켰다. "귀신을 공경하되 멀리하였다"는 것이 유가 종교관의 핵심을 이루어 후세 유가는 종법성 종교에 반대하지 않았을 뿐만 아니라 또한 그것과 상당한 거리를 유지하면서 학술문화의 길로 독립적으로 발전해나갔다.

먼저, "공경하되 멀리하였다"는 태도는 사람들의 천신에 대한 친근감과 의지감을 없애주었는데, 이러한 정감이 바로 종교신앙이 생성되는 기초이다. 유가가 비록 천명·귀신을 말하였지만, 일종의 냉정하고 이지적인 태도로 이러한 고대 종교의 명제와 사회작용을 이해하고 합리적으로 그것들을 이용하였다. 결과, 후세 유가는 시종 이성주의의 입장을 유지하였고, 그들은 사회의 수요와 본인의 이해에 근거하여 비교적 자유롭게 천신을 안에 포괄하는 피안세계를 탐구함으로써 중국 학술문화의 번영을 촉진시켰다. 전국시기의 맹자는 공자의 이성화된 천명관을 발전시켜서 천명을 일종의 지고무상한 주재자로써 사회의 치란治亂과 국가의 홍망興亡과 개인사업의 성패成敗를 결정한다는 것을 인정하였다. 그러나 맹자가 말한 '천'은 완전히 일종의 '의리의 천'이었다.

> 진실한 것은 하늘의 도이고, 진실하려고 생각(노력)하는 것은 사람의 도이다.[40]

---

[40] 『孟子』「離累(上)」, "誠者, 天之道也, 思誠者, 人之道也."

천명은 일종의 비인격적이요 인류를 지배하는 자기보다 뛰어난 힘
이다.

하지 않고도 되는 것은 천天(하늘의 뜻)이고, 힘쓰지 않고도 이루어지는 것
은 명命이다.[41]

전국시기 또 다른 큰 유학자인 순자는 근본적으로 하늘의 신성성神
性性을 부정하였다.

하늘의 운행에는 일정함이 있으니, 요임금 때문에 존재하는 것도 아니고
걸임금 때문에 없어지는 것도 아니다.[42]

하늘은 다만 사람들이 그 사이에서 생활하는 자연계일 뿐이니, 음양
이 교대로 부리고, 비바람이 널리 뿌려주고, 많은 별들이 일정하게 돌
고, 괴이한 별이 갑자기 보이는 것은 모두 자연계의 정상적 변화이고
인간세상의 치란과는 무관하다. 사람은 하늘을 조심하고 하늘을 두려
워하지 말고 "천명을 제재하여 이용해야 한다."[43] 진·한 이후에 유학
이 관학官學으로 정해졌지만, 결코 학술문화의 성질로 발전하지 못하
였다. 양한兩漢의 경학經學, 위진魏晉의 현학玄學, 송명宋明의 이학理學, 명
청明淸의 실학實學 등의 사조는 모두 사변과 토론의 학술방식으로 발전
하였다. 여전히 천신관天神觀을 예로 들면, 서한西漢의 금문 경학가들은
복고주의경향이 강하였고, 그들의 관점에는 비교적 많은 종교적 내용
이 뒤섞여 있었다. 예를 들어 유학자 동중서董仲舒는 다음과 같이 말하

---

41 『孟子』「萬章(上)」, "莫之爲而爲者, 天也, 莫之致而致者, 命也."
42 『荀子』「天論」, "天行有常, 不爲堯存, 不爲桀亡."
43 『荀子』「天論」, "制天命而用之."

였다.

> 하늘에는 기뻐하고 성내는 기운과 슬퍼하고 즐거워하는 마음이 있어 사
> 람과 서로 부합하여 닮아 서로 합하니 하늘과 사람이 하나되는 것이다.[44]

은주시대 종교 속에서 '천'의 인격신의 형상을 어느 정도 회복하였
다. 그러나 동시에 사마천司馬遷·환담桓潭·양웅揚雄 등의 천에 대한 자
연화 해석이 존재하였다. 동한東漢에 이르러 왕충王充은 '원기자연론元氣
自然論'의 철학관념을 체계적으로 건립하였다.

> 천지는 기氣를 포함한 자연이다.[45]
> 하늘을 자연무위하다고 하는 것은 무엇 때문인가? 기는 담박하여 무욕無欲
> 하고 무위無爲하고 무사無事한 것이다.[46]

'천'은 바로 순양純陽의 맑은 기이다. 위진시기의 현학은 도가의 입장
에서 유가를 해석하여 천지만상을 말단으로 보고 현상세계 밖에 또 허
무한 본체세계를 세워 '무無로써 근본을 삼고', '근본을 숭상하고 말단
을 종식시킬 것(崇本息末)'을 강조하였다. 송명이학은 도교의 우주생성
론과 불교의 사변철학을 흡수하여 종교의 순純철학입장에서 더 멀리
떨어져서 천지 본원本原의 문제를 토론하였다. '천'에 대한 이해도, 송
명 이학자들은 기본적으로 크게 세 유파로 나눌 수 있다. 첫 번째 유파
는, 정주를 대표로 하는 '의리파'로, 그들은 천리天理를 우주를 주재하
는 일종의 법칙으로 이해하였다. 이정은 하늘이 이치라고 생각하였

---

44 『春秋繁露』「陰陽義」, "天亦有喜怒之氣, 哀樂之心, 與人相副, 以類合之, 天人一也."
45 『論衡』「談天」, "天地, 含氣之自然也."
46 『論衡』「自然」, "謂天自然無爲者何. 氣也, 恬淡無欲, 無爲無事者也."

다.47 주희는 한걸음 더 나아가 "이른바 주재자가 곧 이치이다"48라고 해석하였다. 그러나 이러한 주재는 은주시기의 천신과 다르다.

> 만약 참으로 한 분의 상제가 있어 세간에 만들어진 상像과 같다고 말한다면, 진실로 옳지 않다.49

주희는 또한 고대 문화경전에 대해 다음과 같이 해석하였다.

> 어찌 한 사람이 위에서 이것을 분부할 수 있겠는가! 『시경』과 『서경』에서 말한 것은 한 사람이 위에 이와 같이 있는 것 같으니, "상제께서 진노하셨다"는 등과 같다. 그러나 이 또한 다만 이치가 그러할 뿐이다. 천하에는 이치보다 존귀한 것이 없기 때문에 상제로 이름 지었다.50

이것은 고대 종교를 철저히 철학화한 해석이다. 두 번째 유파는 육왕을 대표로 하는 '심성파'로, 그들은 사람의 주관적 의식을 과장하여 마음이 만물을 포괄하였다. 육구연陸九淵(1139~1193)은 "우주가 곧 내 마음이고 내 마음이 곧 우주이다"51, "마음 밖에 이치가 없다"52라고 하였다. 왕수인王守仁(1472~1529)은 한걸음 더 나아가 "마음 밖에 사물이 없다"는 것을 더욱 발전시켰다.

---

47 『二程遺書』卷11, 「師訓」, "天者, 理也."
48 『朱子語類』卷1, "然所謂主宰者, 卽是理也."
49 『朱子語類』卷3, "若說,……眞箇有箇上帝如世間所塑之像, 固不可."
50 『朱子語類』卷4, "那得箇人在上面分付這箇! 詩書所說, 便似有箇人在上恁地, 如帝乃震怒之類. 然這箇亦只是理如此. 天下莫尊於理, 故以帝名之."
51 『明儒學案』卷24, 「江右相傳學案(九)」(또는 『陸九淵集』卷36, 「年譜」), "宇宙便是吾心, 吾心卽是宇宙."
52 『明儒學案』「姚江學案」, "心外無理."

하늘에 나의 영명함이 없으면 누가 그것이 높다고 우러러보겠는가? 땅에 나의 영명함이 없으면 누가 그것이 깊다고 굽어보겠는가? 귀신에 나의 영명함이 없으면, 누가 그것의 길吉·흉凶·재災·상祥을 판별하겠는가?[53]

그들의 안중에 천명·귀신은 모두 내 마음의 산물이다. 세 번째 유파는 '기화파'이다. 다시 순황荀況(순자)과 왕충의 입장으로 돌아가서 기화氣化로 '천'을 해석하였다. 장재張載(1020~1078)는 "기화에 의해 '천'이라는 이름이 있다"[54]라고 말하였다. '천'은 또한 태허太虛의 기에 의해 구성된다.

땅은 순음純陰이 속에서 응취하고 하늘은 부양浮陽이 밖에서 운행하니, 이것이 천지의 상례常例이다.[55]

이후에 왕정상王廷相·왕부지王夫之 등 기화론자들은 기본적으로 모두 이러한 견해에 근거하여 천지의 생성을 설명하고, 천을 양기陽氣의 축적으로 간주하였다. 이상의 여러 유파들의 '천'에 대한 이해가 근본적으로 달라 서로 비방하고 논쟁이 격렬하였다. 그러나 그들은 피차 모두 "강상綱常(三綱五常)을 세우고, 공맹孔孟을 종주로 하고, 명교名敎를 돕는데" 동의하였으니, 이것은 학파간의 논쟁이고 문호門戶간의 견해이지 결코 교도간의 싸움에는 다르지 않았다. 주신主神에 대한 견해가 이처럼 달랐지만 충분히 토론할 수 있었으니, 이것은 정감과 신앙을 호소하는 종교도들 사이에서는 상상할 수 없는 것이다.

53 『王陽明全集』「傳習錄(下)」, "天沒有我的靈明誰去仰他高. 地沒有我的靈明誰去俯他深. 鬼神沒有我的靈明誰去辨他吉凶災祥."
54 『正蒙』「太和」, "由氣化, 有天之名."
55 『正蒙』「參兩」, "地純陰凝聚于中, 天浮陽運轉于外, 此天地之常體也."

둘째, 공자의 귀신과 내세來世에 대해 '잠시 보류하고 논하지 않는(存而不論)' 방식은 사람들의 관심을 현실의 인생문제로 이끌었다. 종교의 중요한 특징 중의 하나가 바로 현실세계를 부정하고 사람들을 피안의 천국으로 이끄는 것이다. 유학은 이러한 점에서 종교와 근본적으로 구별된다. 공자는 "삶도 알지 못하는데 어찌 죽음을 알겠는가?"[56]라고 강조하여 피안을 최종 관심으로 삼지 않았다. 공자는 '인仁'을 핵심으로 하는 철학체계를 세워 "예를 지키고 인에 들어갔으니" 종법 예교禮教를 '충서忠恕의 도'의 기초 위에 세웠다.

> 사람이면서 인하지 못하면 예와 같은 것을 무엇에다 쓰겠는가? 사람이면서 인하지 못하면 음악과 같은 것을 무엇에다 쓰겠는가?[57]
> 예라 예라 하지만 옥과 비단을 말하는 것이겠는가? 음악이라 음악이라 하지만 종과 북을 말하는 것이겠는가?[58]

예교의 본질은 종과 북과 같은 예기禮器나 의례의 겉치레에 있지 않고 인애仁愛의 마음에 있다. "어진 자는 남을 사랑하여"[59] 자기 마음으로 남의 마음을 헤아리니 "자기가 서고자하면 남도 세워주고, 자기가 도달하고자 하면 남도 도달하게 해주고"[60], "자기가 원하지 않은 것은 남에게 베풀지 않는다."[61] 공자는 충서忠恕의 정신으로 고대 종교의 의례를 해석하였다.

---

56 『論語』「先進」, "未知生, 焉知死."
57 『論語』「八佾」, "人而不仁, 如禮何. 人而不仁, 如樂何."
58 『論語』「陽貨」, "禮云禮云, 玉帛云乎哉. 樂云樂云, 鐘鼓云乎哉."
59 『孟子』「離婁(下)」, "仁者愛人."
60 『論語』「雍也」, "夫仁者, 己欲立而立人, 己欲達而達人."
61 『論語』「顏淵」, "己所不欲, 勿施於人."

재아宰我가 묻기를 "3년의 상은 기일이 너무 깁니다"라고 하였다.……공
자께서 대답하기를, "재아의 어질지 못함이여! 자식이 태어나서 3년이 지
난 뒤에야 부모의 품을 벗어나니 3년의 상은 천하의 공통된 상례喪禮이다.
재아도 그 부모에게 3년의 사랑이 있었던가?"라고 하였다.**62**

이처럼 공자는 군군君君·신신臣臣·부부父父·자자子子의 봉건 예교를
부자간의 사랑, 형제간의 정, 군신간의 의리라는 정감의 기초 위에
세웠다. 맹자는 한걸음 더 나아가 인심仁心으로부터 인정仁政을 추론
하였다.

사람에게는 모두 남에게 차마 하지 못하는 마음(不忍之心)이 있다. 선왕先王
이 사람들에게 차마 하지 못하는 마음이 있어서 이에 남에게 차마 하지
못하는 정치가 있었다.**63**

통치자가 만약 "백성을 사랑하고 만물을 사랑하여"**64** 사랑하는 마
음을 가정·국가·천하로 추급할 수 있으면, 바로 유가의 '내성외왕內聖
外王의 도'이다. 유가는 사람들에게 가정·국가·천하를 위해 의무를 다
하는 과정에서 삶과 죽음을 초월하고 생명의 가치를 실현할 것을 교육
하였다. '입덕立德·입공立功·입언立言'과 같은 불후의 정신이 바로 유학
의 생명가치관을 구성하였다. 역대의 유가 학자들은 모두 현세의 강상
명교綱常名敎사업을 그 최종 관심으로 삼고 피안·내세로 가는 종교를
무시해버렸다.

---

62 『論語』「陽貨」, "宰我問, 三年之喪, 期已久矣.……子曰予之不仁也. 子生三年, 然後免
於父母之懷. 夫三年之喪, 天下之通喪也, 予也有三年之愛於其父母乎."
63 『孟子』「公孫丑(上)」, "人皆有不忍人之心. 先王有不忍人之心, 斯有不忍人之政矣."
64 『孟子』「盡心(上)」, "仁民而愛物."

셋째, 유가에는 성현을 숭배하는 경향이 있다. 공자는 스스로 "요순의 도를 계승하고 문무의 법을 본받아 지켰다(祖述堯舜 憲章文武)", "기술할 뿐이고 창작하지 않았다(述而不作)"라고 자처하였기 때문에 유학에는 고대 종교의 조상숭배 유풍을 비교적 많이 보존하였다. 후세에 공자 본인도 유생들의 숭배대상이 되었지만, 유가의 성현숭배가 교도들의 신에 대한 예배와는 본질적인 차이가 있다. 공자 자신은 다음과 같이 강조하였다.

> 나는 태어나면서 아는 사람이 아니라 옛 것을 좋아하여 힘써 구하는 사람이다.[65]

맹자도 "성인이 백성에 대해서도 이와 같다. 그 부류에서 뛰어났고 그 무리에서 빼어났으니, 생민生民 이래로 공자보다 훌륭한 자는 있지 않다"[66]라고 말하였다. 성현은 사람이지 신이 아니며, 다만 그들 자신이 분투노력하였기 때문에 같은 부류의 다른 사람들보다 뛰어나고 비범한 공헌을 하여 공덕을 세워 만세토록 추앙을 받을 수 있었다. "아래로 사람의 일을 배워서 위로 하늘의 이치에 통달하니(下學而上達)" 보통 사람이 노력을 거치면 또한 성현의 경지에 도달할 수 있다. 역사상 일찍이 공자를 지나치게 신격화한 각종의 신화와 전설이 출현하여 보통 사람과 구분하였음을 부인할 수는 없지만, 항상 정통 유가 학자들의 비판을 받았다. 송명시기에 이학자들은 도덕수양을 특별히 중시하였다. 그들은 성인과 보통 사람의 차이가 주로 학식에 있지 않고 도덕품격에 있다고 강조하였다. 왕양명王陽明은 "사람은 천리보다 순수한데

---

65 『論語』「述而」, "我非生而知之者, 好古敏以求之者也."
66 『孟子』「公孫丑(上)」, "聖人之於民, 亦類也. 出於其類, 拔乎其萃, 自生民以來, 未有盛於孔子也."

이르러야 비로소 성인이고, 금은 순색에 이르러야 비로소 최고이다"[67]라고 말하였다. 인욕이 모두 없어지고 천리가 자연히 드러난 것이 곧 성현이다. 주돈이周敦頤는 다음과 같이 말하였다.

성인은 배워서 될 수 있습니까? 대답하기를, "그렇다." 묻기를, "요령이 있습니까?" 대답하기를, "있다." 묻기를 청합니다. 대답하기를, "마음을 하나로 하는 것이 요령이니, 마음을 하나로 한다는 것은 욕심이 없는 것이다."[68]

오늘날 일부 학자들은 언제나 송명이학의 금욕을 기독교와 불교의 금욕과 함께 거론하여 사람들을 피안의 천국으로 이끌었다고 보았다. 실제로 이것은 일종의 오해이다. 유가의 금욕주의와 종교의 금욕주의는 본질적으로 다르니, 그것은 사람들의 육체를 고통스럽게 하여 영혼의 해탈을 추구하려던 것이 아니고, 사람들의 욕망을 절제하여 봉건 윤리도덕에 부합하는 성현이 되고, 또한 최종적으로 천지의 화육化育을 도와 나라를 경륜하고 세상을 구제하는 목적에 도달하려던 것이다. 바로 주희가 말한 "불교의 학문은 다만 극기克己일 뿐이고 더 이상 복례復禮의 공부는 없다"[69]는 말과 같다. 두 가지 수양은 비록 방법이 비슷하지만 도착점은 결국 다르다.

넷째, 공자가 귀신에 대해 의문으로 남겨두는 태도는 무신론無神論을 유학의 중요한 전통이 되게 하였다. 순자는 유물주의 형신관形神觀의 입장에 서서 귀신의 존재를 철저히 부인하였다. 순자는 또한 귀신관념이 발생되는 심리적 원인을 분석하였다.

---

67 『王陽明全集』「傳習錄(下)」, "人到純乎天理方是聖, 金到足色方是精."
68 『通書』「聖學」, "聖可學乎. 曰可. 曰有要乎. 曰有. 請問焉. 曰一爲要, 一者, 無欲也."
69 『朱子語類』卷1, "釋氏之學, 只是克己, 更無復禮功夫."

대개 사람이 귀신이 있다고 하는 것은 반드시 그의 정신이 멍할 **때**나 의
심으로 마음이 혼란스러울 때에 드는 생각이다.70

왕충王充은 기화론氣化論의 관점에서 귀신의 존재를 부인하였다.

사람이 태어나는 것은 정기 때문이니 죽으면 정기도 소멸된다.⋯⋯사람
이 죽으면 혈맥이 다하고, 혈맥이 다하면 정기가 없어지고, 정기가 없어
지면 형체가 부패하고, 형체가 부패하면 재나 흙이 되니, 무엇 때문에 귀
신이 되겠는가?71

범진范縝(450?~515)은 체용體用의 범주를 형신관으로 끌어들여 '형신
상즉形神相卽72'과 '형질신용形質神用'73의 관점을 제기하고 불교의 영혼
불멸靈魂不滅과 윤회보응輪回報應74의 사상에 반대하였다.

정신(神)이 곧 육체(形)이고 육체가 곧 정신이니, 이 때문에 육체가 존재하
면 정신이 존재하고 육체가 다하면 정신도 소멸된다.75

---

70 『荀子』「解蔽」, "凡人之有鬼也, 必以其感忽之間, 疑玄之時正之."
71 『論衡』「論死」, "人之所以生者, 精氣也, 死而精氣滅.⋯⋯人死血脈竭, 竭而精氣滅, 滅
   而形體朽, 朽而成灰土, 何用爲鬼."
72 형신상즉(形神相卽): 범진이 가장 먼저 내세운 상즉론(相卽論)이다. 즉 정신(神)이
   바로 육체(形)고 육체가 바로 정신이다. 따라서 육체가 있으면 정신도 존재하고
   육체가 다하면 정신도 사라진다는 논리이다.(역자 주)
73 형질신용(形質神用): 범진은 '상즉'개념뿐만 아니라 일종의 체용(體用)개념을 동원
   하여 정신과 육체가 다르지 않음을 설명하였다. 즉 육체는 정신의 바탕이고 정신
   은 육체의 작용으로, 육체와 정신이 다를 수 없다는 것이다.(역자 주)
74 불교는 인과응보(因果應報)과 생사윤회(生死輪回)를 주장하여 사람들의 현실 운명
   을 전생의 행위결과로 여겼다.(역자 주)
75 范縝, 「神滅論」(양나라 승려 우(祐, 445~518)의 『弘明集』에 실려 있다), "神卽形
   也, 形卽神也, 是以形存則神存, 形謝則神滅也."

육체는 정신의 바탕(質)이고 정신은 육체의 작용(用)이다. 이는 곧 육체를 정신의 바탕이라 부르고 정신을 육체의 작용이라 말할 수 있으니, 육체와 정신이 서로 다를 수 없다.76

송명 이학자들은 겉으로 귀신의 존재를 부정하지 않았지만, 그들은 귀신을 물질화로 해석하였다. 장재는 다음과 같이 말하였다.

귀신은 음과 양 두 기氣의 양능良能이다.77

사물이 자라서 이미 가득 차게 되면 기는 날로 반대로(처음으로) 돌아가서 흩어진다. 기가 〈장성한데로〉 이르는 것을 신神이라 하는 것은 '신伸(펴다)'의 뜻이기 때문이고, 기가 반대로 돌아가는 것을 귀鬼라고 하는 것은 '귀歸(돌아간다)'의 뜻이기 때문이다.78

장재는 귀신을 원기元氣운동의 두 가지 상태로 보았는데, 이러한 기화론의 귀신관은 후에 대다수 이학자들의 공통된 인식이 되었다. 무신론자들은 대대로 사람의 존재에 있었기 때문에 유학으로 하여금 다른 종교와 시종 거리를 두고 학술발전의 길에서 벗어나지 못하게 하였다.

다섯째, 『역전』은 공자의 "귀신을 공경하되 멀리하였다"79와 "제사지낼 때는 조상이 앞에 계시는 것처럼 하였다"80는 사상 속에서 '신도설교神道設敎'의 이러한 명제를 발전시켜 후세에 유가에 의해 존숭되었을 뿐만 아니라 또한 국가 종교정책의 초석이 되었다. '신도'는 도구이

---

76 위의 책, "形者神之質, 神者形之用. 此則形稱其質, 神言其用, 形之于神, 不得相異."
77 『正蒙』「太和」, "鬼神者, 二氣之良能也."
78 『正蒙』「動物」, "物生旣盈, 氣日反而游散. 至之謂神, 以其伸也, 反之謂鬼, 以其歸也."
79 『論語』「雍也」, "敬鬼神而遠之."
80 『論語』「八佾」, "祭如在."

고 '설교'는 인재를 바르게 하는 것이 목적이니, 여기에서 유가 종교관
의 공리성과 실용성을 엿볼 수 있다. 양혜왕梁惠王이 명당을 훼손하려
하자, 맹자는 "명당은 왕자王者81의 전당이니, 왕이 왕도정치를 행하고
자 하면 헐지 마소서"82라고 권하였다. 맹자는 귀신의 상벌賞罰을 말하
지 않고 도리어 세속의 공리功利를 말하였다. 특히 저들 무신론자들이
그들의 종법성 종교에 대처하는 태도는 '신도설교'의 정신을 가장 잘
반영할 수 있었다. 순자는 다음과 같이 말하였다.

> 점을 친 후에 큰 일을 결정하는 것은 〈점을 쳐서〉 바라는 것을 얻을 수 있
> 다고 여겨서가 아니라 외적인 형식(의식) 때문이다. 군자는 의식이라고
> 여겼고 백성은 귀신이라고 여겼다. '의식'이라고 여기면 길하고 '귀신'이
> 라고 여기면 흉하다.83

이것은 통치자가 자기도 믿지 않는 것으로 대중을 교화할 수 있음을
공개적으로 인정한 것과 다름없다. 순자는 특히 종교의례를 이용하여
사람들의 등급관념을 배양시킬 것을 강조하였다.

> 하늘에 지내는 교제郊祭는 천자만 지낼 수 있고, 땅에 지내는 사제社祭는
> 제후와 사대부에 이르기까지 모두 지낼 수 있는데, 이는 존귀한 자는 존
> 귀한 것을 섬기고 비천한 자는 비천한 것을 섬기는 것을 분별하려는 것
> 이다.84

---

81 왕자(王者): 왕도(王道)로 천하를 다스리는 임금. 패자(覇者)의 상대개념이다. (역자 주)
82 『孟子』「梁惠王(下)」, "夫明堂者, 王者之堂也. 王欲行王政, 則勿毁之矣."
83 『荀子』「天論」, "卜筮然後決大事, 非以爲得求也, 以文之也. 故君子以爲文, 而百姓以爲
神. 以爲文則吉, 以爲神則凶也."
84 『荀子』「禮論」, "郊止乎天子, 而社止於諸侯, 道及士大夫, 所以別尊者事尊, 卑者事卑."

왕충도 다음과 같이 말하였다.

상례喪禮와 제례祭禮가 폐기되면 신하와 자식의 은혜가 얇아진다. 신하와
자식의 은혜가 얇아지면 죽은 자를 저버리고 조상을 잊어버린다. 죽은
자를 저버리고 조상을 잊어버리면 불효不孝의 옥사가 많아진다. 성인은
불효의 근원을 두려워하였기 때문에 죽은 자에게 지각이 없다는 실체를
밝히지 않았다.[85]

제사활동은 완전히 효도를 유지하기 위한 요구였지 "반드시 귀신
이 있어서 흠향할 수 있는 것이 아니었다."[86] 장재는 "제사를 지내어
귀신을 영접하고 종족을 화합시키고 은덕을 베풀고 교화를 행하니,
제사를 준비하면 반드시 조상이 기뻐하기 때문에 때에 이르러 복을
받는다"[87]라고 말하였다. 왕정상王廷相(1474~1544)은 다음과 같이 말하
였다.

비록 신도神道로 가르침을 베풀어도 천지를 존숭하고 업신여기지 않고,
귀신을 공경하되 멀리하고, 상도를 지키고 사물을 바르게 하고, 괴이하
고 황당한 것으로 가리지 않으면, 풍속이 같아지고 백가百家의 논쟁이 그
친다.[88]

---

85 『論衡』「薄葬」, "喪祭禮廢, 則臣子恩泊. 臣子恩泊, 則倍死亡先. 倍死亡先, 則不孝獄多.
聖人懼開不孝之源, 故不明死無知之實."
86 『論衡』「薄葬」, "未必有鬼神能歆享也."
87 張載, 『經學理窟』「祭祀」, "祭接鬼神, 合宗族, 施德惠, 行敎化, 其爲備須是豫, 故至時受
福也."
88 王廷相, 『愼言』「五行篇」, "雖以神道設敎也, 尊天地而不瀆, 敬鬼神而遠之, 守經正物,
不飾妖誕, 則風俗同而百家息矣."

철학사의 관점에서, 우리는 이러한 유물주의의 무신론 사상가들이 무엇 때문에 종교활동에 이처럼 열중하였는지 이해하기 어렵다. 그러나 유학과 종법종교를 구별하는 관점에서 보면, 그들의 언행을 이해하기가 어렵지 않다. 중세기는 종교 등급사회였고 사회의 구성원이 모두 자연히 종법성 전통종교의 구성원이었으니, 제사활동에 찬성하거나 참여하는 것은 피할 수 없는 사회적 책임이었다. 각종 제사는 이미 국가의 정치제도가 되었고, 인민들의 생활방식은 근대 새로운 생활방식이 출현하기 이전까지 결코 어떤 사상가도 국가의 종법성 종교에 감히 도전할 수 없었다. 이 또한 중국 유학 무신론 사상가들의 입장을 투철하지 못하게 하였다. 유학 속에도 부분적으로 종교적 내용을 포함하였다.

3. 진·한 이후 종법성 종교의 세속화 및 유학과의 상호 영향

종법성 전통종교의 발전은 대체로 두 시기로 나눌 수 있다. 하·상·주 삼대가 고대단계이고 진·한 이후가 세속화단계라면, 춘추전국시기는 두 단계 사이의 과도기적 시기이다. 두 단계의 구분은 유학의 발생과 독자적 발전에 의해 이루어진 것이다. 앞 단계에는 '종교'가 있고 또한 '학술'이 있어서 비교적 완전한 종교형태를 갖추고서 사회 사상 문화의 핵심적 지위에 있었다. 춘추 이후 제가백가들이 잇달아 고대 종교의 모체에서 벗어나왔다. 그러나 종법종교 자체는 소멸되지 않았고, 세계의 대다수 종교와 마찬가지로 세속화 단계에 진입하였다. 점차 철학신념·도덕윤리·행위규범·치국책략이라는 의식형태의 통일체를 포함하여 일종의 순수한 종교예속으로 전환하였다. 사람들은 종교활동의 의례와 형식방면에 더 많은 관심을 가졌고, 종교이론과 신앙

에 대한 탐구에는 오히려 소홀해져서 학술과 종교가 분리되어 '종교'
는 있으나 '학술'이 없었다. 춘추전국에는 비록 제자백가들이 고대 종
교에 대한 좋고 나쁨의 평가가 일치하지 않았지만, 주 왕실에서 제후
국에 이르기까지 하늘에 제사지내고 조상에 제사지내고 사직에 제사
지내는 종교제사는 끊이지 않았다. 노나라 대부가 치국治國의 경험을
총괄할 때에 "나라의 큰 일에는 제사와 전쟁이 있다"89라고 말하였다.
『춘추』와 『좌전』에는 각국의 종교활동을 자세히 기록하였다. 진·한
이후 유학이 일존一尊에 정해지고 사상문화의 중심이 강상명교綱常名教
와 인성수양人性修養방면으로 넘어갔지만, 종묘와 교사郊社의 제사는 결
코 등한시되지 않았다.

역대 왕조에서는 모두 종법종교를 정식 제전에 넣었고 정부에 의해
친히 주관되었다. 제사의례에 관한 논쟁, 예컨대 '일천一天과 육천六天
의 논쟁'90, '교구郊丘91 동이同異의 논쟁', '천지를 합제合祭할 것인지 분
제分祭할 것인지의 논쟁', '상복의 경중장단輕重長短의 논쟁'이 역대로 끊
이지 않았다. 『사기』「봉선서封禪書」·『한서』「교사지郊祀志」·『후한서』
「제사지祭祀志」, 이후 역대 사서의 「예지禮志」·「예악지禮樂志」·「예의

89 『左傳』「成公 13年」, "國之大事, 在祀與戎."
90 동양에는 예로부터 대지(지구)를 중심으로 하늘을 아홉 계층으로 나누어 표현하
였는데, 나누는 방법에는 수직적인 방법과 수평적인 방법이 있다. 하늘을 수직상
으로 보면 일천(一天)에서 구천(九天)까지 있는데, 일천(一天)에서 삼천(三天)까지를
하천(下天)이라 하고, 사천(四天)에서 육천(六天)까지를 중천(中天)이라 하며, 칠천
(七天)에서 구천(九天)까지를 상천(上天)이라 하였다.(역자 주)
91 교구(郊丘): 남교(南郊)와 원구(圓丘)를 합친 말로, 천자가 천지신명께 제사지내던
곳 또는 그 제사를 말한다. 『남사(南史)』에는 다음과 같은 말이 있다. "원구(圓丘)
와 남교(南郊)는 옛 법도가 시대마다 다르다. 남교에서는 오제(五帝)·영위앙(靈威
仰) 등에게 제사지낸다. 원구에서는 천황대제(天皇大帝)에게 제사지내는데, 북극대
성(北極大星)이 이 신(神)이다. 전 왕조에서 이 제사들을 모두 합쳐 교구(郊丘)라 하
였으니, 옛 선비들이 큰 잘못을 저질렀다.(圓丘南郊, 舊典不同, 南郊祠五帝靈威仰之
類, 圓丘祠天皇大帝, 北極大星是也. 往代合之郊丘, 先儒之巨失.)(역자 주)

지禮儀志」, 대형류의 서적인 『통전通典』속의 「예전禮典」, 『통지通志』속의 「예략禮略」, 『문헌통고文獻通考』속의 「교사고郊祀考」· 「종묘고宗廟考」는 역대 제왕들이 참여한 종교 제사활동 및 역대 종교의례에 관한 논쟁에 대해 모두 상세히 기술하고 고증하였다. 한대에는 선진시기 여러 국가에서 보유하던 주례에 관한 고문헌을 수집하여 『주례』·『의례』·『예기』를 편찬하여 유가경전에 집어넣고 후세에 종교의례의 표준으로 받들었다.

동한東漢의 장제章帝(75~88 재위)는 백호관회의를 소집하고 『백호통의白虎通義』92를 기록하여 오경五經의 다양한 해석을 통일하였다. 이후 각 왕조는 모두 자기들의 예전禮典을 가지고 있었다. 당 왕조에는 『정관례貞觀禮』·『현경례顯慶禮』·『개원례開元禮』93가 있었다. 송 왕조에는 『개보통례開寶通禮』·『태상신례太常新禮』·『오례신의五禮新議』가 있었다. 명 왕조에는 『대명회전大明會典』·『대명집례大明集禮』가 있었다. 청 왕조에는 『대청통례大淸通禮』·『만주제신제천전례滿洲祭神祭天典禮』 등이 있어 국가례國家禮와 가례家禮활동 속의 상장喪葬이나 제사의례에 대해 상세히 규정하고 설명하였다.

황실에서는 매년 하늘에 제사지내고 조상에 제사지내기를 수 십 차례 하였는데 성대하였고 또한 열성적이었다. 특히, 제천祭天과 고제告祭의 큰 의식에는 항상 천하에 큰 사면이 따랐다. 관직과 작위를 승격시

---

92 『백호통의(白虎通義)』: 동한(東漢) 장제(章帝) 4년, 즉 서기 79년에 박사(博士)들이 백호관(白虎觀)에 모여 오경(五經)의 차이를 토론하고, 토론 내용과 상황·성과 등을 난대령사(蘭臺令史) 반고(班固) 등이 기록하여 4권 44편으로 편찬한 책이다. 원본은 산실되고 당(唐)나라 때의 주석본만 전해지고 있다. 『백호통』이라고도 한다.(역자 주)

93 중국 당(唐)나라 때의 예제(禮制)를 규정한 책. 150권. 『대당개원례(大唐開元禮)』라고도 한다. 현종(玄宗)의 개원 연간에 소숭(蕭嵩) 등이 황제의 명을 받아 태종 때의 『정관례(貞觀禮)』와 고종 때의 『현경례(顯慶禮)』를 절충하여 만들었다. '정관'은 태종의 연호이고 '현경'은 고종의 연호이다.(역자 주)

켰고 천하의 모든 사람들이 함께 경축하였다. 천자 아래에는 종족마다 종묘사당이 있고, 집집마다 조상의 감실龕室94이 있고, 집집마다 부엌 신이 있어 사회 상·하층의 종교 제사활동이 일체를 이루어 하늘을 공경하고 조상을 본받는 '경천법조敬天法祖'가 전체 사회구성원이 공동으로 존숭하던 가치관념이 되었다. 비록 진·한 이후의 종법종교가 이미 고도의 세속화된 종교로 예속禮俗에 치중하고 이론을 결핍하였지만, 결국 일반의 민속의례와는 달리 종교예속으로 의례의 배후에는 깊고도 완전한 종교세계가 배경이 되었다. 또한 전후 서로 이어지는 독립된 교통敎統을 형성하였다.

오랫동안 종법성 전통종교의 존재가 줄곧 학계의 중시를 끌지 못한 것은 주로 원인이 중세기에 있었고, 유학과의 관계가 매우 긴밀하였지만 구분이 또한 매우 미묘한 상태에 있었기 때문이니, 본문에서는 마지막으로 둘의 상호관계와 영향을 언급하였다.

먼저, 유학과 종법성 종교는 모두 종법 혈연제도라는 토양 위에 뿌리를 내리고 있다. 다른 의미에서 말하면, 유학 자체는 종법종교에서 탈태해 나왔으니 '경천법조'는 양자의 공통된 가치경향이었다. 그러나 종법종교가 신앙과 의식형식으로 그것을 표현하였다면 유학은 이론적 형태로 그것을 표현하였으니, 방법은 달랐지만 공능은 상호 보완관계에 있었으니, 즉 함께 왕권을 신격화하였고 봉건제도를 견고히 하는 작용을 하였다. 진시황秦始皇에서 부의溥儀(청나라 마지막 宣統황제)에 이르기까지 중국의 역대 제왕들은 모두 하늘의 뜻을 이은 진짜 천자로 자처하였다. 비록 불교와 도교가 가장 성행하던 시기에도 이 '천'은 석가

---

94 가묘(家廟: 사당(祠堂)라고도 한다)의 사당집을 따로 지을 수 없는 가정에서는 살림집의 방 1칸을 가묘로 지정해 모든 조상을 함께 모신다. 방 1칸을 따로 가묘로 할 수 없을 때는 위패를 넣는 상자인 감실(龕室)을 만들어 다락이나 벽장에 모시거나 벽에 붙여서 걸기도 한다.(역자 주)

모니 혹은 원시천존元始天尊95으로 대체될 수 없었으니, 군권신수君權神授의 신은 종법종교가 숭배하는 천신, 즉 호천상제昊天上帝일 뿐이었다. 역대 제왕들은 반드시 교제郊祭·명당明堂·고제告祭 등의 의식을 통하여 세상 사람들에게 자기 정권의 합법성을 나타내었다. 그러나 유학은 "백성을 복종시켜 임금의 뜻을 펴고, 임금을 복종시켜 하늘의 뜻을 펴는"96 일련의 복잡한 철학논증을 통해 간단한 종교교조를 구체적 정치윤리원칙으로 전환시켜 사회가 이성화의 궤도를 따라 발전해 나가도록 보장하였다.

다음으로, 종법종교가 유학의 안정된 가치가 되었다. 가치관은 인류 특유의 사회범주이고, 주체가 되는 사람의 주위세계에 대한 일종의 평가이다. 가치관은 고도의 추상적이고 복잡한 체계로, 비교적 높은 문화소양을 가진 소수 지식인 외에 절대 다수 사회구성원의 가치관은 모두 자각하지 못하는 상태에서 형성된 것이다. 종법종교의 거대한 규모, 엄숙한 분위기, 농후한 정감, 신비한 초경험적 세계는 바로 가치관을 전파하는 도구가 되었다. 수많은 농민은 글자를 알지 못하였지만, 그들이 각종 제사활동에 참가하는 것을 통하여 '외천畏天'과 '효친孝親'을 알았다. 특히 종법성 종교가 세속화된 후에는 오히려 더 한층 안정성을 가지게 되어 사회사조가 기복起伏하고 변천하는 영향을 쉽게 받지 않았다. 유학 내부에는 일찍이 "천명이라도 두려워할 것이 못되고, 조상도 무조건 본받을 것이 못된다"97는 이단의 목소리가 있었다. 위진남북조와 수당시기에 유학의 정통적 지위는 불교와 도교의

95 원시천존(元始天尊): 도교의 많은 신들 중에서 가장 높은 위치에 있는 신이다. 원시천존은 중국 탄생신화에서 세상을 창조한 반고(盤古)와 신성한 여자인 태원성녀(太元聖女)의 아들이라고 한다. (역자 주)
96 『春秋繁露』「玉杯第二」, "屈民而伸君, 屈君而伸天."
97 『宋史』「王安石列傳」, "天命不足畏, 祖宗不足法."

도전을 받았고, 송유들에 이르러서는 일찍이 놀랍게도 공맹孔孟의 도통이 중단되는 일이 발생하였다. 그러나 역대 교사郊祀와 종묘제사는 끊이지 않았기 때문에 '경천법조'는 중국인의 가치관념이 되어 지금껏 중단되지 않았고, 유학도 비교적 쉽게 의식형태 속의 정통적 지위를 획득하였다.

그 다음으로, 경전이 상호 교환되고 인원이 뒤섞여 변화하였다. 고대 종교가 와해된 후에 직업 사제들 중에 많은 사람들이 세속의례를 주관하던 '유儒'로 전환하였으니, 유가는 그 창시자인 공자를 시작으로 옛 문화의 계승자로 자처하였다. 이 때문에 고대 종교의 의례전장이 주로 유가경전 속에 보존되었다. 삼례三禮 중의 길례吉禮와 흉례凶禮 부분에서는 종법종교의 중요한 의례를 기록하였다. 『역』은 종교 복서卜筮의 책이고, 『상서』는 역대 성왕의 종교활동을 기록하였으며, 『시경』의 「아雅」와 「송頌」 자체가 바로 종묘의 노래였다. 한대漢代 이후 종법종교는 유가경전에 기대어 유전되었다. 동시에 중세기의 종법종교에는 자기들의 독자적 교단조직이 없었고 직업적 사제司祭 대열도 없었으니, 국가에서 처리하는 대형 제사활동은 모두 예부禮部의 관원에 의해 주관되었다. 그들은 또한 종교의례에 대한 연구와 개정을 담당하였다. 이러한 사람들은 모두 유가의 문헌을 학습하였고, 통일된 고시考試를 통하여 선발된 유가 학자였으며, 또한 국가의 다른 부서의 관원들과 상호 교류할 수 있었다.

이러한 현상은 모두 종법성 전통종교가 유학이라는 거대한 그림자에 가려져 남북조를 시작으로 어렴풋하게 '유교'로 불렸으며, 불가·도가와 서로 대치하여 사람들로 하여금 그 구별을 어렵게 하였다. 혹자는 종법성 종교를 유학의 일부내용으로 간주하였으며, 혹자는 유학을 종교로 간주하였다. 만약 문文·사史·철哲이 구분되지 않는 고대에는 이러한 혼동이 결코 봉건 의식형태의 공능으로 발전하는 것을 방해하지 않았다고 말한다면, 사회과학연구가 날로 전문화되고 정밀화되는 오늘날에 이러한 구분을 하는 것은 중국철학사에 대한 연구든지 중국 종교사에 대한 연구든지 모두 매우 중요한 의미를 갖는다.

유교는 종교인가?[1]

곽예적 郭豫適[2]

　금년(1996) 2월에, 필자는 홍콩에 가서 〈제1차 문학과 종교 국제학술대회〉에 참가하였다. 대회의 주제가 〈중국 소설과 종교〉였기 때문에, 유·불·도와 중국 고대소설의 관계를 언급하고, '삼교三敎' 속의 유교가 종교인지의 문제를 언급하였다. 유교가 종교인지 아닌지, 국내외 학술계에는 다른 견해가 있다. 나는 '삼교' 속의 유교가 가리키는 것이 유가의 사상학설이니, 이른바 '교敎'가 가리키는 것은 교화敎化이니 종교로 이해해서는 안된다고 생각한다. 유가사상이 물론 중국 고대 소설창작에 영향을 주었지만, 유학은 그 성질에서 말하면 주로 일종의 사회정치윤리학설이니, 그것을 종교로 말하는 것은 마땅하지 않을 것이다.

　상당한 영향을 주었던 『종교사전宗敎詞典』[3]에 '유교'조항을 두고 중

1 원래『문휘보(文彙報)』(1996년 6월 12일, 제10판)에 실렸던 글이다.
2 곽예적(郭豫適, 1933~): 중국 화동(華東)사범대학 중문학과 교수. 대표 저서로는『中国古代小說論集』·『中国小說批評史略』·『擬曹雪芹答客問』 등이 있다.(역자 주)

국에 종교로서의 유교가 존재하고 있음을 긍정하였다. 공자는 교주教
主이고, 천天·지地·군君·친親·사師의 '사'는 '성직자'에 해당하고, 유생
儒生은 실제로 '종교도'라고 생각하였으며, 또한 "그것(유교를 가리킨
다)은 중국 봉건윤리인 '삼강三綱'·'오상五常'을 중심으로 불교와 도교의
종교사상과 수양방법을 흡수하고 '천리를 보존하고 인욕을 제거할 것
(存天理 去人欲)'을 제창하여, 종교를 사회화하고 세속의 사람을 승려로
바꾸어 놓아 종교생활·승려주의·금욕주의·몽매주의·우상숭배를
모든 가정으로 침투시켰다"⁴라고 하였다. 나는 이러한 논단이 검토되
어야 한다고 생각한다.

첫째, '공자가 교주'라는 설은 타당성이 부족하다. 공자는 확실히 위
대한 인물이지만, 생전이든 사후든 간에 중국인 마음속에서의 지위가
'떠오를 때도 있었고 가라앉을 때도 있었지(浮沈)', 상제上帝와 신령神靈
들처럼 절대로 의심할 수 없는 경지에 영원히 머물렀던 것이 아니다.
유가학설을 전수하던 교사를 '성직자'라고 부르고, 유학을 학습하는
유생들을 '종교도'에 비교한 것도 결코 합당하지 않다. 공자는 그의 철
학과 지혜로 학생을 가르치면서, 사물에 대해 "아는 것을 안다고 하고
모르는 것을 모른다고 하는"⁵ 태도를 취할 것을 강조하였다. 중국에서
유가학설을 전수하는 교사와 유가경전을 학습하는 생도들이 비록 공
자를 성인으로 존경하였지만, 공자가 사람이지 '신'이 아니라는 것을
자각적으로 알았고, 종교도들처럼 공자를 '모르는 것이 없고 못하는
것이 없는' 하느님으로 보지 않았다.

둘째, 공자 자신은 우주와 진리의 탐구에 대해, 진리를 추구하되 의
문으로 남겨두는 학자의 태도를 견지하였다. 공자는 자기가 이해할 수

---

3 『宗教詞典』, 宗教詞典編纂委員會, 上海辭書出版社, 1983.(역자 주)
4 任繼愈, 「論儒教的形成」『中國社會科學』, 1980年, 第1期를 참고한다.
5 『論語』「爲政」, "知之爲知之, 不知爲不知."

없는 것을 천명天命으로 돌렸다.

　도가 장차 행해지는 것도 명命이요, 도가 장차 폐해지는 것도 명命이다.6

　그의 제자 염백우冉伯牛가 병세가 심하여 장차 죽으려 하자, 공자는 그의 손을 잡고 말하기를,

　이런 병에 걸릴 리가 없는데, 운명(命)인가보다! 이런 사람이 이런 병이 걸리다니! 이런 사람이 이런 병에 걸리다니!7

　염경冉耕(염백우)은 덕행德行이 매우 훌륭하였으니, 그의 죽음은 공자를 매우 애통하게 하였다. 때문에 공자는 "이런 사람이 이런 병에 걸리다니"를 연이어 외쳤는데, 어째서 염경과 같이 훌륭한 사람이 뜻밖에도 이런 불치의 나쁜 병에 걸렸는지? 공자는 이해할 수 없다고 느꼈다. 다만 원인을 천명에다 돌리고 또한 어찌 할 수 없다는 탄식 속에 자기의 불평을 담았던 것이다. 그러나 공자가 결코 천명만을 믿고 따랐던 것은 아니다. 그는 다음과 같이 말하였다.

　안회顔回는 도에 가까웠으나 자주 끼니를 굶었다. 사賜(子貢)는 운명을 받아들이지 않고 재화를 늘렸는데, 예측하면 자주 적중하였다.8

　여기에서 공자는 안회가 운명에 순종하고 안빈낙도安貧樂道할 수 있는 것을 칭찬하였다. 동시에 자공子貢이 천명을 받아들이지 않고 장사

---

6 『論語』「憲問」, "道之將行也與, 命也. 道之將廢也與, 命也."
7 『論語』「雍也」, "亡之, 命矣夫. 斯人也而有斯疾也. 斯人也而有斯疾也."
8 『論語』「先進」, "回也其庶乎, 屢空. 賜不受命, 而貨殖焉, 億則屢中."

하여 재물을 얻고 시세변화를 잘 예측한 것도 긍정적 태도를 견지하였
지만, 공자 일생의 언행言行은 그가 결코 천명을 편안히 여긴 것이 아
니라 항상 "할 수 없다는 것을 알지만 그것을 하는"9 정신에 있다고 설
명하였다.

　셋째, 종교는 유신론을 주장하지만, 유교와 공자는 유신론을 주장하
지 않았다.

　　공자는 괴怪 · 력力 · 난亂 · 신神을 말하지 않았다.10

　이것은 모두가 공인하는 것이다. 번지樊遲가 '지혜'에 대해 묻자, 공
자는 "사람이 지켜야 할 도리에 힘쓰고 귀신을 공경하되 멀리하면 지
혜롭다고 말할 수 있다"11라고 대답하였다. 계로季路가 귀신을 섬기는
일을 묻자, 공자는 "사람을 섬기지 못하는데 어찌 귀신을 섬길 수 있겠
는가?"12라고 하였다. 다시 죽음에 대해 묻자, "삶도 알지 못하는데 어
찌 죽음을 알겠는가?"13라고 대답하였다. 공자는 사람들이 응당 남에
게 해야 되는 일을 해야 하고 귀신에 이르러서는 깊이 논할 필요가 없
다고 생각하였다. 그가 강조한 것은 '사람을 섬기는 것'이지 '귀신을 섬
기는 것'이 아니었으니, 연구해야 할 것은 인생의 현실이지 사람이 죽
은 뒤에 도대체 '영혼이 있는지 없는지', '천당 혹은 지옥에 들어갈 수
있는지 없는지'와 같은 것이 아니었다. 후자는 바로 종교의 기본내용
과 본질적 특징이다. 공자는 귀신에 대해 '문제를 잠시 보류하고 당분

---

9 『論語』「憲問」, "知其不可爲而爲之."
10 『論語』「述而」, "子不語怪力亂神."
11 『論語』「雍也」, "務民之義, 敬鬼神而遠之, 可謂知矣."
12 『論語』「先進」, "未能事人, 焉能事鬼."
13 『論語』「先進」, "未知生, 焉知死."

간 논하지 않는(存而不論)' 태도를 취하였는데, 나는 이것이 그의 학문하는 태도와 일치한다고 생각한다. 공자는 다음과 같이 말하였다.

군자는 자기가 알지 못하는 것에 대해서는 말하지 않고 가만히 있는다.14

　노신魯迅(1881~1936)은 공자가 "무당과 귀신의 세력이 그처럼 왕성하던 시대에 살았지만 기꺼이 풍속을 따르고 귀신을 말하려 하지 않는 것"15을 칭찬하였다. 나는 이것이 바로 공자의 학술적 개성과 학술적 품격을 나타내는 것으로 매우 훌륭하다고 생각한다. 또한 응당 지적해야 하는 것으로는, 유가 속에서 인생에 대해 현실주의적 태도를 견지한 인물들은 귀신을 경시하고 종교에 반대하였다는 것이다. 당대의 한유韓愈(768~824)는 불교의 지나친 겉치레로 백성을 혹사시키고 재물을 낭비하는 것에 반대하였고, 헌종憲宗(805~820 재위)이 불골佛骨(불사리)16을 숭배하려는 것을 간언하다가 나(곽예적)의 고향인 조양潮陽으로 좌천된 것이 아니겠는가?

　넷째, 위에서 말한 『종교사전』에서는 한편으로 공자를 종교의 교주로 보았고, 다른 한편으로 그 후에 이학자들이 제기한 '천리를 보존하고 인욕을 제거하는 것(存天理 去人欲)'을 유교의 기본 교의로 간주하였는데, 이것도 결코 합당하지 않다. 공자는 결코 '천리를 보존하고 인욕을 제거할 것'을 주장하지 않았다. 틀림없이 공자는 다음과 같이 말하였다.

---

14 『論語』「子路」, "君子於其所不知, 蓋闕如也."

15 「論雷峰塔的倒掉」, "生在巫鬼勢力如此旺盛的時代, 偏不肯隨俗談鬼神."(이 글은 최초로 『語絲』(周刊, 第15期, 1925年 2月 23日)에 발표되었다. 『魯迅全集』卷1(人民文學出版社, 1981年版)에 실려 있다.(역자 주)

16 불골(佛骨)은 석가불의 뼈로 불사리를 말한다. 당나라 헌종(憲宗)이 불사리를 대궐 안으로 맞아들여오자 한유가 「논불골표(論佛骨表)」를 올려 불교를 비판하면서 극간(極諫)하였는데, 이에 황제가 격노하여 한유를 조주자사(潮州刺史)로 좌천시켰다. 조양(潮陽)은 바로 '조주'이다.(역자 주)

거친 밥을 먹고 물을 마시며 팔을 굽혀 베더라도 즐거움이 또한 그 가운데 있다.[17]

만약 공자의 주장이 단지 거친 밥을 먹거나 물을 마시는 것이고 술을 마시거나 고기를 먹는 것이 아니라고 여긴다면, 그것은 옳지 않다. 공자는 먹고 마시는 것을 매우 중히 여겼다고 할 수 있다.

쌀은 깨끗한 것을 싫어하지 않았고, 회는 가늘게 썬 것을 싫어하지 않았다.[18]

빛깔이 나쁜 것을 먹지 않았고, 냄새가 나쁜 것을 먹지 않았다. 요리가 잘못 된 것은 먹지 않았고, 제철이 아닌 음식은 먹지 않았다. 바르지 않게 썬 것은 먹지 않았고, 간장이 없으면 먹지 않았다.[19]

유독 술만은 일정한 양이 없었지만, 어지러운(亂) 지경에는 이르지 않았다. 길거리에서 산 술과 포脯를 먹지 않았다.[20]

부패한 생선은 물론 먹지 않았고, 고기를 썬 것이 바르지 않은 것조차도 먹지 않았으며, 혹은 조미료가 알맞지 않는 것도 먹지 않았다. 술은 양껏 마셨으나, 첫째 지나치게 취하도록 마시지는 않았고, 둘째 길거리에서 산 일반 술은 원하지 않았는데, 그러한 술은 품질이 좋지 않아 마시면 좋은 술을 마셨던 것이다. 틀림없이 공자는 다음과 같이 말하였다.

---

17 『論語』「述而」, "飯疏食飲水, 曲肱而枕之, 樂亦在其中矣."
18 『論語』「鄕黨」, "食不厭精, 膾不厭細."
19 『論語』「鄕黨」, "色惡不食, 臭惡不食. 失飪不食, 不時不食. 割不正不食, 不得其醬不食."
20 『論語』「鄕黨」, "惟酒無量, 不及亂. 沽酒市脯不食."

해진 솜옷을 입고서 여우나 담비가죽으로 만든 갖옷을 입은 자와 함께 서 있으면서 부끄러워하지 않는 자는 유由(子路)일 것이다!21

공자는 그의 제자들이 해진 솜옷을 입고서 화려한 옷을 입은 자들과 함께 서 있어도 부끄러움을 느끼지 않는 것을 매우 칭찬하였다. 그러나 공자가 모든 사람들이 낡고 해진 옷만을 입을 것을 주장하였다고 생각하면, 그것 또한 잘못이다.

군자는 감색과 진홍색으로 옷깃에 선을 두르지 않았고, 적색과 자주색으로 평상복을 만들어 입지 않았다.22

'검은 옷(緇衣)'은 반드시 양가죽(羔裘)과 짝을 이루고, '흰 옷(素衣)'은 '사슴가죽(麑裘)'과 짝을 이루며, '누런 옷(黃衣)'은 '여우가죽(狐裘)'과 짝을 이루었다. 옷감을 중히 여겼을 뿐만 아니라, 속옷과 겉옷의 색깔도 반드시 짝이 맞아야 했다. 당신들은 공자의 음식과 복식服飾에 관한 어떤 연구를 보았는가? 어째든, 공자와 유가의 무리들을 '천리를 보존하고 인욕을 제거할 것'을 주장한 금욕주의자로 부르고, 유교가 '세속의 사람을 승려로 바꾸어 놓았다'고 주장하고 '몽매주의와 우상숭배' 등을 제창하였다고 여기는 것은 여전히 절적하지 않은 견해이다.

종교는 일종의 사회의식형태로서, 그것은 독특한 방식으로 사람과 자연 및 사람과 사람간의 관계를 반영하는데, 종교의 발생과 전파는 주로 사람이 받는 자연의 억압과 사회의 억압에 근원한다. 때문에 마르크스Karl Marx(1818~1883)는 "종교는 인민의 아편이다"23라고 하고서 통

---

21 『論語』「子罕」, "衣敝縕袍, 與衣狐貉者立, 而不恥者, 其由也與."
22 『論語』「鄕黨」, "君子不以紺緅飾. 紅紫不以爲褻服."

치계급이 종교를 이용하여 백성을 마비시키는 것을 비판하였다. 같은 글에서 다음과 같이 지적하였다.

> 종교 속의 고난은 이미 현실적 고난의 표현이고, 또한 이러한 현실적 고난에 대한 항의이다.[24]

분명히, 우리는 종교에 대해 단순화된 태도를 취해서는 안된다. 종교철학은 일종의 문화유산으로서 우리가 깊이 연구할만한 것이다. 그러나 우리는 종교와 귀신·미신이 일종의 혈연관계로 존재하고 유가학설에 비록 봉건의 낙후성과 유심주의唯心主義 의 잔재가 있지만, 그것은 귀신·미신의 산물이 아니라는 것을 분명히 지적하지 않을 수 없다. '삼교'에서 말하면, 불교가 추구한 것이 고난의 인생에서 벗어나서 극락천국極樂天國을 찾아가는 것이고, 도교가 추구한 것이 개인의 장생불사長生不死와 '도를 얻어 신선이 되는(得道成仙)' 것이라면, 유교는 사회정치의 교화 또는 봉건윤리의 교화와 관계있는 학설로, 유교가 추구한 것은 환상의 피안세계가 아니라 개인의 수신修身·제가齊家에서 나아가 치국·평천하의 이상理想을 실현하는 것이니, 그 성질과 내용은 불교나 도교와 다르기 때문에 그것을 종교와 동일시하는 것은 적당하지 않다.

---

23 마르크스, 「헤겔 법철학 비판」서문(『독불연보(獨佛年報)』잡지, 1844년 2월에 발표되었던 글이다.) 한국어 번역본으로는 최인호 역, 「헤겔 법철학의 비판을 위하여, 서설: Zur Kritik der Hegelschen Rechtsphilosophie. Einleitung」(『칼 맑스/프리드리히 엥겔스 저작선집 제1권』, 박종철출판사, 2005)이 있다.

24 위의 책.

유가·유교·유학[1]

학일금郝逸今[2]

　유가는 선진시기 제자백가諸子百家[3] 중의 중요한 학술유파이고, 유교는 '성인의 도로써 가르침을 베풀어(聖道設敎)' 유가사상과 봉건의 도덕설교를 선양하여 유가학설을 종교화한 것을 가리키며, 유학은 '공맹의 학(孔孟之學)'을 핵심으로 하는 중국 봉건문화에 대한 통칭이다. 필자는 이 셋의 의미와 특징 및 그것의 발생·발전과 영향에 대해 분석하고 논술하여 학파의 교체와 사상의 근원을 정리하였으니 전문가의 질정을 바란다.

---

1 원래 『내몽고(內蒙古) 대학학보』, 1988년, 제1기에 실렸던 글이다.

2 학일금(郝逸今, 1932~1995): 중국 내몽고(內蒙古)대학 철학과 교수. 대표 저서로는 『中國政治思想史大綱』·『中國哲學史史科』·『宗敎評述』 등이 있다.(역자 주)

3 중국 전국시대(BC 5세기~BC 3세기)에 활약한 학자와 학파의 총칭을 말한다. 제자(諸子)란 제선생이란 뜻이고, 백가란 수많은 유파를 의미하는 말이다. 『한서』「예문지」에는 제자백가를 유가(儒家)·도가(道家)·음양가(陰陽家)·법가(法家)·명가(名家)·묵가(墨家)·종횡가(縱橫家)·잡가(雜家)·농가(農家)의 9류에 소설가(小說家)를 더해 9류10가(九流十家)로 나누었다.(역자 주)

1. 유가—제자백가의 한 유파

유가는 학술유파의 하나로 전국戰國시기에 발생하였다. 고대에는 제
자諸子(제자백가)의 학설을 연구대상으로 한 것을 '자학子學'4이라고 불렀
다. 서한西漢의 유흠劉歆5이 "많은 책을 총괄하여 『칠략七略』을 모으자"6
마침내 '제자諸子'의 명칭이 있었고, 이후 제자백가의 명칭은 대체로 여
기에서 나왔다. 유흠은 『칠략』의 「제자략諸子略」에서 선진시기에서 한
초漢初에 이르는 학설을 '구류십가九流十家'로 분류하였다. 『한서』 「예문
지」 에는 유흠의 「제자략」에 근거하여 선진시기의 '유가 53'·'도가 37'·
'음양가 21'·'법가 10'·'명가 7'·'묵가 6'·'종횡가 12'·'잡가 20'·'농가
9'·'소설가 15' 등 모두 '제자 189가'를 상세히 기록하였다.(여기에서
가家는 제자諸子 개인을 가리킨다.) 「예문지」 에는 또한 "제자諸子 10가
(이 곳의 가家는 학파를 가리킨다)에서 볼만한 것은 9가뿐이다"7라고
하였다. 그러므로 10가 중에서 소설가를 빼고 '구류九流'가 되었다.

한비韓非(BC 280?~BC 233)의 「현학顯學」 에 기록된 "세상의 저명한 학파
로는 유가와 묵가이다"8는 말에 근거하면, 유가가 제자백가 중에서 큰
학파였음을 알 수 있다. 유가학파의 창시자는 공자이다. 공자는 성탕
成湯(은나라 제1대 왕)의 후예이다. 주왕紂王의 아들 무경武庚(?~BC 1039?)이

---

4 자학(子學)은 제자학(諸子學)으로 선진시대 이후 나타난 백가쟁명의 학문을 말한다.
(역자 주)

5 유흠(劉歆, 53?~23)은 중국 서한(西漢) 후기의 사상가. 자는 자준(子駿), 유향(劉向)의
아들이다. 저서로는 『서경잡기(西京雜記)』 외에 부친 유향의 『별록(別錄)』을 개편하
여 『칠략(七略)』을 지었는데, 『한서』 「예문지」 는 바로 이것을 바탕으로 완성된 것
이다. 칠략에는 「輯略」·「六藝略」·「諸子略」·「詩賦略」·「兵書略」·「術數略」·「方
技略」이 있다.(역자 주)

6 『漢書』卷30, 「藝文志 第10」, "總群書而奏其七略."

7 위의 책, "諸子十家, 其可觀者九家而已."

8 『韓非子』 「顯學」, "世之顯學, 儒墨也."

난을 일으키자, 주공周公이 동쪽으로 감평戡平을 정벌하고 주왕의 형인 미자계微子啓를 봉하여 성탕의 후예로 삼고 국호를 송宋으로 고쳐 불렀다. 공보가孔父嘉에 이르러 공족公族9이 번성하고 인구가 많아져서 점차 예제禮制인 '오세친진五世親盡'10의 예에 따라 별도로 '공보가'라는 종족을 세웠는데, 대체로 공보가의 자손은 공씨孔氏를 성으로 하였다. 공보가는 공자의 6대 조상으로, 공보가는 목금부木金父를 낳고, 목금부는 택이澤夷를 낳고, 택이는 방숙防叔을 낳았다. 방숙은 난을 피하여 송나라에서 노나라로 피신하여 곡부曲阜(山東省)에서 대대로 살았다. 방숙은 공자의 증조이고 시천조始遷祖11이다. 방숙이 백하伯夏를 낳았고, 백하가 숙량흘叔梁紇을 낳았는데, 숙량흘이 곧 공자의 아버지이다. 숙량흘은 먼저 시씨施氏를 얻었으나 아이를 낳지 못하자, 다시 첩을 들여 이름은 맹피孟皮이고 자는 백니伯尼인 남자아이를 낳았다. 후에 다시 안씨顔氏의 딸인 정재征在에게 장가들어서 공자를 낳았다.

공자는 소년시절에 집안이 중도에 몰락하여 빈곤한 생활을 하였는데, 이 때문에 항상 "내가 젊었을 적에 미천하였기 때문에 대체로 비천한 일에 능하다"12라고 하였다. 공자가 청년시절에 노나라 공족公族인 맹의자孟懿子(이름은 何忌이고, 성은 仲孫氏이다)의 형인 남궁경숙南宮敬叔(은택을 입어 남궁에 살게 되었기 때문에 마침내 성씨로 삼았다)과 사이가 좋았는데, 남궁경숙13은 공자의 많은 재주를 앙모하여 스승의

---

9 황제와 그 직계가족에 대해서는 '왕족'의 칭호를, 그 근친자들에게는 '공족'(公族)이라는 칭호를 붙여 신분을 규정하였다.(역자 주)

10 오세친진(五世親盡)은 5대로 제사를 받드는 대의 수가 다했다는 뜻이다. 예컨대 4대 봉사를 행하는 가문의 경우, 5대조 이상의 조상을 '친진' 또는 '대진(大盡)'이라고 하는데, 친진된 조상의 신주는 무덤 앞에 매안(埋安)하며 세일제(歲一祭)를 봉향한다.(역자 주)

11 최초로 사는 곳을 옮긴 시조를 말한다.(역자 주)

12 『論語』「子罕」, "吾少也賤, 故多能鄙事."

예로써 공경하였다. 후에 공자는 맹의자의 추천으로 성읍의 위리委吏 (창고관리)를 맡았고, 승전乘田(가축관리)으로써 조세를 수납하였으며, 오 래지 않아 사직리司職吏14로 발탁되어 호적戶籍을 관리하였다. 곧이어 직무를 떠나 남궁경숙과 주나라에서 유학하였다.

공자가 죽은 후에『논어』가 세상에 전해졌다.『논어』는 공자의 제 자들이 기록한 것으로, 봉건사회의 주요 전적典籍이다.

공자는 젊었을 적에 귀족집안에서 하층의 작은 관리로 있으면서 귀 족을 도와서 혼사婚事·상사喪事 등 경조慶弔의 일을 처리하였는데, 이로 써 '유儒'라는 직업을 창립하였다. '유'는『설문說文』에서 "술사術士를 칭 한다"15라고 해석하였으니, 바로 학자를 칭하였다. '유'라는 직업은『주 례周禮』「춘관종백春官宗伯」에서 복사卜師·상축喪祝·사무司巫 등으로 분화 해 나왔는데, '복사卜師'·'무축巫祝'과 비슷한 직업이었다.

'유'라는 직업은 반드시 일정한 전문지식을 구비하고 귀족에게 복무 하였다. '유'라는 이러한 직업에 종사한 자를 '유인儒人'·'유자儒者'라고 불렀으며, 또한 '유사儒士'와 '유생儒生'이라고 부르기도 하였다. 역사의 발전에 따라, '유'라는 직업에 종사한 사람들이 점차 많아졌는데 이에 일종의 학파, 즉 유가학파가 형성되었다. 중국 역사가 계급사회에 진 입한 후에 노예주의 일부 활동에는 모두 일정한 규율이 있었으니, 서 로 다른 사회등급과 신분의 귀족들은 그 예우와 규율이 같지 않았다. 이와 같지 않으면 노예주 귀족의 특수한 사회적 지위를 구별하거나 나

---

13 남궁적(南宮適 또는 南宮閱): 공자의 학생이다. 자는 자용(子容)이고, 성은 남궁(南宮) 이고, 이름은 적(適)이다. 괄(括)이라고도 불렀고, 남용(南容) 혹은 남궁경숙(南宮敬 叔)이라고도 불렀으며, 남궁도(南宮綯 또는 南宮韜)라고도 하였다. 원래 성씨는 중손 씨(仲孫氏)이고, 맹희자(孟僖子)의 아들이고, 맹의자(孟懿子)의 형이다. 노나라 사람 이다.(역자 주)

14 사직리(司職吏)는 주나라 때 목축(牧畜)을 맡은 벼슬이름이다. 여기에서 '직'은 말이 나 소를 매어두는 말뚝을 말한다.(역자 주)

15『說文』, "術士之稱."

타낼 수 없었는데, 이것이 등급사회의 표지標識이다. 시간이 지나면서 정해진 규율은 더 많아지고 더 복잡해졌고, 귀족들이 이러한 규율에 대해 분명히 알지 못하였음은 더 말할 필요도 없거니와, 일부 전문적으로 학습한 자나 이러한 규율에 정통한 유사儒士들도 쉽게 혼동하였다. 때문에 국가의 중대한 축전과 귀족집안의 잔치 및 길사吉事와 흉사凶事를 당하면, 귀족들은 그들의 생활에 의지하는 유사儒士들의 도움을 받아서 그들(유사들)이 학습하고 정통한 예절조문禮節條文에 근거하여 자기들의 행동을 지도하였다. 이 때문에 고대에 '유'라는 직업의 특징은 '상례相禮'와 매우 유사하였으니, 후에는 찬예贊禮 · 빈상賓相이라 부르기도 하였는데 오늘날의 '사의司儀'에 해당된다.

　'사의'라는 말은 최초로 『주례』「추관사구秋官司寇」에 보인다.

> 사의司儀[16]는 아홉 등급의 의식에 맞춰 빈객을 맞이하고 예를 돕는 일을 관장하여 의용儀容(몸가짐)과 사령辭令(응대하는 말)과 읍양揖讓(읍하고 사양하는 예)의 절도를 알려준다.[17]

　『주례』'사의' 주注에는 "나가서 손님을 접대하는 일을 빈擯이라고 하고, 들어와서 예를 돕는 일을 상相이라고 하는데, 아뢰는 자는 예로써 왕에게 고하였다"[18]라고 해석하였다. 이것은 '유'라는 직업이 각종의 예의제도 · 전장문물 · 빈객접대 · 예의집행을 전문적으로 주관하여 귀족과 통치자를 위해 복무하였음을 설명한 것이다. 그러므로 『예기』「유행儒行」에는 다음과 같이 말하였다.

---

16 사의(司儀)는 제후를 보좌하는 사람을 접대하는 일을 관장한다. 곧 수행인들을 접대하는 일을 관장하는 직책이다.(역자 주)
17 『周禮』「秋官司寇(下)」, "司儀掌九儀之擯相之禮, 以詔儀容辭令, 揖讓之節."
18 『周禮』注, "出接賓曰擯, 入贊禮曰相, 以詔者, 以禮告王."

도와 덕이 있는 자의 행실을 기록한 것이니, 유儒의 말은 넉넉하고 친절하
여 그 말이 사람을 안정시킬 수 있었고 사람을 복종시킬 수 있었다.[19]

양자揚子(揚雄)의 『법언法言』[20]에도 "천·지·인에 정통한 자를 유儒라
고 한다"[21]라고 하였다. 이것은 바로 '유사儒士'가 평소에 훈련하고 학
습하여 전문가였음을 인증한 것이다.

옛날에 '상례相禮'는 매우 엄격하여 상례자相禮者가 예를 도울 때에 소
홀히 하거나 실수를 저지르는 것을 피하기 위해, 사전에 의식과 관계
있는 예법을 수첩에 적어두었다가 정해진 시일에 적어놓은 수첩에 따
라 일을 집행하였다. 이러한 예의를 기록한 수첩이 시간이 지남에 따
라 점차 많아졌는데, 이것들이 모여서 책이 되었다. 이것이 바로 고대
의 『의례儀禮』·『주례周禮』인데, 고대 귀족들을 위해 몸 받쳐 일을 처
리하였던 생활수첩이다.

상례相禮의 상相은 『설문』에서 "부모의 안부를 묻다(省親)"라고 해석
하였고, 『이아爾雅』에서는 "살피다(視)"라고 해석하였다. 해석상에는
'함께'·'서로'·'돕다'는 뜻이 있다. '예禮'는 『설문』에서 "실행하다(履)"
라고 해석하였다. 고례古禮의 처음에는 "신을 섬겨서 복을 이룬다(事神
致福)", 즉 귀신에 제사지내는 의식이었다. 역사의 발전과정에 따라 계
급사회에는 점차 예의禮儀·예제禮制·예절禮節이 형성되었으니, 예컨대
「왕제王制」·「월령月令」·「예기禮器」·「상복喪服」·「제법祭法」·「제의祭義」 등
이다. 유자儒者는 직업의 수요에서 벗어나 이러한 '예의'·'예제'·'예절'

---

19 『禮記正義』「儒行」, "以其記有道德之所行, 儒之言優也, 和也, 言能安人, 能服人也."
20 중국 전한(前漢) 말기 유학자 양웅(揚雄, BC 53~AD 18)이 『논어』의 체제와 내용을
   본떠서 쓴 사상서. 『양자법언(揚子法言)』이라고도 한다. 학행(學行)·오자(吾子)·수
   신(修身)·문도(問道)·문신(問神)·문명(問明)·과견(寡見)·오백(五百)·선지(先知)·중
   려(重黎)·연건(淵騫)·군자(君子)·효지(孝至)의 총13편으로 구성되어 있다.(역자 주)
21 揚雄, 『揚子法言』卷9, 「君子篇」, "通天地人曰儒."

을 전문적으로 학습하여 정통하였다. 유자는 평소 귀족에 의지하여 생활하다가 유사시에 귀족을 위해 일하였으니, 귀족에게 의용儀容·사령辭令·읍양揖讓의 절도를 도와주었다. 공자는 바로 '유'라는 직업의 창시자이다. 이 때문에 그는 일찍이 제자들에게 "예를 배우지 않으면 자립할 수 없다"[22], "예를 알지 못하면 자립할 수 없다"[23]라고 가르쳤다. 유자가 되어 예를 배우고 정통하지 않으면 사회에서 근심없이 살아갈(安身立命) 방법이 없었다. 때문에 예를 배우고 정통하는 것은 유자의 생계수단이었다. 공자께서 "너희들은 그 양을 소중히 여기느냐. 나는 그 예를 소중히 여긴다"[24]라고 말한 것도 이상할 것이 없다. 묵자墨子는 일찍이 유자의 이러한 직업적 특징을 다음과 같이 지적하였다.

> 부유한 사람에게 상사喪事가 있으면 크게 기뻐하고 '이것이 의식의 단서이다'라고 말하였다.[25]

공자도 "밖에 나가서는 공경公卿(높은 지위의 사람)을 섬기고, 안에 들어와서는 부모형제를 섬기며, 상사喪事에 감히 힘쓰지 않음이 없고, 술로 곤란한 지경에 이르지 않는다. 〈이것 이외에〉 내게 무엇이 더 있겠는가!"[26]라고 말하였다.

공자가 처음으로 창립한 유가학파에서 유자는 "군주를 돕고 교화를 밝히는"[27] 직책을 담당하였다. 『주례』「천관총재天官冢宰」에는 다음과 같이 말하였다.

---

22 『論語』「季氏」, "不學禮, 無以立."
23 『論語』「堯曰」, "不知禮, 無以立."
24 『論語』「八佾」, "爾愛其羊, 我愛其禮."
25 『墨子』「非儒」, "富人有喪, 乃大喜曰, 此衣食之端也."
26 『論語』「子罕」, "出則事公卿, 入者事父兄, 喪事不敢不勉, 不爲酒困, 何有于我哉."
27 『隋書』卷34, 「志·經籍」, "儒者所以助人君明敎化者也."

유儒(유자)는 도로써 백성의 마음을 얻고……제후는 백성을 보호하는데 육예六藝를 가지고 백성을 가르쳤다.28

그러므로 "'유'는 백성을 가르치는 자를 칭하였다."29 『논어』 「옹야雍也」 에는 "공자께서 자하에게 말하기를, '너는 군자유(君子儒)가 되고 소인유小人儒가 되지 말라'고 하였다"30는 기록이 있다. 형병邢昺(932~1010)의 소(疏)에는 "자하가 이 때 가르침을 베풀어 문인을 두었기 때문에 부자께서 유자의 도로써 알려주었다"31라고 하였다. '군자유'와 '소인유'의 전통적 해석은 모두 지식에 정통한 정도의 넓고 좁음으로 나눈 것이지, 바르고 바르지 못함으로 구분한 것이 아니다.32 '군자유'가 선왕의 도를 널리 배워서 그 몸을 윤택하게 하였다면, '소인유'는 재주가 있다는 평판에 자만하였다. 공자가 자하에게 훈계한 것은 '식견이 커서 크게 받아들일 수 있는' 군자유가 되고 '비근한데만 힘쓰는' 소인유가 되지 말라는 것이었다.33 이것은 공자가 학생을 가르치던 한결같은 마음이었다.

공자가 죽은 후에, 그가 창립한 유가학파가 분화되어 전국戰國시기에는 유가가 여덟 학파로 나누어졌는데, 이를 '팔유八儒'라고 불렀다. 『한비자』 「현학顯學」 에는 다음과 같이 기록하고 있다.

공자가 죽은 후에 자장子張의 유가학파가 있었고, 자사子思의 유가학파가 있었고, 안씨顔氏(顔回)의 유가학파가 있었고, 맹씨孟氏(孟子)의 유가학파가 있었

---

28 『周禮』 「天官冢宰(上)」, "儒以道得民.……諸侯保民有六藝以敎民者."
29 邢昺, 『論語正義』 卷7, 「雍也」, "儒爲敎民者之稱."
30 『論語』 「雍也」, "女爲君子儒, 無爲小人儒."
31 『論語正義』 卷7, 「雍也」, "子夏於時設敎, 有門人, 故夫子告以爲儒之道."
32 위의 책, "君子, 小人, 以廣狹異, 不以邪正分." 참조.
33 위의 책, "君子儒, 能識大而可大受, 小人儒, 則但務卑近而已."

고, 칠조씨漆雕氏의 유가학파가 있었고, 중량씨仲良氏의 유가학파가 있었고, 손씨孫氏(荀子)의 유가학파가 있었고, 악정씨樂正氏의 유가학파가 있었다.34

이 여덟 유가학파 중에 특히 맹자와 순자 두 학파의 영향이 비교적 컸다.

전국시기 각 제후국은 패주霸主35지위를 쟁탈하기 위해 정벌에 전념하여 무력을 남용하여 전쟁을 일삼았다. 역사는 한바탕 사회변혁의 폭풍을 잉태하였으니, 노예제가 와해되고 봉건제가 형성되기 시작하였다. 사회의 변혁은 사회계급의 분화를 촉진시켰으니, 서로 다른 계급과 계층을 대표하는 학술유파와 정치사상은 모두 일정한 계급관계의 산물이었다. 서로 다른 정치사상과 주장은 서로 다른 계급과 계층을 대표하였고, 학술유파의 분화는 계급관계의 변화를 반영하였다. 역사상 각종 학술유파의 교체와 정치사상의 흥망성쇠는, 결국 사회상의 계급투쟁과 계급관계가 변화한 결과이다. 실제로, 전국시기에는 유가학파가 분화하였을 뿐만 아니라 다른 학파도 분화하였다. 예를 들어 묵가학파도 "묵자가 죽은 후에 상리씨相里氏의 묵가학파가 있었고, 상부씨相夫氏의 묵가학파가 있었고, 등릉씨鄧陵氏의 묵가학파가 있었다."36

---

34 『韓非子』「顯學」, "自孔子之死也, 有子張之儒, 有子思之儒, 有顔氏之儒, 有孟氏之儒, 有漆雕氏之儒, 有仲良氏之儒, 有孫氏之儒, 有樂正氏之儒."

35 고대의 성왕(聖王)의 덕화(德化)에 의한 정치를 왕도(王道)라 부르는데 대해, 천자의 힘이 쇠약해진 춘추시대 이후부터 힘이 있는 제후가 실력주의로 제후와 백성을 통제하려고 하는 정치를 패도라 불렀다. 패자(霸者) · 패왕(霸王)이라고도 불리며 제(齊)나라의 환공(桓公), 진(晉)나라의 문공(文公), 초(楚)나라의 장공(莊公), 오(吳)나라 왕 부차(夫差), 월(越)나라 왕 구천(勾踐) 등 '춘추의 오패(五霸)'가 그 대표들이다.(역자 주)

36 『韓非子』「顯學」, "自墨子之死也, 有相里氏之墨, 有相夫氏之墨, 有鄧陵氏之墨."

공자와 묵자가 죽은 후에 유가는 여덟 학파로 나누어졌고 묵가는 세 학파
로 나누어져 취사선택이 상반되고 같지 않았다.[37]

학파의 분화는 이치의 자연한 추세이고, 선진시기 제자백가가 '구류
십가九流十家'로 발전하고 분화한 결과이다.

유가학파는 "중니(공자)를 종사宗師로 하고 그 말을 중시하여 이에 도
를 최고로 삼았다."[38] 유가의 계급적 기초와 학파로써 사물의 성질을
담당하는 자는 "대체로 교육을 담당하는 사도司徒의 관직에서 나왔으
며"[39], 그 학파의 종지는 "임금을 돕고 음양에 순응하여 교화를 밝히는
것이며"[40], 학파의 사상적 내용은 "육예六藝(六經) 속에서 학문을 연마하
고 인의仁義의 사이에 뜻을 두는 것이며"[41], 학파의 정치적 주장은 "요
순堯舜의 도를 계승하고 문무文武의 법을 본받는 것이다."[42] 선진시기에
공자가 창립한 유가학파에 따르면, 처음에는 노예주 귀족을 도와서 각
종 예의제도를 집행하거나, 노예주 통치자를 도와 "음양에 순응하여
교화를 밝혀 도로써 백성의 마음을 얻었다."[43] 최고의 정치이상은 당
요唐堯(요임금)와 우순虞舜(순임금)의 덕이고, 문왕과 무왕의 정치였다. 유
가와 이후의 유학을 정확히 구분하기 위해서 필자는 『한서』「예문지」
의 연관된 기록을 분석하였다.

이른바 유가학파가 "대체로 사도司徒의 관직에서 나왔다"는 것에서
'사도'는 관직이름으로 『주례』에 보인다. 주공 희단姬旦은 무왕을 도와

37 『韓非子』「顯學」, "孔墨之後, 儒分爲八, 墨離爲三, 取捨相反不同."
38 『漢書』「藝文志」, "宗師仲尼, 以重其言, 於道爲最高."
39 위의 책, "蓋出於司徒之官."
40 위의 책, "助人君, 順陰陽, 明敎化者也."
41 위의 책, "游文於六經之中, 留意於仁義之際."
42 위의 책, "祖述堯舜, 憲章文武."
43 『周禮』「天官冢宰(上)」, "儒以道得民."

상나라 주紂왕을 멸망시키고, 또한 나이어린 성왕成王을 대신하여 정사
政事를 섭정하였는데, 일찍이 육전六典의 직책을 만들어『주례周禮』라고
하였다.『주례』는 천관총재天官冢宰와 지관총재地官冢宰를 두었다. "천관
은 하늘을 본떠 만든 관직이다."**44** "천자는 총재冢宰를 두어 나라를 다
스리는 일을 관장하게 하고, 또한 많은 관직을 총괄하여 직책을 잃지
않게 하였다."**45** "총冢이 크다"**46**이고 재宰가 주재하고 주관하다는 뜻
에 따르면, 총재는 만물을 총괄하고 육관六官을 총괄하여 국가의 대사
大事를 관장하는 최고 관직이었고 지위도 천자 다음이었다. '지관사도'
는 "땅을 본떠서 만든 관직이다."**47** 확실히 '사도'의 직권은 "그 무리를
통솔하여 나라의 교육을 관장하게 하고 또한 왕을 보좌하여 어지러운
만백성을 안정시켰다."**48**『한서』「예문지」에는 유가가 '지관사도'에서
분화되어 형성된 것이고, 그 종지는 "임금을 돕고 음양에 순응하여 교
화를 밝히는 것이다"**49**라고 말하였다. 옛 사람들은 억지로 인사人事를
자연에 비교하여 사회정치와 음양법칙을 상호 참고하였다. 그러므로
신하가 천자를 도와 국가를 다스리는 것도 '음양의 섭리'라고 불렀다.
『주례』「지관사도」에서는 다음과 같이 말하였다.

하늘과 땅이 서로 합하고, 사계절이 교체되고, 바람과 비가 모이고, 음양
이 화합하면, 온갖 만물이 왕성하고 편안하여 이에 왕국이 세워진다.**50**

44『周禮注疏』「天官冢宰」, "象天所立之官."
45 위의 책, "天子立冢宰使掌邦治, 亦所以總御衆官使不失職."
46 위의 책, "冢大也."
47『周禮注疏』「地官司徒」, "象地所立之官."
48 위의 책, "天子立司徒, 掌邦敎, 亦所以安擾萬國."
49『漢書』「藝文志」, "助人君順陰陽明敎化者也."
50『周禮』「地官司徒(上)」, "天地之所合也, 四時之所交也, 風雨之所會也, 陰陽之所合也,
然則百物阜安, 乃建王國焉."

　때문에 춘관종백春官宗伯·하관사마夏官司馬·추관사구秋官司寇·동관고공冬官考工을 두었다.『역경』에서도 "한번 음이 되고 한번 양이 되는 것을 도라고 한다"[51]라고 하였는데, 자연변화와 음양교체를 우주의 보편적 규율로 간주하였다.『장자莊子』「천운天運」에도 다음과 같이 지적하였다.

　　대저 지극히 뛰어난 음악은 먼저 인사人事에 부응하고, 천리天理에 순응하며, 오덕五德을 행하고, 자연에 부합한다. 그런 후에 사계절이 고르게 다스려지고 만물과 크게 조화를 이룬다. 사계절이 차례로 바뀌고 만물이 따라서 생겨나듯이, 한번 높았다가 한번 낮아져서 문文(낮은 음)과 무武(높은 음)가 차례를 얻고, 한번 맑았다가 한번 흐려져서 음과 양이 조화를 이루어 그 소리가 널리 흘러 퍼진다네.[52]

　옛 사람들은 사회정치가 음양의 변화와 자연의 법칙에 부응해야 한다고 생각하였다. 왕선겸王先謙(1842~1917)은『장자집해莊子集解』「천운天運」의 주注에서 "음양의 조화가 곧 사계절을 고르게 다스리는 것이니, 예를 들어 봄은 문文이고 가을은 무武이며, 여름은 왕성하고 겨울은 쇠약한 것과 같다"[53]라고 하였다. 이것이 바로 "살리기도 하고 죽이기도 하는 이치요, 천도의 법칙이다."[54]

　고대의 천문학자와 사상가들은 항상 음양의 관념으로 일월운행, 사계절 교체, 한서寒暑변화의 과정을 해석하고 설명하였다. 1년 사계절,

---

51 『周易』「繫辭傳(上)」, "一陰一陽之謂道."
52 『莊子』「天運」, "夫至樂者, 先應之以人事, 順之以天理, 行之以五德, 應之以自然, 然後調理四時, 太和萬物. 四時迭起, 萬物循生, 一盛一衰文武倫經, 一淸一濁陰陽調合, 流光其聲."
53 王先謙, 『莊子集解』「天運」注, "陰陽調和卽調理四時, 如春文秋武, 夏盛冬衰."
54 위의 책, "生殺之理, 天道之常."

즉 봄이 가면 가을이 오고, 추위가 오면 더위가 물러나는 것은 모두 일
정한 자연법칙을 따르는데, 이러한 자연법칙이 바로 "음양에 순서가
있다(陰陽有序)"는 것이다. 『국어國語』「월어越語」에는 범려范蠡55의 말을
기록하고 있다.

양이 극에 달하면 음이 되고, 음이 극에 달하면 양이 된다. 해가 끝에 가
면 다시 뜨기 시작하고, 달이 차면 다시 기울기 시작한다.56

이것은 '음양에 순서가 있다'는 발전과정을 말한 것이다. 고대 음양
가들의 이론은 실제로 "삼가 하늘에 순종하고 일월·성신과 같은 천
체의 운행을 추산하여 백성에게 때를 가르쳐주었다."57 '삼가 하늘에
순종하고 백성에게 때를 알려주었다'는 것은 자연의 법칙을 따르고
음양변화의 이치에 따라 국가를 관리한 것이니, 이것은 바로 유자가
"임금을 돕고 음양에 순응하여 교화를 밝힌다"는 사상적 내용이다.
　이른바 '육예(육경) 속에서 학문을 연마한다'는 것은 고대 유가가 학
습하였던 여섯 부의 유가경전, 즉 『시경』·『서경』·『예기』·『역경』·
『춘추』와『악경』을 가리킨다. 『한서』「유림전儒林傳」에는 다음과 같
이 말하였다.

육예六藝는 왕이 가르침으로 삼던 전적으로, 선왕께서 천도天道를 밝히고
인륜人倫을 바로잡아 지치至治에 이르게 하던 성법成法이다.58

---

55 범려(范蠡, BC 517?~?): 중국 춘추 말 월나라의 정치가요 군인. 자는 소백(少伯). 후
　　대 사람들은 상성(商聖)이라 불렀다. 초국완(楚国宛: 지금의 河南省 南阳) 사람이다.
　　(역자 주)
56 『國語』「越語(下)」, "陽至而陰, 陰至而陽, 日困而還, 月盈而匡."
57 『漢書』「藝文志」, "敬順昊天, 曆象日月星辰, 敬授民時."
58 『漢書』「儒林傳」, "六藝者, 王教之典籍, 先王所以明天道, 正人倫, 致至治之成法也."

『악경』에 관해서는 역사상 서로 다른 견해가 있다. 금문 경학자들은 '악'이라는 경전이 본래부터 없었고 『예경』과 『시경』 속에 덧붙어 있었다고 보았으나, 고문 경학자들은 『악경』이라는 책이 본래 있었으나 진나라 분서焚書 이후에 책이 소실되었다고 보았다. 『한서』「예문지」의 기록에 근거하면 다음과 같다.

> 육경의 도가 모두 돌아왔으나 『예』와 『악』의 쓰임이 급하였다.……그러므로 공자께서 말하기를, "윗사람을 편안하게 하고 백성을 다스리는 데는 『예』보다 더 좋은 것이 없고, 풍속을 바꾸는 데는 『악』보다 더 좋은 것이 없다"라고 하였다. 예는 백성의 마음을 절제시키고, 악은 백성의 소리(여론)를 조화시킨다.……악은 안을 다스려서 같게 하고, 예는 밖을 꾸며서 존비尊卑의 차이가 생기게 한다.[59]

『악』이라는 경전이 본래 없었다고 간단히 생각할 수는 없을 것 같다. 『한서』「예악지」에는 『예』와 『악』의 작용을 매우 중시하였다. 서로 다른 작용이 일어나는 것, 즉 "예는 마음을 절제하여 차이를 갖게 하고, 악은 소리를 조화시켜 같아지게 한다"는 것에서도 『악경』이 『예경』 속에 덧붙어 있었다고 간단하게 말할 수 없다. 『예경』과 『악경』은 내포관계가 아니라 독립관계이다. 그러므로 안사고顔師古(581~645)는 『한서』「예악지」주석에서 "육경은 『역경』·『시경』·『서경』·『춘추』·『예경』·『악경』을 말한다"[60]라고 명확하게 기록하였다. 『장자』「천운」편에도 다음과 같이 기록하고 있다.

---

59 『漢書』「禮樂志」, "六經之道同歸, 而禮樂之用急.……故孔子曰安上治民, 莫善于禮, 移風易俗, 莫善于樂. 禮節民心, 樂和民聲.……樂以治內而爲同, 禮以修外而爲異."

60 『漢書』「禮樂志」, 顔師古注, "六經謂易詩書春秋禮樂也."

공자가 노담老聃(노자)에게 말하기를, "나는 『시』·『서』·『예』·『악』·『역』·『춘추』의 육경을 배웠다"라고 하였다……노자가 대답하기를, "무릇 육경은 선왕의 낡은 자취일 뿐이다"라고 하였다.61

공자가 노자를 만나서 그에게 예를 물었는지 여부는 본문에서 고찰할 내용에 속하지 않는다. 『장자』「천운」편에는 『악경』이 옛날에 독립된 책이었음을 설명하는 연관된 기록이 있고, 공자가 『시경』·『서경』를 산정하고 『예경』·『악경』을 바로잡은 전설도 『악경』이 고대에 있었다는 것을 증명한다. 「예악지」에서 말한 "윗사람을 편안하게 하고 백성을 다스리는데 『예경』보다 더 좋은 것이 없고, 풍속을 바꾸는데 『악경』보다 더 좋은 것이 없다"는 것은 그것이 교화에 도움을 주었다는 말이다. 『예경』와 『악경』의 사회적 기능에서 말하면 둘을 함께 섞어 논한 것이니, 이것은 바로 '육경의 도가 모두 돌아왔다'는 뜻이다.

고대에는 『육경』을 육예六藝라고 불렀다. '육예'라고 부른 것은 『육경』보다 빠르다. 『주례』「지관사도地官司徒·보씨保氏」의 기록에 근거하면 "공경대부의 자제들을 도로써 양성하고 육예를 가르쳤다"62라고 하였다. '육예'는 원래 예禮·악樂·사射·어御·서書·수數를 가리킨다. 그러나 『한서』「예문지」에는 유흠의 『칠략七略』63에 육경의 경전을 기록할 때에 칭했던 「육예략六藝略」을 싣고 있지만, 결코 예·악·사·어·서·수를 가리킨 것이 아니다. 그러므로 『사기史記』「골계열전滑稽

---

61 『莊子』「天運」, "孔子謂老聃曰, 丘治詩書禮樂易春秋六經.……老子曰, 夫六經先王之陳迹哉."

62 『周禮』「地官司徒(下)·保氏」, "而養國子以道, 乃敎之六藝."

63 유흠은 부친 유향의 『별록(別錄)』을 개편하여 『칠략(七略)』을 지었는데, 이 책은 집략(輯略: 총론)·육예략(六藝略)·제자략(諸子略)·시부략(詩賦略)·병서략(兵書略)·수술략(數術略)·방기략(方技略)을 포괄하고 있다. 『한서』「예문지」는 이것을 바탕으로 완성된 것이다.(역자 주)

列傳」에는 공자의 말을 인용하여 "육예가 서로 다르지만, 다스림에 있어서는 같다"**64**라고 하였다. 즉 "『예경』은 사람의 마음을 절제시키고, 『악경』은 마음을 동화시키며, 『서경』은 정사政事를 말하고, 『시경』은 의사(감정)를 잘 드러나게 하며, 『역경』은 신묘한 변화를 알려주고, 『춘추』는 대의大義를 말해준다."**65** '육예'가 여기에서 유가가 높이 받들던 여섯 경전을 가리킨다는 것을 알 수 있다. 『육경』을 '육예'로 부른 것은 고대에 『육경』을 일종의 기술전문가로 간주하였다는 말이다. 옛날에 '술術'은 '기예(藝)'로 해석할 수 있는데, 유자는 '시詩'와 '예禮' 등 여러 기예를 배운 사람이다. 그러므로 『육경』은 봉건시대 선비의 필독서가 되었으니, 그것은 봉건사회의 문화사상을 반영하였고 또한 봉건정치와 윤리사상의 이론적 기초였다.

한대에는 『시』·『서』·『예』·『역』·『춘추』를 오경五經이라 불렀고, 당대에는 또한 '삼례三禮'(『주례周禮』·『의례儀禮』·『예기禮記』)와 『춘추』 삼전三傳(『좌전左傳』·『곡량전谷梁傳』·『공양전公羊傳』)을 '오경'에 추가시켜 '구경九經'이라 불렀다. 『남사南史』「주속지전周續之傳」에는 '오경'과 '오위五緯'**66**를 '십경十經'이라고 불렀다.**67** 당 문종文宗(827~840 재위)은 경전을 돌에 새기고, 또한 『맹자』를 경서에 함께 열거하였기 때문에 『십삼경十三經』의 명칭이 있었다. 경서는 봉건사회의 중요한 문헌으로써 '오경'에서 '십삼경'에 이르기까지는 유가사상이 확대 발전하였음을 반영한 것이다.

"인의의 사이에 뜻을 둔다"**68**는 것은 고대 유가사상의 특징을 가리

---

64 『史記』「滑稽列傳」, "六藝於治一也."
65 위의 책, "禮以節人, 樂以發和, 書以道事, 詩以達意, 易以神化, 春秋以道義."
66 오위(五緯)는 『詩緯』·『書緯』·『禮緯』·『易緯』·『春秋緯』를 말한다.(역자 주)
67 『南史』「周續之傳」, "通五經五緯, 號曰十經."
68 『漢書』「藝文志」, "留意於仁義之際."

킨다. 유가와 유가 창시자 공자는 덕정德政·예치禮治·인의仁義를 숭상
하였고, 또한 덕정을 인의의 중요한 내용으로 간주하였다. 『논어』「위
정爲政」에는 "정치를 덕으로 하는 것은, 비유하여 말하면 북극성이 제
자리에 머물러 있으나 뭇별들이 그를 향하는 것과 같다"69라고 하였
다. 예를 덕치德治의 보조수단으로 간주하면, 백성들로 하여금 부끄러
움을 알아서 그치게 할 수 있고, 인민들로 하여금 뭇별들이 북극성을
둘러싸는 것과 같이 자발적으로 귀순시킬 수 있다는 것이다. 고대 유
자들이 "부끄러움을 아는 것이 용감함에 가깝다"70라고 생각한 것은
바로 이러한 도리이다. 그러므로 『후한서』「순리전循吏傳·진고秦鼓」에
는 유가를 일러 "예로써 사람을 가르치고 형벌에 맡기지 않는다"71라
고 하였다.

 "어진 인재를 등용하는 것"72은 덕치의 내용 중의 하나이다. 공자는
일찍이 다음과 같이 지적하였다.

 곧은 것을 들어서 굽을 것에 올려놓으면 백성이 복종하고, 굽은 것을 들
 어서 곧은 것에 올려놓으면 백성이 복종하지 않는다.73

 '어진 인재를 등용하는 것'은 중대한 일이고, 더욱 효과적으로 덕치
德治를 시행하기 위해서는 오직 유능한 사람을 등용해야 하고, 능력을
갖춘 사람만을 등용해야 "안으로 등용하되 친인척을 피하지 않고, 밖
으로 천거하되 원수를 피하지 않을 수 있다."74 귀감의 힘이 컸으니,

---

69 『論語』「爲政」, "爲政以德. 譬如北辰, 居其所而衆星共之."
70 『中庸』, 第20章, "知恥, 近乎勇."
71 『後漢書』「循吏傳·秦鼓」, "以禮訓人, 不任刑罰."
72 『論語』「子路」, "擧賢才."
73 『論語』「爲政」, "擧直錯諸枉, 則民服, 擧枉錯諸直, 則民不服."
74 『貞觀政要』卷5, 「公平篇」, "內擧不避親, 外擧不避讐."

"곧을 것을 들어서 굽은 것에 올려놓으면 굽은 것으로 하여금 곧게 할
수 있었다."**75**

　중용의 도는 공자 '덕치'의 사상적 내용이다. 공자는 일찍이 "중용의
덕이라는 것이 지극하구나. 그를 지키는 **백성**이 적어진 지가 오래되었
다"**76**라고 하였다. 중용의 도가 정치상에 체현된 것이 이상적 정치요,
개인의 도덕수양에서 중용을 말하면 일종의 고상한 미덕이 된다. 공자
가 덕을 숭상하고 향원에 반대한 것은 "향원鄕愿은 덕을 해치는 자이
다"**77**라고 생각하였기 때문이다. 그는 일부 사람들이 미색美色만을 추
구할 줄 알고 도덕수양을 중시하지 않는다고 생각하였다.

　　나는 덕을 좋아하기를 여색을 좋아하듯이 하는 자를 보지 못하였다.**78**

　'인仁'과 '예禮'는 공자 윤리사상과 정치사상의 중요한 내용이고, '인
의의 사이에 뜻을 둔다'는 사상의 체현이다. 유가학파는 '인'이 사람의
본성이라고 생각하였기 때문에 공자는 "인이란 사람을 사랑하는 것이
다"**79**라고 하였고, 맹자도 "인이라는 것은 사람이다"**80**라고 하였다.
유가사상에 비추어 말하면, 효제를 '인'의 근본으로 삼았기 때문에 공
자는 "효제孝弟란 인을 행하는 근본이다"**81**라고 하였다. 공자는 또한
"자기가 서고자 하면 남도 서게 해주고, 자기가 도달하고자 하면 남도
도달하게 해준다"**82**, "자기가 원하지 않는 것은 남에게 베풀지 않는

---

75 『論語』「顏淵」, "擧直錯諸枉, 能使枉者直."
76 『論語』「雍也」, "中庸之爲德也, 其至矣乎, 民鮮久矣."
77 『論語』「陽貨」, "鄕愿, 德之賊也."
78 『論語』「子罕」, "吾不見好德如好色者也."
79 『論語』「顏淵」, "樊遲問仁, 子曰愛人."
80 『孟子』「盡心(下)」, "仁也者, 人也."
81 『論語』「學而」, "孝弟也者, 其爲仁之本與."

다"83는 것을 "인을 행하는 방법"84으로 간주하였다.

우리는 공자가 제창한 '인'이 『주례』를 표준으로 한 것임을 인정해
야 한다. 공자는 일찍이 "자기의 사사로움을 극복하여 예를 회복하는
것이 '인'이다"85라고 하였다. 그 사상적 동기는 바로 『주례』의 규범에
따라 사람을 고무시키고 사람을 교육시키는 것이었다. '극기'가 개인
의 도덕수양에서 『주례』로 자기를 제약하는 것을 가리킨다면, '복례'
는 개인의 언행을 『주례』의 규범으로 끌어들인 것이다. 공자가 보기
에, 한 사람은 '인'이라는 도덕표준을 구비해야 하고 또한 '예'의 원칙
에 부합해야 한다. '인'과 '예'는 모두 한 사람이 가지고 있어야 하는 도
덕규범이다. 때문에 공자는 다음과 같이 말하였다.

사람이면서 인하지 못하다면 예와 같은 것을 무엇에 쓰겠는가.86

'인'과 '예'는 한 사람의 도덕정조가 나타내는 두 방면으로, 혹자는
'인'이 안에서 체현되고 '예'가 밖으로 표현되어 둘은 서로 겉과 속이
되니 인자仁者는 겉과 속이 한결같아야 한다고 말하였다. 전국시기에
는 『주례』가 사회변혁의 충격을 받아 예악이 붕괴되었다. 때문에 공
자는 다음과 같이 말하였다.

사람이 인에 대해서는 〈필요함이〉 물과 불보다 심하니, 물과 불은 밟다가
죽은 자를 내 보았어도 인을 밟다가 죽은 자는 내 보지 못하였다.87

---

82 『論語』「雍也」, "己欲立而立人, 己欲達而達人."
83 『論語』「顏淵」, "己所不欲, 勿施於人."
84 『論語』「雍也」, "可謂仁之方也已."
85 『論語』「顏淵」, "克己復禮爲仁."
86 『論語』「八佾」, "人而不仁, 如禮何."
87 『論語』「衛靈公」, "民之于仁也, 甚于水火. 水火吾見蹈而死者矣, 未見蹈仁而死者也."

이것을 감안하면, 공자는 『주례』의 도덕원칙과 정신으로 사람에게 '극기복례'를 고무시켰고, 필요시에는 "몸을 죽여서라도 인을 이루어야 했다."[88]

"요순을 조술하고 문무를 헌장한다"[89]는 것은 유가학파가 요임금과 순임금의 도를 최고의 본보기로 삼고, 문왕과 무왕의 공업功業과 치적治績을 따르고 본받는다는 것을 가리킨다. 『서경』에는 다음과 같이 말하였다.

> 옛날 복희씨가 천하를 다스릴 때에, 처음으로 팔패를 그리고 글자(書契)를 만들어 결승의 정치(結繩之政: 새끼의 매듭으로 의사소통을 하던 중국 고대 정치를 말한다)를 대신하였는데, 이로부터 글자와 서적이 생겨났다. 복희伏羲·신농神農·황제黃帝의 책을 삼분三墳(墳은 大이다)이라고 하여 대도(大道)를 말하였고, 소호少昊·고신高辛·전욱顓頊·당唐·우虞의 책을 오전五典(典은 常이다)이라고 하여 상도常道를 말하였다. 하夏·상商·주周의 책에 이르러서는 비록 당시에 가르침을 세운 것이 〈삼분·오전과〉 같지 않았으나, 말이 바르고 뜻이 심오하였으니 그 취지는 〈삼분·오전과〉 같았다. 이 때문에 역대로 그것을 소중히 여겨서 큰 가르침으로 삼았다.[90]

'삼분'과 '오전'은 상고시대 제왕이 남긴 책이나, 공자의 산정刪定을 거친 후에 "번잡한 것을 없애고, 근거 없는 말을 삭제하고, 큰 강령을 들어 요점을 간추려 기록하였는데"[91] 이 때문에 '삼분'과 '오전'에서 말

---

88 『論語』「衛靈公」, "殺身以成仁."
89 『漢書』「藝文志」, "祖述堯舜, 憲章文武."
90 『尙書正義』卷1, 「尙書序」, 孔穎達疏, "古者伏羲氏之王天下也, 始畫八卦, 造書契, 以代結繩之政, 由是文籍生焉. 伏羲神農黃帝之書, 謂之三墳, 言大道也. 少昊高辛顓頊唐虞之書, 謂之五典, 言常道也. 至於夏商周之書, 設敎不倫, 雅誥奧義, 其歸一揆. 是故歷代寶之, 以爲大訓."(『十三經注疏』 참조)

한 '대도大道'와 '상도常道'가 아주 오래도록 후세에 전해지는 교훈이 되었다. "크고 넓어 지극한 도를 군주에게 보여주어 법도로 삼았을 뿐만 아니라, 또한 제왕의 제도를 분명하게 들어서 시행할 수 있게 하였다."92 이 때문에 『서경』「요전堯典」에는 "옛날에 요순은 문사文思93에 총명하여 천하를 밝게 다스렸다. ……여러 나라와 협력하고 화합하였으며……삼가 천시天時를 사람들에게 가르쳐주었다"94라고 하였다. 이것은 확실히 유가학파가 요순을 고대 제왕의 본보기로 삼고 요순의 언행을 표준으로 받든 것이다.

『예기』「중용(하)」에는 "공자께서 요순의 도를 계승하고, 문왕과 무왕의 법을 본받고, 위로는 천시天時를 따르고 아래로는 풍토(水土)를 인습하였다"95라고 하였다. 경학자인 정현鄭玄(127~200)은 다음과 같이 주석하였다.

> 공자가 말하기를, "나(공자)의 뜻은 『춘추』에 있고 행실은 『효경』에 있다"라고 하였다. ……공자가 요순의 도를 이어서 『춘추』를 만들었으니……공자가 지은 『춘추』의 요지는 어지러운 세상을 다스려 바른 세상으로 돌아가는데 있다. ……천시天時를 기술한 것을 편년編年이라 하고……수토水土(풍토)를 인습한다는 것은 제하諸夏의 일이나 산천의 차이를 기록한 것이다.96

---

91 위의 책, "芟夷煩亂, 翦裁浮辭, 舉其宏綱, 撮其機要."
92 위의 책, "所以恢弘至道, 示人主以軌範也. 帝王之制, 坦然明白, 可擧而行."
93 문(文)은 천지경위(天地經緯)이고 사(思)는 도덕순비(道德純備)이니, 제왕의 功業과 道德을 가리킨다.(역자 주)
94 『尙書』「堯典」, "昔在堯舜, 聰明文思, 光宅天下……協和萬邦,……敬授人時."
95 『禮記』「中庸(下)」, "仲尼祖述堯舜, 憲章文武, 上律天時, 下襲水土."
96 『禮記正義』「中庸(下)」, 鄭玄注, "孔子曰, 吾志在春秋, 行在孝經.……孔子所述堯舜之道而制春秋,……孔子作春秋旨在撥亂世反諸正.……述天時謂編年,……因水土, 謂記諸夏之事, 山川之異."(『十三經注疏』참조.)

이로부터 '유가'의 '조술요순 헌장문무祖述堯舜 憲章文武'의 사상적 실질은 바로 '요순의 도를 계승하는데' 있음을 알 수 있다. 공자가 지은『춘추』에 있어 그 말이 미묘하고 뜻이 큰 것도 '어지러운 세상을 다스려 바른 세상으로 돌아가고', 요순의 '지극한 도(至道)'를 선양하고, 문왕과 무왕이 세운 제왕의 공업功業을 본받는데 있었다. 바꾸어 말하면, 요순의 도와 문왕·무왕의 덕을 후세에 전하는 교훈으로 삼았다는 것이다.

2. 유교–종교적 성격과 비종교적 성격

역사의 발전에 따라 공자가 창립한 유가학파는 그 역사적 지위가 점차 높아졌고 사회적 영향도 점차 커졌다. 이에 한 대漢代 이후부터 청말淸末에 이르기까지 유가학파에는 한 차례 조신造神과정이 있었고, 공자의 형상이 신격화되었다. 즉 역사상 유가학파에는 '종교'화의 과정에 있었고, 유가학파의 창시자인 공자가 점차 신격화되었다는 말이다. 유가를 종교화한 것은 역대 봉건통치자들의 제창·지지와 밀접한 관계가 있었고, 일부 봉건 관료들과 공자 후학들도 유가의 '조신'활동에 적극 참여하였다. 그들은 모두 "공자를 존숭하고 경전을 읽어서(尊孔讀經)" 유가를 학술유파에서 점차 '종교'로 변천하였고, 유가학파의 창시자인 공자도 교주로 추대되었다.

봉건사회는 공자를 위해 사당을 세우고 역사상 '문묘文廟' 혹은 '공묘孔廟'라고 불렀다. 춘추시기 노나라 애공哀公(BC 494~BC 468 재위)은 곡부曲阜(山東省) 궐리闕里(공자가 살던 곳)에 공자의 사당을 세우고 공자의 의관衣冠·거문고·책을 수장하였는데, 이것이 최초로 공자를 위해 사당을 세운 것이고 공자를 지성선사至聖先師라고 불렀다.

후한後漢 명제明帝는 영평永平 15년(72년)에 "공자의 집에 행차하여 중

니와 72제자에게 제사지냈는데"[97], 이것은 최초로 제왕이 궁궐을 방
문한 것이다. 후한後漢 장제章帝는 원화元和 2년(85년) 봄에 동쪽을 순시
하다가 노나라에 이르렀는데, "공자가 살던 궐리闕里에 행차하여 태뢰
太牢로 공자와 72제자에게 제사지냈다."[98] 후한 안제安帝는 연광延光 3
년(124년)에 "공자가 살던 궐리에서 공자와 72제자에게 제사지냈다."[99]
후한 영제靈帝는 광화光和 원년(178년)에 "공자와 72제자의 초상화를 그
렸다."[100] 공자의 사회적 지위를 고의로 격상시켰다.

한대에는 일찍이 공자를 문선공文宣公에 봉하였기 때문에 북위北魏 때
는 공자사당을 '선공묘宣公廟'라고 불렀다. 북제北齊 때 각지의 군학郡學
(공립학교)에는 모두 마을 안에 '공안묘孔顏廟(공자와 안연의 사당)'를 세웠다.
741년 당나라 개원開元 27년에는 공자에 문선왕文宣王이라는 시호를 내
렸기 때문에 사당을 '문선묘文宣廟'로 고쳐 불렀다. 정관貞觀[101] 때는 각
주현州縣에 공자사당을 세울 것을 명하였다. 1008년 송나라 대중상부大
中祥符[102] 원년에는 공자에게 '원성문선왕元聖文宣王'이라는 시호를 내렸
고, 후에 또한 시호를 고쳐 '지성문선왕至聖文宣王'이라 하였다. 송 진종眞
宗 때 손석孫奭(962~1033)이 불교를 배척할 것을 상소하자, 진종은 솔직
히 "불교와 도교는 세상을 교화하는데 도움을 주어 사람을 개과천선改
過遷善하게 하니 참으로 이로움이 있다"[103]라고 말함으로써 고의로 유
가를 종교화하였다. 1307년 원나라 대덕大德[104] 11년에는 공자를 '대성

---

97 『後漢書』「明帝紀」, "幸孔子宅, 祠仲尼及七十二弟子."
98 『後漢書』「儒林傳」, "幸闕里, 以太牢祠孔子及七十二弟子."
99 『後漢書』「安帝紀」, "祀孔子及七十二弟子于闕里."
100 『後漢書』「蔡邕傳」, "畫孔子及七十二弟子像."
101 중국 당(唐)나라 제2대 황제 태종(太宗) 이세민(李世民)의 치세(治世: 626~649)를
　　 말한다. 이때의 연호가 정관(貞觀)이다. (역자 주)
102 중국 송나라 제3대 황제 진종(眞宗) 조항(趙恆) 때의 연호(1008~1016)이다. (역자 주)
103 『宋史』「王旦傳」, "釋道二門, 有助世敎, 使人遷善, 誠有其益."

지성문선왕大成至聖文宣王'이라고 불렀고, 명나라 영락永樂105 이후에는
공자사당을 문묘文廟로 고쳐 불렀고, 사당 좌우에 10철+哲106 선성先聖
의 초상을 배열하였다. 즉 공자 제자와 역대 대사大師들을 동쪽과 서쪽
의 두 행랑채에 배열하고 사계절마다 제사를 드렸다. 1530년 명나라
가정嘉靖107 9년에는 제전祭典을 개정하고 또한 공자를 '지성선사至聖宣師'
라고 불렀다. 1645년 청나라 순치順治108 2년에는 '대성지성문선선사大
成至聖文宣先師'라는 시호로 정하였고, 1657년 순치 17년에는 또한 '지성
선사至聖先師'로 고쳤다. '지성至聖'의 명칭은 가장 일찍이 『예기』 「중용」
에 보인다. "공자만이 천하의 지극한 성인이시다."109 '지성선사'는 그
범위가 후세에 만세의 사표師表라는 뜻이 되었다.

위에서 말한 것처럼, 유교의 이러한 조신과정은 역대 봉건제왕들이
'유가를 숭상하고 공자를 존숭한 것(崇儒尊孔)'과 관계가 있다.

> 윗사람에게 좋아하는 것이 있으면 아랫사람에게는 반드시 그 정도가 더
> 심하였다.110

때문에 봉건시대의 유학 선비와 사대부계층은 서로 다른 목적에서
나와 봉건통치자들의 '유가를 숭상하고 공자를 존숭하는 것'에 적극

---

104 중국 원나라 제2대 황제 성종(成宗) 테무르 때의 연호(1297~1307)이다.(역자 주)
105 중국 명나라 제3대 황제 성조(成祖) 주체(朱棣) 때의 연호(1402~1424)이다.(역자 주)
106 10철(十哲)은 공자 문하의 열 사람의 뛰어난 제자로, 안연(顔淵)·민자건(閔子騫)·
    염백우(冉伯牛)·중궁(仲弓)·재아(宰我)·자공(子貢)·염유(冉有)·자로(子路)·자유
    (子游)·자하(子夏)를 말한다.(역자 주)
107 중국 명나라 제11대 황제 세종(世宗) 주후총(朱厚熜) 때의 연호(1521~1567)이다.
    (역자 주)
108 중국 청나라 제3대 황제 세조(世祖) 순치(順治) 때의 연호(1644~1661)이다.
109 『禮記』 「中庸」, 第31章, "唯天下至聖."
110 『尙書全解』 「周書」, "上有所好, 下必甚焉."

협력하였다. 공자가 없었다고 말한다면, 오랜 옛날부터 암흑과 같았을
것이기 때문에 공자를 신격화하는 것을 도와서 유가를 점차 종교화하
였으니, 고대의 유가학파를 공교孔敎로 바꾸고 공자를 교주로 분장하
였다. 유교라는 명칭은 가장 일찍이 『사기史記』「유협열전游俠列傳」에
보인다.

> 노나라 사람은 모두 유술로써 가르쳤다.[111]

『진서晋書』「선제기宣帝紀」에는 "〈선제는〉 널리 배워 견문이 많았고
유교를 마음으로 흠모하였다"[112]라고 하였다. 공교의 명칭은 『한서漢
書』「유림전儒林傳」에 보이니, "제유들에게 경전을 가르쳐 준 것은 모두
공교였다"[113]라고 하였다. 『진서晋書』「완적전찬阮籍傳贊」에도 "옛 책의
근거를 세우는데 공교로 판단하였다"[114]라는 말이 있다.

유가의 종교화는 '공자학(孔學)'을 '공교'로 바꾸었는데, 봉건관료들
중에서 가장 유력한 자는 한대의 동중서董仲舒(BC 179~BC 104)와 청대의
강유위康有爲(1858~1927)이다. 동중서는 한 무제에게 대책對策(天人三策)을
올릴 때 다음과 같이 말하였다.

> 춘추에 통일을 이루는 자는 천지의 상경常經(영원히 변하지 않는 법칙)이고 고
> 금의 통의通誼(사람이 마땅히 지켜야 할 도리)입니다. 지금은 스승이 도(道)를 달
> 리하고 사람은 논論을 달리합니다.……신이 생각하기를, 『육예(육경)』의
> 과목에서 공자가 기술하지 않은 것들은 모두 그 도를 끊어서 함께 나아가

---

111 『史記』「游俠列傳」, "魯人皆以儒敎."
112 『晋書』「宣帝紀」, "博學恰聞, 伏膺儒敎."
113 『漢書』「儒林傳」, "授經諸儒皆孔敎也."
114 『晋書』「阮籍傳贊」, "老篇愛植, 孔敎提衡."

지 못하게 하여 사벽邪辟한 설을 종식시킨 연후에 기강을 하나로 통일하여
법도를 밝힐 수 있으니, 그러면 백성이 따를 바를 알 것입니다.115

한 무제는 동중서의 이러한 건의를 받아들였으니, 즉 "백가百家(제자
백가)를 축출하고 '육경'을 표창하였으며……대학을 부흥시키고 교사
(郊祀 또는 郊祭)를 정리하였으며……봉단封壇을 세우고 온갖 신들을 예
우하였다."116 강유위는 한 무제가 동중서의 '백가를 축출하고 유술만
을 존숭한다'는 말을 받아들인 것에 근거하여 한층 더 추론하여 부연
하였다.

공자의 도는 신명神明과 짝을 이루고 천지를 순화시키고 만물을 기른
다.……『육경』은 해와 달보다 높이 걸려있다. 『춘추』는 주나라를 계승
하여 백세를 개괄하니 성대하구나!117
공교는 효무제孝武帝(한 무제를 말한다)에 이르러 비로소 크게 유행하여 통일을
이루었으니, 불법佛法의 아소카(인도 마우리아 왕조 제3대 왕) 대왕이었다.118 이
로부터 지금까지 모두 공자를 존숭하였다.119

---

115 『漢書』「董仲舒傳」, "春秋大一統者, 天地之常經, 古今之通誼. 今師異道, 人異論
．……臣愚以爲諸不在六藝之科孔子之術者, 皆絶其道, 勿使並進, 邪辟之說息滅, 然後
統紀可一而法度可明, 民知所從矣."
116 『漢書』「武帝本紀」, "卓然罷出百家, 表章六經,……興太學, 修郊祀,……建封壇, 禮百
神."
117 康有爲, 『孔子改制考』卷21, 「漢武帝後儒敎一統考」, 中華書局, 1958, "孔子之道, 配
神明, 醇天地, 育萬物.……六經揭於日月., 春秋繼周, 範圍百世, 盛矣哉."
118 유교에 한 무제, 그리스도교에 로마의 콘스탄티누스 황제가 있다면, 불교를 세
계화한 주역은 고대 인도의 아소카 대왕이라 할 수 있다.(역자 주)
119 『孔子改制考』卷21, 「漢武帝後儒敎一統考」, "至孝武乃謂大行, 乃謂一統, 佛法之阿
育大天王也. 自此至今, 皆尊用孔子."

실제로 한 무제가 백가를 축출하고 공자를 추숭한 것은 공자에 대한 존숭의 예를 더하였다. 한 무제 후에 "양한兩漢의 조정회의에 여러 차례 유생을 부른 것"120은 유가의 사회정치적 지위가 분명히 제고되었다는 것이다.

> 당시 양한의 학자들은 모두 유교를 따랐고, 양한의 관리들은 모두 유술儒術로써 백성을 교화하였다.121

동중서는 한초漢初의 금문경학자로, "대업大業에 몰두하고"122 경문經文에 널리 통달하여 유가사상을 체계화하였다. 봉건사회 상부구조의 문화를 많이 수립하기 위해 삼강三綱·오상五常의 내용을 명확히 하였으며, 또한 '양존음비陽尊陰卑'의 이론을 '삼강'의 근거로 제기하였다. 따라서 한유들에 의해 "유학자들의 종주"123 혹은 "뭇 유학자들의 우두머리"124로 인정되었다.

강유위는 그의 『공자개제고孔子改制考』에서 유교가 공자에 의해 세워진 것이라고 단언하였다.

> 공자가 유교를 세워서 요·순·문·무의 정치예법을 제기하였고, 또한 스스로 『육경』의 예교禮敎를 지어 백세를 개괄하였다.125

한나라는 왕중임王仲任(王充) 이전부터 유가·묵가가 함께 거론되었으나, 모

---

120 위의 책, 兩漢廷議多召儒生"
121 위의 책, "兩漢學人皆從儒敎, 兩漢郡吏皆儒術化民."
122 『漢書』「董仲舒傳」, "潛心大業."
123 『漢書』「劉向傳」, "爲世儒宗."
124 『漢書』「董仲舒傳」, "群儒之首."
125 『孔子改制考』卷7,「儒敎爲孔子所創考」, "孔子爲創儒敎, 提出一套堯舜文武的政治禮法, 並自作六經禮敎, 範圍百世."

두 공자가 유교의 교주임을 알았고 모두 유교가 공자에 의해 창립된 것임을 알았다.[126]

강유위는 "『한서』「예문지」에서 말한 것처럼 유儒가 사도司徒의 관직에서 나왔으니"[127] 바로 "유흠劉歆(劉向의 아들)이 가르침을 어지럽히고 사설邪說로 배반하였다"[128]라고 여겼다. 강유위의 '유교는 공자에 의해 세워진 것'이라는 관점은 사실적 근거가 없는 것이지만, 그는 『회남자淮南子』「통속훈通俗訓」 속의 "노나라가 유자의 예를 따르고 공자의 학술을 행하였다"[129]라는 말을 공자가 가르침을 세운 논거로 삼고, "그러므로 그 예를 따르고 그 학술을 행하였으니, 이른바 '노나라 사람은 모두 유술로써 가르쳤다(『史記』「遊俠列傳」)'는 것이다"[130]라고 견강부회하여 해석하였다.

강유위는 『공자개제고』권20, 「유교가 천하에 널리 유전되었고 전국 진한시기에 더욱 왕성하였다(儒敎徧傳天下戰國秦漢時尤盛考)」에서 "공자의 제자와 후학들이 유교를 천하에 널리 전하였고, 천하 사람들이 모두 공자를 존경하고 사모하여 유교에 복종하였다"[131]라고 지적하였다. 이것은 공자의 제자와 후학들이 공자를 신격화하는데 적지 않은 작용을 하였음을 설명한 것이다.

---

126 위의 책, "漢自王仲任前, 並擧儒墨, 皆知孔子爲儒敎之主, 皆知儒爲孔子所創."
127 위의 책, "漢藝文志謂儒出於司徒之官."
128 위의 책, "劉歆亂敎, 倒戈之邪說也."
129 『淮南子』「通俗訓」, "魯國服儒者之禮, 行孔子之術."
130 『孔子改制考』卷7, 「儒敎爲孔子所創考」, "故服其禮而行其術, 所謂魯人皆以儒敎也."
131 『孔子改制考』卷20, 「儒敎徧傳天下戰國秦漢時尤盛考」, "孔子弟子後學徧傳儒敎於天下, 天下皆尊慕孔子服從儒敎."

공자가 죽은 뒤에 70제자들은 사방으로 흩어져 제후들과 교유하였는데, 〈그 중에〉 크게 된 자는 제후의 스승이나 경상卿相이 되었고, 작게 된 자는 사대부와 친하게 지내며 가르쳤다.132

공자 제자들은 각 제후국에 흩어져서 공자의 도를 전하면서 공자를 칭송하고 찬양하였다.

위대하구나! 공자여. 널리 배웠으나 명성을 이루지 못하였다.133
태재太宰가 자공子貢에게 묻기를, "부자는 성인이십니까? 어찌도 그리 다능多能하십니까?"라고 하였다. 자공이 대답하기를, "진실로 하늘이 보낸 성인이시고 또한 다능하시다"라고 하였다.134

공자의 제자들은 공자의 모습이 올라갈 수 없을 정도로 높고 헤아릴 수 없을 정도로 깊다고 생각하였다.

우러러볼수록 더욱 높고, 뚫을수록 더욱 견고하며, 바라보면 앞에 있다가 홀연히 뒤에 있는 듯하다.135

공자의 모습이 높고 크며 학식이 깊고 넓어서 바라보아도 이를 수 없는 것이 "마치 하늘을 사다리로 오르지 못하는 것과 같았다."136
한초漢初 금문경학자인 동중서에서 청말淸末 개량파改良派인 강유위에

---

132 『史記』「儒林列傳」, "自孔卒後, 七十子之徒散游諸侯, 大者爲師傅卿相, 小者友敎士大夫."
133 『論語』「子罕」, "大哉孔子, 博學而無所成名."
134 『論語』「子罕」, "太宰問于子貢曰, 夫子聖者與. 何其多能也. 子貢曰, 固天縱之將聖, 又多能也."
135 『論語』「子罕」, "仰之彌高, 鑽之彌堅, 瞻之在前, 忽焉在後."
136 『論語』「子張」, "猶天之不可階而升也."

이르기까지, 모두 공자를 분장하고 신격화하여 공자를 유교 교주의 지위로 치켜세워 부처의 금색 장식으로 갈아입혔으니, 공자는 봉건시대의 성인에서 장엄한 공교의 교주로 바뀌었다. 이에 역사상 유교는 불교·도교와 병립하여 상당한 영향을 미치는 삼대 종교(敎)가 되었다. 송나라 진종眞宗(북송 3대 황제) 조항趙恒(998~1022 재위)은 "삼교를 두지만 그 요지는 하나이다"[137]라고 생각하였다. 일부 외국학자들은, 예를 들어 일본인 와타나베渡邊秀方는 그가 지은 『중국철학사개론中國哲學史槪論』에서 유교·불교·기독교를 세계의 삼대종교라고 불렀다. 독일의 유의지론唯意志論(오직 의지만 있으면 된다)자인 쇼펜하우어Schopenhauer(1788~1860)도 유학을 '공교'라고 불렀다.

> 공교는 학자와 정치에 의해 숭배되었고, 그 책은 농후한 정치적 의미를 띠는 도덕철학이다.[138]

1950년대에 프랑스는 공자의 탄생 2500년을 기념하여 『성인의 사서四書』라는 거작을 출판하고, 공자와 석가모니와 예수를 모두 교주로 간주하였다. 석가모니는 불교 창시자인 싯다르타Siddhārtha(이름)(성은 고타마Gautama이다)에 대한 불교도들의 존칭으로, 석가 종족의 성인이라는 뜻이다. 역사상 공자도 '성인聖人'과 '성자聖者'로 존칭되었다.

역사상 일부 봉건관료들은 공자를 신격화하기 위해 교敎를 만들었는데, 양한兩漢 이후에 유행하던 참위경학讖緯經學에서는 일부 공자와 관련된 전설을 날조하였다. 종교형식으로 고대 경서를 해석한 위서緯書는 제왕과 성인을 형체에서 신격화하여 공자의 모습을 "입은 바다처

---

137 (宋) 李燾, 『續資治通鑑長編』卷81, 「眞宗」, "三敎之設其旨一也."
138 朱謙之(1899~1972), 『中國哲學對歐洲的影響』참조.

럼 크고(海口), 입술은 소처럼 두텁고(牛脣), 혀의 심줄은 일곱 겹이나 되고(舌理七重), 손바닥은 호랑이 발바닥처럼 두껍고(虎掌), 등은 거북이처럼 굽었고(龜背), 치아는 겹쳐있었다(騈齒)"139라고 하였고, 또한 어떤 위서에서는 공자가 "머리는 니구산尼丘山을 닮았고, 키는 10척이고, 허리둘레는 아홉 아름이나 되었다"140라고 하였다. 이러한 과장된 묘사는 공자를 교주의 형상으로 분장하려는 것에 지나지 않는다. 그 용모가 비범하고 성인에게 성체聖體가 있는 것은 하늘이 낳은 초인超人·성인聖人·신인神人이라는 말이다. 고대에는 성인의 지위를 높이 끌어올리기 위해 항상 성자聖者의 형상을 신격화하는 수법을 썼다. 예를 들면 황제黃帝는 앞이마가 용처럼 튀어나왔고, 고요皐陶는 입이 말의 입처럼 튀어나왔으며, 요임금은 여덟 색깔의 눈썹을 가졌고, 문왕의 가슴에는 네 개의 젖이 있었고, 순임금은 눈 하나에 눈동자가 둘이었고, 진晉 문공文公은 어깨뼈가 연결되어 있었고, 촉한蜀漢의 소열제昭烈帝(劉備)는 두 손이 무릎을 지날 정도로 길었고 두 귀가 어깨까지 늘어졌으며, 당 고조高祖(李淵)는 가슴에 세 개의 젖이 있었고, 원元 태조太祖(진기스칸 테무진)는 태어날 때 손이 피를 뿜는 것 같았으며, 명 태조太祖(朱元璋)는 오악五嶽에서 천자를 배알하였다는 것이다.

강유위는 공자를 교주로 분장하는데 결국 애석하게도 위서緯書의 수법을 받아들여 조작하였던 것이다.

하늘이 대지人地에 사는 사람들의 많은 어려움을 슬퍼하자, 흑제黑帝(북방의 水神)가 이에 정기(水精의 아들인 공자)를 내려 백성의 우환을 구제하여 신명神明이 되고 성왕聖王이 되고 만세의 스승이 되고 만백성의 보증인이 되고 대

---

139 『孝經緯』「鉤命決」, "海口, 牛脣, 舌理七重, 虎掌, 龜背, 騈齒."
140 『春秋緯』「演孔圖」, "首類尼丘山, 長十尺, 大九圍."

지의 교주가 되었다.**141**

강유위는 기꺼이 공교의 마틴 루터Martin Luther(1483~1546)가 되어, 『춘추위春秋緯』「원신계援神契」속의 "공자 가슴에는 안정된 세상을 만들 징표가 새겨져 있다"**142**는 글을 인용하여 공자가 위로 부명符命(하늘이 제왕이 될 사람에게 주는 징표)에 응하여 "바꾸어 교주"가 되었음을 증명하였다. 이에 강유위는 공자가 명을 받아 바꾸어 세상에 "법을 제정하는 주인, 즉 소왕素王이 되었다"**143**라고 적나라하게 공언하였다. '소왕'은 왕자의 도가 있으나 왕자의 지위가 없는 것을 가리킨다. 『장자莊子』「천도天道」편에도 일찍이 소왕을 언급하였으니 "이런 방법으로 아랫자리에 처하는 것이 현성玄聖(뛰어난 성인)과 소왕의 도이다"**144**라고 말하였다. 성현영成玄英(608~?)은 소疏에서 "그 도는 있으나 그 작위(벼슬)가 없는 자이니, 이른바 현성과 소왕이라는 것은 스스로 귀한 자이다"**145**라고 해석하였다. 『공자가어孔子家語』**146**에는 다음과 같이 말하였다.

제齊나라 태사太史인 자여子輿가 공자를 뵙고 물러나서 말하기를, "혹시 하늘이 장차 소왕素王과 함께 하려던 것이 아닐까? 어찌 그리도 성대하단 말

---

141 『孔子改制考』序, "天旣哀大地生人之多艱, 黑帝乃降精而救民患, 爲神明, 爲聖王, 爲萬世作師, 爲萬民作保, 爲大地敎主."

142 『春秋緯』「援神契」, "孔胸文曰, 制作定世符運."

143 『孔子改制考』卷8, 「孔子爲制法之王考」, "制法之主, 所謂素王也."

144 『莊子』「天道」, "以此處下, 玄聖素王之道也."

145 成玄英, 『莊子疏』「天道」, "夫有其道而無其爵者, 所謂玄聖素王, 自貴者也."

146 『공자가어(孔子家語)』: 공자의 언행 및 공자와 문인과의 문답내용을 수록한 책. 현재 전하는 것은 위(魏)나라 왕숙(王肅, 195~256)이 공안국(孔安國)의 이름을 빌려 『左傳』·『國語』·『孟子』·『荀子』·『大戴禮』·『禮記』·『史記』·『說苑』·『晏子』·『列子』·『韓非子』·『呂覽』 등에서 공자에 관한 기록을 모아 수록한 위서(僞書)로 44편으로 되어있다.(역자 주)

인가!"**147**

『춘추좌전』서문에도 "소왕을 세웠다"**148**라는 말이 있고, 공영달孔穎達의 소疏에도 "소素는 아무것도 없이 텅 빈 것이니, 지위가 없는 공왕空王(가상의 왕)을 말한다"**149**라고 해석하였다. 『장자』에서 말한 소왕이 총칭한 것을 말한다면, 『공자가어』속의 소왕은 전적으로 공자만을 가리킨다.

봉건관료들이 공자를 신격화하였기 때문에 역사상 일부 사람들은 공자의 출생에 대해서도 다양한 신화로 날조하였다. 어떤 위서에서는 공자의 부친 숙량흘叔梁紇이 자기보다 20세 어린 안징재顔徵在에게 장가를 들었으나, 동거한지 여러 해가 지났어도 임신하지 못하였다. 이에 함께 니산尼山의 산신한테 예배드리러 가서 분향하고 아들을 얻게 해달라고 기도하였다. 집으로 돌아온 다음 날 꿈에 북방 흑제黑帝가 불러서 말하기를, "장차 귀한 아들이 태어날 것이니, 빈 뽕나무밭을 가리키며 태어날 곳이다"라고 하였다. 또한 옥척玉尺 한 자루를 주었는데, 그 위에는 "물의 정기를 받은 아들이 쇠퇴한 주나라를 계승하여 소왕이 된다"**150**라는 아주 작은 글씨로 열 글자가 새겨져 있었다. 깨어난 후에 임신하였다. 막 아기를 낳으려고 할 때 다시 꿈을 꾸었는데, 선녀가 기린 한 마리를 몰고 와서 아들을 점지해주었다. 주나라 영왕靈王 21년(BC 551년) 경술庚戌년 겨울 10월 경자庚子일에 공자가 태어났다. 때마침 노나라 양공襄公 때 혼탁했던 황하黃河가 갑자기 맑아서 바닥 밑이 보였으니, 참으로 "천하에 도가 있으면 성인은 자신의 일을 이루지만, 천하

---

147 『孔子家語』, "齊太史子與見孔子退曰, 或者天將欲與素王乎. 夫何其盛也."
148 『春秋左傳』序, "立素王."
149 『春秋左傳正義』序, 孔穎達疏, "素, 空也, 言無位而空王之也."
150 (晋) 王嘉, 『拾遺記』卷3, 「周靈王」, "水精之子, 繼衰周而素王."

에 도가 없으면 성인은 자신의 생명을 보존할 뿐이라는 것이다."151 공자는 흑제의 아들이고 황하의 물이 맑고 하늘이 낳은 성인으로 공자는 시대적 요구에 부응하여 태어났으니 응당 '천지의 교주'가 되어야 한다. 이것은 위서(緯書)와 같은 책이 견강부회한 황당무계한 말이다.

강유위는 다음과 같이 말하였다.

> 공자가 유교를 세운 후에 그들이 입던 옷을 유복儒服이라 하였고, 그들이 보던 책을 유서儒書라고 하였으며, 여러 제자들이 입으로 전수하던 말씀을 유설儒說이라 하였고, 그 가르침을 따르는 자를 유생儒生이라 하였다.152

이렇게 공교의 성자聖者가 형상화되었다. 공자는 이미 '교주'가 되었고, 유가학파도 '유교'로 바뀌었다. 때문에 역사상 유자의 도를 전하는 것을 유술儒術이라고 하였고, 유생의 관을 유건儒巾이라 하였으며, 도덕수양이 있는 것을 유행儒行 혹은 유풍儒風이라 하였고, 유자들이 모이는 곳을 유림儒林이라 하였다. 그러므로 봉건 역사서인『사기』에는 「유림열전儒林列傳」이 있고, 『한서漢書』에는 「유림전儒林傳」이 있으며, 기타『신구당서新舊唐書』와『원사(元史)』 등에도 「유림전」과 「유학전儒學傳」이 있다.

위에서 말한 것처럼 유가학파가 한나라 이후부터 청나라 이전까지 신을 만들고 종교를 만들어가는 과정이 있었기 때문에, 고대 유가학파에 종교의 신령스러운 빛으로 도금하고 유가학파의 창시자인 공자도 신의 외투를 걸치게 되었다. 이것은 봉건제왕이 제창하고 봉건관료와 공자의 제자 및 후학들이 참여하여 '종교로 만드는' 활동이었다. 그러

---

151 『莊子』「人間世」, "天下有道, 聖人成焉, 天下無道, 聖人生焉."
152 『孔子改制考』卷7,「儒教爲孔子所創考」, "孔子創儒後, 其服謂之儒服, 其書謂之儒書, 諸弟子傳其口說謂之儒說, 從其教者謂之儒生."

나 결국 공자의 교주지위는 역사상 "권문세가들의 추대에서 나온 것이고, 그러한 권문세가 혹은 권문세가들의 '성인'을 만들려는 발동에서 나온 것이다."[153]

참으로, 유가학파는 한나라 이후에 그 사회적 지위에 변화가 생겨 일부 '권문세가'와 봉건관료 및 공문孔門 후학들의 '종교로 만드는' 활동을 거치면서 유가학파가 다방면에서 종교와 비슷하게 되었다. 일부 사람들은 '신도설교神道設敎'와 '성인설교聖人設敎'라는 점에 근거하여 유가를 종교라고 생각하였다. 유가의 종교적 성질을 논증하기 위해 유교를 불교 · 도교 · 기독교와 무리하게 끌어다 비교하였다. 종교에 응당 있어야 하는 교주敎主 · 교규敎規 · 교전敎典 등을 말하면 유가에도 모두 있다. 공자의 교주지위 확립은 불교의 석가모니, 기독교의 예수와는 결코 다르지 않다. '교규'방면에서 불교와 도교에는 '오계五戒' · '팔계八戒'와 같은 청규淸規계율이 있고, 기독교에도 '모세Moses 십계十戒'가 있고, 유교에도 『주례』를 내용으로 하는 교구가 있다. 종교의 경전에 대해서도, 불교에는 불경佛經이 있고, 도교에는 도장道藏이 있으며, 기독교에는 『신구약전서新舊約全書』가 있고, 유교에도 자신들이 말하는 '유서儒書'가 있다. 강유위가 유교에 유서儒書가 있다고 말한 것은 "오늘날 불서佛書와 도장道藏을 '종교'의 이름으로 부르는 것과 같다."[154] 만약 강유위의 관점을 따르면, 일체의 모든 학파가 종교가 된다. 그는 중국 선진시기 제자백가의 학설이 모두 '교敎(종교)'를 창립한 것이라 보았으며, 또한 『공자개제고』에도 전국시기 제자들이 함께 일어나 '교'를 창립하였고 또한 제자들이 '교'를 창립할 때 서로 비방하였다고

---

153 魯迅, 『魯迅全集』卷6, 「在現代中國的孔夫子」 참조. 이것은 1935년 6월호 일본 『개조(改造)』월간지에 일본어로 발표되었던 글이다.

154 『孔子改制考』卷19, 「魯國全從儒敎考」에 상세히 보인다. "當時稱孔子書爲儒書, 如今日稱佛書道藏, 以敎名之."

독단적으로 생각하였다. 결과, 유교·묵교·도교가 우세하였다. 이후 유교·묵교·도교가 계속 논쟁하였으나, 최종적으로 유교의 교의敎義가 가장 완전하였기 때문에 전국시대부터 진나라를 거쳐 한나라에 이르러 결국 전국적으로 교주의 지위를 얻게 되었다. 이러한 제자백가의 '교를 창시하였다는 설'에 필자는 동의할 수 없다. 유가는 결코 유교가 아니고, 공자가 창립한 것은 유가학파이지 유교가 아니며, 제자백가가 서로 비방한 것은 다른 학술관점의 쟁명爭鳴이지 쟁교爭敎가 아니다.

비록 유가가 봉건 통치자의 제창을 통해 일부 봉건사대부와 유가와 공문孔門 후학들이 종교를 창시하는 활동을 진행하였지만, 유가는 이 때문에 종교로 바뀌지 않았고, 그 학설 내용은 여전히 "육경 속에서 학문을 연마하고 인의仁義 사이에 뜻을 두며, 요순堯舜의 도를 계승하고 문무文武의 법을 본받으며, 군주를 돕고 음양에 순응하여 교화를 밝힌다"[155]는 것이었다.

종교의 최대 특징은 '출세'를 말하여 현실세계 밖에 초자연·초현실·초인간의 피안세계가 존재한다고 보는데 있다. 종교도들은 대부분 속세를 버리고 출가하여 고행을 닦는다. 불교의 창시자 석가모니는 원래 북인도의 카필라Kapila(지금의 네팔 지방)국의 국왕인 슈도다나Suddhodana왕의 아들이었는데, 인간세상의 고통을 직접 목격함에 따라 이에 출가를 결심하고 인간의 고통에서 벗어나기를 희망하였다. 이러한 고통과 시련을 통하여 마지막으로 부다가야Buddha Gayā의 보리수 아래에서 도를 얻어 부처Buddha가 되었는데, 깨달음을 얻은 자라는 뜻이다. 이 때문에 불교는 중생을 널리 구제하여 한 사람을 삶과 죽음의 경계가 있는 차안此岸에서 보리열반의 피안彼岸으로 인도하여 불과佛果(부처라는 궁극의 결과)

---

[155] 『漢書』「藝文志」, "游文於六經之中, 留意於仁義之際, 祖述堯舜, 憲章文武. 助人君順陰陽, 明敎化者也."

를 이룰 것을 선양하였다. 인도의 방법은 곧 출가수도·예불·참선·고행이다. "불교와 도교는 방법은 다르지만 돌아갈 곳은 같다." 종교는 기만적 선전을 하였는데, 기독교는 한 사람이 태어나면 바로 원죄原罪를 가지고 있어서 죽은 후에 영혼은 천국에 들어갈 수 없기 때문에 하느님을 믿고 하느님의 아들 예수 앞에서 일생을 참회해야 하나님의 용서를 받을 수 있다고 여겼다. 종교는 천국의 피안에는 사람마다 평등하고 누구나 즐거우며, 죽은 후에는 불국정토인 천당에 들어갈 수 있다고 선전하였다. 레닌Lenin(1870~1924)은 일찍이 다음과 같이 날카롭게 지적하였다.

> 평생을 일하였으나 평생 가난한 사람(피착취자)에 대해, 종교는 그들에게 인간이 순종하고 인내할 것을 가르치고 그들에게 천국의 은사恩賜 위에 희망을 걸 것을 권유한다. 남의 노동에 기대어 살아가는 사람(착취자)에 대해, 종교는 그들에게 인간이 선행善行할 것을 가르치고……그들에게 천국의 행복을 누릴 입장권을 헐값에 사준다.156

불교는 속세를 피하여 불문佛門으로 사람을 인도하였다. '삼계유심三界唯心'·'만법유식萬法唯識'·'유식무경唯識無境'·'색즉시공 공즉시색色卽是空空卽是色'을 크게 중시하였다. 삼계三界157를 뛰어넘고 오행 속에 있지 않았다. 유가는 불교의 출세설과 정반대로 오로지 치세治世만을 강구하였다. '출세'와 '치세'에는 큰 차이가 있다. 유가도 개인의 도덕수양을 중시하여 정심正心·성의誠意·수신修身 등을 말하였다는 것을 부인하지는 않지만, 유가는 여전히 학습을 강구하고 지식에 정통하는, 즉 격물

---

156 『레닌전집』, 第10卷, p.62.
157 중생이 윤회하는 미혹(迷惑)의 세계를 셋으로 나눈 것. 욕계(欲界)·색계(色界)·무색계(無色界)를 말한다.(역자 주)

格物과 치지致知의 학문이었다. '정심'·'성의'와 '치지'·'격물'의 목적은 제가齊家·치국治國·평천하平天下에 있었다. 역사상 유가학파의 사상가들은 모두 '치국'·'평천하'를 자기의 임무로 삼았다. 맹자가 일찍이 말하였던 "대저 하늘이 천하를 태평하게 다스리고자 하지 않는 것이니, 만약 천하를 태평하게 다스리고자 한다면 지금의 세상에 나를 버리면 누가 그 일을 하겠는가? 내가 어찌 불쾌하겠는가!"[158]라는 것도 이러한 웅장한 이상과 포부의 말이 아니겠는가?

유가는 "대학의 도가 명덕明德을 밝히는데 있다"[159]라고 선양하였는데, 이를 위해 도로써 백성을 얻고 도로써 백성을 가르치기를 원하였다. 그들이 강구한 것은 경천위지經天緯地(천하를 경륜하여 다스림)·경세치용經世致用·사도경제仕途經濟(벼슬하여 나라를 다스림)·안방치도安邦治國(나라를 다스려 안정시킴)의 도였다. 다시 말하면, "군주를 돕고 음양에 순응하여 교화를 밝히는 것이다."[160] 때문에 요순의 덕과 문무의 도를 치국治國의 최고 본보기로 삼았다. 이러한 것들은 모두 종교의 종지와 서로 위배되는 것이다.

일종의 사상적 신앙과 정신적 의지처로써 종교와 학술유파는 서로 다른 것이다. 물론, 신앙대상을 우상화하여 무릎을 꿇고 머리를 땅에 대고 엎드려 절하는 미신의 정도에 이르면 신앙은 곧 종교와 비슷하니, 혹자는 사상의 신앙이 종교의 색채를 가지고 있다고 말하기도 하였다. 그렇지만 결국 같다고 보지 않는데, 종교의 색채를 가지고 있는 것이 반드시 종교인 것은 아니다. 공자는 봉건사회의 성인이고 유가학파의 창시자이지, 어떤 "대지의 교주"[161]가 아니다. 우리는 멋대로 고

---

158 『孟子』「公孫丑(下)」, "夫天未欲平治天下也, 如欲平治天下, 當今之世, 舍我其誰也. 吾何爲不豫哉."

159 『大學』, 第1章, "大學之道在明明德."

160 『漢書』「藝文志」, "助人君順陰陽, 明教化者也,"

인을 채색할 수 없으며, 봉건시대의 성인설교聖人設敎는 또한 종교의 신
도설교神道設敎와 같지 않다.

유가가 유교가 아닌 것은 도가가 도교가 아니고 묵가가 묵교가 아닌
것과 같다. 강유위의 '제자백가의 창교創敎'와 '제자백가의 쟁교爭敎'설
은 순수한 주관적 억측에 속하고 견강부회한 말로 성립될 수 없는 것
이다.

3. 유학-공자·맹자의 학술체계

유학은 봉건시대 문화의 다른 명칭이다. 역사의 발전에 따라, 유가사
상과 학설은 점차 많은 사람에 의해 숭배되었다. 공자의 형상이 비록
어떤 '대지의 교주'는 아니었지만, 고대 문화사상의 거장이었고 봉건사
회의 성자聖者였다. 그가 창립한 유가학설은 점차 봉건문화를 대표하는
것으로 발전하였고, 유학은 이미 더 이상 공자 당시에 창립한 유가학파
가 아니었다. 공간적으로 말하면 유가는 유학과 같지 않고, 시간적으로
말하면 유학은 유가가 발전한 것이다. 유학에는 넓은 의미와 좁은 의미
의 구분이 있다. 넓은 의미의 유학은 거의 봉건 과거고시의 모든 내용,
즉 『사서』와 『오경』 및 봉건시대 경經·사史·자子·집集과 관련된 저술
을 모두 포함한다. 『사고전서총목四庫全書總目』에는 경부10류經部十類, 사
부15류史部十五類, 자부14류子部十四類, 집부5류集部五類로 모두 44종류로
분류하고 있는데 모두 넓은 의미의 유학 내용으로 볼 수 있다. 좁은 의
미의 유학은 전적으로 유가학파만을 가리킨다. 『사기』「오종세가五宗世
家」에는 "하간헌왕河間獻王 유덕劉德[162]은 유학을 좋아하였으며, 다급함

---

[161] 『孔子改制考』序, "大地敎主."

을 당해서는 반드시 유자를 따랐다"163라고 말하였는데, 여기에서 유학
의 의미는 바로 좁은 의미의 유학을 가리킨다. 역사의 발전과정에 따
라, 유학의 내용은 점차 확충되고 그 범위도 확대되어 봉건 사회문화를
포괄하여 봉건문화를 총칭하는데 이르렀다.

　중국 봉건사회의 발전과정에서, 유학은 선진시기의 유가에서 양한
경학兩漢經學・위진현학魏晉玄學・송명이학宋明理學으로 발전하였다. 모택
동毛澤東(1893~1976)은 일찍이 다음과 같이 말하였다.

　　특정한 문화는 특정한 정치와 경제가 관념상에서 반영된 것이다.164

　유학발전의 다른 역사단계는 다른 역사시기의 정치와 경제가 관념
상에서의 반영이다. 유가사상은 매우 큰 적응성을 가지고 있어서 봉건
사회의 다른 발전단계에서 유가사상은 부단히 개조하고 갱신하여 유
가학파는 다른 역사시기 봉건통치자의 다른 수요에 따라 각각의 역사
발전단계의 형세에 적응하였으니, 언제나 유가의 사상체계 속에서 각
종 다른 목적의 정치사상과 윤리학설을 연역해내었다. 때문에 유학사
상 내용의 깊이와 폭은 실제로 부단히 발전하고 풍부해졌으니 이미 더
이상 유가 한 학파의 말이 아니었다.

　양한시기의 경학은 한 무제가 '제가백가를 축출하고 유술만을 존숭
한' 후에 중국 봉건문화의 정통이 되었다. 한나라 때 경학은 금문경학今
文經學165과 고문경학古文經學166으로 나누어졌다. 금문경전은 한대 학자

---

162 하간(河間)은 지금의 하북성(河北省) 하간현(河間縣)이다. 유덕(劉德, ?~BC 130)은
　한나라 경제(景帝)의 아들로 BC 155년 하간(河間)의 왕으로 봉해졌다. 총명하고
　학문을 즐겼으며 산동의 유학생과 교유하였고 고서(古書)를 수집하고 정리하기
　를 좋아하였다.(역자 주)
163 『史記』「五宗世家」, "河間獻王德好儒學, 被服造次, 必于儒者."
164 『毛澤東選集』, p.655.

들이 전술한 유가경전으로 당시 통행되던 문자(隷書)를 채용한 것을
가리키고, 고문경전은 진나라 이전 고문으로 쓰여진 경전에 한대 학자
들이 해석을 가한 유학경전을 가리킨다. 금문경학은 공양가公羊家의 '춘
추'학을 중시하였고, 고문경학은 『주례周禮』『주관周官』의 연구를 중시
하였다. 서한西漢 금문경학자 동중서는 '음양오행설'과 『춘추공양전春秋
公羊傳』167을 서로 결합하여 경전 글에서 말한 '대의大義'를 발전시켜 봉
건의 통일과 황권을 견고히 하였다. 고문경학자 유흠劉歆이 제창한 『주
례』는 일찍이 왕망王莽에 이용되어 제도를 바꾸는 근거가 되었다. 한말
漢末에는 또한 금문경학과 고문경학을 융합한 '정현鄭玄의 학'이 출현하
였다. 금문경학과 고문경학은 서로 다른 방면에서 유가사상을 보충하
고 발전시켜 유학이 봉건통치자의 수요에 더 잘 적응할 수 있게 하였
다. 양한시기 유학은 문벌사족을 위해 일한 신학적 목적론과 참위미신
讖緯迷信이 서로 결합한 사상체계를 형성하였으며, 또한 당시 관방官方(국
가체제)의 정통철학이 되었다.

　위진 현학은 양한 경학이 변화하고 발전하여 경학을 현학화하였다.
이러한 사상의 변화발전은 결코 우연이 아니다. 진晉나라가 위魏나라
를 대신한 것은 사마씨司馬氏(사마의 일족)가 취한 고압정책에 의해 실현
된 것이다. 사마씨의 강화된 통치 때문에 일부 유학 선비들은 일신一身

----

165 금문은 한대(漢代)의 문자로, 진시황제(秦始皇帝)가 제정한 예서(隷書)를 말한
　　다. 따라서 금문학이란 이 금문으로 쓰인 문헌을 연구하는 학문이란 뜻이다.
　　(역자 주)
166 고문은 중국의 진(秦)나라 이전에 쓰던 문자로, 구체적으로는 한 무제 때 '공벽
　　(孔壁)', 즉 공자 자손의 집 벽에서 발견된 죽찰제(竹札製)의 문헌에 나타난 문자를
　　말한다.(역자 주)
167 『춘추공양전』은 중국 고전인 3전(三傳:『公羊傳』·『穀梁傳』·『左氏傳』) 중의 하나로
　　공자의 『춘추』를 해석한 책이다. 『공양전』이라고도 한다. 전국시대에 공양고
　　(公羊高)가 쓰기 시작하여 공양평(公羊平)·공양지(公羊地)·공양감(公羊敢)·공양수
　　(公羊壽)로 이어지면서 가학(家學)으로 전승해오다가, 공양수가 제자인 호모자도
　　(胡母子都)와 함께 내용을 정리하여 편찬하였다.(역자 주)

의 안위를 보전하기 위해 현실을 회피하고 허무虛無를 숭상하며 현원玄
遠을 담론하고 감히 격렬한 정치논쟁에 발을 들여놓지 못하였는데, 이
것이 바로 위진 때에 청담淸談의 풍조가 성행하였던 원인이다. 당시 일
부 호족출신의 봉건사대부들도 청담에 기대어 마음속에 쌓인 원한을
해결하였기 때문에 이러한 청담은 봉건사대부들의 '명철보신明哲保身(사
리에 밝아서 자신의 신상을 위험한 상황에 빠뜨리지 않고 보존함)', '초군탈속超群脫
俗(무리를 뛰어넘고 세속을 벗어남)', '표방청고標榜淸高(청렴함과 고상함을 표방함)'
하는 일종의 활동이 되었다. 일부 세도가들과 사회적 지위가 높은 고위
관료들도 청담의 대열에 끼어들어 고상한 척하였다. 일부는 자신을 고
결한 인격자라 여기고 만족해하거나 스스로 청렴하고 고상한 유학의
선비로 우쭐댔지만, 대부분은 청담으로 명예를 탐하거나 공명功名과 이
록利祿을 취하는 수단으로 삼았다. 역사학자들은 서진西晉의 멸망이 청
담과 관계가 없지 않다고 보았으며, 동진東晉의 사학자인 간보干寶(?~336)
는 『진기총론晉紀總論』에서 "당시 사대부들이 배운 것은 노장老莊이고 말
한 것은 허무虛無였으니 청담이 나라를 그르치게 하였다"168라고 지적
하였다. 여기에서 말한 '노장을 배우고 허무를 말하였다'는 것은 바로
위진시기 유학이 현학과 불교의 영향을 받은 시대적 특징이다.

위진시기 문벌사족들은 "상층계급에는 한문寒門(가난한 집안)이 없
다"169는 봉건통치를 유지하기 위해, 고대 유학자들의 사상을 개조하
여 그들로 하여금 유교와 도교가 서로 융합한 궤도 위에서 활동하게
하였다. 유학이 현학 속에 융합되어 유학으로 하여금 새로운 형식을
얻게 하여 유학의 내용을 심화시켰다. 위진 때의 유학은 비교적 높은
논리성과 사변성을 가지고 있었다. 철학의 경향에서 보면, 위진 현학

---

168 (東晉) 干寶, 『晉紀總論』, "當時士大夫學的是老莊, 談的是虛無, 致使淸談誤國."
169 『晉書』卷45, 「劉毅傳」, "上品無寒門, 下品無勢族." 참조.

은 더 이상 '봉천법고奉天法古(하늘을 섬기고 옛 것을 본받음)'이나 '군권신수君權神授' 등을 말하지 않고 우주의 본체를 탐구할 것을 중시하여 신비주의 색채가 엷어지고 이성화의 색채가 농후해졌는데, 현학의 본체로 신학적 목적론을 대신하였다. 양한시기의 참위경학에 비해 사람의 지위가 향상되었고, 사람의 자각성이 강화되었다. 사람은 신학의 속박에서 해방되어 나왔는데, 이는 어떤 의미에서 말하면 일차적 사상해방이 아니겠는가?

위진 현학가들은 고대 유가처럼 조상의 가르침을 엄격히 존숭하지 않고, "성인이 무無를 체득하였다"[170]라고 여기고 "뜻을 얻으면 말을 잊을 것"[171]을 주장하여 인격의 완전함을 추구하였다. 개인의 감정을 중시하여 비록 정치적 분쟁에서는 멀리 벗어났지만 자신들의 견해를 과감히 드러내었다. 유학은 위진시기에 양한 경학자, 특히 고문경학의 번쇄한 훈고고증의 풍조를 일소하고 간략함을 숭상하여 사상적 방법이 구체에서 추상으로 이르렀는데, 이것은 유학의 현학화를 상징하였다.

수당시기 불학佛學은 양한 경학과 위진 현학이 날로 쇠퇴하는 상황하에서 발전하였다. 이 시기의 유학은 불교의 충격을 받고 유학이 현학의 영향이 있은 뒤라서 또한 '유교로써 불교를 구제하는(以儒濟佛)' 유·불·도 삼교가 합류한 궤도에서 활동하기 시작하였다. 이것은 유학의 일종의 적응성이고 또한 일종의 역사적 추세였다. 당 왕조의 통치자는 종교를 적극 제창하였기 때문에, 이에 불교는 당나라 때에 널리 유전되었다. 민족의 특징을 가진 도교도 수·당 통치자의 지지를 받아 더 많은 신봉자를 보유하였다. 당시 사원경제는 신속히 발전하여 사회상에 승려귀족의 특권계층을 형성하였는데, 그들은 관원들과 교제하면서 궁

---

170 何劭,『王弼傳』, "聖人體無."
171 『莊子』「外物」, "得意而忘言."

궐에 출입하였다. 수나라 양제煬帝(604~618 재위)는 일찍이 모산茅山도사 왕원지王遠知(528~635)를 스승에 임명하였고, 당나라 현종玄宗(712~756 재위)은 불교의 권정灌頂의식172을 받아들였다. 당 왕조 통치자들은 스스로 도교의 존장인 태상노군太上老君의 후예로 여기고 도교를 종실宗室(황족)로 보고 종정사宗正寺173를 세우고 도사들을 등록하였는데, 신권을 빌어서 황권을 격상시켰다. 당 왕조는 이어서 태종太宗 · 고종高宗 · 무후武后 · 중종中宗이 불교를 제창한 후에 숙종肅宗 · 대종代宗 때는 더욱 심하여 궁중에 도장道場을 세우고, 궁중에서 부처에게 제사지내고, 조정과 재야 및 상하에 이르기까지 모두 부처에게 아첨하기를 미친 듯이 하였다. 666년 당 고종高宗 건봉乾封 원년에는 노자를 '태상현원황제太上玄元皇帝'에 봉하였고, 당 중종中宗은 과거시험을 보는 사람에게 모두 『노자』를 배울 것을 명하였다. 당 현종은 『노자』를 과거시험 과목으로 추가할 것을 명하였고, 또한 도교를 제창하는 명을 반포하였다. 국가의 축전 때마다 항상 유 · 불 · 도 삼교의 지도자를 불러 궁전에서 회의를 진행하였다. 현종 개원開元 27년(739년)에는 공자를 '문선왕文宣王'에 봉하였다.

불교와 도교가 성행하던 역사조건 하에서, 수 · 당 때 유학의 형식과 내용에도 변화와 발전이 있었다. 하나는, 고문운동의 주창자인 한유韓愈(768~824)를 대표로 하여 배불排佛을 주장하던 도통론道統論이고 다른 하나는, 영정혁신永貞革新174운동에 적극 참여자인 유종원柳宗元(773~819)을 대표로 하여 '유교로써 불교를 구제하는' 유 · 불 융합론이다.

한유의 도통론은 불교가 널리 전파되는 역사조건 하에서 제기된 것

---

172 수계(受戒)하여 불문에 들어갈 때에 물을 정수리에 끼얹는 의식을 말한다.(역자 주)
173 종정사(宗正寺): 중국 고대 관청으로, 황족의 사무를 관장하였다. 황족(皇族) · 종족(宗族) · 외척(外戚)의 의첩(譜牒: 족보)을 관리하고 황족의 능묘를 보호하였다. (역자 주)

이고, 중국 봉건사회의 '정통'으로 불교와 도교의 전파를 제압하려 하였다. 한유는 다음과 같이 말하였다.

여기에서 내가 말한 도는 이전에 말하던 노장과 불가의 도가 아니다.175

중국 봉건사회에는 유학을 위주로 하는 '정통'이 있었는데, 이러한 '정통'은 요·순·우·탕·문·무·주공·공자·맹자가 일맥상전—脈相傳하던 것이다. 이러한 '정통'은 한유가 말한 '도통'이고, 또한 중국 고대 정치·윤리·철학 등 넓은 의미의 유학이 갖는 봉건 문화사상의 전통이다. 이러한 전통은 원시사회와 노예사회에서 전해내려 온 것이다. 한유는 이러한 '도통'이 맹자에 이르러 중단되었기 때문에 그는 이러한 '도통'을 계승해야 한다고 생각하였다.

그 도가 한유에 의해 대충이나마 전해진다면, 비록 죽어도 결코 여한이 없다.176

한유의 '도통론'은 봉건의 군권君權을 유지하고 봉건의 윤리질서를 견고히 하기 위한 것이었지만, 결국에는 유가사상의 전통을 지키고 있었다.

---

174 당나라 제10대 황제 순종(順宗, 761~806) 때인 805년에 황권을 강화하고 지방군벌과 환관의 세력을 억제하려는 개혁이 일어났다. 그때 주동했던 여덟 명, 즉 유종원(柳宗元)·유우석(劉禹錫)·한태(韓泰)·진간(陳諫)·한화(韓曄)·능준(凌準)·정이(程異)·위집의(韋執誼) 등이 모두 먼 외지 사마(司馬)로 좌천되어 '이왕팔사마(二王八司馬)'라고 불렸는데, 당시 연호를 따서 영정혁신(永貞革新)이라고도 하였다.(역자 주)
175 『韓愈集』「原道」, "斯吾所謂道也, 非向所謂老與佛之道也."
176 『韓愈集』「與孟尙書書」, "使其道由愈而粗傳, 雖滅死萬萬無恨!"

옛날에 천하에 명덕明德을 밝히고자 한 자는 먼저 그 나라를 다스렸고, 그 나라를 다스리고자 한 자는 먼저 그 집안을 가지런히 하였으며, 그 집안을 가지런히 하고자 한 자는 먼저 그 몸을 닦았고, 그 몸을 닦고자 한 자는 먼저 그 마음을 바르게 하였으며, 그 마음을 바르게 하고자 한 자는 먼저 그 뜻을 진실하게 하였다.177

이것은 한유의 '도통론'사상이 바로 고대 유가의 치국·평천하의 이론과 주장임이 분명하다.

유종원의 '유교로 불교를 돕는' 사상도 고대 유가사상이 수당시기에의 발전인 것이다. 그는 유가사상으로 불교를 개조하려 하였다. 유종원의 방법은 결코 한유처럼 격렬하지 않았다. 한유는 "부처의 사리를 유사有司(관리)에게 주어 물과 불에 던져버릴 것"178을 주장하였고, 불교에 대해서도 "사람(승려)은 사람(백성)으로 두고, 책佛書은 불태워버리고, 불사佛寺는 〈사람들이 거처하는〉 오두막집으로 써야 한다"179라고 주장하였다. 반면 유종원은 불교 속의 일부 사상을 개조하고 흡수할 것을 주장하였다. 불교의 이론은 난세亂世에 부합하기 때문에 "부도浮屠(불교)는 진실로 배척할 수 없는 것"180이라고 여겼다. 불교 속의 일부 사상은 세교世敎에 도움을 주기 때문에 유종원은 한유의 배불排佛이 "그 외적인 것에 분노하다가 그 속을 빠뜨린 것이요, 돌만 알고 감추어진 옥을 알아보지 못하는 것"181이라고 하였다. 실제로 유종원은 유교와 불교를 융합하려고 하였으니, 새로운 역사조건에서 고대의 유가사상

---

177 『韓愈集』「原道」, "古之欲明明德于天下者, 先治其國, 欲治其國者先齊其家, 欲齊其家者先修其身, 欲修其身者正正其心, 欲正其心者先誠其意."
178 『韓愈集』「諫迎佛骨表」, "乞以此骨, 付之有司, 投諸水火."
179 『韓愈集』「原道」, "人其人, 火其書, 廬其居."
180 『柳宗元集』「送僧浩初序(浩初: 龍安海 禪師의 제자)」, "浮圖誠有不可斥者."
181 위의 책, "退之忿其外而遺其中, 是知石而不知韞玉也."

을 충실하게 발전시켰다. 이것은 유학이 수당시기에 나타난 형식이다.

송명이학은 유학이 충분히 발전한 단계이고 불교사상의 도전에 반격하였다. 송명이학이라는 이러한 시대구분의 명칭은 그 범위가 송宋·원元·명明과 청조 아편전쟁 이전의 시기를 포괄한다. 중국 역사발전이 송왕조에 이르면, 유학사상은 위진 현학과 수당 불학 및 도교의 영향을 거친 후에 그 사상의 내용이 더욱 풍부해지고 심화되었다. 이론적 사유의 특징에서 보면, 일부 사상가들은 고대 유가사상의 '공맹의 도'가 불교·도교사상과 한걸음 더 융합하여 이학理學, 특히 심학心學으로 하여 한층 더 선학禪學의 색채를 띠게 하였는데, 이것은 봉건 지주계급에 더 효과적으로 복무하기 위한 것이다. 봉건사회의 등급제도를 '변하지 않는 법칙'으로 간주하고, 봉건도덕의 기본원칙인 삼강오상三綱五常을 절대화하고 영원화하였다. 이러한 유·불·도를 하나의 용광로에 융합하는 사상적 종합은 송·명이라는 이러한 역사시기의 유학사상적 특징이기 때문에, 어떤 사람은 송명이학을 '신新유가사상'으로 간주하였다. 이 역사시기의 계급관계는 매우 복잡하고 계급모순과 민족모순이 날로 격렬하여 봉건사회의 기본모순이 되었으니, 즉 봉건지주와 농민의 모순도 상당히 격렬하였다. 때문에 봉건 통치자들은 인민에 대한 봉건 통치를 강화하고 인민을 속박하는 4대 밧줄, 즉 정권政權·족권族權·신권神權·부권夫權을 강화하였다. 이 모두는 사회의 의식형태상에 혹은 직접 혹은 간접으로 반영되었다. 이 때문에 엥겔스Engels는 "각 시대마다의 이론사유는 모두 일종의 역사적 산물이니, 다른 시대에는 매우 다른 형식을 갖고 또한 서로 다른 내용을 갖는다"[182]라고 말하였다.

송명시기의 사상 전선은 이학내부에서 연이어 정주程朱 객관유심주의와 육왕陸王 주관유심주의의 양대 유파를 형성하였으니, 즉 '이학'과

---

[182] 엥겔스, 『自然辨證法(Dialektik der Natur)』, 참고.

'심학'의 대립이었다. '이학'의 중심명제는 성즉리性卽理이고, '심학'의 중심명제는 심즉리心卽理이다. 이학은 '리'를 제1성질(최고범주)**183**로 간주하였고, 심학은 '심'을 제1성질로 단언하였다. 이학은 '리'가 객관사물의 근거임을 견지하였고, 심학은 객관사물이 주관적 '심'을 기초로 삼을 것을 강조하였다. 이학은 '리'를 봉건도덕의 준칙으로 삼았고, 심학은 봉건의 도덕준칙이 바로 '인심의 고유한 것'이라고 보았다. 총괄하면, 이학은 선비의 처세에는 먼저 지주계급이 필요로 하는 지식을 구비해야 한다고 생각하였고, 심학은 처세에는 먼저 지주계급의 입장이 있어야 한다고 생각하였다. 실제로 송명시기 이학과 심학의 논쟁은 유학내부의 논쟁으로, 모두 봉건의 예교禮敎를 위해 변호하였다. 명대 사상가인 황종희黃宗羲(1610~1695)는 이학과 심학에 대해 다음과 같이 말하였다.

〈두 선생〉 모두 강상綱常을 세우고 모두 명교名敎를 돕고 모두 공맹孔孟을 종지로 하였으니, 설령 의견이 부합하지 않더라도 "어진 사람은 어질다고 보고 지혜로운 사람은 지혜로운 것으로 보는 것"(『주역』「계사(상)」)에 불과하다. 이른바 배워서 그 본성을 얻는 것에 근접하는 것이니 원래 성인에 위배되지 않는다.**184**

---

183 성질을 두 종류로 구분하는 이론 중의 하나이다. 첫째, 사물에 속해 있지만 인간의 인식능력에 대해 독립적으로 존재하는 성질(제1성질 혹은 근원적 성질)과 둘째, 전적으로 인간의 감각기관의 활동 결과이며 따라서 이를 떠나서는 결코 존재할 수 없는 성질(제2성질)이 그것이다.(『철학대사전』, 한국철학사상연구회편, 1994년 참조: 역자 주)

184 黃宗羲,『宋元學案』卷58,「象山學案」,"(二先生)同植綱常, 同扶名敎, 同宗孔孟, 卽使意見終於不合, 亦不過仁者見仁, 智者見智, 所謂學焉而得其性之所近. 原無有背於聖人."

　송명시기는 유학이 번영한 시기였고, 양송兩宋 때의 문예부흥은 선진시기 제자학諸子學의 각성으로 다른 풍격을 가진 '송학宋學'체계를 형성하였다. 당시에 학파가 즐비하였는데, 많게는 100여 학파에 이르렀다. 유명한 것으로는 주돈이와 소옹의 상수학象數學, 정호와 정이의 낙학洛學, 장재의 관학關學, 주희의 민학閩學이 있었는데, 이것이 바로 전통으로 말하는 염濂·낙洛·관關·민閩의 네 학파이다. 이 외에도 왕안석王安石의 신학新學, 육구연의 상산학파象山學派, 왕수인의 양명학파陽明學派, 강서江逝일대에 활약하던 엽적葉適을 대표로 하는 영가학파永嘉學派, 진량陳亮을 대표로 하는 영강학파永康學派, 여조겸呂祖謙을 대표로 하는 금화학파金華學派, 왕간王艮을 대표로 하는 태주학파泰州學派가 있었고, 또한 하북河北에서 활약하던 안이학파顏李學派가 있었다. 이러한 학파와 명말청초明末淸初 사상가인 황종희·고염무顧炎武·왕부지王夫之·대진戴震 등은 서로 다른 방면에서 고대 유학의 사상과 문화를 풍부하게 발전시켰다. 사유의 특징에서 보면, 이학과 심학은 유학 내부의 논쟁이지만, 이학과 반反이학의 논쟁도 유학 내부의 논쟁으로 보아야 한다. 왕부지의 이학에 대한 비판, 대진의 이학에 대한 비난, 안원顏元과 이공李恭의 반反이학 논쟁은 그 사상적 내용이 모두 고대 유학의 범위를 벗어나지 못하였으니, 그들의 사상과 고대 유가의 '공맹의 도'는 정도는 다르지만 모두 관계가 있다.

　고염무는 '육경의 요지'가 '이 세상의 일'과 서로 결합되어야 한다고 여겼기 때문에 유학의 경세치용經世致用과 경술정리經術政理를 제창하였다. 황종희가 저술한『송원학안宋元學案』·『명유학안明儒學案』의 목적은 유학의 정치사상과 윤리사상을 해명하고 발전시키는데 있었고, 뛰어난 사상가인 왕부지는 고대 유가가 숭배하던 경전인『사서』와『오경』을 깊이 연구하여『상서인의尙書引義』·『주역외전周易外傳』·『독사서대전설讀四書大全說』을 저술하였다. 안원과 이공이 이학의 사상적 실질에 반대한 것도 유가의 정통적 지위를 지키는데 있었다. 안원은 송유들이 "한漢·진晉의 불가와 도가를 집대성하였다고 하면 옳으나 요·순·주·공의 정통학파라고 하면 옳지 않다"185라고 지적하고, "정주의 도가 그치지 않으면 주공·공자의 도가 드러나지 않는다"186라고 보았다. 그들의 유가와의 관계는 더 이상 자세히 언급하지 않겠다.

대진은 송명이학에 반대하던 투사라고 말할 수 있지만, 그가 반대한 것은 정주와 육왕이지 결코 '공맹의 도'에 반대한 것이 아니다. 그 논쟁의 초점은 정주라는 사상적 권위를 가리켰고, 그가 수호한 것은 봉건사회의 공맹이라는 한층 더 큰 권위였다. 일생동안 노력하여『맹자자의소증孟子字義疏證』을 지었는데, 이 책은 "사람의 마음을 바르게 하는 요체"187라고 말할 수 있다. 대진은 '리로써 사람을 죽이는' 이학을 비난하였다.

지금 사람들은 옳고 그름을 논하지 않고 자기의 생각을 다하는 것을 리理라고 잘못 이름하여 백성에게 화를 입히기 때문에『소증疏證』을 짓지 않을 수 없었다.188

결국, 이학과 반反이학의 논쟁은 실질적으로 봉건 유학의 정통을 수호하고 '공맹의 도'의 본래모습을 회복하기 위한 것일 뿐이었다.

중국 역사상에서 송명이학은 유학발전의 절정기였으나, 유학은 청淸 중·후기에 이르면서 쇠퇴하고 중국 봉건사회의 몰락과 함께 점차

---

185 『習齋記余』卷3,「上太層陸桴亭先生書」, "是集漢晋釋道之大成則可, 謂是堯舜周孔之正派則不可."참조.
186 위의 책, "程朱之道不息, 周孔之道不著."
187 『孟子字義疏證』「與段若膺(玉裁)書」, "正人心之要."
188 위의 책, "今人無論正邪, 盡以意見誤名之曰理, 而禍斯民, 故疏證不得不作."

그 전통사상의 지위를 상실하였다. 청 중기 이후 금문과 고문경학의 논쟁은 유학에 숨이 아직 붙어있다는 것을 분명히 보여주었다. 5·4 운동(1919) 후에는 유학의 이러한 최후 한 가닥 생명에 새로운 전기轉機가 생겼다. 어떤 사람들은 5·4 운동 후에 장병린章炳麟과 채원배蔡元培의 '국수파國粹派', 양수명梁漱溟의 '신공학新孔學', 풍우란馮友蘭의 '신이학新理學', 하린賀麟의 '신심학新心學'이 근대의 '신유가'라고 생각하였다. 실제로 이것은 중국 유학이 새로운 역사조건 하에서 발전한 것이다.

장병린章炳麟(1869~1936)은 유학을 국수國粹로 간주하고 중화민족의 위망危亡을 만회하는데 "경전을 송독하는 것을 버리면 말미암을 곳이 없다"189라고 여기고, 혁명당의 사람은 '국수'를 제창해야 하였기 때문에 「경전을 읽으면 이롭고 폐단이 없다(論讀經有利而無弊, 1935)」는 글을 지어 전통의 유학을 수호하였다. 그는 심지어 공자로 자처하면서 "상천이 국수를 부여하였다"190라고 공언하였다.

세상에 공자가 없었다면, 헌장憲章은 전해지지 않았을 것이고, 학술은 부진하였을 것이며, 나라는 오랑캐의 수중에 떨어져서 회복되지 못하였을 것이고, 백성은 비천卑賤한데 빠져서 헤어나지 못하였을 것이다.191

이에 공자를 "나라와 백성을 구제한 대성인"192이라고 선포하였다.

채원배蔡元培(1868~1940)는 손중산孫中山(1866~1925)의 삼민주의三民主義가 바로 유가사상의 발전이라고 생각하였다. 양수명梁漱溟(1893~1988)은 프

---

189 章炳麟, 「論讀經有利而無弊」(董國炎, 『章太炎學術年譜』에 들어있다), "舍讀經而末由."
190 章炳麟, 「癸卯口中漫笔」, (湯志鈞編, 『章太炎年譜長谱』上册, 中華書局, 1979年版에 실려 있다.), "上天以國粹付余."
191 章炳麟, 「駁建立孔敎議」(『太炎文錄初編』卷2, 上海人民出版社, 1985), "世無孔子, 憲章不傳, 學術不振, 則國淪戎狄而不復, 民陷卑賤而不升."
192 위의 책, "救國救民, ……大聖人."

랑스 베르그송Bergson(1859~1941)의 생명철학과 유가사상을 융합하여 우주를 '생명生命'과 '의욕意欲'으로 귀결시켰는데, 이것은 주체의식을 강화한 주관유심주의이다. 풍우란馮友蘭(1895~1990)선생이 정주이학을 존숭한 것은 또한 플라톤철학과 정주이학을 융합시켰는데, 이것은 플라톤사상과 정주이학의 결합이고 객체에 구속된 일종의 객관유심주의이다. 하린賀麟(1902~1992)선생은 육왕심학을 숭상하여 그것을 헤겔의 '변증'법과 결합시켜 주체와 객체가 서로 통일하는 주관유심주의가 되었다.

역사는 발전하고 있고 중국유학도 발전하고 있다. 유학은 부단히 새로운 사상을 흡수하고 응집하고 누적되고 풍부해지고 변천하여 새로운 것을 창조한다. 전통 중국문화는 한번 이루어져 변하지 않는 것이 아니라 일종의 역사의 동태動態이다. 5·4 운동 후에 출현한 '신유가'사상은 그 사상체계에서 말하면 자본계급의 사상범주에 속하지만, 그것은 비교적 자각적으로 인식문제를 사유와 존재의 관계 위에 집중시켜 고대 유가의 원시성과 소박성을 극복하였다. 역사상 유학사상이 군주와 군권을 존중하였고 서양 자본계급이 비교적 인민과 민권을 중시하였다면, '신유가'의 이론은 민생과 인권에 대한 관심을 나타냈고 또한 유학으로 하여금 더 많은 사변성과 이론적 색채를 띠게 하였다. 5·4 운동 이후의 유학은 중국 봉건사회 지주계급의 이론사상과 현대 서양 자본계급 철학사상의 융합으로, 중국 근대사의 일종의 사조思潮이다.

위에서 논술한 것을 종합하면, 유학은 결코 유가와 같지 않다. 유학은 유가사상을 포함할 수 있지만, 유가학설은 유학을 개괄할 수 없다. 중국 전통문화의 주류는 유학이지 유가가 아니다. 유가는 다만 전통문화의 한 방면일 뿐이니, 전통문화는 유가 하나만이 아니다. 한초漢初의 『신어新語』 작가인 육가陸賈(BC 240~BC 170)의 말이 참으로 훌륭하다.

책은 반드시 중니의 문하에서 나와야 할 필요가 없고, 약은 반드시 편작扁
鵲193의 처방에서 나와야 할 필요가 없다.194

이것은 중국 전통문화가 유가 하나만이 아니라는 말이다.

문화는 일종의 사회의식형태로써, 그것은 인류사회역사발전의 과정
속에서 창조해낸 물질재산과 정신재산의 총화總和이다. 문화도 일종의
사회현상이니, 이것은 일정한 역사조건 아래 물질적 자료 생산방식의
기초 위에서 발생하고 발전해 나온 것이다. 문화사상의 발전은 역사의
단계성을 가지니, 일정한 역사단계의 문화는 일정한 역사시기의 산물
이다. 개인이든 사회든 모두 역사와 단절되거나 역사에서 벗어날 수
없는데, 그렇지 않으면 현실은 기초와 근거를 상실할 것이다. 사람들
은 역사가 물려준 유산을 거절할 수 없으니, 우리는 현실을 직시해야
하고 또한 역사를 직시해야 한다. 역사의 문화유산은 일정 역사단계가
사람들의 계급투쟁이나 생산투쟁과 관련된 경험의 총괄이다. 그것은
과학·문학·예술·철학·교육 등 각 방면으로 나누어져 나타났다. 경
제의 발전과 민족의 발생에 따라, 문화도 민족의 특징과 지역성을 갖
는다. 중국 전통문화 중에 유가는 선진先秦이라는 특정 역사시기의 산
물이지만, 넓은 의미의 유학에서 말하면 그것은 실제로 중국 역사발전
과정 속에서 창조되어 나온 모든 정신재산을 개괄하였다. 이 때문에
역사상 사람들은 유학을 중국 봉건문화의 총칭으로 간주하는데 익숙
하였고, 시인과 문인 및 문학예술과 자연과학에 종사하는 사람을 '유
학의 선비'라고 불렀다. 중국 역사상의 경학에는 문자의 훈고고증을

---

193 편작(扁鵲, BC 407~BC 310): 춘추시대의 명의(名醫)로, 성은 진(秦)이고 이름은 월
인(越人)이다. 발해(勃海) 군정(郡鄭: 지금의 河北省 任丘) 사람으로, 의학에 정통하여
임상에 뛰어났으며, 특히 맥진(脈診)에 정통하여 이 방면의 시조로 추앙받는다.
(역자 주)

194 陸賈,『新語』「術事」, "書不必起於仲尼之門, 藥不必出於扁鵲之方."

중시하는 한학漢學이 있었고 의리해석을 중시하는 송학宋學도 있었지만, 한학과 송학까지도 모두 유학 속에 포함시킬 수 있다. 때문에 우리가 유학을 중국 전통문화를 대표하는 것으로 간주하는 것도 무방하다. 세계적 범위에서 말하면, 동양문화는 중국문화를 대표로 하고, 중국문화는 실제로 유학을 대표로 한다는 일종의 관습이 있다.

아마도 어떤 사람은 유학이 모든 중국문화를 구성하지 않고 중국의 전통문화를 대표할 수도 없다고 말하기도 하였다. 상황이 혹시 이와 같더라도 우리는 관습의 견해를 인정해야 한다. 비록 관습의 견해가 과학적이지 않고 엄밀하지 못하더라도, 그것은 결국 사람들에게 받아들여질 수 있기 때문이다. 순자는 일찍이 다음과 같이 말하였다.

> 명칭에는 본래 합당한 뜻이 없고 약속으로 이름을 붙인 것이니, 약속으로 정하여 습속이 되면 '합당한 것'이라고 하고, 약속한 것과 다르면 '합당하지 않는 것'이라고 한다. 명칭에는 본래 실상이 없고 약속하여 이름을 붙인 것이니, 약속으로 정하여 습속이 되면 '실제의 명칭'이라고 말한다. 명칭에는 본래 좋은 것이 있으니, 간단하여 알기 쉽고 어긋나지 않으면 '좋은 명칭'이라 한다.[195]

유학을 중국 봉건사회 전통문화의 다른 명칭으로 간주하는 것에 대해, 우리가 어찌 오랜 세월에 걸쳐 사회적으로 약속되어 인정하지 않을 수 있겠는가?

사람들로 하여금 깊이 생각하게 하는 문제는, 유학이 어떻게 오래도록 쇠퇴하지 않을 수 있었고, 역사의 발전에 따라 다른 역사단계에서는 다른 형식을 취하였으며, 그 때문에 다른 내용을 얻을 수 있었는가?

---

195 『荀子』「正名」, "名無固宜, 約之以命, 約定俗成謂之宜, 異于約則謂之不宜名無固實, 約之以命實, 約定俗成, 謂之實名. 名有固善, 徑易而不拂, 謂之善名."

라는 것이다. 이것은 유가사상의 특징에서 원인을 찾아야 할 것이다.
유가학설은 크게 두 방면으로 나눌 수 있다. 하나는, 개인의 도덕수양
과 도덕규범에 관한 것이고 다른 하나는, 백성을 교화하고 나라를 다
스리는 정치준칙에 관한 것이다. 전자는 개인의 수신修身·제가齊家에
유리하여 어리석음을 경계하는 작용을 하였고, 후자는 통치자들의 다
스림에 유리하여 봉건 통치계급의 치국·평천하를 도울 수 있었다. 이
때문에 유가사상은 일반의 사람과 통치자에게 받아들여질 수 있었고,
그런 까닭에 역사의 발전에 따라 발전하고 오래도록 쇠퇴하지 않을 수
있었던 것이다.

　유가사상에는 매우 높은 융통성과 적응성이 있었다. 공자는 확실히
맹자가 말한 것처럼 "성인으로서 시중時中인 분이다."196 그 이론적 사
상과 주장은 다른 역사시기의 사회수요에 근거하여 부단히 풍부하게
발전할 수 있었다. 이것은 바로 역대 통치자들이 유가의 "음양에 순응
하여 교화를 밝힌다"는 사상적 내용을 이용하고 개조하였으며, 한층
더 자기들의 통치를 위해 복무시키는데 편리하였기 때문이다. 봉건사
회에서 유가사상은 개인수양에 관한 도덕규범이든 국가를 다스리는데
관한 정치준칙이든 모두 절실히 행할 만한 것이었고 행하면 효과가 있
는 것이었다. 유가의 입언과 종지는 제자백가의 학설보다 더 완전하였
다. 도가는 무위無爲하여 "오직 청허淸虛에만 맡겼으며", 음양가는 "작은
술법에 빠져서 인사人事를 저버리고 귀신에게 맡겼으며", 법가는 냉혹
하게 "오로지 형법에만 맡겼으며", 명가는 "참으로 갈고리를 가르고 쇠
그릇을 쪼개어 어지러웠으며(궤변을 이른다)", 묵가는 "겸애兼愛의 뜻을
확대하여 친소親疏를 구별할 줄을 몰랐으며", 종횡가는 "거짓으로 속이
는 것을 숭상하여 그 신의를 저버렸으며", 잡가는 "멋대로 사모하여 마

---
196 『孟子』「萬章(下)」, "聖之時者也."

음을 붙일 곳이 없어졌으며(도의 근본에서 멀리 벗어났으며)", 농가는 "임금과 신하를 함께 경작하게 하여 상하의 질서를 무너뜨렸으며", 소설가는 "꼴 베고 나무하는 어리석은 자의 의론에 불과하였다."197 제가들의 설은 혹은 편파적이고 혹은 논지를 세웠으나 타당성이 부족하였으니, 모두 유가가 주장한 것처럼 온당하지 못하여 효과적으로 통치자를 위해 일할 수 없었다. 유가사상은 유학의 중요한 내용으로, 유학이 유가의 완전한 이론사상과 정치학설을 가지고 있었기 때문에 그것이 충분히 존재하고 발전하여 오래도록 쇠퇴하지 않을 수 있었다.

---

197 인용문은 출처를 분명히 밝히지 않았지만 모두 『漢書』 「藝文志」에 보인다. "獨任淸虛,……泥於小數, 舍人事而任鬼神,……冷酷而專任刑法,……苟鉤鈲鋠析亂,……推兼愛之意, 而不知別親疎,……上詐諼而棄其信,……漫羨而無所歸心,……欲使君臣並耕, 誖上下之序,……芻堯狂夫之議."

제2부

유교종교문제 토론

우리는 종교인가

2

유학: 종교와 비종교의 논쟁[1]

- 학술사적 검토

묘윤전苗潤田[2] · 진연陳燕[3]

유학과 유가는 종교인가? 중국 역사상에는 대다수의 사람들이 신앙하는 전 국민성의 종교(유교)가 존재하였는가? 이것은 이미 유학연구와 종교연구에서 주목할 만한 학술문제가 되었다. 이 문제에서 연구자들은 대체로 두 가지 완전히 상반되는 견해가 있었다. 하나는, 유가에는 종교의식·종교의례·종교조직의 사회적 실체가 있었고, 이것이 중국 역사상에 존재하는 전 국민이 신앙하는 '대종정교大宗正敎'·'국교國敎'라고 보는 관점이다. 현재의 정황에서 보면, 이것을 지지하는 논자들은 대부분 종교학 연구자들로 '유학종교론파'라고 부를 수 있으니, 그들의 의견은 중시되어야 한다. 또 다른 하나는, 유학은 결코 종교가 아

---

1 원래『중국철학사(中國哲學史)』, 1999년, 제1기에 실렸던 글이다.

2 묘윤전(苗潤田, 1956~): 중국 산동(山東)대학 철학과 교수. 대표 저서로는『解構와 傳承』·『중국유학사(明淸卷)』·『稷下學史』·『유학과 실학』등이 있다.

3 진연(陳燕, 1953~): 중국 천진(天津)사범대학 문학교수. 대표 저서로는『漢字學槪說』등이 있다.

니고 일종의 수기치인修己治人과 내성외왕內聖外王을 종지로 하는 학설로, 중국 역사상에는 서양처럼 일찍이 '국교'의 지위를 차지한 종교가 없었다고 보는 관점이다. 이러한 관점을 지지한 학자들 중에도 종교학에 상당히 조예가 있는 연구자들이 적지 않아서 '유학비종교론파'라고 부를 수 있으니, 그들의 의견도 충분히 주목해야 한다. 이 외에도, 유학이 어느 정도 종교성을 가지고 있지만, 종교가 아니고 종교와 본질적으로 구별된다고 보는 관점이 있다. 또한 유학이 엄격한 의미의 종교는 아니지만, 종교성의 교화기능을 가지고 있기 때문에 일종의 준準종교라고 부를 수 있다고 보는 관점이 있다. 이러한 두 견해는 앞의 두 관점 사이에 끼인 것으로 '유학종교론' 혹은 '유학비종교론' 속에 나누어 귀속시킬 수 있다.

총체적으로 보면, 유학이 종교인지 아닌지를 연구하고 탐구하는 것은 단순히 하나의 사실을 인정하는 문제가 아니고, 중요한 것은 유학과 그것의 중국사상문화사에서의 지위와 작용에 대해 합리적 가치판단을 내리고, 그것(유학)의 현대적 의미와 미래의 방향에 대해 과학적 평가를 할 수 있는지에 있다. 게다가, 이 연구는 사람들의 유학과 종교에 대한 인식을 심화시키는데 도움을 줄 수 있다. 이를 감안하여, 본문에서는 학술사적 관점에서 유학이 종교인지 아닌지의 논쟁을 검토하고, 이 문제의 해결에 도움을 주고자 한다.

1. 유학종교론의 원류-강유위康有爲

유학이 종교인지 여부에 관한 문제는 원래 최근에 비로소 있게 된 화제가 아니다. 일찍이 19세기 말과 20세기 초에 중국학술사상계에서는 이 문제에 대해 치열한 논쟁을 전개하였고, 그 후에도 수시로 논쟁이 있었지만 문제는 줄곧 만족스러운 해결을 얻지 못하였다.

현존하는 문헌자료에서 보면, 유학종교론의 관점을 가장 일찍이 제기한 것은 강유위康有爲(1858~1927)이다. 1886년에, 강유위는 세상의 종교가 많아 "그 수를 모두 헤아릴 수 없지만"[4] 진정한 종교는 두 가지를 벗어나지 않으니, 즉 공교孔敎와 불교라고 지적하였다.

> 국가를 세우고 백성을 다스리는 데에 모두 군신君臣·부자父子·부부夫婦·형제兄弟의 윤리가 있고, 사士·농農·공工·상商의 직업이 있으며, 귀鬼·신神·무巫·축祝의 풍속이 있고, 시詩·서書·예禮·악樂의 가르침이 있으며, 야채·과일·생선·고기와 같은 음식이 있는 것은 모두 공씨孔氏(공자)의 가르침이다.……무릇 지구 안의 국가들은 이것을 벗어날 수 없다. 고기를 금하여 먹지 않고, 결혼을 금하여 장가들지 않으며, 아침저녁으로 교조敎祖에 엎드려 절하며, 백성들의 사·농·공·상 네 업종을 끊고, 시·서·예·악 네 가지 학문을 거부하며, 귀신의 다스림을 없애고, 인정人情에서 벗어난 것은 모두 불씨佛氏(불교)의 가르침이다. 예수·마호메트와 일체의 잡교雜敎는 모두 여기에서 나온 것이다.[5]

4 『康有爲全集』第1集,「康子內外篇(1886)」, "不可悉數."

5 위의 책, "其立國家, 治人民, 皆有君臣父子夫婦兄弟之倫, 士農工商之業, 鬼神巫祝之俗, 詩書禮樂之敎, 蔬果魚肉之食, 皆孔氏之敎也.……凡地球內之國, 靡能外之. 其戒肉不食, 戒妻不娶, 朝夕膜拜其敎祖, 絶四民之業, 拒四術之學, 去鬼神之治, 出乎人情者, 皆佛氏之敎也. 耶蘇馬哈蔴一切雜敎皆從此出也."

다시 말하면, 공교는 입세入世의 가르침이고, 불교와 기타 일체의 잡
교는 모두 출세出世적이라는 것이다. 때문에 그는 또 말하기를, "공교
는 인정을 따르고 천리의 자연한 것이니 양교陽敎가 되고, 불교는 인정
을 거스르며 윤리를 저버리고 욕망을 끊으니 음교陰敎가 된다"[6]라고 하
였다. '출세'의 음교이든 '입세'의 양교이든 모두 종교이니, 본질적으로
일치하는 것이다. 이로부터 공자학을 종교의 범주로 끌어들여 초보적
으로 유학을 종교로 간주하는 범汎종교관을 나타내었다.

유학종교설을 한층 더 완전하게 하기 위해, 강유위는 1898년에 『공
자개제고孔子改制考』[7]라는 책에서 유교의 발생과 발전, 유교가 중국사
상문화사에서의 지위와 작용 등의 문제를 금문경학今文經學의 방법으로
보다 상세히 고증하여 논술하였다.

유교는 공자가 창시한 것이다.[8](제7편)

공자가 유교를 창시하여 제도를 바꾸었다.[9](제9편)

육경六經은 모두 공자가 개조하여 지은 것이다.[10](제10편)

노나라 사람들은 모두 유교를 따랐다.[11](제19편)

유교가 천하에 널리 퍼졌지만, 전국戰國·진한秦漢 연간에 특히 우세하였

---

6 위의 책, "孔敎是順人之情, 天理之自然者也, 是爲陽敎. 佛敎則逆人之情, 去倫絶欲, 是
爲陰敎."
7 중국 청말(淸末)의 학자 강유위(康有爲)의 저서. 총 21편으로 1898년(光緖 24)에 간행
되었다. 강유위는 공자를 6경(六經)의 산술자(刪述者)라고 한 전통적인 경서관(經書
觀)을 부정하고, 6경은 모두 공자가 만든 작품이며, 공자는 그 시대를 개혁하기 위해
서 자기의 정치이상(理想)에 의거하되 어디까지나 고인(古人)의 말을 빌려서 6경을
만들었으며, 그리고 그 가르침을 널리 보급시켰다고 주장하였다.(역자 주)
8 『康有爲全集』第3集, 「孔子改制考」, "儒敎爲孔子所創."(제7편)
9 위의 책, "孔子創儒敎改制."(제9편)
10 위의 책, "六經皆孔子改制所作."(제10편)
11 위의 책, "魯國全從儒敎."(제19편)

다.12(제20편)

무제武帝 후에 유교가 통일되었다.13(제21편)

강유위는 위의 관점을 제기하고, "기술할 뿐이고 창작하지 않았다(述而不作)"는 공자를 "옛 것에 근거하여 개조한" 소왕素王으로 형상화하였으며, 유학의 창시자인 공자를 "만세의 교주"로 받들었으며, 유학을 '유교'로 개조하고 유학의 발전사를 유럽 기독교의 발전과 유사한 유교사儒敎史로 묘사하였다. 따라서 유학이 종교이고 공자가 유교의 교주임을 설명하였을 뿐만 아니라, 또한 유교가 중국 역사상에 존재하던 전 국민이 신앙하던 '정종대교正宗大敎'라고 설명하였다. 이어서 그는 「공자를 존숭하여 국교로 삼고 교육부(문교부)에 교회를 세워 공자의 연대를 기록하고 음사를 폐지할 것을 청한다請尊孔聖爲國敎立敎部敎會以孔子紀年而廢淫祀折(1898)」, 「공교회서孔敎會序(1912)」, 「공교를 국교로 삼아 하늘과 짝을 이루게 할 것을 건의한다以孔敎爲國敎配天議(1913)」14 등의 글을 저술하여, 유교가 종교이고 국교임을 거듭 밝혔으며, 또한 중국 근대사에 상당한 영향을 미친 유학 종교화와 국교화 운동을 불러일으켰다.

강유위는 유교도 다른 종교와 마찬가지로, 자신들의 교주敎主 · 교의敎義 · 교의敎儀 · 종교신앙과 많은 신도들이 있다고 생각하였다. 공자는 유교의 창시자이며, "문명 세상의 교주이고 체제를 바꾼 교주이며"15 '신'이지 "학문과 품행이 높은 성인을 말하는 것이 아니다."16 공자를 교육가 · 정치가 · 도덕가로 간주하고, 공자를 "소크라테스Socrates(469~399) 철

---

12 위의 책, "儒敎遍傳天下戰國秦漢間尤勝."(제20편)

13 위의 책, "武帝後儒敎一統."(제21편)

14 이 논문들은 모두 湯志鈞편, 『康有爲政論集』(中華書局, 1981)에 실려 있다.(역자 주)

15 「請尊孔聖爲國敎立敎部敎會以孔子紀年而廢淫祀折」『康有爲政論集』, "文明世之敎主, 改制之敎主."

16 위의 책, "非謂學行高深之聖者."

학자와 동일시하는"17 관점은 완전히 잘못된 것이다. 강유위는 한대 동중서와 위서緯書18에서 공자를 신격화하는 수법을 답습하여 공자를 "하늘이 내려보낸 신"으로 묘사하고, 공자가 "창제(蒼帝 혹은 靑帝: 太皥)의 정기를 받아 새로운 왕이 되는 명을 받았다"19라고 하였다.

> 하늘이 이미 대지人地에 살아가는 사람들의 많은 어려움을 불쌍히 여기자, 흑제黑帝(顓頊)가 정기精氣를 내려 백성들의 우환을 구제하였으니, 신명神明이 되었고, 성왕聖王이 되었고, 만백성의 스승이 되었고, 만백성의 보호자가 되었고, 대지의 교주가 되었다.20

공자가 창립한 유교도 일반적 학설이 아니라 신도神道의 의미를 가지고 있다.

> 공자의 도는 신명神明에 근본하고, 천지天地와 짝을 이루며, 만물을 길러주고, 만세토록 윤택하게 하며, 근본의 원리(本數)에 밝고, 말단의 법제(末度)와 연관되어 있어, 작든 크든 정미하든 거칠든 천지사방으로 통하여 〈공자의 도가〉 있지 않음이 없다.21

---

17 「孔敎會序(1912)」『康有爲政論集』, "與夫索格拉底僅明哲學者等量齊觀."

18 위서(緯書)는 경서(經書)에 의탁하여 미래의 일을 설명한 책. 역위(易緯)・서위(書緯)・시위(詩緯)・예위(禮緯)・악위(樂緯)・춘추위(春秋緯)・효경위(孝經緯)의 칠위(七緯)가 있다.(역자 주)

19 「中庸注(1901)」『孟子微禮運注中庸注』, "爲蒼帝之精, 作新王受命."

20 『康有爲全集』第3集, 「孔子改制考」序, "天旣哀大地生人之多艱, 黑帝乃降精而救民患, 爲神明, 爲聖王, 爲萬民作師, 爲萬民作保, 爲大地敎主."

21 위의 책, "其道本神明, 配天地, 育萬物, 澤萬世, 明本數, 係末度, 大小精粗, 六通四闢, 無乎不在."

강유위는 또한 유교에 교주敎主가 있을 뿐만 아니라 교의義敎가 있다고 지적하였다. 유교의 교의는 '육경'에 실려 있는데, 이것은 공자가 지은 것(作)이지 공자가 기술한(述) 것이 아니다.

인정人情은 모두 옛 것에 후하고 지금의 것에 박하며, 유학자들의 설도 오래되어 믿기 어렵기 때문에 반드시 옛 사람에 의지하여 근거를 삼은 연후에 그것을 의심할 수 없게 해야 들어가기가 쉽다.22

공자는 또한 법제法制를 제정하였으니, 삼년상三年喪·친영親迎·정전井田·학교學校·선거選擧 등과 같은 것이다. "중국의 의리와 제도는 모두 공자에서 세워진 것이다."23 이 때문에 "공자는 제도를 바꾼 주인으로 이른바 소왕素王이다."24 공자가 창시한 유교에는 교의敎義가 있고 법제法制가 있을 뿐만 아니라, 또한 승려가 입은 가사袈裟와 같은 '유복儒服'이 있다. "한 무제 후에 유교가 이미 국교로 통일되었고, 현량한 선비들은 품이 넓은 옷과 폭이 넓은 띠를 하여 유복儒服으로 장복章服25을 삼았다."26 때문에 후세에 "공교에서 유儒의 의관을 입고, 유서儒書를 읽는 자를 '유'라고 하였다."27

유교는 신도가 많고 역사가 유구한 종교이다. 강유위는 다음과 같이

---

22 위의 책, "人情皆厚古而薄今, 儒者之說, 又遷遠而難于信, 故必借古人以爲据, 然後使其無疑而易于入."

23 위의 책, "中國義理制度, 皆立於孔子."

24 위의 책, "孔子爲改制之主, 所謂素王也."

25 장복(章服)은 딴 옷과 구별하기 쉽게 하기 위하여 기호나 무늬를 놓은 옷이다. 황제 이하 왕이나 문무백관이 착용한 제복으로, 계급에 따라 곤복(袞服)에 장식한 문양과 빛깔이 달랐다.(역자 주)

26 『康有爲全集』第3集,「孔子改制考」, "漢武之後, 儒旣一統爲國敎, 賢良文學, 褒衣薄帶, 以儒服爲章服矣."

27 위의 책, "凡從孔子敎, 衣儒衣冠, 讀儒書者, 便謂之儒."

말하였다.

> 공자가 제도를 고쳐 教(공교)를 창시하였고, 제자들이 그 도를 천하에 널리 전하였으니, 경상卿相이 되어 법을 세우기도 하였고 사대부와 교제하고 가르쳐서 풍속을 바꾸기도 하였다.28

전국戰國시기에 공자 제자들은 그 '教(공교)'을 천하에 널리 실행하였으며, 진나라 때에 이르러서는 "유儒의 의관을 입고 '교'을 전하는 자가 천하에 가득 찼는데, 천하 사람들을 가르치고 지도하려고 떠돌아다녔다. 작위와 봉록에 개의치 않았고, 군주를 가리지 않았으며, 오직 '그 교를 행하는' 것에만 종사하였다.……비록 분서갱유焚書坑儒를 겪었어도 후회하지 않았다."29 한 무제의 '백가를 축출하고 유술만을 존숭하는데' 이르러서는, 널리 학교가 세워지고 선거選擧가 성행하였고, 제왕이 모두 유술을 받아들이고 전함으로써 유교는 중국의 국교가 되었다. 유교는 "'천지의 조화를 제한하되 지나치지 않고, 만물을 곡진히 이루되 빠뜨리지 않으니'30 사람마다 모두 공교 속에 있었고"31 각 개인이 모두 유교의 신도였기 때문에 "조직을 세울 필요가 없었다."32 강유위는 또한 다음과 같이 말하였다.

---

28 「中庸注」『孟子微禮運注中庸注』, "孔子卽改制創敎, 弟子傳道遍天下, 或爲卿相而立法, 或爲友敎士大夫而變俗."
29 위의 책, "服儒衣冠傳敎者, 充塞天下, 彌滿天下, 得游行敎導於天下. 不知爵祿, 不擇人主, 惟以行敎爲事.……雖經焚坑不悔."
30 『周易』「繫辭(上)」, "範圍天地之化而不過, 曲成萬物而不遺."의 내용이다.(역자 주)
31 「孔敎會序」『康有爲政論集』, "範圍不過, 曲成不遺, 人人皆在孔敎中."
32 위의 책, "故不須立會也."

공교가 옛날에는 범위가 넓고 커서 억지로 사람들을 믿고 따르게 하지 않
았다.……사람들이 모두 공교였지만 공교를 믿고 공교를 받드는 사람이
없었다.33
옛날에는 우리나라 사람들이 모두 공교 속에 있었으니, 마치 물고기가 강
호江湖를 잊어버리고 사람이 도술道術을 잊어버리는 것과 같았으니, 공교를
말하지 않아도 그 '교'가 자연이 있었다.34

총괄하면, 유교를 신봉하는 것이 국민들의 일종의 비이성적이고 비
자각적인 선택이 되어 "사람들이 모두 공교 속에 있었으니", 공교는 중
국 역사상 전 국민이 신앙하는 종교였다.
유교의 종교성을 한걸음 더 나아가 설명하기 위해, 강유위는 또한
지구상에 종교가 많지만 사람과 신 관계의 문제로 귀결하면 두 가지를
벗어나지 않으니, 하나는 신을 말하는 신도교神道教이고, 다른 하나는
사람을 중시하는 인도교人道教라고 지적하였다.

사람이 세상에 태어나면 종교가 없을 수 없다. 종교에는 두 가지가 있으
니, 인도교人道教가 있고 신도교神道教가 있다. 그러나 '신도'이든 '인도'이든
그것이 종교가 되는 것은 동일하다.35

본질적으로 일치한다는 말이다. 다른 점으로는, "예수교·불교·회
교에서는 모두 신을 말하지만, 공교만이 인도교人道教라는 것이다."36

---

33 「孔敎會序」『康有爲政論集』, "孔敎昔者以範圍寬大, 不强人爲儀式之信從,……人人雖
皆孔敎, 而反無信敎奉敎之人."
34 위의 책, "昔者吾國人人皆在孔敎之中, 魚相忘于江湖, 人相忘于道術, 則勿言孔敎而敎
自在也."
35 「陝西孔敎會講演(1923)」『康有爲政論集』, "人之生世, 不能無敎, 敎有二. 有人道敎, 有
神道敎.……無論神道人道, 其爲敎則一也."

신도교는 "모두 인사人事와 관계가 없으니, 이른바 신교神敎이고 인도人道가 아니다."[37] 그러나 공자의 도는 "도가 사람에게서 멀리 떨어져 있지 않고, 때와 함께 변통하여 인도人道를 벗어날 수 없기 때문에 인도교가 될 수 있으며"[38] 대중의 수요에 더 부합한다. 이 때문에 인도교인 공교는 다른 종교보다 우수하고 더 넓은 세계적 의미와 사회적 가치를 갖는다.

이상의 인식에 기초하여, 강유위는 유교를 강력히 제창하였다. 그는 서양 근·현대 학설로 유학을 개조하여 유교 교의敎義로 간주하였을 뿐만 아니라, 또한 유교를 위해 교회조직·종교의식·선교사와 정교분리政敎分離의 입교立敎원칙을 확립하였다. 강유위는 청조淸朝에 상소를 올려 정권의 힘을 빌어서 중국에서 정교분립政敎分立을 실행할 것을 희망하였을 뿐만 아니라, 또한 몸소 공교회의 종교조직에 의지하여 공교를 전 세계로 널리 보급시켜 나가려고 노력하였다.

2. 유학비종교론의 원류-양계초梁啓超

재미있는 것은 강유위가 유학종교론을 고취하고 공교를 국교로 정할 것을 제창할 때에, 그의 제자 양계초梁啓超(1873~1929)는 반대 논조論調를 세우고, 가장 먼저 이론적으로 반박하였다.

양계초는 원래 강유위의 마음에 들었던 문하생이고 "보교당保敎黨의 용맹한 장수"[39]였다.

---

36 위의 책, "耶佛回諸敎皆言神, 惟孔子之敎爲人道敎."
37 위의 책, "皆無與人事, 所謂神敎非人道也."
38 위의 책, "道不遠人, 與時變通, 爲人道所不能外, 故能成其敎也."
39 「梁啓超與康有爲的分歧」『淸代學術槪論』, 中華書局, 1954年, "保敎黨之驍將."

그러나 그는 30세 이후부터는 결코 위경僞經(新學僞經考)40을 말하지 않았
고, 더 이상 개제改制(孔子改制考)를 말하지 않았다. 그의 스승인 강유위는
공교회孔敎會를 세워 국교로 정하고 하늘과 공자에 제사지내는 여러 의견
을 제창하여 나라 안에 동의하는 자가 적지 않았다. 양계초는 그렇다고
말하지 않고 자주 일어나 반박하였다.41

이에 "보교당의 큰 적이 되었다."42 1902년 초에, 양계초는 『신민총보
新民叢報』43에서 「보교는 공자를 존숭하는 것이 아니다(保敎非所以尊孔論)」
라는 글을 발표하여 그의 유학이 종교인지 아닌지 문제상의 사상적 관점
을 비교적 전면적이고 분명하게 논술하였다. 그 후에, 그는 「종교가와
철학가의 장단과 득실(論宗敎家與哲學家之長短得失)」44, 「불교와 군치45의
관계(論佛敎與群治之關係, 1902)」, 「공자의 교의가 실제로 오늘날 국민에게
도움이 되는 것은 어디에 있고, 그 도를 발전시키려는 것은 무엇 때문인
가(孔子敎義實際裨益於今日國民者何在欲昌明之其道何由, 1915)」, 「유가철학은 무
엇인가?(儒家哲學是什么)」와 『청대학술개론(淸代學術槪論, 1920)』 등의 논저에
서도 한층 더 상세히 논술하였다. 양계초가 보기에, 공자는 존숭되어야
하고, 공교는 한층 더 성대해져야 하며, 유학은 널리 선양되어야 하였다.

---

40 그의 대표적 저서인 『신학위경고(新學僞經考)』를 이른다. 서한(西漢) 말에 발견된
  고문 경서를 '공자의 경전이 아니라 유흠(劉歆)이 위조한 것'이라는 주장이다.(역
  자 주)

41 「梁啓超與康有爲的分歧」『淸代學術槪論』, "自三十以後, 已絕不談僞經, 不甚談改制. 而其
  師康有爲大倡設孔敎會, 定國敎祀天配孔諸義, 國中附合不乏. 啓超不謂然, 屢起而駁之."

42 위의 책, "保敎黨之大敵."

43 양계초가 1902년 2월에 일본 요코하마(橫濱)에서 간행한 반월간지(半月刊志)이다.
  (역자 주)

44 「論宗敎家與哲學家之長短得失」은 『梁啓超哲學思想論文選』(北京大學出版社, 1984)
  에 실려 있다.(역자 주)

45 군치(群治)는 '사회의 다스림', 즉 각종 사회문제를 다스리는 이치나 방법 등을 말
  한다.(역자 주)

364 유교는 종교인가 ②: 유교비종교론 및 토론

왜냐하면 공교는 일월日月과 같이 높고 천지天地에 가득 차 있어 만고토록
없어질 수 없는 것이기 때문이요……공자는 실제로 미래세계 도덕과 교
육계에서 가장 중요한 지위를 차지하기 때문이다. 공교의 성대함이 그칠
줄 모르는구나!46

　　그러나 양계초는 공자를 신격화할 수 없고, 공교를 종교화할 수 없
으며, 유학은 결코 종교가 아니라고 생각하였다. 그는 이러한 사실을
공개적으로 분명히 밝혔다.

비록 내가 공자를 사랑하지만 나는 진리를 더 사랑하고, 나는 선배를 사
랑하지만 나는 국가를 더 사랑하며, 나는 고인故人을 사랑하지만 나는 자
유를 더 사랑한다.47

　　진리에 대한 열정, 국가의 앞날과 운명에 대한 걱정, 자유에 대한 갈
망이 그로 하여금 "지금의 나를 애석하게 여기지 않고 과거의 나를 곤
란하게 만들었으니"48 유학종교론의 잘못을 강하게 반박하였다.

지금의 보교론자들은 '서양인이 중국에는 종교가 없다'라고 하는 말을 듣
고, 곧바로 발끈 화를 내고 얼굴에 노기怒氣를 띠고 우리를 속이는 것이고
우리를 업신여기는 것이라고 여겼다. 이것은 종교가 무엇인지를 알지 못
하였기 때문이다.49

46「保教非所以尊孔論」『飲氷室文集』, 中華書局, 1936, "孔敎者, 懸日月, 塞天地, 而萬古不
　　能滅者也. 孔子實于將來世界德育之林, 占一最重要之位. 孔敎之光大, 正未艾也."
47 위의 책, "雖然吾愛孔子, 吾尤愛眞理, 吾尤愛先輩, 吾尤愛國家, 吾尤愛故人, 吾尤愛自由."
48「梁啓超與康有爲的分歧」『淸代學術槪論』, "不惜以今日之我, 難昔之我."
49「保教非所以尊孔論」『飲氷室文集』, "今之保敎論者, 聞西人之言支那無宗敎, 輒怫然怒形
　　於色, 以爲是誣我也, 是侮我也. 此由不知宗敎爲何物也."

공교와 유학이 종교인지 아닌지를 분명히 해야 하는 관건은 종교가 무엇인지를 분명히 해야 한다는 말이다. 유학종교론자들의 이론적 잘 못은 "종교의 정의를 알지 못하고"[50], 종교가 무엇인지를 분명히 알지 못하고, 종교가 아닌 것을 종교로 여기는데 있었다. 이것은 문제의 요 점을 파악했다고 말할 수 있다.

그렇다면 결국 종교란 무엇인가? 양계초는 다음과 같이 말하였다.

> 이른바 종교라는 것은 전적으로 미신신앙을 가리켜서 말한 것으로, 그 권 력범위는 육신계 밖에 있어서 영혼을 근거로 삼고, 예배를 의식으로 삼으 며, 속세를 벗어나는 것을 목적으로 삼고, 열반천국을 궁극으로 삼고, 내 세화복來世禍福을 법문法門으로 삼으니, 여러 종교가 비록 정조精粗와 대소人 小의 차이가 있지만, 대체적으로는 동일이다.[51]

비록 종교의 표현형식이 천차만별로 다양하여 각종 종교마다 "정밀 하고 조잡하고 크고 작은" 차이가 있지만, '미신신앙', 즉 신에 대한 신 앙과 숭배에서는 같은 것으로 모두 출세를 가장 본질적 특징으로 한 다. 또한 각종 종교마다 모두 "자기 종파를 지키고 다른 것을 배척하 며……사람들의 의심을 금하고 사람들의 사상자유를 막기 때문에 종 교라는 것은 사람을 진보시키는 도구가 아니다."[52] 이로부터 유학과 공교를 고찰해보면, 양계초는 "공교의 성질은 뭇 종교와 다르니"[53] 유 학은 종교가 아니라고 단언하였다. 그는 공교를 다음과 같이 해석하

---

50 위의 책, "不知宗教之界說."

51 위의 책, "所謂宗教者, 專指迷信信仰而言, 其權力範圍乃在軀殼界之外, 以魂靈爲根據, 以禮拜爲儀式, 以脫離塵世爲目的, 以涅槃天國爲究竟, 以來世禍福爲法門, 諸教雖有精 粗大小之不同, 而其槪則一也."

52 위의 책, "持門戶以排外,……禁人懷疑, 窒人思想自由,……故宗教者非使人進步之具也."

53 위의 책, "孔教之性質與群教不同."

였다.

공자가 '교教'로 삼던 것은 오로지 세계국가의 일과 윤리도덕의 도에 있었
으니, 공교가 뭇 종교와 다른 점이 여기에 있다.[54]

또한 공자는 "하늘이 아니고 귀신이 아니며 신이 아니며……또한
어떤 창제蒼帝의 정기를 받아 하늘이 보내신 신이 아니다."[55] "공자는
사람이고 선성先聖이고 선사先師이며, 철학자·경세가·교육자이지 종
교가가 아니다."[56] "공자는 시종 스스로 사람이 아니라고 말한 적이
없었고, 신통력으로 그 무리를 따르게 한 적이 없었다."[57] 사람들이 통
상적으로 말하는 '공교'와 '유교'의 '교'는 실제로 "'교육의 교'이고 '종교
의 교'가 아니며, 그 '교'도 실행을 주로 하고 신앙을 주로 하지 않는
다."[58] 여기에서 양계초는 과학적이고 이성적인 안목으로 공자와 유
학을 살피고자 노력하였고, "그 스승(강유위)이 위서緯書를 잘 끌어내어
신비성으로 공자를 말하는 것"[59]에 반대하였다. 이미 강유위에 의해
신단神壇에 올려진 공자도 원래 사람이었고, 유학이 인륜을 중시하고
경세經世를 숭상하는 본질적 특징과 그 종교와의 근본적 대립을 분명
히 밝혔으며, 이미 강유위에 의해 종교화된 유가의 학문도 원래 세속
의 학문이었다. 이것은 사람들이 공자와 유학 및 그 종교와의 관계를

54 위의 책, "其所教者, 專在世界國家之事, 倫理道德之道, 孔教所以特異於群教者在是."
55 위의 책, "非天也, 非鬼也, 非神也,……不是什么蒼帝之精, 天縱之神."
56 위의 책, "人也, 先聖也, 先師也.……哲學家·經世家·敎育家, 而非宗敎家也."
57 「孔子敎義實際神益於今日國民者何在欲昌明之其道何由」『先秦儒家硏究』(庞朴 等编,
   湖北教育出版社. 2003), "孔子始終未嘗自言爲非人, 未嘗以神通力結信於其徒."
58 「論佛敎與群治之關係」『飮氷室文集』, "敎育之敎, 非宗敎之敎也, 其爲敎也, 主於實行,
   不主於信仰."
59 「梁啓超與康有爲的分歧」『淸代學術槪論』, "其師好引經書, 以神秘性說孔子."

정확히 인식하는데 확실히 큰 도움을 주었다.

양계초 「보교비소이존공론保教非所以尊孔論」의 출판은 강유위의 유학 종교론에 대한 양계초의 비판이었으니, 중국 근대사상에서 유학이 종교인지 아닌지의 논쟁에 관한 서막을 열었던 것이다.

강유위의 또 다른 제자 진환장陳煥章(1880~1933)은 공교회孔教會의 활동을 적극 전개하는 외에도, 연이어 글을 발표하여 "공교가 종교가 된지 수천 년이 되었다"[60]라고 반복적으로 논술하였다.

> 공교는 중국의 영혼이다. 공교가 존재하면 국가가 존재하고 공교가 번창하면 국가가 번창한다.[61]

아울러 엄복嚴復(1853~1921)·하증우夏曾佑(1863~1924) 등과 연합하여 공교회의 명의로 참의원(상원)과 중의원(하원) 두 의원에 "공교를 국교로 정할 것을 청하는" 청원서를 내고, 공교를 국교로 정하고 헌법에 실을 것을 요구하였다.

> 일체의 전장제도와 정치법률은 모두 공자 경전의 뜻으로 근거를 삼고, 일체의 의리학술과 예속습관은 모두 공자의 교화로 귀의처를 삼는다.[62]

유학을 종교로 보는 많은 글 중에서, 특히 적욱狄郁의 「공교평의孔教評議」[63]가 가장 상세하고 가장 대표적이다. 그는 글에서 다음과 같이

---

60 「論孔教是一宗教」『孔教論』, 香港孔教學院, 1990, "孔教之爲宗教也, 數千年於玆矣."

61 「論中國今日當昌明孔教」『孔教論』, "孔教者, 中國之靈魂也. 孔教存則國存, 孔教昌則國昌."

62 위의 책, "一切典章制度政治法律, 皆以孔子之經義爲根據, 一切義理學術禮俗習慣, 皆以孔子之敎化爲依歸."

63 「孔教評議」는 『孔教會雜志』, 第1卷, 第4號에 들어있다. (역자 주)

말하였다. 무릇 종교를 말하는 자는 모두 하늘을 신앙하는 것으로 근거를 삼는데, 공자도 "스스로 50에 천명을 알았다"64라고 하였다. 무릇 종교는 모두 하늘의 위탁을 받아 하늘의 뜻을 대신하는 것으로 책임을 삼는데, 공자도 "하늘이 무엇을 말하더냐?"65, "하늘이 나에게 덕을 주었다"66라고 하였다. 무릇 종교는 일신一神에게 제사지내기도 하고 다신多神에게 제사지내기도 하여 반드시 신에게 제사지내는데, 즉 하늘의 직사職司가 되어 "음성이 빛나고 영혼을 불어넣는" 체인이 있음을 보아야 하는데, 공자도 "귀신의 덕이 성대하구나! 보아도 보이지 않고, 들어도 들리지 않으며, 〈귀신의 덕을 얻어서〉 사물의 형체를 이루되 〈어떤 사물도〉 빠뜨리지 않는다"67라고 하였다. 무릇 종교가들은 모두 제사를 주관하는 것을 심성心性을 단속하고 기르는 도구로 삼았는데, 공자도 "비록 거친 밥과 나물국이라도 제사지낼 때는 반드시 재계齋戒하듯이 하였고,68 신에게 제사지낼 때는 신이 계시는 듯이 하였다"69라고 하였다. 무릇 종교는 기도로서 소원을 말하고 죄를 참회하는 형식인데, 공자도 "하늘에 죄를 얻으면 빌 곳이 없다"70라고 하였다. 무릇 종교에는 선서하여 천신天神을 믿는지를 묻는 것이 있는데, "공자가 남자南子를 만났을 때 자로子路가 기뻐하지 않자, 부자께서 맹세하기를, '내가 잘못된 일을 하였다면, 하늘이 싫어할 것이다! 하늘이 싫할 것이다!'라고 하였다."71 이로부터 공자의 교육 속에는 본래 종교

64 『論語』「爲政」, "五十而知天命."
65 『論語』「陽貨」, "天何言哉."
66 『論語』「述而」, "天生德於予."
67 『中庸』, 第16章, "鬼神之爲德, 其盛矣乎. 視之而弗見, 聽之而弗聞, 體物而不可遺."
68 『論語』「鄕黨」, "雖疏食菜羹, 瓜祭, 必齊如也."
69 『論語』「八佾」, "祭神如神在."
70 『論語』「八佾」, "獲罪於天, 無所禱也."
71 『論語』「雍也」, "子見南子, 子路不說. 夫子矢之曰, 予所否者, 天厭之, 天厭之."

정신이 있음을 알 수 있으니72, 공교는 바로 종교이다.

그러나 반대하는 자들은 "공자가 중국의 학술가요 중국의 종교가가 아니다"73라고 여겼다. 유가는 제자백가 중의 하나이고, "공자학은 당시 구류九流 중의 하나인 유가에 불과하다. 예를 들어 공자를 종교로 보면 무릇 노자老子·장자莊子·관자管子·묵자墨子·신불해申不害·한비자韓非子 등도 모두 모종의 종교라고 부를 수 있으니, 어찌 이치에 맞겠는가!"74 유가의 육경은 강유위가 말한 것처럼, 공자가 지은 것이 아니고, 더욱이 유교의 종교서적이 아니며, "공자가 세운 육경은 모두 주사周史(주나라 역사)에 소장된 옛날 서적이요, 공자 문하의 교과서이다."75 유교의 '교'는 교육과 교화의 '교'이고 종교의 '교'가 아니며, 공자 문하에서 말한 '교'를 보면 모두 교육을 가리켜서 말한 것이지 종교를 가리켜서 말한 것이 아니다. 예를 들어『중용』의 "도를 닦는 것을 '교'라 한다"76거나 "밝음으로 말미암아 진실해지는 것을 '교'라 한다"77는 것이다. 정현鄭玄의 주에서는 모두 예禮의 뜻으로 해석하였다.『설문說文』에는 다음과 같이 말하였다.

교敎는 위에서 베풀고 아래에서 본받는 것이다.78

---

72 「孔敎評議」『民國經世文編』(經世文社編編譯部編, 經世文社, 1914), 第39卷, 참조.

73 『東方雜誌』, 第1卷, 第3期, 1904年, "孔子者, 中國之學術家也, 非中國之宗敎家也." (참고로, 『동방잡지』는 상무인서관(商務印書館)에서 1904年 3月에 창간한 월간지이다. 후에『今日東方(1999)』으로 이름이 바뀌었다.)(역자 주)

74 위의 책, "孔學在當時不過列九流中儒家之一耳.……如以孔子爲宗敎, 則凡老莊管墨申韓皆可以某敎稱之, 豈理也哉."

75 위의 책, "孔子所立六經, 則皆周史所藏舊典, 而孔門之敎科書也."

76 『中庸』, 第1章, "修道之謂敎."

77 『中庸』, 第21章, "自明誠謂之敎."

78 『說文』, "敎, 上所施下所效也."

이른바 '교'는 모두 교육과 교화를 가리켜서 말하였다. 때문에 『예기』「왕제王制」에서는 칠교七敎를 말하였고[79], 『순자』「대략大略」에서는 십교十敎를 말하였다.[80] 공자가 "남을 가르치는데 게을리하지 않았다"[81]는 것이 바로 '교'자의 확실한 증거이다. 이 때문에 "공교는 가장 논리에 맞지 않는 것이다."[82] 이러한 의견은 정확한 것이다.

유학종교론과 공교를 국교로 세우려는 여론 속에서, 채원배蔡元培·장태염章太炎·진독수陳獨秀 등 학계의 유명한 인사들도 글을 써서 비판하였다. 채원배(1868~1940)는 공자의 학문과 그의 중국사상문화사상에서의 지위와 작용에 대해서 충분히 긍정해야 한다고 보았다.

> 공자의 학문문장과 정치사업은 일월日月과 같이 빛나고 성신星辰과 같아서 과연 백세의 사표師表가 될 말하다. 그러나 공자는 공자이고 종교는 종교이니……의리를 분별하여 억지로 똑같이 말해서는 안된다.[83]

공자와 종교를 동일시할 수 없다는 말이다.

> 공자는 종교가가 아니다. 넓은 의미의 숭교崇敎에서 말하면(신앙심), 반드시 형이상의 인생관과 세계관이 있어야 하지만, 공자에게는 그것이 없고, 말한 것은 모두 윤리학·교육학·정치학의 범위이다. 공자는 스스로 "옳은

---

79 『禮記』「王制」, "七敎父子兄弟夫婦君臣長幼朋友賓客."

80 『荀子』「大略」, "明十敎, 所以道之也."

81 『論語』「述而」, "誨人不倦."

82 『東方雜誌』, 第1卷, 第3期, 1904, "觀孔門所言之敎, 皆指敎育言, 非指宗敎言……所謂敎者, 皆指敎育敎化而言, 故王制言七敎, 荀子言十敎也.……孔敎二字, 乃最不合論理者哉."

83 『新靑年』, 2卷5號, "孔子學文文章政治事業, 爛如日月, 如星辰, 果足爲百世師表. 孔子是孔子, 宗敎是宗敎,……義理分別, 勿能强作一談."

것도 없고 옳지 않은 것도 없다"[84]라고 하였고, 맹자가 "공자께서는 성인
의 시중時中인 자이시다"[85]라고 평한 것에서는 어떤 신조信條가 세워져 있
지 않음을 볼 수 있다. 좁은 의미의 종교에서 말하면, 반드시 신비한 사상
이 있어야 하지만 공자에게는 또한 그것이 없다.[86]

다시 말하면, 넓은 의미에서 보면 공자에게는 형이상의 인생관과 세
계관이 없고, 있는 것은 형이하의 윤리도덕학설·교육학설과 정치사
상뿐이니 신앙주의라고 할 수 없다. 좁은 의미에서 말하면, 공자에게
는 또한 신비주의사상이 없기 때문에 "공자는 종교가가 아니며, 공교
도 말이 되지 않는다."[87] 채원배는 또한 다음과 같이 말하였다.

> 종교가 되려면 반드시 교주敎主가 종파를 세우고 의식을 만들어 숭배해
> 야 하는데, 공자에게는 이들 중에 하나도 없다. 그러므로 공자와 종교는
> 그 실체가 하나도 구비되어 있지 않고, 그 형식이 하나도 갖추어져 있지
> 않다.[88]

종교가 종교되는 것은 교주와 그에 의해 확립된 전법체계·의식제도
와 숭배되는 신령대상 등의 요건이 있어야 하지만, 이 모든 것이 공자

---

84 『論語』「微子」, "無可無不可."

85 『孟子』「萬章(下)」, "孔子, 聖之時者也."

86 「致許崇請信」『新靑年』, 第3卷, 第8號(『蔡元培全集』, 中國蔡元培研究会 編, 浙江敎育出版
社, 1998年에 실려 있다.), "孔子非宗敎家, 自廣大的崇敎言之(信仰心), 必有形而上之人生
觀及世界觀, 而孔子無之, 而所言者, 皆倫理學敎育學政治學之範圍. 孔子自言無可無不
可, 孟子評爲聖之時者, 其不立一定之信條可見. 自狹義宗敎言之, 必有神秘思想, 而孔子
又無之."

87 「再致〈新靑年〉記者函」『蔡元培全集』, "故孔子非宗敎家, 而孔敎爲不辭."

88 「在信敎自由會上演說」『蔡元培全集』, "且宗敎之成也, 必自其敎主立宗系, 創儀尙, 崇
專拜, 孔子無一於是焉. 故孔子與宗敎, 其實體一無備焉, 其形式無一居焉."

와 유가에는 구비되어 있지 않기 때문에 공자와 유가를 종교와 동일시할 수 없다. 이러한 논술에서 우리는 채원배가 무엇 때문에 1912년에 소집한 전국 임시교육회에서 "학교에서 공자를 숭배해서는 안된다는 안건"을 제기하고, "옳은 것 같지만 잘못된 종교의식이 학교에서 행해지는 것"에 반대하였는지를 어렵지 않게 이해할 수 있다.[89]

장태염章太炎(1869~1936)은 종교가 비속鄙俗하고 묘연渺然하여 중국은 지금껏 종교에 대해 매우 냉담하였고, 오로지 정사政事와 일용日用에만 전념하였다고 지적하였다.

> 복희伏羲·염황炎黃에서부터……국민들이 항상 살핀 것은 정사政事와 일용日用에 있었고, 힘쓴 것은 공상工商과 농경에 있었다. 뜻은 주어진 생명을 다하는데 있었고, 말은 경험세계를 벗어나지 않았다. 사람이 자신을 존중할 것을 생각하였고, 목숨을 걸고 신을 섬기려는 것을 진재眞宰(우주의 주재자 혹은 조물주)로 여기지 않았으니, 이것이 중화민족의 뛰어난 까닭이다.[90]

일부 유명한 사상가들을 살펴보면, "노자는 종교에 반대하였는데, '도로써 천하를 다스리면 귀신도 신통력을 부리지 못한다'[91]라고 하였다. 공자도 종교에 대해 반대하였는데, 비록 제사 등의 일에 관심을 가졌지만, 우리가 공자의 '신에게 제사지낼 때는 신이 계시는 듯이 하였다(祭神如神在)'에서 '여如'자의 뜻을 음미해보면, 공자는 이미 우리에게

---

89 『遠生遺著』卷2(黃遠庸, 文海出版社, 1968), p.59, "學校不應拜孔子案,……以似是而非之宗教儀式行於學校."

90 『駁建立孔敎議』『章太炎全集』, 上海人民出版社, 1982, "蓋自伏羲炎黃,……國民常性所察在政事日用, 所務在工商耕稼. 志盡於有生, 語絶於無驗. 人思自尊, 而不欲守死事神, 以爲眞宰, 此華夏之民所以爲達."

91 『老子』, 第60章, "以道莅天下, 其鬼不神."

신이 없다는 사실을 분명히 알려주었다."[92] "체禘제사에 대해서도, 공자는 알지 못하겠다고 말하였다."[93] "공자는 또한 신비하거나 괴이한 것을 말하지 않았고 귀신을 섬기지 않았다."[94] "중토中土(中原)[95]에는 본래 국교가 없었다."[96] "지금 사람들은 예수와 루터Martin Luther(1483~1546)의 법이 중국 안으로 스며드는 것을 보고, 공교를 세워 맞서고자 하였다."[97] 이것은 "원래 상처가 없었는데 이유 없이 태워서 흉터를 만드는 것"[98]과 같이 매우 어리석은 것이다. 장태염은 공자의 중국 역사에 대한 공적이 주로 "역사를 제정하고, 서적을 반포하고, 학술을 진작시키고, 계급을 균등하게 하는데"[99] 있었기 때문에 중국은 문文으로 공자를 존숭하였다고 생각하였다.

장사匠師(목수)가 노반魯班[100]을 섬기고, 봉인縫人(옷 만드는 사람)이 헌원軒轅(西陵氏)[101]을 섬기며, 서사胥史(하급관리)가 소하蕭何[102]를 섬긴 것처럼, 각자

---

92 『國學槪論』(上海古籍出版社, 1999), "老子很反對宗敎, 他說以道佐天下, 其鬼不神. 孔子對於宗敎, 也反對. 他雖於祭祀等事很注意, 但我們味祭神如神在的如字的意思, 他已明白告訴我們是沒有神的."

93 『論語』 「八佾」, "或問禘之說. 子曰不知也."

94 「駁建立孔敎議」 『章太炎全集』, "孔子亦不語神怪, 未能事鬼."

95 중토(中土)는 『사기』 「오제본기(五帝本紀)」에 따르면, 기주(冀州)이다. '중토'는 중원(中原)을 가리키며, 하남성(河南省) 일대와 황하(黃河) 하류지역을 말한다. '기주'는 구주(九州)의 하나로, 지금의 하북(河北) · 산서(山西)의 대부분과 하남성 일부를 포함하는 지역이다. (역자 주)

96 「駁建立孔敎議」 『章太炎全集』, "中土素無國敎."

97 위의 책, "今人猥見耶蘇路德之法漸入域中, 乃欲建樹孔敎以相抗衡."

98 위의 책, "素無創痍, 無故灼以成癍,……徒師其鄙劣."

99 위의 책, "制歷史, 布文籍, 振學術, 平階級."

100 전설적인 목수 노반(魯班, BC 507~BC444): 춘추시대 뛰어난 목수로, 성은 공수(公輸)요, 이름은 반(般)이다. 반(般)은 당시 음이 같은 반(班)과 통용되었다. 그가 노(魯)나라 사람이기 때문에 흔히 노반(魯班)이라 불렸다. 손재주가 워낙 뛰어나 도끼를 귀신처럼 부리고 대패를 춤추듯이 놀렸다고 한다. (역자 주)

그 스승을 존숭하고 근본으로 돌아갈 것을 생각하였지, 본래 신기神祇(天神과 地祇)와 영귀靈鬼(신령과 귀신)를 섬기지 않았으니, 그 혼백의 존망(存亡)이 또한 같지 않다.103

　공자를 교주라고 한다면, "이것은 헌원·노반·소하가 뜻밖에 각자 교주가 되는 것이다."104　솔직하게 말하면, 공자는 종사宗師이지 교주가 아니다. "공교가 본래 전세前世에 있던 것이 아니니 지금에 참으로 폐기될 수 없다."105 공교를 "종교로 세우면, 지혜의 문을 닫는 것이니"106 취할 수 없다.　여기에서 장태염은 공자의 인문정신과 종교의 대립을 강조하고 공자와 유학이 종교라는 관점을 부정하였다.

　1917년『정사丁巳』107 월간지 제2기에 일찍이 괴진덕蒯晉德의「비국교론非國敎論」을 발표하였는데, 저자는 "공자를 존숭하는 것이 문제이고, 종교로 받드는 것이 문제이지만, 본래는 분명한 경계가 있어 서로 뒤섞이지 않았다"108라고 지적하였다. 이와 같은 원인은 공자와 종교가들이 서로 다르기 때문이다. 예를 들어 공자가 이利와 명命과 인仁을 드물게 말하였다면109, 종교가들은 매번 운명과 자비를 말하기를 좋

---

101 황제(黃帝)는 오제(五帝) 중 첫 번째 제왕(帝王)으로, 성은 공손(公孫), 이름은 헌원(軒轅)이다. 황제헌원씨(黃帝軒轅氏)라고도 부른다. 황제헌원씨의 왕후는 서릉씨(西陵氏)이다. 서릉씨는 최초로 누에치는 법을 가르쳤다고 전한다.(역자 주)

102 소하(蕭何, ?~BC 193): 패현(沛縣: 지금의 강소성) 출신으로, 법령에 정통하여 유방(劉邦)을 보좌해 한(漢)제국의 창건을 주도한 인물이다.(역자 주)

103 「駁建立孔敎議」『章太炎全集』, "猶匠師之奉魯班, 縫人之奉軒轅, 胥史之奉蕭何, 各尊其師, 思慕反本, 本不以神祇靈鬼事之, 其魂魄存亡亦不同."

104 위의 책, "是則軒轅魯班籍何亦居然各爲敎主矣."

105 위의 책, "孔敎本非前世所有, 則今者固無所廢."

106 위의 책, "樹爲宗敎, 杜智慧之門."

107『정사(丁巳)』는 1907년 북경에서 창간한 월간지이다.

108 「非國敎論」『丁巳』, 第2期, "尊孔爲一問題, 奉爲宗敎爲一問題, 本有畫然之界, 而不容相混."

아하였다. 공자가 귀신을 섬기되 멀리하였다면[110], 종교가들은 귀신을 섬기고 그들에게 아첨하였다. 공자가 병이 들어도 기도하지 않았다면[111], 종교가들은 난관이 있을 따마다 기도를 드리고 참회하였다. 공자는 일찍이 "아랫목 신에게 아첨하기보다는 차라리 부엌 신에게 아첨하는 것이 낫다"[112]라고 하였는데, 부엌을 말한 것은 바로 양심良心이 있는 곳이기 때문이다. 종교가들은 그렇지 않았으니, 다신多神을 섬기기도 하였고 일신—神을 섬기기도 하였으니, 아첨하다가 응하지 않으면 그를 떠나고, 이른바 '몸을 돌이켜보아 스스로 반성할 줄(反躬自省)'을 알지 못하였다. 공자가 자로子路의 질문에 "삶을 알지 못하는데 어찌 죽음을 알겠느냐?"라고 말하였다면[113], 종교가들은 삶과 죽음을 멋대로 말하여 생사윤회生死輪回의 설을 견지하기도 하고, 영혼불멸靈魂不滅의 뜻을 주장하기도 하여 〈종교를〉 장려하는 뜻을 나타내었다. 공자가 '인륜의 상도'를 중시하였다면, 종교는 '고독과 적막감'을 숭상하였다. 이 때문에 "후대 사람들이 공자를 역사가와 교육자로 추숭하려는 것은 모두 옳지 않을 수 없지만, 종교가로 추숭하려는 것은 아첨할 필요 없이 '옳지 않다'고 말할 수 있다.[114] 이러한 논술도 모두 공자의 인문정신과 종교의 대립을 강조한 것이다.

진독수陳獨秀(1879~1942)는 5·4 시기(1919)에 공교를 비판하던 풍운아로, 유학을 종교로 보는데 반대하고 공교를 국교로 정하는 것에 단호

109 『論語』「子罕」, "子罕言利與命與仁."

110 『論語』「雍也」, "敬鬼神而遠之,"

111 『論語』「述而」, "子疾病, 子路請禱. 子曰有諸. 子路對曰有之. 誄曰禱爾于上下神祇. 子曰丘之禱久矣."

112 『論語』「八佾」, "與其媚於奧, 寧媚於竈,"

113 『論語』「先進」, "敢問死. 曰未知生, 焉知死."

114 「非國敎論」『丁巳』, "後之人欲推孔子爲歷史家敎育家,……欲推之爲宗敎家, 則不佞期以謂不可."

하게 반대하였다. 그는 '공교'라는 말이 남북조시대 '삼교(유·불·도)의 논쟁'에 기원한다고 지적하였다. 엄격한 의미에서 말하면, "공교는 결코 하나의 단어가 될 수 없다"[115]는 것이다. 사람들의 습관에 따라 '공교' 혹은 '유교'를 하나의 명사로 보면, 여기에서 말하는 '교教'는 다만 "교화의 교이고 종교의 교가 아니다."[116] 왜냐하면 종교는 영혼구제를 목적으로 하고, 출세를 근본적 특징으로 하는 것이니, 종교의 실질은 영혼의 구제와 출세의 종지를 중시하는데 있기 때문이다.[117] 그러나 "공자의 핵심은 유가를 조술祖述하여 체계적인 윤리학설을 조직한데 있다. 종교와 현학玄學은 모두 훌륭한 것이 아니다."[118] 공자는 현실을 직시한 적극적 입세자였다. 그는 귀신을 섬기지 않았고, 죽음을 알지 못하였으며, 문文·행行·충忠·신信은 모두 인간세상의 가르침이었다.

> 공자가 내세운 이론의 실질에는 결코 종교가의 말이 없다.……그의 '입신立身(출세)과 행기行己(처신)의' 일에는 오늘날 말하는 종교가들에 근접하는 말이 하나도 없다.[119]

공자가 고대 종교사상이 쇠퇴하지 않는 시대에 생활하였기 때문에 "하늘을 말하고 귀신을 말할 때도 있었지만, 옛 설을 빌어서 인치人治를 극진히 하거나 옛 설에 의지하여 자기의 뜻을 펴는 것에 불과하였

---

115 「再論孔敎問題」『陳獨秀選集』(天津人民出版社, 1990), "孔敎二字, 殊不成一名詞."
116 「駁康有爲致總統總理書」『新靑年』(第二卷, 第2號, 1916年 10月), "是敎化之敎, 而非宗敎之敎."
117 위의 책, "宗敎實質, 重在靈魂之救濟, 出世之宗也."
118 「答兪頌華」『陳獨秀選集』, "孔子精華, 乃在祖述儒家, 組織有系統之倫理學說. 宗敎玄學, 皆非所長."
119 『再論孔敎問題』『陳獨秀選集』, "其立說之實質, 絶無宗敎家言,……立身行己之事, 無一言近於今世之所謂宗敎家者."

지, 종교가들이 말하는 명령적이고 인격을 모방한 주재의 신이 있었던 것이 결코 아니다."[120] 공자가 말한 "이른바 성性과 천도天道는 철학이지 종교가 아니다."[121] 개괄하면, 유가학설은 "인륜이 날마다 쓰는 세상의 법도이고, 세상을 벗어나 영혼을 기르는 종교가 아니다."[122] "공교에는 결코 종교의 실질과 의식이 없으니, 이것은 교화의 교이다."[123] 유학종교론자들이 공자를 교주로 간주하고 공교를 종교로 바꾼 것은, 평탄하던 생활에 풍파를 일으킨 것이요, 구멍을 뚫어 수염을 심는 것과 같으니, 이것은 따로 속셈이 있는 것이다.

3. 유학종교론 문제의 찬반론

본래 5·4 시기 공교에 대한 비판을 거친 후에, 유학의 종교화운동은 이미 억압을 받아 완전히 파산하였다고 말할 수 있고, 유학종교론도 이미 견지하는 사람이 매우 적었다. 예를 들어 제1세대 신유가에서는 유학을 종교로 인정하는 것에 찬성하지 않았다. 양수명梁漱溟(1893~1988)의 경우, 그는 일찍이 유학이 "종교가 아니고 종교와 비슷하며, 유가는 윤리로 종교를 대신하거나 혹은 도덕으로 종교를 대신한다"[124]라고 생각하였다. '종교와 비슷하다'는 것은 결코 종교와 같지 않다는 것이요, '종

---

120 『答兪頌華』『陳獨秀選集』, "假借古說, 以隆人治,……借古說以伸己意,……宗敎家所謂有命令的擬人格的主宰之神."
121 『駁康有爲致總統總理書』『新靑年』, "所謂性與天道, 乃哲學, 非宗敎."
122 「孔子之道與現代生活」『新靑年』(第2卷, 第4號, 1916年 12月), "人倫日用之世法,……出世養魂之宗敎."
123 『駁康有爲致總統總理書』『新靑年』, "孔敎絶無宗敎之實質與儀式, 是敎化之敎."
124 『梁漱溟全集』(山東人民出版社, 1990), 第1卷, p.469, "非宗敎似宗敎,……以倫理代宗敎, 或以道德代宗敎."

교를 대신한다'는 것은 종교의 작용을 하지만 그 자체는 결코 종교가 아니라는 말이다. 유학은 본질적으로 도덕윤리이고 종교가 아니라는 것이 양수명의 기본 인식이다. 때문에 그는 다음과 같이 말하였다.

> 나는 일찍이 공가孔家(공자)가 종교인지 아닌지를 도효실屠孝實(1898~1932)선 생—그는 종교철학을 연구하는 사람이다—에게 물은 적이 있는데, 그는 종교라고 볼 수 없을 것 같다고 대답하였다. 나의 견해도 그와 같고, 또한 공자가 실제로 종교에 반대하였다는 것을 알아야 한다.[125]

풍우란馮友蘭(1895~1990)도 "유가는 종교가 아니다"[126]라고 보았다. 중국인은 "종교에 크게 관심을 갖지 않았는데, 왜냐하면 그들은 철학에 매우 큰 관심을 가졌기 때문이다.……그들은 철학 안에서 현세現世를 초월하는 추구에 대해 만족하였는데"[127], 이것이 철학으로 종교를 대신한 것이다.[128]

그러나 5~60년대에 이르러 현대 신유가 제2세대의 당군의唐君毅 · 모종삼牟宗三 등은 서양문화 속의 기독교와 대응하여 유학을 구제하고 선양하기 위해, 유가사상의 종교성과 유가의 중국문화 속에서의 종교성 교화작용을 강조하여 유학종교론이 새로이 제기되었다. 당군의가 초안을 잡고 모종삼 · 서복관徐復觀 · 장군려張君勱 등과 서신으로 의견을 진술하고 서면으로 왕복 상의하여 최종적으로 함께 서명 · 발표한 「중국문화를 세계 인사들에게 삼가 알리기 위한 선언」[129]에서, 그들은 서양

---

125 위의 책, "我曾以孔家是否爲宗敎問屠孝實先生 - 他是講宗敎哲學的, 他說似乎不算宗敎. 我的意見也是如此, 並且還須知道孔子實在是很反對宗敎的."
126 『中國哲學簡史』(新世界出版社, 2004), p.3, "儒家不是宗敎."
127 『中國哲學簡史』, p.4, "不太關心宗敎, 是因爲他們極其關心哲學.……他們在哲學里滿足了他們對超乎現世的追求."
128 『中國哲學簡史』, p.5, "以哲學代宗敎."

학자들이 유가사상에는 초월정감 혹은 종교정신이 부족하고, 일종의 도덕설교와 일부 외형적 규범교조만 있다고 여기는데, 이것은 "막대한 잘못을 범하였다"130라고 지적하였다. 서학의 영향을 받았기 때문에 5·4 운동시기 지도사상계의 사상가들도 같은 잘못을 범하였다.

그들이 보기에, 중국문화 속에는 독립된 종교문화전통이 없고 서양과 같은 제도화된 종교가 없지만, 이것은 결코 중국민족이 선천적으로 종교성의 초월정감 혹은 종교정신이 부족하고 현실적 윤리도덕만을 알고 중시하였음을 의미하지 않는다. 그 이유는, 중국의『시경』·『서경』에는 원래 상제 혹은 하늘의 신앙을 중시하였고, 중국이 과거에 천·지·조상에게 제사지내는 예에서나 백성들 속의 천天·지地·군君·친親·사師의 신위神位는 모두 농후한 종교성의 초월정감을 나타내기 때문이다. 다음으로, 유가의 천인합덕天人合德과 천인합일天人合一의 사상에서 "천의 관념이 가리키는 것은 애당초 현실의 개인자아와 현실의 사람과 사람과의 관계를 초월하는 것이었으니"131, 이 때문에 종교정신을 가지고 있다는 것이다. 게다가 중국 유학자들이 말한 기절氣節(절개)은 인의仁義의 가치가 개인 생명의 가치를 초월한다고 보고, 필요할 때는 자각적으로 '인을 위해 목숨을 바치거나(殺身成仁)', '의를 위해 목숨을 바칠(舍生取義)' 수 있었으니, 이러한 것은 마음에 내재하면서 또한 개체의 현실적 생명을 초월하는 인의仁義의 가치와 도道 자체에 대한 신앙이니, 일종의 "종교성의 초월신앙이다."132 유가사상은 일종의 도덕설교와 외형적

---

129 「爲中國文化敬告世界人士宣言」는『唐君毅全集』卷42(臺灣學生書局, 1991)에 실려 있다.(역자 주)

130 「爲中國文化敬告世界人士宣言」『唐君毅全集』卷42(臺灣學生書局, 1991), "書陳意見,……往復函商,……犯了莫大的錯誤."

131 封祖盛編,『當代新儒家』, 三聯書店, 1989, p.15, "天之觀念之所指, 初爲超越現實的個人自我, 與現實之人與人關係."

132 위의 책, p.17, "宗敎性的超越信仰."

규범교조일 뿐만 아니라, 실제로 윤리의 도덕실천과 종교의 초월정신이 통일된 형이상학을 포함한다는 것을 알 수 있다.

여기에서 비록 유학종교론의 관점을 명확히 제기하지 못하였지만, 이미 그들의 사고방향을 분명히 나타내었다. 때문에 당군의와 모종삼은 그 후에 출판된 저술에서 유가사상의 종교성 문제를 다방면으로 설명하고 "유가정신에도 모든 인류의 고급종교와 공통점이 있는데, 이 공통점이 바로 종교성이다"133라고 주장하였다. 유학은 일종의 '극원성極圓成(최상의 완성, 즉 성인을 의미한다)'의 종교이니 혹은 '도덕의 종교'요 '인문교人文敎'라고도 하였다. 모종삼牟宗三(1909~1995)은 다음과 같이 말하였다.

> 종교는 두 방면에서 볼 수 있으니, 하나는 사事이고 다른 하나는 리理이다. '사'의 방면에서 보면, 유교는 보통 말하는 종교가 아니니, 참으로 그것은 보통 종교의 의식을 구비하고 있지 않다. 그것은 종교의식을 일상생활 궤도 속의 예악禮樂으로 전환시켰다. 그러나 '리'의 방면에서 보면, 그것은 고도의 종교성을 가지고 있으며, 또한 극원성極圓成의 종교정신이다. 그것은 전적으로 도덕의식과 도덕실천으로 그 속의 종교의식과 종교정신을 관철하고 있는데, 왜냐하면 그것의 중점은 어떻게 천도天道를 체현하는지에 있기 때문이다.134

---

133 唐君毅, 『中國人文精神之發展』(廣西師範大學出版社, 2005), p.373, "儒家精神亦有與一切人類高級宗敎共同之点, 此共同点卽其宗敎性."

134 『中國哲學的特質』, 上海古籍出版社, 1997, p.103, "宗敎可自兩方面看, 一曰事, 二曰理. 自事方面看, 儒敎不是普通所謂宗敎, 固它不具備普通宗敎的儀式. 它將宗敎儀式轉化而爲日常生活軌道中之禮樂. 但自理方面看, 它有高度的宗敎性, 而且是極圓成的宗敎精神, 它是全部以道德意識道德實踐貫注於其中的宗敎儀式宗敎精神, 因爲它的重點是落在如何體現天道上."

이러한 '리理'·'사事'의 이분법 종교관에 따라, 유학이 종교의식 등 일반 종교가 가지는 외부 특징의 결핍으로 종교에 귀속될 수 없었던 난제難題를 피하여 유학과 종교 사이의 거대한 장벽을 제거하였다. 그러나 문제는 유가의 '천도天道'가 종교와 도덕의 의미를 겸비하는지에 있다. '초월 정신'을 가지고 있는 것이 반드시 종교정신이라고 볼 수 있는가? 종교정신과 종교의식이 있지만, 종교조직과 종교의식 등 종교적 특징이 없는 '종교'를 종교로 인정할 수 있는가? 이러한 것들은 모두 연구되어야 할 문제이다.

당군의와 모종삼의 상술한 관점에 대해, 「중국문화를 세계 인사들에게 삼가 알리기 위한 선언」의 서명자 중에서도 다른 견해가 있었다. 서복관徐復觀(1903~1982)은 「선언」의 형성과정을 말할 때에 "당선생의 종교의식이 매우 농후하였기 때문에 「선언」 속에서도 중국문화의 종교적 의미를 강조하였다. 나 서복관은 중국문화에는 원래 종교성이 있고 종교에 반대하지도 않지만, 춘추시대부터는 점차 종교에서 벗어나 사람의 생명 속에서 실현하여 〈선진시대로〉 되돌아갈 필요가 없다고 여기고, 이 부분을 고쳤다. 고친 후에 당선생에게 부쳐주었지만, 그는 받아들이지 않았다"라고 말하였다. 이로부터 서복관은 종교적 안목에서 문제를 보는 것에 찬성하지 않았고, 당군의의 중국문화와 유가사상의 종교성에 관한 논술에도 찬성하지 않았음을 알 수 있다.

장군려張群勵(1887~1969)는 같은 시기의 저술에서 공개적으로 유학종교론에 반대하였다. 그는 『신유가사상사新儒家思想史』(1957년 출판)의 '서론'에서 다음과 같이 말하였다.

유가는 종교인가 아닌가? 중국인은 공자를 성인, 지도자, 개인 인격수양의 전형으로 간주하였다. 심지어 불교가 인도에서 중국에 전래된 후에, 유가와 불가 두 사상체계의 지지자들 사이에 논쟁할 때도 있었지만, 유가가 종교인지 아닌지의 문제는 생기지 않았으나, 중국과 서양이 접촉한 이후에 이르러서야 비로소 이 문제가 발생하였다. 유럽에서 온 선교사—최초로 16세기의 천주교 선교사와 그 후 19세기의 기독교 선교사들은—모두 이 문제를 해결해야 한다고 느꼈다. 그러나 예수회135와 미니mini교단 선교사들은 조상숭배의 문제만을 언급하였다. 기독교 선교사들은 유가의 종교적인 일면에 주의력을 집중하였다.

예를 들어 윌리엄 에드워드 수딜William Edward Soothill(1861~1935)은 그가 지은 『중국의 삼대종교The Three Religions of China(1929)』라는 책에서 "중국에는 세 가지 승인된 종교가 있다. 3대 종교 중에서 유가는 통상 국교로 간주되었다"라고 말하였다.

윌리엄 에드워드 수elf의 선배이고 영국 옥스퍼드Oxford대학의 유명한 교수이자 경서經書 번역자인 제임스 레게James Legge(1815~1897)는 "나는 유가儒家라는 두 글자로 주로 중국 고대의 종교를 개괄한다"고 하였는데, 이러한 태도는 그(레게)가 저술한 『중국의 종교The Religions of China』136라는 책 속에서 유가가 참으로 종교인가라는 문제에 대답하고자 의도한 것이다.

내가 특히 강조하려는 것은, 유가를 해석하는 이러한 방식은 완전히 서구적이라는 것이다. 중국학자들은 분명히 이상하다고 느낄 것이다.

---

135 예수회는(Society of Jesuit) 제수이트 교단이라고도 하며, 야소회(耶蘇會)라고도 하는데, '야소'는 예수의 중국어 음역이다. 1540년 성 이그나티우스 데 로욜라(Ignatius de Loyola)가 사비에르(F. Xavier) 등과 함께 파리에서 창설한 가톨릭의 남자 수도회를 말한다. 예수회 선교사로서 중국에 와서 처음으로 포교를 시작한 자가 바로 신부 마테오리치(Matteo Ricci)이다.(역자 주)

136 원제는 『The Religions of China: Confucianism and Taoism Described and Compared with Christianity, 1880』이다.(역자 주)

중국인은 지금까지 공자를 선지자先知者(예언자) 혹은 교주敎主로 보지 않았다. 공자도 지금까지 주님 혹은 광명(빛)으로 자처하지 않았다. 공자는 "나는 태어나면서부터 알았던 자가 아니고, 옛 것을 좋아하여 민첩히 구한 자이다"[137]라고 하였다. 또 "사람을 섬기지 못하는데 어찌 귀신을 섬길 수 있겠는가. 삶을 알지 못하는데 어찌 죽음을 알겠는가!"[138]라고 하였다. 환언하면, 공자는 근본적으로 현실세계를 초월하거나 혹은 종교를 창립할 것을 말하고 싶지 않았던 것이다.

윌리엄 에드워드 수딜과 제임스 레게는 유가사상 속에 중국 종교의 원시 관념을 함유하고 있다고 보았는데, 이러한 견해는 옳지 않다. 왜냐하면 중국 종교의 근본관념은 몇 천년 이전에 발생한 것이고, 공자가 실증할 수 없는 시대에 발생한 것이기 때문이다. 공자는 과거의 수많은 세대가 남겨준 예속禮俗을 계속하여 지켰을 뿐이요, 이것은 일종의 예배를 세우는 방식과는 결코 같지 않다.

아래에서 공자는 스스로 종교방면에 관한 말을 하였으니, 즉 "조상에 제사를 지낼 때는 조상이 계시는 듯이 하였고, 신에게 제사지낼 때는 신이 계시는 듯이 하였다."[139] 환언하면, 공자가 '여如'의 태도를 취한 것은 바로 그의 내세來世에 대한 태도와 같다.

이 때문에 우리는 과거 2천년 동안 중국학자들 중에 공자를 종교의 창시자로 본 자가 한 사람도 없었다고 말할 수 있다. 인도와 아랍 혹은 팔레스타인에 이러한 종교의 창립자가 있었지만–중국에는 없었다. 이것이 바

---

137 『論語』「述而」, "子曰, 我非生而知之者, 好古敏以求之者也."
138 『論語』「先進」, "未能事人, 焉能事鬼. 未知生, 焉知死."
139 『論語』「八佾」, "祭如在, 祭神如神在."

로 무엇 때문에 내가 유가사상을 윤리 혹은 철학체계로 보고 종교로 보지 않는지의 이유이다.140

이상에서 당군려가 비록 「선언」의 발기인과 서명자였지만, 그는 결코 유가가 종교라고 생각하지 않았고, 또한 유학종교론에 반대하였음을 알 수 있다. 그가 보기에, 유가사상은 본질적으로 일종의 윤리 혹은 철학학설이며, "공자는 근본적으로 현실세계를 뛰어넘는 것을 말하고 싶지 않았으니"141, 유학을 종교로 보는 관점은 서양인의 중국문화와 유가사상에 대한 오해에 불과할 뿐이었다.

그렇지만 서복관이든 장군려든 모두 유학이 종교인지 아닌지의 문제를 당군의·모종삼과 직접 토론을 전개하지 못하였다. 당군의와 모종삼의 설은 현대 신유가의 학술적 지위가 향상됨에 따라 점차 학자들이 주목하고 중시하게 되었으며, 또한 이미 일부 학자들에게 받아들여져 유학의 종교정신과 초월정신이 논의되기도 하였다.

국내 학자들 중에 임계유任繼愈선생은 70년대 말에 '이학理學 종교론'의 설을 제기하고, 이어서 「유교의 형성」·「유가와 유교」·「유교의 재평가」·「주희와 종교」 등의 논문을 발표하여 유가와 유교, 유교와 종교의 관계, 유교의 형성과 변화, 유교의 중국문화사상에서의 지위와 작용 등의 문제를 비교적 상세히 논술하였다. 임계유가 보기에, 초기 (선진시기) 유학은 비록 종교의식을 가지고 있었으나 종교가 아니었으며, 한대 동중서董仲舒를 시작으로 유학은 점차 유교로 변하였고, 송명이학은 유교의 종교화를 완성하였다. 종교화된 유교는 종교의 명칭을 갖지 못하였지만 종교의 실질을 가지고 있었다. 종교화된 유교의 교주

---

140 劉夢溪 主編, 『中國現代學術經典(張君勵卷)』, pp.6~7, 河北敎育出版社, 1996, 참조.
141 위의 책, "孔子根本不想談超現實世界."

는 공자이고, 그 교의敎義와 숭배대상은 '천天・지地・군君・친親・사師'이며, 그 경전은 유가의 육경六經이고142, 교파와 전법체계는 유가의 도통론道統論이며, 그 종교조직은 중앙의 국학國學과 지방의 주학州學・부학府學・현학縣學이며, 학관學官은 유교의 전직 성직자이다. 유교에는 입교의식이 없고 분명한 신도 수가 없지만, 중국사회의 각 계층에는 많은 신도가 있었다. 승려주의・금욕주의・몽매주의는 내심內心의 반성을 중시하는 종교수양방법으로 과학을 적대시하고 생산을 경시하였는데, 이것은 중세기 스콜라철학이 가지고 있던 낙후된 것이지만 유교(유심주의 이학)에도 있어야 할 것은 모두 있었다. 그것은 중국 역사에 중국 봉건종법사회의 특징을 갖는 종교 신권통치의 재난을 가져다 주었다.

이처럼 임선생은 종교 연구자의 사유구조와 비판적 안목으로, 종교의 일반 형식에 따라 유교(이학)를 순수한 의미상의 종교로 묘사하였다. 그의 이러한 사상은 후학의 인정을 받아 오늘날 이미 학술계에서 점차 '유교종교론파'(이것은 필자 개인의 견해와 호칭일 뿐이니, 반드시 타당한 것만은 아니다)를 형성하였다.

풍우란馮友蘭과 장대년張岱年 등의 학자들은 상반된 의견을 제기하였다. 풍우란은 도학(즉 이학)이 공자를 반인반신半人半神의 지위를 가진 교주로 인정하지 않았고, 또한 인간 세계 밖에 존재하거나 혹은 미래의 극락세계에 존재하는 것으로 인정하지 않았다. 정신세계를 말하는데 이르러서는 그곳에도 일종의 철학이 있어야 하는 곳이니, 정신세계를 주장하는 것이 모두 반드시 종교라고는 말할 수 없다. 천・지・군・

---

142 유교의 '성경(聖經)'에 관해서는 임선생의 견해가 일치하지 않는다. '육경(六經)'을 유교의 경전으로 인정할 때도 있었고(『유교의 형성』・「유가와 유교」), 『사서(四書)』라고 말할 때도 있었으며(「주희와 종교」), 『사서』・『오경』・『십삼경』이라고 말할 때도 있었다.(「중국민족의 형식을 가진 종교-유교」)

친·사 다섯 가지 중에 '군'·'친'·'사'는 모두 사람이고 신이 아니다. 유가가 존숭하던 사서四書·오경五經은 모두 내원을 고증할 수 있으며, 결코 신의 계시에서 나온 것이 아니고 종교의 경전이 아니다. 도학을 종교라고 말한다면, 첫째 숭배할 신이 없으며, 둘째 교주가 없으며, 셋째 성경聖經이 없는 종교이니, 이러한 종교는 사실상 근본적으로 존재하지 않는다. "서양 중세기 종교의 것이 도학에도 모두 있다"라고 말한 것에 대해서는, 그 때문에 도학이 종교라면 이러한 추론은 논리에 맞지 않는다.[143]

장대년(1909~2004)선생은 이학이 철학이고 종교가 아니라고 지적하였다. 종교와 비종교의 근본적 구별은 생사生死를 중시하는지 여부와 내세피안來世彼岸을 말하는지 여부에 있다. 이학은 의지가 있는 상제를 신앙하지 않고, 영혼불멸을 믿지 않으며, 삼세보응三世報應을 믿지 않고, 내세피안을 말하지 않으며, 종교의식이 없고, 더구나 기도를 하지 않기 때문에 이학은 종교가 아니다. 유교의 '교'는 학설學說과 교훈敎訓을 일반적으로 가리켜 말한 것이니 유교, 즉 유학은 결코 종교가 아니다.[144]

따라서 강유위가 유학종교론을 제기하면서 오늘에 이르기까지, 유학과 유가가 종교인지 아닌지와 상관되는 논쟁은 이미 백여 년의 역사 과정을 거쳤다. 1세기가 지난 오늘날에도 문제는 여전히 해결되지 않았을 뿐만 아니라, 도리어 사람들의 주목을 끄는 화제가 되었다. 비록 문제는 여전하고 일부 논자들의 논점과 논거도 이전 사람들의 설과 차이가 없지만, 우리는 그 속에서-시대의 발전변화와 논쟁의 전개에 따라, 유학종교론 혹은 비종교론을 막론하고-사람들의 유학과 종교에

143 馮友蘭, 「略論道學的特点名稱和性質」(『社會科學戰線』, 1982年, 第3期), 참조.
144 張岱年, 「論宋明理學的基本特質」(『哲學研究』, 1981年, 第9期), 참조.

대한 태도에 어떤 차이가 있는지, 사람들의 유학과 종교 및 그 상호 관계에 대한 인식이 심화되었는지, 사상인식의 수준이 모두 부단히 향상되었는지를 파악할 수 있다. 때문에 이 문제에 대한 토론을 한층 더 전개시켜 사람들이 이미 가지고 있던 인식을 심화시키는데 도움이 될 것이라고 믿는다.

유학과 종교성 문제[1]

- 성중영成中英교수와
중국사회과학원 전문가들의 좌담

강광휘姜廣輝[2] · 성중영成中英[3]
이신李申 · 왕은우王恩宇[4] · 노종봉盧鍾鋒[5]

    1996년 6월 24일에 미국 하와이대학 성중영成中英교수는 중국사회과학원
역사연구소와 종교연구소 부서의 전문가들과 좌담하였다. 좌담의 제목은 '유
학과 종교성 문제'였다. 좌담은 사회과학원 역사연구소 중국사상사연구실의
주임인 강광휘姜廣輝에 의해 주관되었다.

---

1 원래 『현대전파(現代傳播)ㅡ북경광파학원학보(北京廣播學院學報)』, 1996년, 제6기에 실
   렸던 글이다.
2 강광휘(姜廣輝, 1948~): 중국 사회과학원 연구원. 대표 저서로는 『중국철학(주편)』·
   『朱子學刊(주편)』·『이학과 중국문화』 등이 있다.(역자 주)
3 성중영(Chung-Ying Cheng, 1935~): 미국 하와이대학 철학과 교수. 대표 저서로는 『유
   가철학론』·『중국철학과 중국문화』·『역학본체론』·『지식과 가치』 등이 있다.(역
   자 주)
4 왕은우(王恩宇): 중국 사회과학원 연구원. 대표 저서로는 『모택동 철학사상연구』·
   『사회기본모순학설과 중국사회주의개혁』 등이 있다.(역자 주)
5 노종봉(盧鍾鋒, 1938~): 중국 사회과학원 연구원. 대표 저서로는 『중국전통학술사』·
   『송명이학사』·『중국근대철학사』 등이 있다.(역자 주)

강광휘姜廣輝　유학이 종교인지 아닌지에 관한 문제는 이미 현대 학술계의 일대 쟁점이 되었다. 양수명梁漱溟(1893~1988)선생은 일찍이 주공과 공자의 교화는 종교가 아니고, 유학은 도덕으로 종교를 대신한다는 것을 제기하였다. 최근 장대년張岱年(1909~2004)선생이 여러 편의 논문을 발표하고 유학이 덕육德育(도덕교육)으로 종교를 대신한다고 여긴 것도 중국문화의 일대 특징이다. 이러한 견해는 많은 학자들의 지지를 받았다. 그러나 최근 10여년 사이에 일부 학자들은 유학이 종교라고 주장하였다. 다만 각자 종교에 대한 인식과 태도는 같지 않았다. 어떤 사람은 "종교가 인민의 아편이다"6라고 보았으니, 유학을 종교라고 말하는 것은 바로 유학이 인민의 아편이라는 의미이다. 또 어떤 사람은 종교의 경지를 '정신의 최고 경지'로 보았으니, 유학을 종교라고 말하는 것은 바로 유학이 정신의 최고 경지라는 의미이다. 이 때문에 동일한 명제 하에서도 찬성하기도 하고 반대하기도 하는 다른 태도가 있었다.

　현실의 사회문제, 즉 전통의 단절과 신앙의 상실 및 생존의 좌절 등은 일부 사람들로 하여금 종교 속에서 정신적 위안을 찾게 하였다. 이러한 상황은 또한 일부 인사들로 하여금 다른 종교를 신앙하기 보다는 차라리 유학을 민족의 종교(유교)로 신앙함으로써, 다른 종교의 신앙체계를 배척하는 것이 더 나을 것이라는 생각을 갖게 하였다. 오늘 성중영교수가 사회과학원 역사연구소를 방문하여 우리는 '유학과 종교성 문제'라는 제목으로 좌담을 약속하였다. 나는 또한 종교연구소의 이신李申박사를 초청하였는데, 그는(이신) 일찍이 유사한 제목으로 종교연구소에서 나와 토론할 것을 약속했었다. 내가 이를 '좌담'이라고 부르는 것은, 이 논제論題가 크고 복잡하여 각

---

6 마르크스, 『헤겔 법철학 비판』서문, 참조.(『독불연보(獨佛年報)』잡지, 1844년 2월에 발표되었던 글이다.)

자의 견해가 달라 공통된 생각을 얻지 못하거나 대화를 한데 모으지 못하여도, 각자 생각을 말하여 자기의 관점을 분명히 밝힐 수 있기 때문이다.

성중영成中英　종교, 특히 성숙한 종교를 어떻게 이해해야 하는가? 종교가 사람에게 거대한 흡입력으로 작용하는 것은 상당히 큰 초월성을 가지고 있기 때문인데, 이것이 첫째이다. 둘째, 종교는 인격화된 신앙대상을 가지고 있으니, 하느님·신 등과 같은 것이다. 신앙의 대상에서 보면, 하느님 혹은 신이 사람을 창조하였으나, 심리적 분석에서 보면 사람이 하느님 혹은 신을 창조하였다. 셋째, 종교는 대중적인 것으로 사람을 만족시켜 주거나 혹은 궁극적으로 실현시켜 줄 수 있으니, 기독교·불교·이슬람교는 모두 이러한 요구에 부합한다. 넷째, 초월성은 출세出世문제와 관계되고, 출세의 초월은 종교의 중요한 방면이다.

종교는 일종의 최종 관심으로, 이것은 주체성에서 말하였으나 최종 관심과 최종 존재를 반드시 구분해야 하니, 최종 존재는 절대 초월적이다. 종교는 최종 관심으로서 최종 존재를 투사하는데, 그 표현방식에는 두 가지가 있다. 하나는 초월적이고 다른 하나는 내재적이다.

유태교Judaism의 여호와는 결코 사람과 멀리 떨어져 있는 것이 아니라 아마도 부락신이나 조상신이었을 것인데, 어째서 그가 초월적 하느님으로 변하였는가? 나는 유태민족의 운명과 관계가 있다고 생각한다. 유태인은 각종 재난을 겪으면서 여러 차례 노예화되었는데, 이러한 부락민족의 정체성과 통일성을 수호하기 위해 하느님이 출현하였던 것이다. 입는 재난이 많을수록 초월성은 더욱 강해진다. 이러한 초월성은 일종의 이상理想, 즉 사회의 이상과 정의의 이상을 대표한다. 그것은 사람과 관계를 발생하는데, 이것이 바로 '계시 Revelation'이다. 이것은 최종 관심과 최종 존재 사이에 있는 관계이다.

불교는 다른 일종의 형식이다. 불성佛性은 사람에 내재하는 것, 즉 "하늘이 명한 것을 본성이라 한다"[7]는 것과 같은 것으로, 어떻게 하여 이러한 불성을 드러내는 것이 바로 '깨달음'이다. 이것은 기독교의 '계시'와 같은 것으로, 모두 최종 가치를 나타낸다. 그 밖의 같은 점으로는, '깨달음' 혹은 '계시'에 직면하면 어떤 일도 중요하지 않는데, 일본 도겐道元(1200~1253)[8]의 중국 스승인 천동여정天童如淨[9]선사는 '심신탈락心身脫落'[10]이라고 하였다. 내재에서 초월에 이르거나 초월에서 내재에 이르면 소통될 수 있다는 것이다.

유가의 초월은 결코 출세의 수준으로 확대되지 못하였고, 유가의 생활은 하나의 완전한 천지우주였다. 불교는 고통과 재난을 기점으로 삼았고, 기독교 등에도 모두 이러한 특징이 있다. 유가의 『주역周易』과 『주례周禮』에는 모두 유구한 내원來源이 있어 하늘과 사람, 사람과 사람의 화해를 나타내었다. 중원中原[11]이라는 지방은 당시에

---

7 『中庸』, 第1章, "天命之謂性."

8 조동종(曹洞宗)은 중국의 선종 5가(임제종(臨濟宗)·조동종(曹洞宗)·위앙종(潙仰宗)·운문종(雲門宗)·법안종(法眼宗))의 하나이고, 일본에서는 선종(조동종·일본달마종·임제종·황벽종(黃檗宗)·보화종(普化宗))의 하나이다. 조동종의 종조(宗祖)인 도겐(道元)은 1227년 송나라에 들어가 천동(장옹)여정(天童(長翁)如淨)에게 가르침을 받았으며, 그의 열반묘심(涅槃妙心)을 계승하였다. 그는 1229년 귀국하여 일본에 조동종을 전파하였다.(역자 주)

9 천동여정(天童如淨, 1163~1228): 중국 남송(南宋) 선종의 거장, 성은 유(兪), 명주(明州) 위강(葦江) 사람이다.(역자 주)

10 몸과 마음이 모두 떨어져나간 상태, 즉 객관과 주관이 부정되어 관념의 찌꺼기가 모두 없어져서 심신일체(心身一體)의 상태가 되면 더 이상 몸과 마음에 대한 집착과 두려움이 없어진다. 이것이 심신탈락(心身脫落)이다.(역자 주)

11 중국 황하(黃河)의 중류와 하류에 걸친 땅으로, 하남성(河南省) 대부분과 산동성(山東省) 서부 및 산서성(山西省) 남부를 포괄한다.(역자 주)

대체로 기후 등의 조건이 나쁘지 않아 사람과 하늘의 관계가 매우 가까웠고, 이들이 융합한 후에 '도道'의 이념이 발생하였다. 중국 원시의 생활경험은 사람이 비인격화의 자연 속에 녹아있어 초월의 문제를 고려할 필요가 없었다.

유가와 도가는 서로 같은 자연우주관을 가지고 있었으니, 공자는 다음과 같이 말하였다.

삶도 알지 못하는데 어찌 죽음을 알겠는가?……사람도 섬기지 못하는데 어찌 귀신을 섬기겠는가?12

유가는 사람에게 일종의 책임을 질 것을 요구하였고, 그 종교성은 사람의 책임 위에 세워졌다. 공자가 말한 것처럼 "늙음이 장차 이르는 줄도 모르고"13 심지어 죽음이 장차 이르는 줄도 모른다면, 죽음의 준비가 필요하지 않다는 것이다. 장재張載(1020~1077)는 「서명西銘」에서 다음과 같이 말하였다.

살아있는 때 내가 〈하늘과 땅을 부모처럼〉 거역함이 없이 섬기면, 죽을 때 내가 편안할 것이다 .14

유가에는 형식이 없으나 만족하는 방식이 있었다.

유가는 전도傳道(종교)사업을 조직하지 못하였으니 종교가 아니다. '조직'은 아마도 하나의 역사적 현상이니, 예를 들어 기독교와 불교가 당시에 조직이 없었다면 세계종교가 될 수 있었는지 여부는 매

---

12 『論語』「先進」, "未知生, 焉知死.……未能事人, 焉能事鬼."
13 『論語』「述而」, "不知老之將至云爾."
14 『張子全書』「西銘」, "存吾順事, 沒吾寧也."

우 말하기 어려울 것이다. 유가의 사명은 사회를 교화(변화)시키는 것이지 개인을 구제하는 것이 아니다. 유가는 조직을 바라지 않았고 종교가 되지 못하였다. 나는 개인적으로 유가를 종교로 전환시키려는 것은 곤란하다고 생각한다. 왕양명王陽明을 예로 들면, 그의 '양지良知'와 '영명靈明'에는 참으로 '계시'의 맛이 있지만, 진정한 초월적 실체가 아니다. 서양의 종교는 일종의 정신현상으로서 20세기에 이르러 이미 모호해졌고, 기독교는 이성을 위주로 하였지만 여전히 원시의 대상화인 하느님을 벗어나지 못하였다.

이신李申 유가가 종교인지 아닌지에 대해, 나는 역사적 사실에 비쳐봐야 한다고 생각한다. 중국 고대에는 대다수 사람들이 신앙하던 전국민성 종교가 존재하였는데, 그 지상신은 '천' 혹은 상제였고, '천' 혹은 상제 아래에는 등급이 삼엄한 각급 신령이 있었다. 천자에서 서민에 이르기까지, 개개인은 모두 자기의 사회적 지위에 따라 이러한 신령체계 속에 상응하는 신령에게 제사하였다. 중국 북경성北京城 안의 천단天壇·지단地壇·일단日壇·월단月壇·사직단社稷壇 등의 건축은 바로 이러한 종교가 일찍이 존재했었다는 물증物證이며, 유교경전과 정사正史인 「예지禮志」에는 이러한 제사변천의 역사를 기록하고 있다. 우리는 이러한 종교를 '유교'라고 불렀다. 한 무제의 '유술만을 존숭하는(獨存儒術)' 것을 시작으로, 유학자의 대표 공자가 국가의 정식 제전祭典에 들어가 공자에 제사지내고 천지에 제사지내는 교사郊祀祭·종묘가 함께 시행되어 유교의 세 가지 큰 제사체계가 되었다. 유학은 이러한 종교를 위해 교의敎義·교리敎理를 제공하였다. 한대漢代를 시작으로 사람들은 점차 이러한 종교를 '유교'라 불렀으니, 명칭(名)과 실제(實)가 서로 부합하였다. 오늘날 우리가 '유교'라 부르는 것도 전통을 답습하는데 불과하다.

강광휘姜廣輝   유학이 무엇보다도 일종의 신앙이라는 것은 응당 이의가 없어야 한다. 신앙에는 두 가지가 있을 수 있으니, 하나는 종교적 신앙이고, 다른 하나는 비종교적 신앙이다. 나는 유학이 일종의 비종교적 신앙이라고 생각한다. 나는 그것을 구체적으로 일종의 '의미적 신앙'이라고 정의하였다.

사람과 동물의 근본적 구별은 사람이 의미를 추구하는데 있다. 대체로 인류 최초에는 모두 종교신앙의 형식을 통하여 의미를 추구하였으니, 즉 일종의 신학형식으로 인생의미의 이론을 우회적으로 전달하였다. 은殷·주周시대 중국인의 종교신앙체계는 천명天命신학체계였다. 후대에 선현들의 이성사유가 점차 주도적 의식이 된 후에는, 종교의 인식과 태도에 변화가 발생하여 도덕적 의미를 가진 인생의 '의미'가 가치를 담당하는 것으로 간주되면서 신학적 성분이 점차 희박해졌다. 그러나 이러한 '의미'에는 몸이 없을 수 없고 표현형식이 없을 수 없고, 예의禮儀·의식儀式이 반드시 없어서는 안되는 것이었기 때문에, 예의와 의식이 점차 종교에서 세속의 범위로 건너가서 의례가 '의미'의 매개체가 되었다. 이러한 중국문화는 '종교적 신앙'에서 '의미적 신앙'으로 넘어가서 일종의 '자기도 모르는 사이에 변화하는' 전형典型을 완성하였다. 여기에 이르면, 유가사상은 이미 신화와 신학의 우회적이고 허구적 형식의 도움을 빌릴 필요없이 '의미'를 나타내었고, "종지를 열어 전체 뜻을 밝힌다"[15]는 말이 직접 의미에 직면하여 일상생활 속에서 의미를 분명히 드러낼 것을 알려 주었다. 때문에 중국인은 어떤 일을 하기 전에 다만 그것의 '의미성'이 충분한지를 강조할 뿐이었고 '상제'의 취지와 근거는 말할

---

15 『孝經』「開宗明義章」(『효경』의 제1장으로 총론에 해당) 참조한다. (역자 주)

필요가 없었다.

유학의 '의미적 신앙'과 일반종교를 서로 비교하면, 두 가지 분명한 특징이 있다. 첫째, 차안성此岸性이다. 의미는 바로 생활에 있었고, 의례규범은 유학자에 의해 생활의 가치준칙으로 간주되었으니, 유학자들은 그것을 습속화하고 자연화하여 생활과 의미를 통일시키려 노력하였다. 나쁜 세력과 투쟁하여 '목숨'과 '의리'가 병존할 수 없을 때에 유학자들은 '목숨을 버리고 의리를 취할 것(捨生取義)'을 제창하였다. 유학은 위대한 인격이 역사책에 찬란히 빛날 것을 추구하여 청사靑史에 이름을 남기는 것을 가장 의미있는 것으로 보고, 피안세계에 대해서는 흥미를 느끼지 않았다. 둘째, 포용성이다. 종교신앙은 언제나 유일성唯一性과 배타성排他性을 강조하였다. 반면 '의미적 신앙'은 "도가 함께 행해져도 서로 위배되지 않는다"16거나 "길은 다르지만 돌아갈 곳은 같다"17는 것을 강조하였다. 중국 유가경전에는 "포용함이 있어야 덕이 이에 클 것이다"18라는 말이 있는데, 역사상 유학이 다른 교파와 장기간 병존할 수 있었던 것은 장점을 취하고 단점을 보완하여 종교전쟁이 없었기 때문이다.

유가의 『육경』은 근본이 '예'에 있고, 사람들은 항상 '예교禮敎'를 유가와 유교의 대명사로 여겼으며, 유학은 주로 '인의도덕仁義道德'을 말하였다. 그러나 『예기』에는 "도덕과 인의는 예가 아니면 이루어지지 않는다"19라고 지적하였다. 유학 속에서 '예'의 근본적 지위를 알 수 있다. 이전에 우리는 항상 유학의 사상적 핵심이 '인'이지 '예'가 아니라고 논쟁하였는데, 만약 '인'이라고 말한다면 어느 정도 대

16 『中庸』, 第30章, "道竝行而不悖."
17 『周易』「繫辭(下)」, "天下同歸而殊塗."
18 『尙書』「君陳」, "有容, 德乃大."
19 『禮記』「曲禮」, "道德仁義, 非禮不成."

중성이 있고 진보적 성분이 있다. 만약 유학의 사상적 핵심이 '예'라고 말한다면, 그것은 노예제의 예제禮制를 대표하고 반동적이다. 이러한 이해는 상당히 단편적이다. 나는 '예'란 무엇보다도 문명의 표지標識라고 생각한다. 인류는 동물에서 진화해 나왔다. 우리는 많은 동물에도 모두 군집질서가 있고, 동물의 군집질서는 일종의 본능이고 변하지 않는 법칙이라는 것을 알고 있다. 인류는 어떤 동물보다 총명하지만, 인류가 만약 총명함으로 오로지 나쁜 일을 한다면, 인류와 세계를 파멸시키지 않을 수 없는데, 때문에 순자가 "예를 제정할 것"[20]을 말한 것은 사람들의 분쟁을 막기 위한 것이다. '예'는 종족안전과 사회안정의 보호체제이다. 예는 하나의 정교한 규칙일 뿐만 아니라, 정교한 규칙을 통하여 사회규칙과 가치표준을 널리 시행하여 그것의 의미를 실현하는 것이다. 때문에 공자는 "자기의 사사로움을 극복하여 예를 회복하면 천하가 '인'으로 돌아간다"[21]라고 말하였다. 그러므로 우리가 유학을 예교禮敎라 부르든지 인학(仁學 혹은 人學)이라 부르든지, 그것은 실제로 일종의 '의미적 신앙'이다.

왕은우王恩宇   유학이 종교인지 아닌지 분명히 하려면, 관건은 무엇보다도 종교가 무엇인지를 분명히 하는데 있다. 나는 어떤 종교이든 모두 '출세'를 가장 본질적 특징으로 삼아 '출세'를 주장하는 것은 모두 종교에 속하고 그와 반대되는 것은 종교가 아니라고 생각한다. 유가는 '출세'를 주장하는가? 주장한다면 그것은 종교이고, 주장하지 않는다면 그것은 종교가 아니다.

오늘에 이르기까지의 인류사회문화는 실제로 세속문화와 종교문

---

20 『荀子』「大略」, 참조.(역자 주)
21 『論語』「顔淵」, "克己復禮, 天下歸仁."

화라는 양대 유형으로 구분할 수 있다. 이 두 문화는 상호 배척하는 일면(즉 '출세'와 '입세'의 상호 배척하는 일면)이 있을 뿐만 아니라, 또한 상호 흡수하는 일면도 있다. 혜능慧能(638~713)²²의 선종은 유학화된 선종이라고 말할 수 있지만, 그것은 여전히 불교이지 유학이 아니다. 마찬가지로, 왕양명의 심학心學도 선종사상을 흡수하였지만, 왕양명의 심학은 유학이지 선종이 아니다. 이 때문에 세속문화와 종교문화는 비록 서로 흡수할 수 있지만, 결코 쌍방으로 상호 전환될 수는 없다. 다시 말하면, 입세와 출세의 상호 배척하는 일면이 결국 모순의 주요 방면이라는 것이다.

노종봉盧鍾鋒　유학의 종교성은 역대로 적지 않는 논쟁을 갖던 문제이다. 대체로 세 가지 견해가 있다. 첫째, 유학을 종교로 보기 때문에 바로 유학을 유교로 부른다. 둘째, 유학을 종교로 보지 않지만, 그것이 종교의 모종의 특징을 가지고 있음을 인정하기 때문에 종교성이 있다. 셋째, 유학에 종교성이 있다고 보지 않고, 물론 유학이 종교라는 견해에 동의하지도 않는다는 것이다. 나는 세 번째 견해에 동의한다.

　문제를 설명하기 위해, 나는 응당 종교의 의미와 그 본질에서 말하려고 한다.

　항상 사람들의 말에 따르면, 종교는 전적으로 '최종 관심'을 말하고 이 때문에 초월성을 갖는다는 것이다. 또 어떤 사람은 말하기를, 종교는 초자연적 힘에 대한 숭배이니, 현실의 문제를 해결하고 현실의 고통을 벗어나기 위해 초현실적 힘에 의지한다는 것이다. 반드시 지적해야 할 것은, 위에서 기술한 여러 설이 종교의 일부 특징

22 중국 불교 선종의 제6대조, 속성(俗性)은 노(盧)이고, 본관은 범양(范陽: 지금의 河北省 啄縣)이다. 주요 저작으로는 『단경(壇經)』이 있다.(역자 주)

을 언급하였으나, 종교의 본질적 특징은 아니라는 것이다.

나는 종교가 일종의 전도된 의식이고, 인류의 왜곡된 현실에 대한 반영이며, 또한 요지가 현실을 초월하는 일종의 주관적 허구에 있다고 생각한다. 종교는 인위적으로 세계를 이중화二重化, 즉 '차안'과 '피안'의 두 세계로 나누고 '피안세계'만이 세계의 본원이라고 여긴다. 인류는 '차안'을 초월하여 '피안'에 귀의해야 하고, 이렇게 단언해야 비로소 인류의 '최종 관심'이 소재한다는 것이다. 이러한 의미에서 말하면, 종교는 다음과 같이 정의할 수 있다.

종교는 그 본질에 따라 말하면, 사람과 대자연의 모든 내용을 박탈하고 그것을 피안에 있는 신의 환영幻影으로 돌려준 후에, 피안의 신이 크게 자비를 베풀어 일부의 은전恩典을 사람과 대자연에게 되돌려주는 것이다. (엥겔스의 말이다)[23]

종교는 일종의 정신문화현상으로서, 그 본질적 특징은 그것의 피안성에 있어야 하고 그것의 '출세'사상에 있어야 한다는 것을 알 수 있다.

방법론에서 말하면, 비이성주의가 종교의 기본 특징이다. 비이성주의는 초경험을 주장하고 〈경험이나 사고 따위에 의지하지 않고〉 직각直覺을 숭배하며, 내심의 체험을 통해 '피안세계'의 존재를 깨달을 것을 선양한다. 다시 말하면, '피안세계'는 결코 과학적 방법으로 증명할 수 있는 것이 아니다. 이 때문에 종교의 방법론은 반反실증주의와 비非이성주의이다.

유학으로 돌아가 보면, 창립한 날로부터 그것은 '인륜을 중시하

---

[23] 『마르크스·엥겔스전집』, 第1卷, p.647,

고(重人倫) 경세를 숭상하는(尙經世)' 것으로 세상에 알려졌다. 공자는
"성性과 천도天道'를 거의 말하지 않았고"24 "귀신을 공경하되 멀리하
여"25 초경험적 존재와 거리를 유지하였다. 이것은 초월성이 공자
의 사상적 특징이 아니고, 공자의 사상적 추구도 아니라는 것을 설
명하였다. 공자의 사상적 특징은 '존존尊尊'·'친친親親'의 인륜을 중시
하고 '예치禮治'라는 경세의 도를 숭상하였다. 공자의 사상적 추구는
초월적 정신방면에 있지 않고 역사방면에 있었으니, 즉 '삼대三代(하·
은·주)'의 다스림을 회복하는데 있었다. 공자의 이러한 사상적 특징
은 역대 유가에 의해 계승되고 발전되었는데, 그것은 유학의 윤리
와 정치의 일체화一體化라는 본질적 특징을 반영하였다. 유학의 이러
한 본질적 특징은 분명한 현실성, 즉 '차안성此岸性'을 가지며, 그것은
종교의 '피안성彼岸性'의 본질적 특징과 강한 대조를 이루었다. 인식
방법상에서, 공자는 "매사每事에 물을 것"26을 주장하였고, "배우고
때로 익히거나"27 "옛 것에 근거하여 새로운 것을 알 것"28을 주장
하였으며, "아는 것을 안다고 하고 모르는 것을 모른다고 할 것"29
을 주장하였는데, 이것은 일종의 '실질에 힘쓰고 허구에 반대하는(務
實反虛)' 이성주의적 태도이며, 종교의 반反실증주의와 비非이성주의
의 태도와는 분명히 대립되는 것이다.

　양한兩漢 이후, 유학은 여러 차례 변천을 겪었다. 그것이 한 번 변
하여 동중서董仲舒의 음양오행화된 유학이 되었고, 다시 변하여 한漢·
당唐 경학자들의 훈고화된 유학이 되었으며, 세 번째로 변하여 송·

---

24 『論語』「子罕」, "子罕言利與命與仁."
25 『論語』「雍也」, "敬鬼神而遠之."
26 『論語』「八佾」, "每事問."
27 『論語』「學而」, "學而時習之."
28 『論語』「爲政」, "溫故而知新."
29 『論語』「爲政」, "知之爲知之, 不知爲不知."

명 이학자들의 성리화된 유학이 되었다. 한·당 경학자들의 유학은
실증을 중시하는 유학이었으니, 그것이 종교의 비이성적 사유방식
과 취지가 다르다는 것은 말할 필요가 없다. 비록 동중서의 유학이
유학을 신학화하였지만, 그 '최종 관심'은 '신(혹은 天)'에 있지 않고
'사람(경세)'에 있었다. 송명 이학자들의 유학이 비록 '안으로 성인
이 되어 덕을 이룰 것(內聖成德)'을 중시하였지만 '밖으로 제왕이 되어
공적을 이룰 것(外王事功)'을 잊지 않았는데, 이것은 이미 세상 사람
들에 의해 공인되었다.

　총괄하면, 유학이 비록 여러 차례 변천을 겪었지만, 유학의 '인륜
을 중시하고 경세를 숭상하는' 사상적 전통과 '윤리와 정치의 일체
화'라는 본질적 특징은 바뀌지 않았으니, 여기에 바로 유학이 종교
와 구별되는 근본이 소재한다. 만약 유학의 변천에 따라 모종의 변
화가 일어나 유학이 종교이고 유학에 종교성이 있다고 단언한다면,
이것은 반드시 유학과 종교의 경계 및 그 본질을 뒤섞어 놓은 것으
로, 이 때문에 일종의 이론적 오류誤謬이다.

이신李申　출세와 입세의 문제는 결코 종교와 비종교의 분수령이 아니
다. 출세는 종교의 본질과 상징이 아니다. 종교의 본질은, 단지 그
것이 비현실적 힘을 빌리거나 혹은 비현실적 수단을 써서 현실적
문제를 해결하는데 있다는데 있다.

　중국의 많은 학자들은 유교가 종교가 아니고, 또한 중국 고대에
는 종교가 없었고 "중세기의 1천년의 암흑기"30가 없어서 자긍심을
느낀다고 생각한다. 실제로, 중국 전통문화가 자긍심을 느낄만한

---

30 대개 중세라고 하면 로마제국 멸망(476)에서 신성기독교제국 붕괴(1517)사이의
천년을 지칭한다. 중세 카톨릭교의 타락으로 중세 유럽세계의 전 영역에 미친 영
향을 인본주의자들은 '암흑기'라고 표현하고 있다.(역자 주)

것인지의 여부는, 유학이 종교인지 아닌지에 있지 않고 어떤 문화를 창조해내는지에 있다. 유교가 종교라는 것이 결코 중국 전통문화의 품위를 훼손할 수 없고, 우리의 민족 자긍심에 영향을 미칠 수도 없다는 것을 지적한다.

강광휘姜廣輝 　이상으로 여러 학자들이 각자의 관점과 근거를 제시해 주었는데, 나는 서로간에 많은 문제가 있어 한걸음 더 나아간 연구와 토론이 필요하겠지만, 시간관계로 오늘 좌담은 일단락을 짓는 것이 좋을 것이라 생각한다. 여러 학자들이 제기한 관점과 근거는 우리에게 깊이 생각할 여지를 남겨주었으니, 기회가 되면 다시 함께 진일보 토론할 수 있기를 기대한다. 여러분 감사합니다!

'유학은 종교인지 아닌지'에 대한 필담[1]

14

장대년張岱年 · 계선림季羨林 · 채상사蔡尙思[2]
곽제용郭齊勇 · 장립문張立文 · 이신李申

유학은 '학술(學)'인가 아니면 '종교(敎)'인가? 만약 '종교'라면 유학은 '교화의 교(敎化之敎)'인가 아니면 '종교의 교(宗敎之敎)'인가? 만약 종교라면 아놀드 토인비 Arnold Joseph Toynbee(1889~1975)가 말한 '일종의 인생태도'를 가리키는 종교인가, 아니면 폴 틸리히Paul Tillich (1886~1965)가 말한 '가장 기본적인 의미에서 논한 것'이거나 '최종 관심'의 신학적 신앙체계인가? 이 문제는 근대 이래로 학술계에서 의견의 불일치와 논쟁이 있었고, 지금에 와서는 더욱 심해졌다. 중국의 홍콩과 해외에서는 일부 학자들이 여러 가지 생각에서 벗어나 유학을 종교화하는 작업에 진력하고 있으며, 또한 어떤 사람은 '유교'가 본래 종교이니 종교화할 필요가 없다고 여기기도 한다. 이 문제는 결국 어떻게 다루어야 하는가? 본 간행물은 이러한 필담筆談을 발표하여 이 문제에 대한 인식이 더 심화되기

---

1 원래 『문사철(文史哲)』, 1998년, 제3기에 실렸던 글이다.
2 채상사(蔡尙思)의 한글판 저서로는 차이상스 저, 이광호 역, 『중국예교사상사』(법인문화사, 2010)가 있다.(역자 주)

를 기대한다.

1. 유학과 유교
: 북경대학 교수 장대년張岱年(1909~2004)

『문사철文史哲』[3] 편집부는 '유교가 종교인지 아닌지'의 토론을 제기하였는데, 이것은 중요한 의미를 갖는다. 나는 이 문제에 대해 일찍이 고심한 바 있다. 지금 학술계에서, 어떤 사람은 유학을 일종의 종교라고 생각하고, 어떤 사람은 유학이 종교가 아니라고 생각한다. 일반적 견해는 세계에 삼대三大 종교, 즉 기독교·불교·이슬람교가 있고 그 중에 유교는 없다고 생각한다. 그러나 어떤 사람은 유학, 즉 유교도 일종의 종교라고 생각한다. 이 문제는 어떻게 다루어야 하는가?

대략 10년 전에 첫 번째 좌담회에서 선배인 양수명梁漱溟(1893~1988) 선생은 일찍이 "유학은 귀신을 믿지 않고 내세來世를 말하지 않기 때문에 종교가 아니다"라고 하였다. 나는 당시에 양선생의 의견에 동의하였다. 최근에 나는 다시 이 문제를 깊이 생각하였는데, 즉 종교에 대해 폭넓은 이해가 있으면, 비록 귀신을 믿지 않고 내세를 말하지 않더라도 인생에 대한 일정한 이해가 있고 인생에 대한 일정한 신념을 제공하여 생활을 지도하는 작용을 할 수 있으면 종교라고 부를 수도 있다고 생각하였다. 그렇다면 유교를 종교라 하는 것도 가능한 것이다.

홍콩의 공교 학원 원장인 탕은가湯恩佳(1935~)선생은 『공학논집孔學論集』을 저술하고 나에게 서문을 써 줄 것을 부탁하였는데, 나는 서문에

---

3 『문사철』은 1951년에 창간한 중국 최초의 인문사회 과학잡지이다.(역자 주)

서 다음과 같이 말하였다.

> 공자는 괴력난신怪力亂神을 말하지 않았고 삶을 말하고 죽음을 말하지 않았
> 으니, 이러한 의미에서 공자학설은 기타 종교와 다르다. 그렇지만 공자는
> 인생에서 반드시 준수해야 하는 사람되는 도리를 제기하여 인민들로 하
> 여금 확고한 생활신앙을 갖게 하였다. 이러한 의미에서 공자학설은 또한
> 종교의 공능을 가지고 있다. 공자학은 일종의 인도人道를 주요 내용으로
> 하고 사람을 최종 관심으로 하는 종교라고 말할 수 있다.[4]

이것이 바로 최근 이 문제에 대한 나의 견해이다.

엥겔스Engels(1820~1895)는 『루트비히 포이어바흐Ludwig Andreas Feuerbach와
독일 고전철학의 종말』[5]에서 일찍이 다음과 같이 말하였다.

> 포이어바흐의 견해에 따르면, 종교는 사람과 사람 사이의 정감의 관계이
> 고 심령心靈의 관계인데, 과거 이러한 관계는 현실의 허구에 대한 반영 속
> 에서(하나의 신 혹은 많은 신에게 도움을 빌리는 이러한 인류특성의 허구
> 를 반영함) 자신의 진리를 찾았지만, 현재에는 직접적이고 간접적으로 나
> 와 너 사이의 사랑 속에서 자신의 진리를 찾는 것이 아니다.[6]

---

4 湯恩佳, 『孔學論集』序, 文津出版社, 1996, "孔子不語怪力亂神, 言生而不言死, 在這一
   意義上, 孔子學說與其他宗敎不同. 然而孔子提出了人生必須遵循的爲人之道, 使人民有
   堅定的生活信仰. 在這一意義上, 孔子學說又具有宗敎的功用. 可以說孔學是一種以人道
   爲主要內容以人爲終極關懷的宗敎."

5 이 책은 엥겔스가 1886년에 잡지 『새로운 시대』에 발표한 글을 1888년 단행본으로
   출간한 것이다. 한글판으로는 프리드리히 엥겔스 지음, 남상일 옮김, 『루트비히 포
   이어바흐와 독일 고전철학의 종말』(백산서당, 1989)이 있다. (역자 주)

6 『마르크스 · 엥겔스選集』, 第4卷, p.229, 人民出版社, 1972年. "按照포이어바흐(Ludwig
   Andreas Feuerbach)的看法, 宗敎是人與人之間的感情的關係心靈的關係, 過去這種關係是
   在現實的虛幻反映中尋找自己的眞理, 現在却直接地而不是間接地在我和你之間的愛中尋
   找自己的眞理了."

유가가 강조한 것은 바로 '사람과 사람 사이의 정감의 관계'이고, '나와 너 사이의 사랑'인 것이다. 유학은 이러한 의미의 종교라고 말할 수 있다.

유학에는 확실히 생활을 지도하는 작용이 있어서 '안신입명安身立命'의 도를 제공하였다. '안신安身'이라는 말은 『주역』「계사전(하)」에 보인다.

　뜻을 정밀히 하여 신묘한 경지에 들어가는 것은 쓰임(用)을 다하는 것이요, 쓰임을 이롭게 하여 몸을 편안히 하는 것은 덕을 높이는 것이다.7

'안신'은 생활이 안정되어 걱정이 없는 것이다. '입명立命'은 『맹자』에 보인다.

　일찍 죽는 것(夭)과 장수하는 것(壽)이 다르지 않으니, 몸을 닦고 기다리는 것이 명命을 세우는 것이다.8

'입명'은 자신의 운명을 주동적으로 파악하는 것이다. 이것이 바로 유가가 추구하는 생활경지이다. 안신입명安身立命할 수 있으면 일종의 즐거움을 얻을 수 있으니, 이른바 "어진 자는 걱정하지 않는다"9는 것이다. 이러한 경지는 유신론有神論의 종교와 다르지만, 어느 정도의 의미에서는 유신론의 종교를 초월한다고 말할 수 있다.

종교에 대해 다른 이해가 있을 수 있다. 유학에 대해서도 다른 이해가 있을 수 있다. 따라서 유학이 종교인지 아닌지에 대해서는 다른 관

---

7 『周易』「繫辭傳(下)」, "精義入神, 以致用也. 利用安身, 以崇德也."
8 『孟子』「盡心(上)」, "夭壽不貳, 修身以俟之, 所以立命也."
9 『論語』「子罕」, "仁者不憂."

점이 있을 수 있다. 종교에 대한 이러한 이해에 근거하면 유학은 종교가 아니라고 말할 수 있고, 종교에 대한 다른 이해에 근거하면 유학도 종교라고 말할 수 있다. 유학에 대해서도 칭찬하거나 비난할 수도 있다. 어떤 사람의 '유학이 종교'라고 단언하는 것에는 비난의 뜻이 함유되어 있기도 하고, 어떤 사람의 '유학이 종교'라고 인정하는 것에는 칭찬의 뜻이 함유되어 있기도 하다. 나는 학술계의 사람들이 이러한 문제에 대해 관용의 태도를 취하여 다른 의견도 존중해 주기를 희망한다.

1998년 1월 4일

2. 유학인가 유교인가
: 북경대학 교수 계선림季羨林(1911~2009)

나는 이 문제에 대해 연구한 적이 없고 깊이 생각한 적도 없다. 지금 『문사철』 편집부가 이 문제를 제기하였으니, 내가 생각했던 것을 다만 아래와 같이 대답한다.

'학學'은 일종의 학설이니, 이것은 이해하기가 쉽다. '교敎'는 일종의 종교이다. '교'의 방면에서 문제에 대답하려면, 무엇보다도 먼저 '종교'가 무엇인지를 이해해야 한다. 나는 국내외 서적에서 종교를 정의한 것이 적지 않다고 본다. 나는 조사할 시간이 없고 또한 게을러서 잠시 옛날 판본인 『사원辭源』10의 '종교'조항을 참고하였다. "신도로 가르침을 베풀고 계율戒律을 세워서 사람들로 하여금 숭배하고 신앙하게 한 것이다."11 나는 말이 비록 간단하고 뜻이 비록 적중하지 않지만 차이

---

10 『辭源』, 商務印書館, 1983.(역자 주)

가 크지 않다고 생각한다. 자세히 분석해보면, 여기에는 종교의 네 가지 조건을 포괄하고 있다. 첫째, 신이 있어야 하고 둘째, 계율이 있어야 하며 셋째, 기구 혹은 조직이 있어야 하고 넷째, 신도들이 신앙을 숭배해야 한다는 것이다.

이 네 가지 조건을 가지고 공자와 그가 창시한 유학을 고찰해보면, 공자가 살았던 시기와 그가 죽은 후 상당히 오랜 기간 동안에는 '유학'이라 칭할 수 있었을 뿐이고 어떤 종교적 색채도 없다는 것을 발견할 수 있다. 『논어』에는 "공자께서 괴력난신怪力亂神을 말하지 않았다"12라고 하였다. 공자 스스로도 "하늘이 무엇을 말하더냐?"13라고 하였다. 이러한 '하늘'은 '신격神格'을 가진 '하느님'이 아니다. 공자는 신으로 자처하지 않았고, 그의 제자와 제자의 제자들도 그를 신으로 대하지 않았다. '유학'은 학설이 아니고 무엇이겠는가? 언제부터인지 모르겠지만 공자는 신격화되었다. 당대唐代에 이르러 유가·불가·도가가 함께 삼교三敎로 불려졌다. 성묘聖廟를 세우고 제사를 거행하는데 이르러서는 유가가 이미 완전히 하나의 종교가 되었다. 이 때문에 나는 '유학'에서 '유교'에 이르기까지가 일련의 역사변천의 과정이라고 생각한다.

유교만 그런 것이 아니라 다른 것도 마찬가지다. 인도의 불교는 중국의 유가와 거의 완전히 같다. 원시불교는 무신론적이다. 석가모니는 신으로 자처하지 않았고, 그가 살아있을 때는 제자들도 그를 신으로 대하지 않았다. 도처를 떠돌아다니며 설교하는 행각승行脚僧(여러 곳을 돌아다니며 수행하는 스님)이었고, 목적은 인도 서부의 바라문교婆羅門敎와 서로 대적하는데 있었다. 상당히 후대에 이르러, 특히 대승불교에

---

11 『辭源』,〈宗敎條〉, "以神道設敎, 而設立戒約, 使人崇拜信仰者也."
12 『論語』「述而」, "子不語怪力亂神."
13 『論語』「陽貨」, "天何言哉."

서 불교 내부의 발전과 서방에서 온 외부의 영향이 더해지면서 석가모니가 점차 신격화되어 오늘날 절 안에 단정하게 앉아있는 여래불如來佛 (부처님)이 되었던 것이다. 불교도 불학佛學에서 불교佛敎에 이르는 일련의 역사발전의 과정을 겪었다.

총괄하면, '유학' 혹은 '유교'를 토론하려면 반드시 일련의 역사발전의 관점이 있어야 하고, 한 면에만 집착해서는 안된다.

1998년 1월 4일

3. 유학은 종교가 아니고 종교의 작용을 하였다
: 복단대학 교수 채상사蔡尙思(1905~)

나는 이 논쟁이 갖는 문제에 대해, 나 자신의 주요 견해만을 간단하게 언급하고자 할 뿐이지 경전을 인용하여 장문長文의 글을 쓰려는 것이 아니다.

원시의 유학은 첫째, '학學'이고 '교敎'가 아니다. 둘째, 이러한 '교'도 교육敎育 · 교화敎化이지 종교宗敎 · 신교神敎가 아니다. 셋째, 유학에서 중요한 것은 종법宗法 · 예교禮敎 · 예치禮治이고, 그 다음으로는 의례儀禮이지만, 의례도 종법 · 예교와 긴밀한 관계가 있다. 넷째, 유학 자체는 종교가 아니다. 굳이 유학을 종교화하려면, 물론 몇몇 선례先例를 원용할 수도 있다. 이것은 이미 일부 학자들이 보기에, 유학이 동중서董仲舒 등 한유들에 이르러서는 신학화로 변하였고 송명유학에 이르러서는 어느 정도 불교화와 도교화로 변하였다는 것이다. 이것이 하나의 견해이다.

도가道家 자체는 철학이고 종교가 아니지만, 동한東漢 말기에 이르러서는 완전히 종교인 도교로 바뀌었고, 이후에는 도교가 존재하였고 도사道士가 있었다. 이것이 또 다른 견해이다.

이 밖에도, 유교와 종교인 도교·불교, 이른바 '삼교합일三敎合一'이 있었고, 중국에 일찍이 유행하였다.

자체로 종교가 아닌 도가道家가 종교인 도교道敎로 바뀔 수 있었다면, 무엇 때문에 유가에 대해서도 마찬가지로 그것을 종교화할 수 없었겠는가?

또한 공묘孔廟(공자의 사당)는 중국의 각 현縣에 거의 널리 퍼져있다. 내가 출생한 복건성福建省 덕화현德化縣에도 북경北京과 상해上海 등 대도시보다 더 큰 공묘가 있는데, 이것은 내가 어릴 적에 직접 보았다. 중국 각 현의 공묘는 많기가 근세 외국인이 중국에 와서 세운 천주교당과 기독교당보다 적지 않다. 중국의 일반 사람들은 공자를 아는 것이 예수를 아는 것보다 더 보편적이고, 이것은 또한 촛불을 켜고, 향을 피우고, 무릎을 꿇고 절하는 풍속습관을 포괄한다.

또한 강유위康有爲(1858~1927)와 진환장陳煥章(1880~1933) 등은 공교孔敎가 기타 세계의 큰 종교와 같다고 생각하였다. 진환장은 북경에서 공교 대학을 창립하였고, 또한 많은 나라에 가서 공교를 선전하였으며, 일찍이 상무인서관商務印書館에서 『공교론孔敎論』[14]이라는 책을 출판하였다. 내가 공자가 대교주大敎主라는 것을 믿지 않았기 때문에, 그는 특별히 나에게 책을 보내주어 공교의 신도가 될 것을 유혹하였다. 나는 부득이 그와 논쟁하지 않을 수 없었다.

그러나 이러한 것들은 결국 모두 일리가 없는 것이고 사실에 부합하지 않는 것이다. 종교의 가장 큰 특징으로는 인간계 밖의 다른 세계(지옥·천국 등)와 내세來世 등에 있지만, 공자학에는 근본적으로 이러한 것들이 없다.

나의 수십 년간의 연구에 따르면, 유학이 종교가 아니라고 감히 단

---

14 陳煥章(Huanzhang Chen)著, 『孔敎論(Kong jiao lun)』, 홍콩 孔敎學院(Kong jiao xue yuan), 1941. (역자 주)

정하겠지만, 모종의 종교보다 오히려 더 큰 작용을 하였다. 내가 민국民國시대15에 글방에서 『논어』를 읽다가 '공구孔丘'와 마주치면 반드시 이름(諱)을 피하여 '공모孔某'로 읽었고 '공구孔丘'로 읽는 것을 허락하지 않았다. '구丘'자를 쓸 때도 반드시 한 획을 빼야했다. 1987년에, 나는 주회를 위해 기념회를 개최한 무이산武夷山(福建省에 위치)에 가다가, 중도에 통속 시詩 한 수를 지었다. "동주東周에서 공구(공자)가 나왔고 남송에 주회가 있었으니, 중국의 옛 문화가 태산과 무이武夷에 있구나.(東周出孔丘, 南宋有朱熹, 中國古文化, 泰山與武夷.)" 어떤 큰 신문사에서는 일부 구시대의 영향을 받아 공성인孔聖人의 이름을 피하기 위해 '공구孔丘'를 '공자孔子'로 바꾸었다. 또한 상해上海에서 회의가 열렸을 때에, 상당히 유명한 대학교수가 노신魯迅이 말한 "공자의 예교禮敎가 어떻게 사람을 먹여 살릴 수 있겠는가?"라는 말을 크게 꾸짖는가 하면, 또한 "오늘날 일부 사람들은 '공부자孔夫子'를 '공구孔丘' 또는 '공노이孔老二(공씨네 둘째 아들)'16라고 부르는데 지나치게 엄숙하지 못하다"라고 말하는 것을 들었다.

1998년 1월

---

15 중화민국이 중국 대륙에 존재했던 기간(1912~1949)을 민국시대(民國時代)라고 부른다. 따라서 민국(民國) 원년은 1912년이 된다.(역자 주)

16 공노이(孔老二)는 '공씨네 둘째 아들'이란 뜻으로 공자를 폄하해서 부르는 말이다.(역자 주)

4. 유학-입세적이고 인문적이며 종교성 성질을 가진 정신형태이다

: 무한대학 교수 곽제용郭齊勇(1947~)

'유학이 종교 혹은 준準종교적 의미와 성격을 가지고 있는지 여부'는 지금 학술계에서 토론하는 중요한 문제이다. 이것은 '종교'의 정의를 언급한 것일 뿐만 아니라, 특히 종교에 관한 가치평가를 언급한 것이다.

서양 기독교의 일부 교파敎派의 정의에 따르면, 불교도 종교로 볼 수 없다. 일부 불교학자들도 스스로 불교는 종교가 아니라고 여기는데, 왜냐하면 그것은 신이 없는 숭배이고 석가모니는 사람이기 때문이다. 구양경무歐陽竟無(1871~1943)에 따르면, 불교는 무신론으로 철학도 아니고 종교도 아니며, 다른 일종의 특성의 지혜智慧라는 것이다. 이러한 판단 안에 숨겨진 결론은 '종교'라는 말을 아주 듣기 좋아하지 않는다는 것이다.

1920년대 이후, 중국 지식인들은 '멸망으로부터 나라를 구제하거나 (救亡圖存)' '부국강병을 추구하는(求富求强)' 생각에서 벗어나 거의 모두 근대 서양의 계몽주의 이성을 받아들였고, 또한 그것을 20세기 중국의 강한 의식형태로 변화시켰다. 이것은 종교에 대한 배척과 인류중심주의·과학지상주의를 포괄하였고, 더 나아가 평면화된 과학과 민주의 척도로 전현대 문명 속의 아주 풍부한 종교·신화·예술·철학·민속 등을 평가하였다. 그 해석학의 구조는 단순진화론이니, 예를 들면 콩트Auguste Comte(1798~1857)의 '신학—형이상학—과학'의 3단론17, 특히 우리의 누대에 걸쳐 사람들의 심령心靈에 오랜 습관이 된 '진보進步—낙후

---

17 콩트는 유명한 3단계 법칙에서 인간지식의 발전단계를 신학적·형이상학적·실증적(철학적) 3가지 단계로 나누고, 최후의 실증적 단계가 참다운 과학적 지식의 단계라고 주장하였다.(역자 주)

落後'의 이분법이다. '선입견'과 '선견지명'은 '배척성'을 특징으로 하는 (종교·자연 등을 배척) 소수의 인문주의이다. 우리는 일부 종교에 직면하여 종교를 평가하는 '말'을 거론할 수 있다. 채원배蔡元培(1868~1940)는 "심미교육審美敎育으로 종교를 대신할 것"을 요구하였고, 호적胡適(1891~1962)은 과학만이 "최고의 존엄"을 얻을 수 있고 "과학을 신앙하는 방법만이 만능적"이라고 하였다. 부사년傅斯年(1896~1950)은 '인·의·예·지'를 역사학과 언어학에 한데 뒤섞는 사람은 결코 "우리의 동지"가 아니니, 역사학과 언어학을 생물학과 지질학처럼 그렇게 세울 수 있어야 한다고 말하였다. '과학'이 의심할 수 없는 형이상학의 언어경지로 변하는 가운데(오늘날 우리가 항상 말하는 '과학적 철학사가를 세운다'는 것이 그 잔여이다.) 유학에 대해 감히 긍정하는 학자들도 '철학'일 뿐이지 '종교'가 아니라고 말할 수 있고, 혹자는 그 자체에 '과학'적 요소를 함유한다고 말하였다. 예를 들면, 당대 신유가 제1세대의 중심인물인 웅십력熊十力(1885~1968)은 천도天道와 인도人道의 관계 위에서 "하늘이 사람에 있으니 사람을 버리고서 하늘과 하나될 수 없다(天在人, 不遺人以同天)"는 것을 강조하고 사람의 '천인합일天人合一' 속에서의 주체적 지위를 긍정하였다. 유학의 가치를 널리 알리기 위해 웅십력은 고대 과학기술발명의 공로를 유학에 귀결시켰다. 양수명梁漱溟(1893~1988)이 지은 『중국문화요의中國文化要義』18의 유가윤리에 대한 평가에서, 웅십력은 호적과 중국의 전통자원資源(문화유산)에 대한 견해에 매우 큰 차이가 있었지만, 여전히 동일한 사상구조 속에서 문제를 사고하였다는 것을 어렵지 않게 볼 수 있다.

　　당대 신유가 제2세대의 주요 인물인 모종삼牟宗三(1909~1995)과 당군의唐君毅(1909~1978)는 처음으로 보편적이고 배척성의 계몽주의 심리상

18 梁漱溟, 『中国文化要义』, 上海人民出版社, 2005.

태에서 벗어나서 진정으로 서양 사상자원 속에 있는 깊은 의미와 깊은 가치가 종교임을 체인하였다. 이 때문에 제1세대 웅십력 등이 종교를 폄하하거나 유학과 종교의 한계를 분명히 구분하는 견해와 달랐고, 또한 호적胡適·풍우란馮友蘭(1895~1990) 등이 중국철학에서 발굴한 지식론과 논리학의 전통과도 달랐다. 당군의와 모종삼 등은 유학에 세속의 윤리실천과 다른 종교적 의미가 있음을 밝히는데 진력하였고, 유가의 도덕 배후에 있는 초월적 이론근거를 찾아내는데 노력하였다. 예를 들어 그들은 유학자의 '천天'과 '천도天道'가 바로 형이상적 정신생명을 가지고 있는 절대적 실재라고 보았다. 천도는 아주 높은 곳에 있어 초월적 의미가 있다. 천도는 사람을 관통하고 사람에 내재하여 사람의 본성이 된다. 이 때 천도는 또한 내재적이다. 천도는 초월하고 또한 내재하여 '주객불이主客不二'의 특성을 가지고 있는데, 이것은 일종의 화합의 도덕정신과 종교정신이다. 이와 같다면, 하늘과 사람, 초월세계와 윤리세계가 소통될 수 있다. 당군의·모종삼·서복관·장군매張君勱(1887~1969)가 1958년에 발표한 『중국문화와 세계선언』에서, 그들이 중국과 서양을 비교하고 중국학 혹은 유학의 가치를 긍정하려면, 참조해야할 것이 서양의 종교이고 과학이 아니라고 여겼음을 볼 수 있다. 바꾸어 말하면, 과거에는 중국문화를 비평(혹은 표창)하던 것이고 (혹 실제로 있던) 과학과 민주를 설명해내지 못하였지만, 지금은 중국문화 속에 종교정신이 있는지 없는지로 바뀌어 사람들을 안신입명安身立命'시킬 수 있다는 것이다. 때문에 네 분 선생의 『선언』을 비평한 많은 사람들은 '신발을 신을 채 가려운 곳을 긁는 격'으로 이 점을 간파하지 못하였다. 『선언』의 초안을 잡았던 당군의선생은 종교정서가 매우 강한 사람이었다. 그는 서양과의 논쟁에서 이기려면, 선진先秦과 송명宋明 유학 속의 종교적 의미를 발굴해낼 수 있는지 여부에 있다는 것을 인정하였다.

당대 신유가 제3세대의 주요 대표인물인 두유명杜維明(1940~)과 유술
선劉述先(1937~) 등은 서양종교와 서양문화에 대해 더 전반적으로 깊이
체인하였고, 동시에 유학에 대한 상세한 해석도 한걸음 더 심화시켰
다. 그들은 유학의 "사람과 자연의 화해和諧"에 관한 매우 뛰어난 이론
과 유학의 "신성神性과 인성人性, 최종 관심과 현실 관심"에 관한 문제를
분석하였다. 천天·지地·인人·신神의 관계가 전면적으로 논술될 수 있
었다. 두유명과 유술선은 이 문제에서 또한 많은 차이가 있었다. 예를
들어 두유명은 월프레드 스미스Wilfred Cantwell Smith(1916~2000)의 『종교의
의미와 목적』19에 대한 연구에 근거하였으니, 즉 일련의 구체적 교조
를 특징으로 하는 제도성 '종교'와 모종의 신앙 공동체 속에서 활동하
는 구성원들의 정신적인 자아인식의 '종교성'의 차이를 참조하였던 것
이다. 두유명은 유학(주로 송명 신유학을 가리킨다)관념 속에 정신적
자아인식을 신봉하는 종교경향이 있다고 생각하였다. 송명 신유학의
자아관념이 비록 사회작용의 측면에서 이해될 수 있지만, 그것은 무엇
보다도 우주론과 본체론의 도덕신앙의 심원한 의미를 가지고 있다. 유
술선은 유학이 종교방면에 있다는 것을 더 많이 긍정하였다. 그는 폴
틸리히Paul Tillich(1886~1905)의 견해에 근거하여 종교에 대한 일종의 비교
적 광범위한 이해를 취하였으니, 즉 종교신앙을 '최종 관심'으로 간주
하고 유학에 심원한 종교적 의미가 있다는 것을 지적하였다. 유술선은
최근 몇 년간 유가전통의 종교적 의미와 공자사상 속에 내포된 '천인
합일天人合一'·'일관자도一貫之道' 등에 대해 한걸음 더 나아가 자세히 논
술하였다. 두유명과 유술선 두 사람은 세계적 수준에서 유가를 대표하
여 기독교·천주교·이슬람교와 대화하였다. 유술선이 비교적 한스 큉

---

19 원제는 『The Meaning and End of Religion(1962)』이다. 한글판으로는 Wilfred
Cantwell Smith, 길희성 옮김, 『종교의 의미와 목적』(분도출판사, 1991)이 있
다.(역자 주)

Hans Küng[20]의 견해를 인정하였다면, 두유명은 그렇지 않았으니, 두유명은 '종교성'이라는 이 단계만을 긍정하였다.

한스 큉과 공동으로 『중국종교와 기독교』[21]를 저술한 진가의秦家懿 (1934~2001)교수는 물론 당대 신유가에 속하지는 않지만, 그녀는 '유학이 철학인지 아니면 종교인지, 유가인지 아니면 유교인지'의 토론에서 다음과 같이 지적하였다. 즉 초월경지에 대한 인식은 유학 전통이 시작될 때에 이미 존재하였고, 천도와 인도의 관계에서 천도가 여전히 우위를 차지하니 사람은 인도 속에서 천도를 체현하려고 노력해야 한다는 것이다. 제천祭天의례가 끊어지고 사람들의 조상에 대한 제사활동이 날로 쇠퇴해짐에 따라, 유학이 종교의례방면에서의 작용이 크지 않지만, 그 의미의 깊은 곳에는 여전히 농후한 종교성을 가지고 있으며, 특히 송명유학의 성인이 되거나(成聖) 초월자아의 정신수양에 대한 방면에서 그 일단을 엿볼 수 있다.

당대 신유가에 대해 첨예한 비판태도를 견지하였던 이미 작고한 불학佛學 연구전문가인 부위훈傳偉勳(1933~1996)은 유학의 종교적 의미를 매우 긍정하였다. 그는 서양의 유일신론의 '계시종교啓示宗敎'[22]와 달리, 중국의 유가와 불가는 모두 '철학의 종교' 혹은 '지혜의 종교'로써 철학과 종교가 하나로 융합되어 있다고 여겼다. 그는 유가가 추구하는 최종 진실이 '천'과 '천명', 천명에 근원하고 있는 도덕심성道德心性과 '낳고 낳는 것을 멈추지 않는(生生不已)' 천도라고 지적하였다. 유가의 최종

---

20 한스 큉(Hans Küng, 1928~): 스위스의 로마 가톨릭 교회 신학자이다. 한글판 저서 만으로도 『교회란 무엇인가』(분도출판사), 『가톨릭교회』(을유문화사), 『위대한 그리스도교 사상가들』(크리스천헤럴드), 『왜 그리스도인인가』(분도출판사), 『그리스도교』(분도출판사) 등이 있다.(역자 주)

21 秦家懿(Julia Ching), Hans Küng(著), 吳華(譯), 『中國宗敎与基督敎』, 三聯書店, 1990年.

22 계시종교(Revealed religion): 하나님이 인간에게 계시(啓示)한 말씀을 바탕으로 사람들에게 '신앙심'을 요구하는 종교이다.(역자 주)

진실은 그 원초적 천명의 근원에 있고, 유가의 최종 관심은 천명의 근거에 있으며, 유가의 생사관은 천명을 체인하는 종교성 기초 위에 세워져 있으니, 유가는 종교적 성질을 가지고 있다.

　나는 유학이 종교성을 가지고 있는지 여부를 분명히 하려면, 무엇보다도 먼저 중국 전통 인문정신과 서양 근대 인문주의의 구별을 분명히 해야 한다고 생각한다. 전자는 포용적이고, 후자는 배척성적이다. 참으로 전목錢穆(1895~1990)선생이 말한 것처럼, 중국의 인문정신은 종교적 공능을 대신할 수 있고 또한 종교와 대적하지 않는다는 것이다. 불교가 중국에 전래된 후에, 점차 중국화되어 중국의 인문정신에 포함되었다. 중국 인문은 자연과 대적하지 않고 자연과 합일合—할 수 있기를 추구한다. 중국 인문은 자기의 본성을 다하고(盡己之性), 남의 본성을 다하게 하며(盡人之性), 사물의 본성(盡物之性)을 다하게 하여, 천·지·인·만물로 하여금 각자 그 지위에 편안할 것을 요구하였는데, 이 때문에 천지만물을 받아들여 그것들로 하여금 널리 교화시키고 각자 그 본성을 이룰 수 있게 하였다. 그것은 자연을 지배할 것을 주장하지 않았다. 중화 인문은 천·상제·천제天帝에 대한 신앙에 근거하고, 천명·천도·천성天性에 대해 지극히 경건하여 사람이 하늘을 떠나지 않는다고 말하거나 도가 본성을 떠나지 않는다고 하였다. 인문은 본래 밖으로 나타나는 것이지만, 중화 인문은 또한 내생적Endogenous이고 내재적이다. 중국인 최고의 신앙은 천·지·인·귀신의 합일이다. 그것에는 차안과 피안이라는 두 세계의 구분이 없고, 이 세계 속에서 만물이면서 신이고, 신이면서 만물이라고 보았다. 사람과 만물에는 모두 성性이 있고, 이 성은 하늘에서 부여받았으니, 하늘은 바로 사람과 만물 속에 있다. 중국인의 관념 속에서 사람과 신의 합일은 또한 "사람이 곧 하늘이다(人卽天)"라고 말할 수 있다. 사람의 선善은 하늘이 부여한 본성이고, 사람이 이 선한 본성을 다할 수 있는 것이 바로 '성인'이고 '신'이다. 이것이 바로 '본성과 도의 합일', '천인합일', '사람의 문화와 우주 대자연의 합일', '신의 세계와 인간세계의 합일'이다. 혹자는 중국 전통인문의 도덕정신이 종교성을 가지고 있고, 그 특징으로는 '내재와 외재', '자연과 인문', '도덕과 종교의 화합'이라고 말하였다. 이것은 서양 문예부흥(14~16세기에 일어난 르네상스 운동) 이후의 인문주의와 다른 것이다. 전목선생이 96세 고령의 나이에 최종적으로 깨달은 것이 바로 '천인합일'이다. 전목은 '천인합일'이 늙은 서생書生의 상투적인 말로 보지 않고, 이것이야 말로 중국문화가 세계의 미래에 할 수 있는 최대의 공헌이라고 여겼다. 물론 '천인합일'을 사람과 자연(대상인 것으로, 서양 근대 이후에 의미하는 '자연'이다)의 합일로 보고 일종의 환경보호의식만을 말하거나, 하늘의 신비성이나 종교성과 사람의 하늘에 대한 경건함과 사람의 '도'에 대한 깨달음을 배제하고 중국 전통의 '천인합일'을 이해하는 것은 지나치게 전반적이지 못하다.

전통유학은 전통 지식인들의 인생을 편안히 사는 작용에 대해 모두 잘 알고 있다. 유학자들의 생명이 이상·신념과 하나로 융합되어 있다. 그들의 인문이상과 가치세계, 경천敬天과 법조法祖, 상제와 황천의 숭배, 천·천명·천도에 대한 경외와 신앙은 밀접하여 불가분의 관계에 있다. 유가의 도덕·윤리와 유학자들의 생활 속에는 깊은 최종 근거가 있고 초월적 형이상의 관심이 있다. "자신의 몸을 희생하여 인을 이룬다(殺身成仁)", "목숨을 바쳐 의로움을 지킨다(舍生取義)", "고통에서 백성을 구제한다(救民於水火)", "세간이 곧 출세간이다(卽世間卽出世)"라는 신성감·사명감·책임감·책임정신·우환의식과 힘써 실천하는 행동방식, 특히 신앙상의 최종 책임에는 종교도들과 차이가 없다. 그러나 유학자들은 또한 생활이 인륜의 상도常道 속에 있어서 일상생활을 떠나지 않고, 평범한 일상 속에서 생명을 체험하고 '천도'를 깨달아 고명한 경지에 도달한다. 총괄하면, 유학은 유학이고 유가는 유가이다. 그것은 입세적이고 인문적이며, 또한 종교성의 성격을 가지고 있다. 당신이 그것을 '인문교人文教'라고 말할 수 있는데, 이 '교'는 '교화教化'와 '종교宗教' 두 가지 의미를 함유한다. 그것에도 최종 관심이 있지만, 역시 세속윤리이다. 그것은 결국 종교가 아니니 종교화할 필요도 없다. 앞에서 서술한 것처럼, 우리는 '과학' 혹은 '지성'의 오만을 고집할 필요도 없고, 또한 '종교'의 오만을 고집할 필요도 없다. 그것이 종교성의 의미를 가지고 있다고 이해하면, 우리의 유학에 대한 인식을 심화하는데 도움을 줄 수는 있지만 종교로 귀결할 수는 없다.

5. 유학이 '학술'인지 '종교'인지에 관한 견해
: 중국인민대학 교수 장립문張立文(1935~)

유학은 '학술(學)'인가 '종교(教)'인가? 이것은 우리가 수년 동안 줄곧 깊이 고민하던 문제이다. 나의 생각을 가장 크게 자극한 것은 1996년 가을이다. 나는 인민대학교 외사처外事處(국제교류담당부서)의 위탁을 받아 진옥서陳玉書(화교출신)와 수국장水國章 두 선생과 좌담하였다. 수국장 선생은 그들이 인도네시아 화교華僑23의 아이로 한번 출생하면 생명생존의 가혹한 문제에 직면한다고 말하였다. 그 곳 정부의 규정에 따라, 아이를 호적에 올리려면 반드시 종교 신앙이라는 항목에 기입해야 하고, 그렇지 않으면 호적에 올릴 수 없다는 것이다. 화교는 대체로 유교를 신앙하기 때문에 유교라고 기입하지만, 그 곳 정부는 유교가 종교임을 인정하지 않는다는 것이다. 그렇다면 유교는 결국 종교가 아닌가? 나에게 대답하기를 요구하였다.

---

23 화교(華僑)는 외국에 거주하는 중국인을 말한다. (역자 주)

이것은 사람의 생명 생존과 직접 관계되는 문제임을 제기한 것이다. 유학의 생명 지혜는 무엇보다도 사람의 생명에 대한 관심이고, 사람의 생명 존재는 사람이 생존하는 기본 권리이다.

천지의 큰 덕을 생명(生)이라 한다.[24]

생명의 존재는 천지세계의 가장 기본적이고 가장 보편적인 근본 덕성으로, 사람의 생명가치와 의미에 대한 존중이고 사람의 생명적 존엄과 인격적 독립에 대한 중시이다.

천지의 성性 중에서 사람이 가장 귀하다.[25]

이것이 유학의 종지宗旨이니, 유학이 만약 생명에 대한 관심을 버린다면 또한 생명력과 존재의 필요성을 상실한다. 현실사회에서 유학이 원래 가지고 있던 "사람과 가깝고 생활과 가까운", 즉 백성이 날마다 쓰는 학문에 관심을 갖는 성격과 공능을 회복해야 비로소 그 생명을 부활시켜 사람의 생명에 대한 관심을 실현할 수 있다. 현대 신유가의 도덕적 형이상학은 사람을 추상화하여 사람을 상실하였고, 사람의 현실세계의 충돌을 추상화하여 사람의 현실세계를 와해시켰다. 이것은 철학의 형이상학 본체론이 내포한 직각直覺·본체本體의 사유방식으로, 일종의 추상원칙에서 출발하여 공허空虛하고 허황된 사유방식으로 나간 것이고 진실한 생활을 결핍하여 자기와 다른 외부 권위를 존숭하는 사유방식이다. 이러한 유학은 사람을 경시하고 사회에 관심을 갖지 않

---

24 『周易』「繫辭傳(下)」, "天地之大德曰生."
25 『孝經』「聖治章」, "天地之性, 人爲貴"

는 허황된 학문이 되니, 이 때문에 나는 현대 신유가의 "형이상학의 절
대이성이 이미 죽었다"라는 말을 하였는데, 오늘날에 실현하려면 다시
태어나야 한다.

이른바 종교는 옛날부터 사람마다 견해가 달라 여러 설이 분분하였
다. 일반적으로 말하면, 초자연적 힘에 대한 존숭과 신앙을 가리키고,
사람이 세계를 파악하는 일종의 관념방식이다. 이러한 의미에서 말하
면, 종교는 대체로 두 가지 형태로 말할 수 있다. 하나는 체제화된 종교
이고, 다른 하나는 정신화된 종교이다. 전자에서 말하면, 종교는 자체
의 발전과정 속에서 자기의 교의敎義·교규敎規·교의敎儀·교단敎團 등을
형성하였으니, 기독교·이슬람교·불교·도교·도교·유태교 등과 같
다. 1993년 8월에 미국 시카코에서 개최된 120여개의 종교조직 6500
명이 참가한 〈세계종교의회대회世界宗敎議會大會〉에서 『세계로 나아가
는 윤리선언』을 제기하였다. 그들에게는 전직 성직자, 성직계급과 교
회조직 등이 있었으니, 이것이 체제화된 종교이다.

후자에서 말하면, 사람이 물질생활에서 상대적인 만족을 얻은 후에
는 정신생활이 가장 깊고 가장 보편적이고 가장 영원한 요구이다. 왜
냐하면 물질생활은 사람에게 경거망동·자극과 육체적 만족만을 줄 수
있고, 사람에게 정신적 행복과 영혼의 안식을 줄 수 없기 때문이다. 이
러한 의미에서 말하면, 종교는 자연과 자아를 초월하여 최종 관심으로
나아가는 것이다. 이 때문에 현대 종교사상가인 폴 틸리히Paul Tillich는
"종교는 사람의 최종 관심이다"라고 생각하였다. 미국 템플대학Temple
University 종교학과 교수인 부위훈傳偉勳은 "내가 강조하는 것은 심성心性
의 체득을 의미하는 것, 개별 실존적, 진실한 종교성, 혹은 고도의 정
신성이나 혹은 초세속 차원의 정신추구이다"라고 하였다. 이처럼 종
교의 취지는 안신입명安身立命·최종 해탈 혹은 영혼구제에 있으니, 이
러한 최종 해탈 혹은 영혼구제는 실제로 하느님이 없는 하느님과 천국

天國이 없는 천국에 대한 신앙이다. 오늘날 고도의 과학기술과 정보통신 세계에서, 사람에 대해 말하면 종교형식은 이미 가장 중요한 것이 아니며, 가장 중요한 것은 정신의 최종 관심과 영혼구제이다. 왜냐하면 사람들의 자아의식·인생의미·최종 존재·최종 의미를 추구하는 것과 서로 부합하는 요구이고, 초월자아와 최종 관심을 추구하는 것과 서로 부합하는 바람이기 때문이다.

종교의 최종 관심과 영혼구제계통의 핵심은 종교신앙문화계통이니, 그것은 종교이론·의례·제도·계율·문화 등을 포괄한다. 이러한 계통은 또한 그 기본 경전을 근거와 영혼으로 삼으니, 예컨대 기독교의 『성경』, 이슬람교의 『코란경』, 불교의 불경佛經, 도교의 도경道經, 유교의 『논어』 등이다. 그것은 교도들을 교화·단결·통합하는 기본 근거이고, 또한 그 종교를 흡수·귀의歸依·신앙하는 가치의 근거이다. 수백만 교민에 대해서 말하면 신앙과 행위, 생활과 사상의 근거이고, 세계의 기원, 인류의 기원, 인생의 최종 가치와 인과因果관계에 대한 해석이다.

만약 우리가 체제화된 종교의 표준을 초월하여 정신화된 종교를 보면, 바꾸어 말하여 서양 기독교를 초월하는 것을 모든 종교를 평가하는 표준으로 삼는다면, 중국 고대에는 종교의 전통이 존재하였고 또한 다원종교가 공존하는 구조를 조성하였다.

중국 상고의 하·상·주 시대에는 자연숭배→생식生殖(Fecundation)숭배→조상숭배의 종교문화가 존재하였다. 자연숭배는 하나라 이전에 존재하였다. 『좌전』「소공 원년」에는 다음과 같은 기록이 있다.

> 산천山川의 신은 홍수·가뭄·전염병의 재앙이 있으면 그에게 제사지냈고, 일월日月·성신星辰의 신은 눈·서리·바람·비가 순조롭지 못하면 그에게 제사지냈다.26

영禜27은 『설문說文』에 "띠를 묶은 단을 세우고 바람·비·눈·서리·홍수·가뭄·전염병을 물리치기 위해 일월·성신·산천에 제사지냈다"28라고 하였다. 이것은 바로 초목(띠풀)을 묶어 제사지내던 장소로, 제물을 올려 산천·일월·성신의 신에게 제사지내어 재앙을 물리치고 복을 기원하였던 것이다. 『예기』「제법祭法」에는 다음과 같은 글을 싣고 있다.

산림山林·천곡川谷·구릉丘陵이 구름을 내고 바람과 비를 일으키며 괴상한 일을 보일 수 있는 것은 모두 '신'이라고 하였다. 천하를 소유하는 자는 온갖 신들에게 제사지냈다.……이것은 5대가 지나도 변하지 않는다.29

이러한 자연숭배의 종교 제사활동은 오랜 기간 연속되었다. 『논어』「팔일八佾」에는 일찍이 다음과 같은 글을 싣고 있다.

애공哀公이 재아宰我에게 사社30에 대하여 물었다. 재아가 대답하기를 "하후씨夏后氏(우임금)는 소나무를 토지의 신으로 사용하였고, 은나라 사람들은 잣나무를 사용하였으며, 주나라 사람들은 밤나무를 사용하였다. 그 이유는 백성들로 하여금 두려워 떨게 하기 위해서이다"라고 하였다.31

---

26 『左傳』「昭公 元年」, "山川之神, 則水旱癘疫之災於是乎禜之. 日月星辰之神, 則雪霜風雨之不時, 於是乎禜之."
27 영(禜)은 산천의 신에게 빌어 홍수·가뭄·전염병을 물리치던 제사이다.(역자 주)
28 『說文』, "設綿蕝爲營, 以禳風雨雪霜水旱癘疫於日月星辰山川也."
29 『禮記』「祭法」, "山林川谷丘陵能出雲, 爲風雨, 見怪物, 皆曰神. 有天下者祭百神.……此五代之所不變也."
30 토지의 주신(主神)으로, 풍년들기를 기원하여 토지의 주신에게 제사지내는 것이다.(역자 주)
31 『論語』「八佾」, "哀公問社於宰我. 宰我對曰, 夏后氏以松, 殷人以柏, 周人以栗, 曰使民戰栗."

'사'는 토지의 신을 가리키는데, 토지의 신은 적당한 나무를 사용하여 신을 상징하였다. 각 시대마다 사신社神의 상징물도 달랐다. 『회남자淮南子』「제속훈齊俗訓」에서는 다음과 같이 말하였다.

> 유우씨有虞氏(순임금)의 제사에는 토지 신(社)으로 흙을 사용하였고, 하후씨夏后氏(우임금)는 토지 신으로 소나무를 사용하였으며, 은나라 사람들의 예에는 토지 신으로 돌을 사용하였고, 주나라 사람들의 예에는 토지 신으로 밤나무를 사용하였다.[32]

『논어』「팔일」에서는 또한 공자의 체禘제사나 신·태산·조상·아랫목 신·부엌 신·천신에 제사지내는 정보를 알려주었다. 유가의 창시자인 공자에서도 깊은 종교적 근거가 있음을 볼 수 있다.

유가의 "요임금과 순임금의 도를 계승하고 문왕과 무왕의 법을 본받아 지키겠다"[33]던 공자가 "나는 주나라를 따르겠다"[34]라고 말하였다. 비록 주나라 예를 따를 것을 가리켜서 말하였지만, 하夏·상商 2대의 예를 손익損益한 배후는 천명론天命論의 종교사상이다. 이러한 종교사상의 특징으로 은殷·상商의 천(상제)에는 자연적 종교성을 가지고 있지만, 주나라 사람의 천과 천명에는 윤리적 종교성을 가지고 있다. 즉 은나라 사람의 천(상제)에 대한 종교신앙 속에는 윤리적 의미가 비교적 적지만, 주나라 사람의 천과 천명의 종교신앙 속에는 이미 경덕보민敬德保民의 윤리적 의미를 가지고 있다는 것이다. 상나라와 주나라 천명관의 이러한 전환은 주공周公 단旦(주공의 이름)에 의해 완성된 것이고,

---

32 『淮南子』「齊俗訓」, "有虞氏之祀, 其社用土,……夏后氏其社用松,……殷人之禮, 其社用石,……周人之禮, 其社用栗."
33 『中庸』, 第30章, "祖述堯舜, 憲章文武."
34 『論語』「八佾」, "吾從周."

공자는 주공에서 주공의 천과 천명의 종교사상을 계승하였다. 공자는 다음과 같이 말하였다.

> 하늘에서 죄를 얻으면 빌 곳이 없다.35
>
> 천명을 두려워한다.36
>
> 안연顔淵이 죽자, 공자께서 "아! 하늘이 나를 버리는구나! 하늘이 나를 버리는구나!"라고 하였다.37
>
> 하늘이 나에게 덕을 주었으니 환퇴桓魋가 나를 어찌하겠는가!38
>
> 하늘이 장차 이 문文(문왕이 만든 예악문물)을 없애려 하였다면, 뒤에 죽을 자(공자)가 이 문文에 간여하지 못하였을 것이다! 하늘이 이 문을 없애려 하지 않았으니, 광匡 땅의 사람들이 나를 어떻게 하겠는가!39

천명의 종교사상이 공자사상 속에 깊이 근거하고 있는 것은, 그가 곤경 속에서 초자연과 초인간적 힘에 대한 신앙과 정신이 심리적 위안의 중요한 요소였기 때문이다. 공자가 보기에, 천명은 알 수 있는 것이다. "50에 천명을 알았다"40는 것은 다만 "소인은 천명을 알지 못하기 때문에 두려워하지 않는다"41는 것이다. 그의 천명관은 세속적·일용적 측면에만 머물러 있었던 것이 아니요 도덕적·윤리적 측면만 고려하였던 것이 아니라, 일종의 최종 경지 혹은 최종 관심을 추구하였다.

---

35 『論語』「八佾」, "獲罪於天, 無所禱也."

36 『論語』「季氏」, "畏天命."

37 『論語』「先進」, "顔淵死. 子曰噫, 天喪予, 天喪予."

38 『論語』「述而」, "天生德於予, 桓魋其如予何."

39 『論語』「子罕」, "天之將喪斯文也, 後死者不得與於斯文也. 天之未喪斯文也, 匡人其如予何."

40 『論語』「爲政」, "五十而知天命."

41 『論語』「季氏」, "小人不知天命而不畏也."

유가의 영혼구제에는 풍부한 종교적 자원資源이 있으니, 유태교의 『토라Torah』, 아슬람교의 『고란경』, 기독교의 『등산보훈登山寶訓』42, 힌두교의 『바가바드 기타Bhagavad Gīta』43, 석가모니의 교도들과 마찬가지로, 유가의 공자에도 '황금규율'이 있었다.

자기가 원하지 않는 것을 남에게 베풀지 말라.44

나는 남이 나에게 하기를 원하지 않는 것을, 나 또한 남에게 하지 않고자 한다.45

자기가 서고자 하면 남도 서게 해주고, 자기가 도달하고자 하면 남도 도달하게 해준다.46

군자는 조화를 이루고 맹목적으로 동조하지 않는다(和而不同).47

번지樊遲가 인仁을 묻자, 공자께서 "남을 사랑하는 것이다"라고 대답하였다.48

널리 많은 사람들을 사랑하라.49

자신을 극복하여 예를 회복하는 것이 '인'을 행하는 것이다.50

---

42 예수 그리스도의 가르침과 윤리적 교훈을 모아놓은 것. 산상설교(山上說教) · 산상보훈(山上寶訓) · 산상수훈(山上垂訓) · 등산보훈(登山寶訓) · 진복팔단(眞福八端) · 황금률(黃金律) · 팔복(八福) 등으로 불린다.(역자 주)

43 힌두교의 근본 경전은 『베다(Vedas)』 · 『우파니샤드(Upaniṣad)』이며, 그 외에도 『브라마나(Brāhmana)』 · 『수트라(Sūtra)』 등의 문헌이 있다. 또한 경전에 준하는 것으로 『마하바라타(Mahābhārata)』 · 『라마야나(Rāmāyana)』의 2대 서사시가 유명한데, 특히 전자의 일부인 『바가바드 기타』는 널리 애창되고 있다. 『바가바드 기타』는 성스러운 신에 대한 찬미(기타)라는 뜻으로 700편의 노래로 이루어졌는데, 후대의 힌두교도들은 이것을 최상의 성전(聖典)으로 존숭하였다.(역자 주)

44 『論語』「顏淵」, "己所不欲, 勿施於人."

45 『論語』「公冶長」, "我不欲人之加諸我也, 吾亦欲無加諸人."

46 『論語』「雍也」, "己欲立而立人, 己欲達而達人."

47 『論語』「子路」, "君子和而不同."

48 『論語』「顏淵」, "樊遲問仁, 子曰愛人."

49 『論語』「學而」, "汎愛衆."

공손함(恭)·너그러움(寬)·믿음(信)·민첩함(敏)·은혜로움(惠) 이 다섯 가지
를 천하에 행할 수 있으면, '인'을 이루는 것이다.[51]

사람들은 모두 공손하고, 너그럽고, 인도적이고, 성실하고, 정직하
고, 사랑으로 남을 대해야 하고, 남들도 그렇게 대해야 한다. 이러한
'황금규율'은 보편성을 가지며, 또한 개개인 영혼구제의 처방이며, 사
람의 생명에 대한 관심이다.

유학에는 천명에 대한 깊은 종교적 근원이 있을 뿐만 아니라, 또한
최종 관심과 영혼구제라는 내재적 초월의 성격과 공능을 가지고 있으
니, 유학 자체에는 이미 정신화된 종교의 성질(혹 그것을 지혜형 종교
라고도 부른다)을 구비하고 있다. 송명 이학자들은 천리관 방식으로
세계와 인류의 기원, 인생의 생명가치와 의미를 탐구하여 유가의 종교
적 천명관을 이론화하고 사변화하였다. 유학 혹은 유교를 극도로 존경
하고 숭배하면 정신화된 종교인 유교는 바로 종교이니, 예를 들어 홍
콩의 '공교학원孔敎學院'과 싱가포르의 '공교학회孔敎學會'와 같은 것은 유
교가 종교인 것이다. 실제로 '교화의 교'와 '종교의 교'의 구별은 인위
적인 것이니, 왜냐하면 어떤 체제화된 혹은 정신화된 종교는 모두 교
화의 공능을 가지고 있고, 줄곧 교화의 작용을 발휘하기 때문이다.

우리는 유교를 '학술'이고 '종교'가 아니라고 보는데, 그 사상적 장애
를 조사해보면 다음과 같다. (1) 체제화된 종교, 즉 기독교와 불교 등
을 표준으로 삼아 유교를 평가하기 때문이요, (2) 서양 종교와 철학을
둘로 나누는 사유방식과 가치판단의 영향을 받아서 철학과 종교를 항
상 상호 배척하는 것으로 간주하기 때문이요, (3) 정신화된 종교에 대

---

50 『論語』「顏淵」, "克己復禮爲仁."
51 『論語』「陽貨」, "能行五者於天下, 爲仁矣. 請問之. 曰恭寬信敏惠."

한 깊은 탐구와 연구를 결핍하였기 때문이요, (4) 종교의 거대한 교화 작용에 대한 평가가 부족하기 때문이다.

6. '교화의 교'가 바로 '종교의 교'이다
: 중국사회과학원 연구원 이신李申(1946~)

유교가 '교화의 교'이고 '종교의 교'가 아니라고 말하는 것은, 교화教化를 오늘날의 교육教育으로 간주한 것이다. 실제로 교육에도 두 가지가 있으니, 세속의 교육도 교육이고 종교의 교육도 교육이다. 교화에도 세속의 교화와 종교의 교화가 있으니, 용어 자체가 사물의 성질을 결정할 수가 없다. 유교를 '교화의 교'라고 말하는 것은 유교가 종교가 아니라는 것을 충분히 설명하지 못하니, 문제는 신의 명의名義 하에서 교화를 시행하였는지 여부를 보아야 한다. 아놀드 조셉 토인비Arnold Joseph Toynbee (1889~1975)의 '인생태도'론과 폴 틸리히Paul Tillich의 '최종 관심'설에 이르러서도, 모두 세속적인 것과 종교적인 것 두 가지가 있다. 문제는 신의 명의 하에서 시행하였는지 여부를 보아야 한다. 물론, 여기서의 신은 사람과 형상이 같은 신이 아니라, 일종의 초현실적이거나 혹은 비현실적인 존재이다. 이러한 존재를 믿는 것은 자기의 언행言行을 신의 권위 하에 두는 것이니, 이로부터 시행되는 활동은 종교적 활동이요 보통의 인류 활동이 아니다.

교화는 특정 개념으로서 유교에서 강력하게 주장하던 것이다. 공자와 맹자의 저술 속에서는 일반적으로 '종교'만을 말하였다. 동중서董仲舒에 이르러서는 교화의 개념을 명확히 제기하였을 뿐만 아니라 중요한 논술도 있다. 동중서사상의 종교적 성질은 적지 않은 사람들이 모두 인정하는 것이지만, 그렇지만 우리는 조금 더 분석하여 유교의 '교화의 교'가 바로 '종교의 교'임을 설명해야 한다.

동중서의 교화론은 무엇보다도 그의 「천인삼책天人三策」52에 보인다. 한 무제가 묻기를, "내가 듣기로, 오제五帝 · 삼왕三王53의 때는 천하가 크게 다스려졌으나, 그 후에는 왕도王道가 크게 무너져서 멸망이 계속 이어졌다"54 그렇다면 "〈왕도를〉 시행하였는데 혹 어긋나서 잘못된 것인가?"55 아니면 "하늘이 명을 내려 〈오제 · 삼왕의 때로〉 다시 돌아갈 수 없게 한 것인가?"56 "하 · 은 · 주 삼대三代가 천명을 받았다면 그 징표는 어디에 있는가?"57 또한 "무엇을 닦고 무엇을 삼가야 만물을 기름지게 하는 감로甘露가 내리고 온갖 곡식이 여물며……하늘의 도움을 받고 귀신의 신령함을 누리겠는가?"58라고 하였다. 분명히 이것은 일종의 종교문제이다. 동중서의 대답은 '종지를 열고 뜻을 밝혀(開宗明義)' 그의 천인감응天人感應학설을 제기하였다.

---

52 한 무제는 즉위하자마자 각 지방에 명을 내려 훌륭하고 자질있는 학자들을 불러 모으고, 그들에게 책문(策問: 임금이 정치문제 등을 제시하여 의견을 묻는 것)을 내렸다. 참여한 학자들은 최선을 다해 자기 의견을 제시하였고, 그 중에서 가장 눈길을 끈 것은 동중서의 대책이었다. 무제는 그의 질서정연한 정치관에 감동하여 세 차례나 책문(策問)을 했고, 동중서의 세 차례의 뛰어난 답변을 하였는데, 후세 사람들은 이를 '천인삼책(天人三策)'이라 불렀다. (역자 주)

53 오제(五帝)는 고대 중국의 다섯 성군(聖君), 즉 소호(少昊) · 전욱(顓頊) · 제곡(帝嚳) · 요(堯) · 순(舜)을 이르는데, 소호 대신 황제(黃帝)를 넣기도 한다. 삼왕(三王)은 중국 고대의 세 임금, 즉 하나라 우왕, 상나라 탕왕, 주나라 문왕 · 무왕을 이른다. (역자 주)

54 『漢書』卷56, 「董仲舒傳」, "五帝三王之時, 天下大治, 其後王道大壞, 滅亡相接." 원문은 "蓋聞五帝三王之道, 改制作樂而天下洽和, 百王同之. 當虞氏之樂莫盛于韶, 于周莫盛于勺. 圣王已沒, 鐘鼓管弦之聲未衰, 而大道微缺, 陵夷至乎桀紂之行, 王道大壞矣."이니, 저자가 내용을 축약정리하였음을 알 수 있다. (역자 주)

55 위의 책, "其所持操或悖繆."

56 위의 책, "固天降命不可復反."

57 위의 책, "三代受命, 其符安在."

58 위의 책, "何修何飭而膏露降, 百谷登,…… 受天之佑, 享鬼神之靈."

하늘과 사람이 서로 관여할 때는 심히 두려울 수 있다.[59]

국가에 장차 실패하는 도가 있으면 하늘은 먼저 재해災害를 내려 꾸짖었다. 스스로 반성할 줄 모르면 또 괴이한 이변을 내어 놀라고 두려워하게 하였으며, 그래도 바뀔 줄 모르면 몸을 손상시키거나 나라를 망하는데 이르게 하였다.[60]

그러나 하늘이 꾸짖는 목적은 사람의 실패하는 도를 고쳐서 실패하지 않는 바른 길로 가게 하는 것에 불과하다.

그렇다면 도道란 무엇인가? 동중서는 도가 "다스림에 적합한 길"[61]이라고 말하였다. 그 내용은 무엇인가? "인의仁義·예악禮樂이 모두 그것(도)에 갖추어져 있다."[62] 인의·예악으로 교화하면 오랫동안 평안할 수 있다.

그러므로 성왕聖王이 이미 죽었어도 자손이 수백 년간 평안할 수 있는데, 이 모두는 예악·교화의 공로이다. 왕이 음악을 지을 수 없을 때는 선왕의 음악으로 세상을 화순하게 하여 백성을 깊이 교화하였다. 교화가 이루어지지 못하면 아송雅頌[63]의 음악이 이루어지지 않는다.[64]

---

59 위의 책, "天人相與之際, 甚可畏也."

60 위의 책, "國家將有失道之敗, 而天乃先出災害以譴告之. 不知自省, 又出怪異以警懼之. 尙不知變, 而傷敗乃至."

61 위의 책, "適于治之路."

62 위의 책, "仁義禮樂皆其具也."

63 아송(雅頌)은 『시경』 속의 아(雅)와 송(頌)으로, '아'는 정악(正樂)의 노래이고 '송'은 조상의 공덕을 찬미하는 노래이다.(역자 주)

64 『漢書』卷56, 「董仲舒傳」, "故聖王已沒, 而子孫長久安寧數百歲, 此皆禮樂敎化之功也. 王者未作樂之時, 乃用先王之樂宜于世者, 而以深入敎化于民. 敎化之情不得, 雅頌之樂不成."

즉 "하늘의 도움을 받아서 귀신의 신령함을 누릴 수 있으려면" 반드시 예악교화를 행해야 한다는 말이다. 때문에 교화는 바로 상제와 귀신의 요구이니 하늘의 뜻에 따라 일을 시행하는 것이다. 또한 동중서는 "하늘이 명을 내려 다시 돌아갈 수 없게 한 것이 아니라"[65] 후인들이 "왕도를 시행하였으나 혹 어긋나 잘못된 것"[66]이라고 여겼으니, 이에 "흥망興亡과 치란治亂이 자신에 달려있다"[67]라고 하였다.

동중서는 이어서 교화의 필요성을 논술하였다. 그는 "『춘추』에 근거하여 왕도王道의 단서를 구할 것"[68]을 말하였으니, 이 왕도의 단서는 바로 "위로는 하늘이 하는 일을 계승하고, 아래로는 하늘이 하는 일을 바르게 하는 것이다."[69] 어떻게 하늘을 계승하는가?

> 천도의 큰 것으로는 음양이 있는데, 양은 덕德이고 음은 형벌(刑)이다. ……왕은 하늘의 뜻을 계승하여 일을 시행하기 때문에 덕교德敎를 쓰고 형벌을 쓰지 않는다.[70]

여기에서 '덕교德敎'는 바로 교화이다. 다시 명확하게 말하면, 교화를 행하는 것은 바로 왕이 하늘의 뜻을 받든 것에 불과하다.

동중서는 계속하여 공자께서 "봉황새가 이르지 않고 황하에서 하도河圖[71]가 나오지 않는다"[72]라고 탄식한 것은 그의 신분이 비천하였기

---

65 위의 책, "非天降命不可得反."
66 위의 책, "其所操持悖謬失其統也."
67 위의 책, "故治亂廢興在于已."
68 위의 책, "臣謹案春秋之文. 求王道之端."
69 위의 책, "上承天之所爲, 而下以正其所爲."
70 위의 책, "天道之大者在陰陽, 陽爲德, 陰爲刑.……王者承天意行事, 故任德敎而不任刑."
71 하도(河圖)는 복희씨(伏羲氏) 때 황하(黃河)에서 길이 8척(尺)이 넘는 용마(龍馬)가 등에 지고 나왔다는 그림으로써, 『주역』 팔괘(八卦)의 근원이 된 것이다.(역자 주)

때문이라고 말하였다. 황상皇上 그대는 현재 귀한 천자이지만 "길조가 이르지 않는데", 그 원인은 "교화가 서지 않아 만백성이 바르지 못하기 때문이다."73 동중서는 만민이 이익을 추구하는 것은 물이 낮은 곳으로 흐르는 것과 같으니, 교화는 바로 홍수를 막는 둑이라고 말하였다.

교화로 제방堤防하지 않으면 그치게 할 수 없다. 교화가 서면 간사(奸邪)한 것들이 모두 그친다.……교화가 폐기되면 간사한 것들이 모두 나온다. 때문에 옛날의 왕이 천하를 다스릴 때는 교화를 큰 임무로 삼지 않음이 없었다. 교화가 행해지면 풍속이 아름다워진다. 난세亂世를 이은 성왕은 무엇보다도 교화를 시행해야 한다. 다시 교화를 닦고 높이 일으켜야 한다. 교화가 이미 밝으면 풍속이 이미 이루어지고 자손이 따르니, 5~6백년을 행해도 실패하지 않는다.74

이에 동중서는 다음과 같은 결론을 얻을 수 있었다.

『시경』에 말하기를, "백성에게 마땅하고 〈지위를 가진 사람인〉 신하에게 마땅하면, 하늘에서 녹을 받는다"라고 하였다. 정치를 하여 백성에게 마땅한 자는 참으로 하늘에서 녹을 받아야 한다. 무릇 인仁·의誼·예禮·지知·신信 오상五常의 도는 왕이 마땅히 닦고 삼가야 하는 것이요, 다섯 가지를 닦고 삼가기 때문에 하늘의 도움을 받아서 귀신의 신령함을 누리는 것이다. 덕이 사방 밖으로 베풀어져서 모든 백성에게 미친다.75

---

72 『論語』「子罕」, "子曰, 鳳鳥不至, 河不出圖."

73 『漢書』卷56,「董仲舒傳」, "凡以教化不立而萬民不正."

74 위의 책, "不以教化堤防之, 不能止也. 是故教化立而奸邪皆止者.……教化廢而奸邪并出. 是故南面而治天下, 莫不以教化為大務.……教化行而習俗美也. 聖王之繼亂世也, 掃除其跡而悉去之, 復修教化而崇起之. 教化已明, 習俗已成, 子孫循之, 行五六百歲尚未敗也."

전제와 결론을 배제하고 우리가 본 것이 교화敎化와 위정爲政의 관계 뿐이라면, 이것은 유교가 '교화의 교'이고 '종교의 교'가 아니라고 생각 하는 기본 원인이다.

제2책에서 동중서는 문왕이 "하늘에 순응하여 만물을 다스렸고", 무 왕이 "정의를 행하여 도적을 평정하였으며", 주공이 "예악을 제정하여 문화를 찬란하게 하였기"[76] 때문에 "태평성세의 다스림(成康之治)"[77]이 있었다고 말하였다. "이 또한 교화가 스며들고 인의仁義가 흘러들어온 것이다."[78] 지금 "음양이 뒤섞이고 잘못되어 연기와 같은 나쁜 기운이 가득 차 있다"면[79], 그 원인은 윗자리의 벼슬아치들이 밝지 못하여 아 랫사람에게 가르침을 잃었기 때문이다.[80] '가르침을 잃었다'는 것은 바로 '교화를 잃었다'는 것이다. 제3책에서는 다음과 같이 말하였다.

> 하늘은 모든 만물의 조상이다.[81]
> 하늘과 사람의 징후가 고금古今의 도이다.[82]
> 사람은 하늘에서 명을 받았다.[83]

75 위의 책, "詩云, 宜民宜人, 受祿於天. 爲政而宜於民者, 固當受祿於天. 夫仁義禮知信 五常之道, 王者所當修飭也. 五者修飭, 故受天之佑, 而享鬼神之靈. 德施於方外, 延及 群生也."

76 위의 책, "順天理物……行誼平賊……作禮樂以文之."

77 성강지치(成康之治)는 중국 서주(西周) 때 주나라 성왕(成王)과 강왕(康王)이 이어 재 위하던 40년간 형성된 안정되고 강성한 정치국면을 말한다.(역자 주)

78 『漢書』卷56, 「董仲舒傳」, "此亦敎化之漸而仁義之流."

79 위의 책, "陰陽錯謬, 氛氣充塞."

80 위의 책, "長吏不明, 亡敎訓於下."

81 위의 책, "天者群物之祖也."

82 위의 책, "天人之徵, 古今之道也."

83 위의 책, "人受命於天."

명命은 곧 하늘의 명령이다.

하늘의 명령을 명命이라 하니 '명'은 성인이 아니면 시행하지 못하고, 질박한 것을 성性이라 하니 '성'은 교화가 아니면 이루어지지 않는다.……이 때문에 왕은 위로 하늘의 뜻을 계승하여 '명'을 따르도록 조심하고, 아래로 백성을 밝게 교화하여 '성'을 이루도록 노력한다.84

공자가 『춘추』를 지은 것은 바로 "위로 천도天道를 헤아리고 아래로 인정人情에게 질정한 것이다."85 말할 필요없이, 공자가 교화를 행한 것도 천도와 하늘의 뜻을 받든 것이다.

「천인삼책」은 하늘과 사람 간의 관계를 집중적으로 논술한 문헌이고, 또한 교화를 집중적으로 논술한 문헌이다. 동중서 외에 교화를 집중적으로 논술한 글은 매우 보기 드물다. '교화의 교'가 무엇인지를 알고자 하면, 무엇보다도 이 「천인삼책」을 탐구해야 한다. 「천인삼책」의 사상은 한대 수백 년을 통치하였고 이후에도 단절되지 않았다. 심지어 송명시대 정주와 육왕 등이 심心을 중시하고 이것(천인삼책)에 있지 않았지만, 결코 「천인삼책」의 천인관계에 대한 기본 주장을 부인하지 않았다. 그렇다면 정주 등은 교화를 어떻게 다루었을까? 지면의 제한으로 간단히 말하는 것이 좋겠다.

송명유학의 대가는 주희朱熹이고, 주희의 가장 중요한 저작은 『사서집주四書集注』이다. 『사서집주』는 『대학장구大學章句』을 첫 머리에 두었으니, 『대학장구』서문이 주희 전체사상의 강령綱領이라고 말할 수 있다. 서문에서 주희는 다음과 같이 말하였다.

---

84 위의 책, "天令謂之命, 命非聖人不行, 質朴謂之性, 性非教化不成.……是故王者上謹於承天意, 以順命也, 下務明教化民, 以成性也."
85 위의 책, "上揆之天道, 下質諸人情."

『대학』의 책은 옛날 태학太學에서 사람을 가르치던 법이다.86

바꾸어 말하면, 『대학』은 교화를 말한 책이다. 그렇다면 무엇 때문에 교화하고 어떻게 교화하였는가? 서문에서는 이어서 다음과 같이 말하였다.

> 하늘이 백성을 내시면서부터 이미 인·의·예·지의 성性을 부여하지 않음이 없었다. 그러나 그 기질氣質을 받은 것이 혹 같지 못하였으니, 이 때문에 모두 그 성이 있음을 알아서 그것을 온전히 하지 못하였다. 한 사람이라도 총명聰明·예지叡智하여 그 성을 다할 수 있는 자가 그 사이에서 나오면, 하늘이 반드시 그에게 억조 만백성의 군주와 스승으로 삼을 것을 명하여 그들(군주와 스승)로 하여금 다스리고 가르쳐서 백성들의 성을 회복하게 하였다. 이는 복희伏羲·신농神農·황제黃帝·요堯·순舜이 하늘의 뜻을 잇고 법칙을 세운 것이요, 사도司徒의 직책과 전악典樂의 벼슬이 설치된 까닭이다.87

사람의 본성은 하늘이 부여한 것이고, 군주와 스승은 하늘이 명한 것이며, 복희에서 요임금·순임금에 이르기까지는 "하늘의 뜻을 이어서 법칙을 세운 것"이다. 사도司徒의 직책과 전악典樂의 관직도 하늘이 명한 것이다. 그러나 그 임무는 바로 "다스리고 가르치는" 것이었다. '교敎'는 바로 교화敎化이다.

이어서 주희는 삼대三代에 교화가 왕성하였으나 후대에 교화가 점차

---

86 『大學章句』序, "大學之書, 古之太學所以敎人之法也."
87 『大學章句』序, "蓋自天降生民, 則旣莫不與之以仁義禮智之性矣. 然其氣質之稟或不能齊, 是以不能皆有以知其性之所有而全之也. 一有聰明睿智能盡其性者出於其閒, 則天必命之以爲億兆之君師, 使之治而敎之, 以復其性. 此伏羲神農黃帝堯舜, 所以繼天立極, 而司徒之職 典樂之官由所由設也."

쇠퇴하여 주대周代 말기에 이른 상황을 다음과 같이 서술하였다.

> 성현聖賢의 군주가 나오지 못하고 학교의 행정이 닦여지지 못하여 교화가
> 쇠퇴하고 풍속이 나빠졌다. 이 때는 공자와 같은 성인이 있어도 군주와
> 스승의 지위를 얻어 그 정사와 가르침을 행할 수 없었다. 이에 홀로 선왕
> 의 법을 취하여 외우고 전하여 후세를 가르쳐 지도하였다.[88]

말할 필요도 없이, 공자가 "총명·예지하여 그 본성을 다할 수 있었
고" 뭇 사람들보다 뛰어나서 지성선사至聖先師가 된 것도 하늘이 명한
것이다. 그가 세상에 교화를 행한 것은 바로 하늘이 "그로 하여금 다스
리고 가르치게 한" 사명을 수행한 것이다.

공자는 이미 죽었지만 유학자는 여전히 존재한다. 유학자가 정치를
행하고 교화를 행하는 것은, 하늘의 명을 받들고 복희·신농 등 선왕
의 도를 따라 공자가 끝내 이루지 못한 사업을 계승한 것이다. 이러한
교화는 종교로서의 유교의 교육이고 보통의 세속교육이 아니다.

결론: 유교는 '교화의 교'이고, 이 '교화의 교'가 바로 '종교의 교'이다.

---

88 위의 책, "及周之衰, 賢聖之君不作, 學校之政不修, 敎化陵夷, 風俗頹敗, 時則有若孔
子之聖, 而不得君師之位以行其政敎, 於是獨取先王之法, 誦而傳之以詔後世."

우리는 종교인가

2

유교와 관련된

논문과 저술 목록

욱호郁昊

唐亥,   「儒學不是宗教」, 光明日報, 1982.07.14

朱春,   「儒教是社會化·世俗化的特殊宗教」, 西南民族學院學報,
        1989(3)

朱法貞, 「儒教形成之原因考略」, 東嶽論叢, 1991(2)

侯玉臣, 「論儒家思想的原始宗教文化特徵」, 甘肅社會科學,
        1991(6)

鍾肇鵬, 「以儒學代宗教」, 學術月刊, 1992(2)

張坦,   「敬祖與敬主-儒教與基督教一種文化功能比較」,
        貴州社會科學, 1993(1)

何崇明, 「儒教宗教形成述略」, 安慶師範學院學報, 1993(3)

牟鍾鑒, 「試論儒家的宗教觀」, 齊魯學刊, 1993(4)

史建群, 「帝王-儒教的至上神」, 中州學刊, 1993(6)

康占杰·陳風華, 「儒學非宗教」, 寧夏社會科學, 1994(3)

李申, 「中國有一個儒教」,
　　　　北京大學宗教學系成立國際學術討論會, 1996

鄭家棟, 「儒家思想的宗教性問題(上·下)」, 孔子硏究, 1996(2)(3)

郭豫適, 「論儒教是否爲宗教及中國古代小說與宗教的關係」,
　　　　華東師大學報, 1996(3)

張允熠, 「論儒學的宗教精神」, 求索, 1996(4)

陳東, 「儒教是關于死的宗教－카지 노부유키(かじのぶゆき)的
　　　　儒教觀」, 中國哲學史, 1997(1)

姜廣輝, 「儒學是一種意義的信仰」, 傳統文化與現代化, 1997(3)

陳贇, 「與鬼神結心－儒教祭祀精神」, 孔子硏究, 1998(3)

任文利, 「儒家哲學中關于'教'的學說」, 中國哲學史, 1998(4)

李申, 「儒教硏究」(曹中建 主編, 『中國宗教硏究年鑑, 1996),
　　　　中國社會科學出版社, 1998

郭齊勇, 「當代新儒家對儒學宗教性問題的反思」,
　　　　中國哲學史, 1999(1)

盧鍾鋒, 「世紀之交的儒學泛宗教化問題」, 中華文化論壇, 1999(2)

唐文明, 「順天休命－孔孟儒家的宗教性根源」, 孔子硏究, 1999(4)

段德智, 「從存有的層次性看儒學的宗教性」, 哲學動態, 1999(7)

胡凡, 「儒教與明初宮廷祭祀禮制」, 齊魯學刊, 1999(6)

王慶宇·劉雅麗·劉華麗, 「析儒學是否爲宗教」, 江西社會科學,
　　　　1999(11)

李世偉, 「日據時期臺灣的儒教運動」(王見川·李世偉 著,
　　　　『臺灣的宗教與文化』), 博揚文化事業有限公司, 1999

李世偉, 「近代儒教硏究的回顧與展望」(王見川·李世偉 著,
　　　　『臺灣的宗教與文化』), 博揚文化事業有限公司, 1999

李世偉, 「振筆權・揚儒教-日據時代彰化'崇文社'的結社與運動」
　　　　(王見川・李世偉 著,『臺灣的宗教與文化』),
　　　　博揚文化事業有限公司, 1999

李存山, 「評儒家的'以神道設教'的思想」, 光明日報, 1999.12.24

劉平, 「'儒教'對民衆・對淸代秘密社會的影響」,
　　　　江蘇教育學院學報, 2000(1)

解光宇, 「關于儒教的思考」, 世界宗教研究, 2000(1)

王軍風, 「研究儒學宗教性的槪念體系的建構:『論儒學的宗教性』
　　　　一書評價」, 武漢大學學報, 2000(2)

陳曉龍, 「論宗教及儒學的超越性」, 西北師大學報, 2000(3)

黃俊杰, 「試論儒學的宗教性內涵」(陳明・朱漢民 主編,『原道』,
　　　　第6輯), 貴州人民出版社, 2000

李申 主編,『中國古代宗教百講』, 中國廣播電視出版社 1993

카지 노부유키(かじのぶゆき)著, 于時化 譯,「論儒教」, 齊魯書社,
　　　　1993

加潤國 著,『中國儒教史話』, 河北大學出版社, 1999

李申 著, 『中國儒教史(上卷)』, 上海人民出版社, 1999

張榮明 著,『權力的謊言-中國傳統的政治宗教』, 浙江人民出版社,
　　　　2000

李申 著, 『中國儒教史(下卷)』, 上海人民出版社, 2000

원서목차

너 는 종 교 인 가 ②

찾아보기

■ 인명색인

■ 서명색인

■ 일반색인

역자소개

금장태琴章泰

서울대 종교학과, 성균관대 대학원 동양철학과 수료(철학박사)
동덕여대, 성균관대 한국철학과, 서울대 종교학과 교수 역임
현 서울대 명예교수

주요저서
『비판과 포용―한국실학의 정신』
『비움과 밝음―동양고전의 지혜』
『한국유교와 타종교』
『율곡평전―나라를 걱정한 철인』 외

안유경安琉鏡

경북대 중문과, 성균관대 대학원 동양철학과 졸업(철학박사)
현 성균관대 유교문화연구소 연구원

주요저·역서
『갈암(葛庵) 이현일(李玄逸)의 철학사상』
『理의 철학』
『유가의 형이상학』
『동아시아 유교경전 해석학』 외

편자소개

임계유任繼愈(1916~2009)

중국 산동 평원(平原) 출생. 북경대 연구생으로 졸업
북경대 철학과 교수, 국가도서관 관장 역임

주요저서
『中國哲學史論』
『中國哲學史』(4권)
『中國哲學發展史』(7권)
『中國佛教史』(8권)
『中國道教史』 외 다수

유교는 종교인가 ②: 유교비종교론 및 토론

초판 인쇄 | 2011년 7월 8일
초판 발행 | 2011년 7월 13일

편   자   임계유
역   자   금장태 · 안유경

책임편집   윤예미

발 행 처   도서출판 지식과교양
등록번호   제 2010-19호
주   소   서울시 도봉구 창5동 320번지 행정지원센터 B104
전   화   (02) 900-4520 (대표)/ 편집부 (02) 900-4521
팩   스   (02) 900-1541
전자우편   kncbook@hanmail.net

인 지 는
저 자 와 의
합 의 하 에
생 략 함

ⓒ 금장태 · 안유경 2011 All rights reserved. Printed in KOREA

ISBN 978-89-94955-26-1 94150
      978-89-94955-24-7 (전2권)   정가 32,000원

* 저자 및 출판사의 허락 없이 이 책의 일부 또는 전부를 무단복제·전재·발췌할 수 없습니다.
** 잘못된 책은 교환해 드립니다.

이 도서의 국립중앙도서관 출판도서목록(CIP)은 e-CIP홈페이지(http://www.nl.go.kr/ecip)에서
이용하실 수 있습니다. (CIP제어번호: CIP2011002827)